W0046620

Bibby, Burgess, Hill · Methoden der Feldornithologie

Herausgegeben von
Dr. Eckhard Jedicke

Methoden der Feldornithologie

Bestandserfassung in der Praxis

Von Colin J. Bibby, Neil D. Burgess,
David A. Hill

Übersetzung und fachliche Bearbeitung:
Hans-Günther Bauer

96 Zeichnungen
14 Tabellen

NEUMANN
VERLAG
RADEBEUL

Zeichnungen: Sandra Lambton, Royal Society for the Protection of Birds. Für die deutsche Ausgabe wurden die Zeichnungen teilweise überarbeitet von Lutz-E. Müller, Leipzig.

Die Deutsche Bibliothek – CIP-Einheitsaufnahme

Bibby, Colin J.:
Methoden der Feldornithologie: Bestandserfassung in der Praxis / Colin J. Bibby;
Neil D. Burgess; David A. Hill.
Übers. und fachliche Bearb.: Hans-Günther Bauer. Zeichn.: Sandra Lambton . . . –
Radebeul: Neumann, 1995
Einheitssacht.: Bird census techniques <dt.>
   ISBN 3-7402-0159-2
   NE: Burgess, Neil D.:; Hill, David A.:; Bauer, Hans-Günther [Bearb.]

Copyright © 1992 by ACADEMIC PRESS LIMITED
Titel der englischen Originalausgabe: Bird Census Techniques,
erstmals erschienen 1992 bei ACADEMIC PRESS LIMITED
24–28 Oval Road, London NW1 7DX

© Deutsche Ausgabe 1995
Neumann Verlag GmbH
01445 Radebeul, Maxim-Gorki-Str. 18
Lektorat: Dr. Angelika Eckhard, Dr. Nadja Kneissler
Einbandgestaltung: Tinka Schlotterer, München
mit einem Foto von Frank Hecker, Kiel
Herstellung: Christoph Kretzschmar
Satz: Satzstudio Späth GmbH, Birenbach
Druck: Gutmann, Heilbronn
Bindung: Riethmüller, Stuttgart

Dank

Ein ganz besonderer Dank der Autoren ergeht an Dr. Rob Fuller (BTO), der das gesamte Buch kritisch gelesen hat, ferner an Sandra Lambton (RSPB) für die Erstellung der meisten Zeichnungen sowie an Dr. Jeremy Greenwood (BTO) für die Durchsicht der Fahnen. Wir bedanken uns herzlich bei Dr. Adrian del Nevo (RSPB), Dr. James Cadbury (RSPB), Jeff Kirby (Wildfowl & Wetlands Trust), Dave Allen (RSPB), Geoff Welch (RSPB), John Wilson (RSPB) und Diana Ward (RSPB) für die kritische Durchsicht einzelner Kapitel des Manuskriptes und für Verbesserungsvorschläge. Die Verantwortung für immer noch vorhandene Fehler liegt jedoch alleine bei uns.

Anita McClune, Helen Morrow (RSPB) und Dr. Rowena Langston (BTO) waren mit den Verwaltungsaufgaben dieser Produktion betraut. Ian Dawson und Lynn Giddings (Bibliothek der RSPB) waren bei der Suche nach Literatur und Abbildungen behilflich. Neil Burgess und Colin Bibby bedanken sich für die Unterstützung durch die RSPB und David Hill für die Unterstützung durch den BTO.

Für Hinweise und Anmerkungen geht unser Dank außerdem an: Dr. Gareth Thomas (RSPB), Dr. Graham Hirons (RSPB), Dr. Ceri Evans (RSPB), Dr. John Cayford (RSPB), Chris Mead (BTO), Dr. Will Peach (BTO), Dr. Steven Carter (BTO), Dr. Paul Green (BTO), Dr. Peter Robertson (Game Conservancy Trust), Dr. Nigel Clark (BTO), Dr. Steve Tapper (BTO), Dr. Dick Potts (Game Conservancy Trust) und Robert Petley-Jones (English Nature).

Folgende Verlage und Organisationen gaben uns dankenswerterweise die Erlaubnis, Abbildungen aus ihren Werken nachzudrucken: Academic Press Ltd., American Ornithologists Union, British Trust for Ornithology, Blackwell Scientific Publications Ltd., British Birds Ltd., British Ecological Society, Cambridge University Press, Canadian Wildlife Service, Chapman and Hall, Cooper Ornithological Society, Devon Birdwatching and Preservation Society, Game Conservancy Trust, Gauthier-Villars, Harcourt Brase Jovanovich, Institute of Terrestrial Ecology, Macmillan Magazines Ltd., Ornis Scandinavica, T. & A. D. Poyser Ltd., Royal Society for the Protection of Birds, The Wildlife Society, Wildfowl and Wetlands Trust, US Fish and Wildlife Service.

Die Autoren

Colin Bibby ist Leiter der Forschungs-
abteilung des International Council for
Bird Preservation (jetzt: BirdLife International). Er interessiert sich besonders
für die Rolle der Vögel als Leitarten für
die weltweite Erhaltung der Biodiver-
sität. Als Leiter der Abteilung für Wissenschaftlichen Naturschutz in der Royal Society for the Protection of Birds
(RSPB) war er Mitautor der Roten Liste
der Vögel Großbritanniens. Erstaunlich
war für ihn die geringe Anzahl gefährdeter Vogelarten, von denen wirklich exakte Bestandsaufnahmen vorlagen. Colin Bibby war selbst an Bestandserfassungen in Großbritannien und im europäischen Ausland beteiligt, sowohl als
freiwilliger Mitarbeiter als auch haupt-
amtlich. Außerdem war er als Koordinator für Erfassungen im Rahmen des British Trust for Ornithology verantwort-
lich. Angeregt wurde er zu diesem Buch
durch die Überzeugung, daß bei genaue-
rer Erfassung der Vögel viele Feldornithologen mehr für den Naturschutz lei-
sten könnten. Als Hauptgrund wird dabei ein fehlender methodischer Leitfa-
den gesehen.

Neil Burgess beendete 1983 sein Hoch-
schulstudium der Botanik an der Universität von Bristol. Er promovierte von
1983 bis 1987 am Natural History Museum in London und der Cardiff Universität
in Wales über die Evolution der frühesten
Landpflanzen (400 bis 430 Mio. Jahre v.
Chr.). Bis 1991 arbeitete er in den Abtei-
lungen für Ökologie, Forschung und Be-
ratung des RSPB, erstellte botanische
Gutachten für mehrere RSPB-Schutzge-
biete und betrieb praktische und methodische Grundlagenforschung im Bereich
des Habitatmanagements für Vögel in

Großbritannien, mit den Schwerpunkten
Feuchtgebiete und Heidelandschaften.
Seit 1989 war er auch mit wissenschaftlichen und naturschutzrelevanten Arbeiten
in Ostafrika beschäftigt. Im Jahre 1991
wurde er von der Auslandsabteilung des
RSPB als Koordinator für Schutzprojekte
in Afrika angestellt. Seine Arbeit ist Teil
des Afrikaprogrammes von BirdLife International.

David Hill promovierte 1982 über die
Populationsökologie von Enten am Ed-
ward Grey Institute of Field Ornithology
in Oxford und wechselte anschließend
zur Game Conservancy als Leiter der
Abteilung für Fasanenforschung. Ein
Großteil seiner Arbeit umfaßte Studien
an beringten Vögeln und deren Verhalten und Habitatpräferenzen in Hinblick
auf Landnutzung in der Land- und
Forstwirtschaft sowie in Schutzgebieten.
Im Jahr 1987 wechselte er zur RSPB als
Leiter der Abteilung für Ökologie, wo er
hauptsächlich mit der Organisation von
Monitoring- und Forschungsprojekten in
den Schutzgebieten betraut war. Hier be-
faßte er sich intensiv mit Erfassungsmethoden für verschiedene Vogelarten und
Habitate. Im BTO, zu dem er 1989
wechselte, entwickelte er den For-
schungs-, Entwicklungs- und Beratungs-
dienst mit Verantwortlichkeiten in der
Planung und Durchführung von For-
schungsaufträgen in verschiedenen Habitaten (Ästuare, Felder, Wald und
Hochland), wobei er die in diesem Buch
beschriebenen Methoden verwendete. Er
ist Mitglied des Rates der Britischen
Ökologengesellschaft und des Wissenschaftlichen Beirates des Wildfowl and
Wetlands Trust.

Vorwort der Verfasser

Die Idee für dieses Buch entstand aufgrund der allgemein verbreiteten Ansicht unter Feldornithologen des British Trust for Ornithology (BTO) und der Royal Society for the Protection of Birds (RSPB), daß die Beschreibungen der verschiedenen Bestandserfassungsmethoden für Vögel in der wissenschaftlichen Literatur weit verstreut und oft schwer zugänglich sind. Tatsächlich kannten die meisten der angestellten Freilandarbeiter und freiwilligen Mitarbeiter nur eine oder zwei der gängigen Methoden. Zudem wurde selten der Versuch unternommen, die bekannten Methoden zu standardisieren oder sicherzustellen, daß Zählungen in systematischer Form über weite geographische Bereiche durchgeführt wurden. Es war ebenso augenscheinlich, daß der Bedarf für ein praktisches Handbuch bei freiwilligen Mitarbeitern, jungen Wissenschaftlern, Studenten und Forschern dieses sich rasch entwickelnden Forschungsbereiches sehr groß war. Ein Buch, in dem alle Aspekte der verschiedenen Erfassungsmethoden, ihre Anwendungsmöglichkeiten und die Faktoren, die vor, während und nach einer Zählung bedacht werden müssen, ausführlich diskutiert werden.

In der Literatur werden viele verschiedene Erfassungsmethoden beschrieben. Im vorliegenden Buch werden den jeweils am weitesten verbreiteten und wichtigsten Methoden ganze Kapitel gewidmet, während die Beschreibung weiterer Methoden in größere Gruppen zusammengefaßt ist. Beispiele für den Anwendungsbereich der Methoden werden, wann immer möglich, aufgeführt und die Eignung verschiedener methodischer Ansätze für bestimmte Fragestellungen diskutiert.

Wir haben nicht versucht, die vorhandene Literatur zu Vogelbestandsaufnahmen vollständig zu sammeln und in diesem Buch zu besprechen. Statt dessen haben wir geeignete Beispiele herausgegriffen, in der Hoffnung, dadurch einen Überblick zu schaffen und den Feldarbeitern ein Bewußtsein für die möglichen Probleme bei der Erfassung von Vögeln zu vermitteln.

Vorwort des Übersetzers und Bearbeiters

Als ich einige Monate nach Erscheinen (und Kauf) der englischsprachigen Ausgabe dieses Buches gebeten wurde, eine deutsche Übersetzung zu erstellen, war ich mir bewußt, daß 'Bird Census Techniques' auf britische Kartierungsprobleme und englischsprachige Literatur konzentriert war. Ich denke, von einem deutschsprachigen Leser kann man nicht erwarten, daß er sich ausschließlich mit den auf den britischen Inseln herrschenden Problemen bei der Bestandsaufnahme von Vögeln auseinandersetzt, denn er möchte sicher auch praktische Hinweise bei der Arbeit in Mitteleuropa und entsprechende Literaturhinweise dazu vorfinden.

Bei einem Gespräch mit den Autoren waren diese freundlicherweise bereit, dem Übersetzer den nötigen Freiraum zu gewähren, das Buch entsprechend den Erfordernissen deutschsprachiger Leser zu verändern und die Kapitel an einigen Stellen durch wichtige mitteleuropäische Literatur oder methodische Ansätze zu ergänzen. Für ihr Verständnis sei den Autoren an dieser Stelle herzlich gedankt. Bei der Bearbeitung einiger Kapitel stellte sich heraus, daß eine Ergänzung alleine nicht ausreichend war, die Erfassungsprobleme und -methoden in Mitteleuropa ausreichend zu würdigen. Insbesondere die Kapitel 7, 8 und 9 mußten weitgehend umgeschrieben werden. So stellt die vorliegende Überarbeitung den Versuch dar, den Text so zu verändern, daß die meisten wichtigen Gedanken des Originals noch erhalten sind, aber auch genügend Beispiele der Feldarbeit und Geländemethoden mitteleuropäischer Ornithologen aufgeführt werden. Ich kann nur hoffen, daß es mir gelungen ist, beiden Seiten, d.h. den britischen Autoren und den Ornithologen in unserem Raum, mit dieser Übersetzung und Überarbeitung gerecht zu werden. Ich bin mir aber darüber im klaren, daß ich einen sehr schmalen Grat durchwandert habe, da ich trotz der Veränderungen kein vollkommen neues Buch schreiben wollte.

Die Überarbeitung dieses Buches wäre mir sicher nicht ohne die Mithilfe mehrerer sehr fachkundiger deutscher Ornithologen gelungen, die sich freundlicherweise bereiterklärten, die Rohübersetzung ausführlich zu kommentieren. Mein besonderer Dank gilt dabei Dr. E. Bezzel, Dr. M. Flade, Dr. J. Hölzinger, Dr. H. Hötker, Dr. G. Rheinwald, Dr. J. Schwarz und Dr. K. Witt für die Durchsicht und Kommentierung dieser Rohübersetzung. Weitere Hinweise zu Textergänzungen und zu deutschsprachiger Literatur stellten mir dankenswerterweise Dr. G. Busche, Dr. W. D'Oleire-Oltmanns, M. Dvorak, Dr. D. M. Fleet, Dr. B. Hälterlein, G. Heine, Dr. O. Hoffrichter, Dr. E. Jedicke, Dr. B. Leisler, H. Opitz, A. Ranner, R. Schlenker, A. Schuster, Dr. H. Schmid, Dr. C. Sudfeldt und M. Widmer zur Verfügung. Auch die Übersetzung selbst wäre ohne die Mithilfe von F. Woog, Dr. H.-W. Ley und Dr. A. Kaiser nicht so zügig vorangekommen. Ihnen allen sei an dieser Stelle herzlich für ihre Hilfe gedankt. Gleichzeitig hoffe ich auf ihr Verständnis, daß nicht alle Anregungen und Vorschläge in den Text aufgenommen werden konnten. Schließlich gilt mein herzlicher Dank Bettina Aust und Monika Krone für ihre Hilfe bei einer Vielzahl technischer Arbeiten.

Es wäre zu wünschen, daß eine intensive Auseinandersetzung mit diesem Buch neben konstruktiver Kritik über seine Mängel und Lücken auch Anlaß zu kontroversen Diskussionen geben wird. Ich halte dies bei dem schwierigen Feld der Bestandsaufnahmemethoden für Vögel für dringend erforderlich, um eine Horizonterweiterung und Weiterentwicklung der Methoden sowohl im Gelände als auch bei der Auswertung zu fördern. Das vorliegende Buch deckt m.E. die meisten der bei der Erfassung der Vogelbestände erforderlichen Aspekte ab. In Zukunft sollte jedoch dringend eine Lücke im Bereich der vielen inzwischen vorhandenen Computerprogramme geschlossen und ausführlichere praktische Hinweise zur Auswertung und Darstellungsform der im Gelände erhobenen Daten gegeben werden. Vielleicht ist dies eine Herausforderung an frühere (oder neue) Autoren der 'Praktischen Vogelkunde' (BERTHOLD et al. 1980), ihr Buch in einer überarbeiteten Fassung erneut zu veröffentlichen. Denn für die große Zahl im Gelände tätiger Ornithologen kann es gar nicht genügend hilfreiche Hinweise zu diesem Thema geben.

Radolfzell, Frühjahr 1995
Hans-Günther Bauer

Inhaltsverzeichnis

1 Zielsetzung und Planung von Vogelbestandserfassungen

1.1 Einführung

Vögel werden aus den verschiedensten Gründen und mit einer verwirrenden Zahl von Methoden gezählt. Dieses Buch richtet sich vornehmlich an alle diejenigen, denen Zeit oder Möglichkeiten fehlen, die reichhaltige und oft widersprüchliche Literatur zum Thema Vogelzählung zu lesen bzw. richtig einzuschätzen. Für eine kritische Bewertung der Erfassungsmethoden möchten wir auf BERTHOLD (1976) und VERNER (1985) verweisen. Auch das Buch von RALPH und SCOTT (1981) enthält eine große Zahl von Arbeiten über Probleme bei Vogelbestandserfassungen und WIENS (1989) führt sehr plastisch vor Augen, in welch großem Ausmaß sich die Wahl der Methode auf die richtige Interpretation der Ergebnisse von Bestandserfassungen auswirkt. Beim Lesen einiger dieser Arbeiten könnte man resigniert feststellen, die Ergebnisse von Vogelbestandserfassungen seien so unzuverlässig, daß sie nur von sehr eingeschränktem Nutzen sind. Dagegen haben wir uns bemüht, eine positivere Einstellung zu finden. Es gibt viele praktische Gründe, Vogelbestände zu erfassen, und viele Unzulänglichkeiten der Methoden bzw. ihrer Anwendung lassen sich vermeiden.

Bei ausreichender Sorgfalt und entsprechendem Problembewußtsein ist es tatsächlich möglich, die Methoden so anzuwenden, daß wertvolle Ergebnisse erhalten werden können. Die für eine bestimmte Untersuchung am besten geeignete Methode läßt sich sehr viel schneller finden, wenn der Studie eine klare Zielsetzung zugrundeliegt. Es ist daher ein immer wiederkehrender Leitsatz einer guten Versuchsplanung, daß die Methode dem Ziel der Untersuchung angepaßt sein muß. Grundfalsch ist es, ins Feld zu gehen und die Erfassung ohne vorherige Planung zu beginnen. Viele Bestandsaufnahmen wurden ohne Zweifel mit sehr hohem Zeitaufwand im Gelände betrieben und stellten sich dennoch im nachhinein als Zeitverschwendung heraus. Ergebnisse erfüllen nicht ihre Zielsetzung, wenn diese erst bei der Auswertung entwickelt wird. Am Schluß einer Untersuchung sollte immer die Mitteilung der Ergebnisse an andere stehen. Da geeignete Erfassungsmethoden in starkem Maße von den jeweiligen Zielsetzungen abhängen, ist es sinnvoll, den verschiedenen Fragestellungen, die möglich sind, vorab einige Gedanken zu widmen.

Fragen über die Größe von Vogelbeständen können auf sehr unterschiedlicher Ebene gestellt werden. Sollen die Ergebnisse für einen großen geographischen Bereich oder nur für eine einzige Probefläche Gültigkeit haben? Interessiert nur eine Vogelart oder viele? Sind exakte Bestandserfassungen nötig oder würden auch relative Bestandszahlen bzw. An- oder Abwesenheitsdaten genügen? Die zur Verfügung stehende Kartierungszeit ist meist begrenzt, sie könnte aber zur Bearbeitung einer einzigen Fläche oder Art durchaus ausreichen und wäre bei gleichem Aufwand wesentlich ergiebiger als eine Untersuchung mehrerer Arten oder großer Gebiete. Exakte Zählungen sind oft sehr schwierig zu erhalten, bei vielen Fragestellungen aber auch nicht wirklich notwendig. Der Schlüssel zu einer guten Untersuchung liegt darin, zu erkennen, welche Daten tatsächlich erforderlich sind, und zu verstehen, welche Unzulänglichkeiten die möglichen Erfassungsmethoden aufweisen. Es ist leicht, sich über eine Fehlerquote von 10 bis 20 % zu ereifern, obwohl bei den Erfassungen meist schon eine Genauigkeit von ca. 100 bis 200 % genügen würde. Die Frage der Erfassungsgenauigkeit ist so bedeutend, daß ihr das nächste Kapitel gewidmet ist. In Wahrheit existiert die perfekte Bestandserfassung wahrscheinlich nicht, was aber nicht heißen kann, daß aus einer guten Untersuchung keine brauchbaren Ergebnisse resultieren könnten. Für eine ausführliche Übersicht über Datenanalyse und Versuchsdesign sei der Leser an JAMES und McCULLOCH (1985) oder HAIRSTON (1989) verwiesen.

1.2 Ermittlung von Teilbeständen

Die einfachste Fragestellung lautet: Welche Vogelarten kommen in einem Gebiet vor? Derartige Untersuchungen können dazu dienen, die Bedeutung eines wenig bekannten Gebietes einzuschätzen oder eine Grundlage für spätere genauere Untersuchungen zu schaffen. Für diesen Zweck würde schon ein Ergebnis genügen, das nur wenig mehr ist als eine Artenliste, vielleicht mit groben Abschätzungen der Häufigkeit im Bereich von häufig bis selten. Ausgefeilte Methoden sind hierzu nicht nötig. Es ist jedoch überraschend, wie informativ solche Untersuchungen sein können. Großflächig werden derartige Zielsetzungen und Methoden hauptsächlich für Atlasstudien verwendet. Auch auf lokaler Ebene in kleinräumigen Flächenrastern sind ähnliche Studien möglich (Kapitel 9). Grundsätzliche Voraussetzung für einen solchen Ansatz ist, daß bei entsprechendem Aufwand die An- bzw. Abwesenheit einer Art mit einiger Verläßlichkeit festgestellt werden kann. Unter Umständen müssen Probleme bei der Registrie-

rung bestimmter Vogelarten (Kapitel 7) oder bei der Erfassung großer Bestände (Kapitel 8) berücksichtigt werden. Es wird fast nie möglich sein, alle Arten gleich gut zu erfassen. Eine solche Zielsetzung wäre auch sinnlos, denn einige Arten sind nur sehr schwer zu entdecken, geschweige denn zu zählen.

Die Erfassung von Teilbeständen ist oft gut geeignet, eine einzelne Art großflächig zu untersuchen. Die Methoden mögen recht grob sein, sind aber dennoch sinnvoll, wenn sich dadurch die Bestände der Population eines großen Gebietes erfassen lassen. Viele Bestandsaufnahmen einzelner Arten, die die Mitarbeit einer großen Zahl von Freiwilligen erfordern, wurden auf diese Weise durchgeführt. Es ist sehr schwierig abzuschätzen, wie genau die Ergebnisse sind, da weder die Erfassungslücken noch die methodischen Fehler genau bekannt sind. Dennoch wird häufig angenommen, daß die entscheidenden Ergebnisse eindeutig genug sind, um die Unzulänglichkeiten der Methode zu überdecken. Auf diese Weise wurden die Bestände von Graureihern (REYNOLDS 1979) und Saatkrähen (SAGE und VERNON 1978) sowie anderer Großvogelarten (RYSLAVI 1993) mit Hilfe recht einfacher Methoden über Jahre erfaßt und erbrachten brauchbare, wenn auch nicht ganz exakte Ergebnisse. Limikolen, die schwer zu zählen sind, werden sowohl im Bruthabitat (SMITH 1983, HÄLTERLEIN et al. 1994) als auch außerhalb der Brutzeit (PRATER 1981, RÖSNER 1992) untersucht. Die Idealvorstellung bei den meisten Studien nimmt dabei einen gleich großen Aufwand im gesamten Untersuchungsgebiet an. Wenn dies jedoch nicht möglich ist, sollte der Feldaufwand jeweils genau registriert werden, insbesondere wenn manche Teilbereiche überhaupt nicht erfaßt werden.

Ist das zu untersuchende Gebiet relativ klein und von besonderer Bedeutung, wie z. B. ein Naturschutzgebiet oder ein bestimmter Wald, ein Bauernhof, eine Riedfläche etc., dann könnte die Revier-

Abb. 1.1 Bestandserfassungen mit unterschiedlichem
Arbeitsaufwand

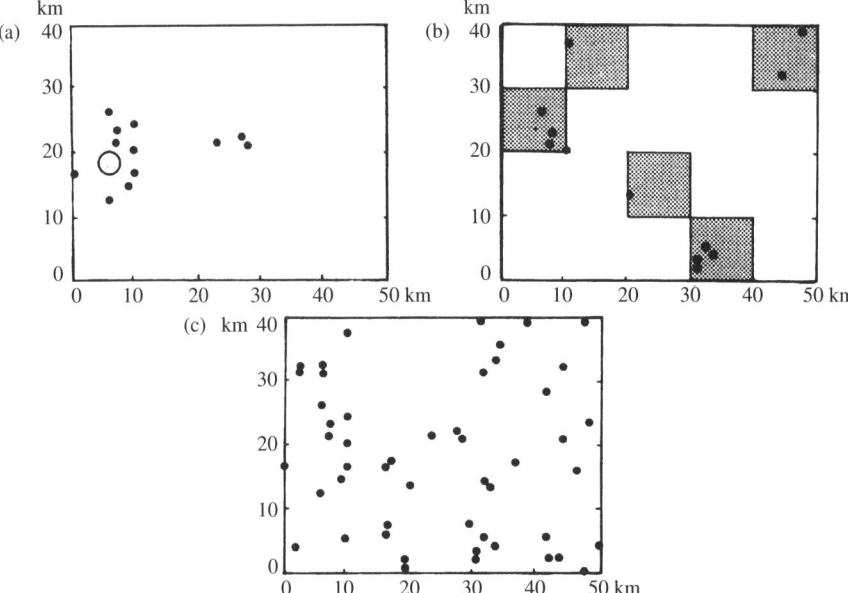

Eine hypothetische Region hat zufälligerweise eine exakt rechteckige Form. Der Bearbeiter interessiert sich für die Größe der Elsterpopulation, wobei er nacheinander drei
verschiedene Ansätze wählt.

(a) Er trägt alle von Beobachtergruppen in den letzten fünf Jahren zufällig gefundenen
Neststandorte der Elster in eine Karte ein: Was zeigt die Karte? Es ist möglich, daß die
Elster insgesamt sehr selten in der Region ist und die Neststandorte auf wenige 10-km-
Quadrate (hier 0.1, 0.2 und 2.2) beschränkt sind. Insgesamt dürften demnach unter
Berücksichtigung einer gewissen Anzahl nicht aufgefundener Nester etwa 20 Paare in
der Region vorkommen.

(b) Stichprobenzählung: Fünf zufällig ausgewählte 10-km-Quadrate wurden vollständig kartiert und 12 Nester gefunden. Was bedeutet dies? Offensichtlich ist das Feld 0.2
doch nicht so außergewöhnlich, denn auch in 3.0 wurden 4 Nester entdeckt, obwohl
von dort bisher überhaupt keine Zufallsbeobachtungen vorlagen. Aus den fünf bearbeiteten Quadraten läßt sich der Bestand auf $12 \times 20/5 = 48$ Paare berechnen. Kartiert
man dieselben Felder in späteren Jahren erneut, lassen sich Bestandsveränderungen ermitteln.

(c) Die vollständige Erfassung: Demnach brüteten in dem Gebiet 50 Paare. Unter der Annahme, daß die Methode exakt war, entspricht diese Zahl dem tatsächlichen Brutbestand.
Bei der Stichprobenzählung betrug der Arbeitsaufwand nur ein Viertel der vollständigen Erfassung, dennoch ergab sie eine sehr realistische Bestandsgröße, ohne allerdings
den genauen Neststandort der einzelnen Paare zu lokalisieren. Das heißt, die Methode
war durchaus geeignet, eine Aussage über den Bestand der Art zu machen, sie läßt jedoch keine allgemeinen Aussagen zu den Neststandorten zu.

Die Daten der vollständigen Erfassung können dagegen auch zur Auswertung von Habitatpräferenzen und Konzentrationen aufgrund der Dichteunterschiede zwischen verschiedenen 10-km-Quadraten herangezogen werden.

Es ist offensichtlich, daß (a) zu völlig falschen Aussagen führt. Im vorliegenden Beispiel ist nämlich die Konzentration der Punkte an bestimmten Stellen auf die Aktivität
einer Beringergruppe in der mit einem Kreis markierten Stadt zurückzuführen, die alle
Beobachtungen der Elster beisteuerte, während sonst keiner die Meldung einer Elster
für nötig befand.

Abb. 1.2 Revierkartierung
und Biotopkarte

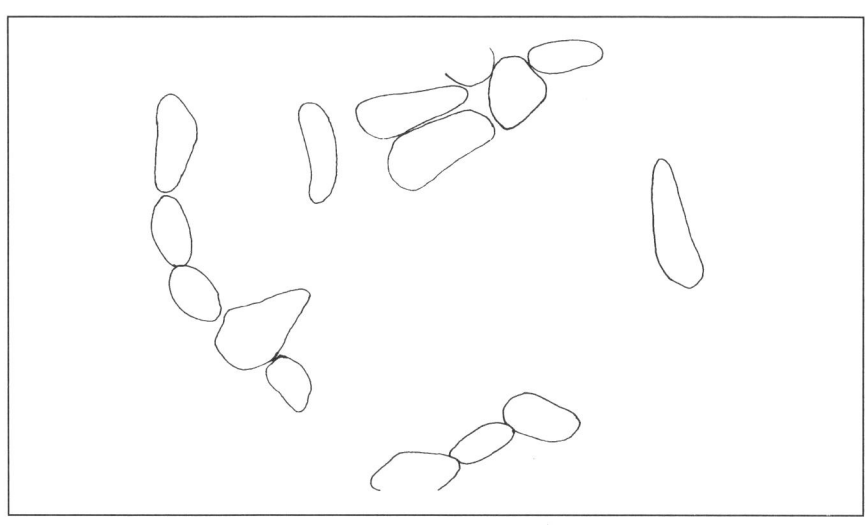

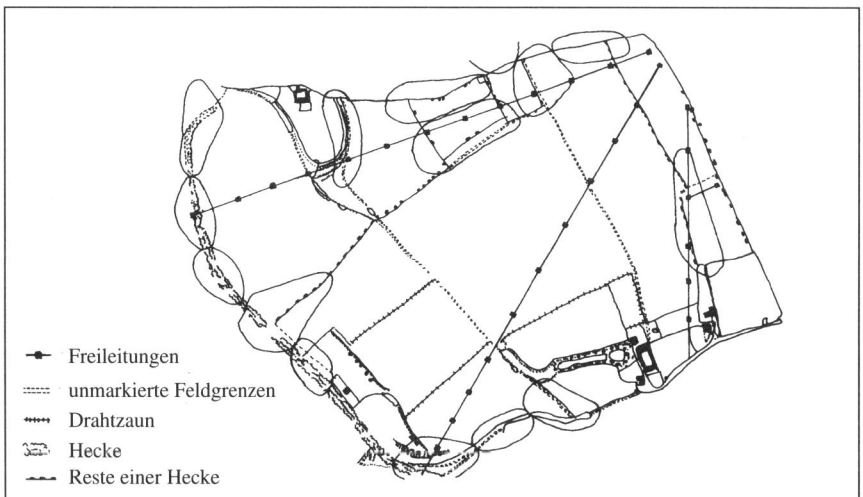

Freileitungen
unmarkierte Feldgrenzen
Drahtzaun
Hecke
Reste einer Hecke

(a) Karte von Goldammer-Revieren auf einer kartierten Probefläche (WILLIAMSON 1968). Ohne genauere Informationen über das kartierte Gebiet ist die Karte wenig aussagekräftig.

(b) Erst mit der Einbeziehung wichtiger Biotopstrukturen wie Feldgrenzen wird die Verteilung der Reviere klarer und ersichtlich, daß die Goldammer bevorzugt entlang Hecken oder anderen Feldbegrenzungen brütet und nur in geringem Maße inmitten der Feld-/Ackerflächen.

kartierungsmethode (Kapitel 3) am besten geeignet sein, Fragen zum Bestand und der Verbreitung der Brutvögel zu beantworten. Der relativ hohe Zeitaufwand in bezug zu den jeweils gewonnenen Daten mag dabei zu vernachlässigen sein. Der große Vorteil von Revierkartierungen liegt darin, daß sie nicht nur Bestandszahlen liefern, sondern auch ein Bild über die ungefähre Lage der Reviere durch deren Eintrag auf der Gebietskarte. Ein Gebietskenner wird die Artkarten besonders interessant finden, für einen Außenstehenden werden sie dagegen nur schwer zu interpretieren sein, wenn nicht gleichzeitig eine ziemlich gute Biotopkarte „dazugeliefert" wird. Derartige Karten werden häufig genutzt, um zu ermitteln, welchen Einfluß Biotopverluste oder drastische Gebietsveränderungen auf die Vögel haben können. Man kann belegen, welche Gebietsteile welche Vogelarten beherbergen und dann argumentieren, daß der Verlust dieser Flächen einen großen Einfluß auf die lokale Vogelgemeinschaft haben würde. Soll ein aussagekräftiges Ergebnis für ein größeres Gebiet erzielt werden, sind Linientaxierung oder Punkt-Stopp-Zählungen wahrscheinlich eher geeignet (Kapitel 4 und 5).

1.3 Untersuchungen zur Verbreitung

Für mehrere Untersuchungsziele sind genaue Bestandserfassungen überhaupt nicht notwendig; es genügen lediglich Angaben zur An- oder Abwesenheit von Arten. Früher wurden Verbreitungskarten aus Zufallsbeobachtungen konstruiert, inzwischen wird die An- oder Abwesenheit einer Art anhand von Rastereinheiten dargestellt. Dies geschieht auf nationaler Ebene häufig in 10-km-Quadraten (z. B. in Großbritannien) und auf regionaler Ebene meist in 2-km-Quadraten (z. B. Bodensee). Um aufschlußreich zu sein, müssen diese Karten sowohl be-

setzte wie unbesetzte Quadrate aufweisen – dies ist sowohl von der Verbreitung der Vögel als auch von der Größe der Rasterflächen abhängig. Der Feldaufwand muß entweder einigermaßen standardisiert sein oder aber genau registriert und angegeben werden. Ist das nicht der Fall, bilden die ermittelten Karten Beobachtungsaufwand und Verteilung der Vögel gleichermaßen ab. Untersuchungen zur Verbreitung werden in Kapitel 9 ausführlich beschrieben. Bestimmte Erfassungen können auf eng begrenzten, charakteristischen Gebieten beruhen, so daß die Ergebnisse als Karten relativer Bestandsdichte oder auch als Auflistung von Absolutzahlen ausgedrückt werden können.

1.4 Bestandsmonitoring

Langjährige Bestandstrends sind für den Naturschutz von besonderer Bedeutung. Bestandsmonitoring ist nötig, wenn manche Vogelarten entweder von Natur aus selten sind, wenn sie in Biotopen vorkommen, die bekanntermaßen Veränderungen unterworfen sind oder schließlich, wenn sie als Indikatorarten geeignet sind, beispielsweise Folgen eines Pestizideinsatzes, Änderungen in Nutzungsgrad und -intensität oder Auswirkungen der Umweltverschmutzung anzuzeigen. Bestandszahlen weisen häufig natürliche Fluktuationen auf, z.B. wenn sich Witterungseinflüsse auf den Bruterfolg oder die Überlebensrate auswirken, aber auch, weil die jeweilige Bestandsdichte selbst die Populationsgröße beeinflußt. Man muß diese natürlichen Veränderungen kennen, um sie von solchen abzugrenzen, die auf den Einfluß des Menschen zurückzuführen sind. Die Fähigkeit, zwischen natürlichen und vom Menschen erzeugten Populationsveränderungen zu unterscheiden, ist ganz entscheidend für ein erfolgreiches Monitoringprogramm (BAILLIE 1990). Es kann bei derartigen Untersuchungen

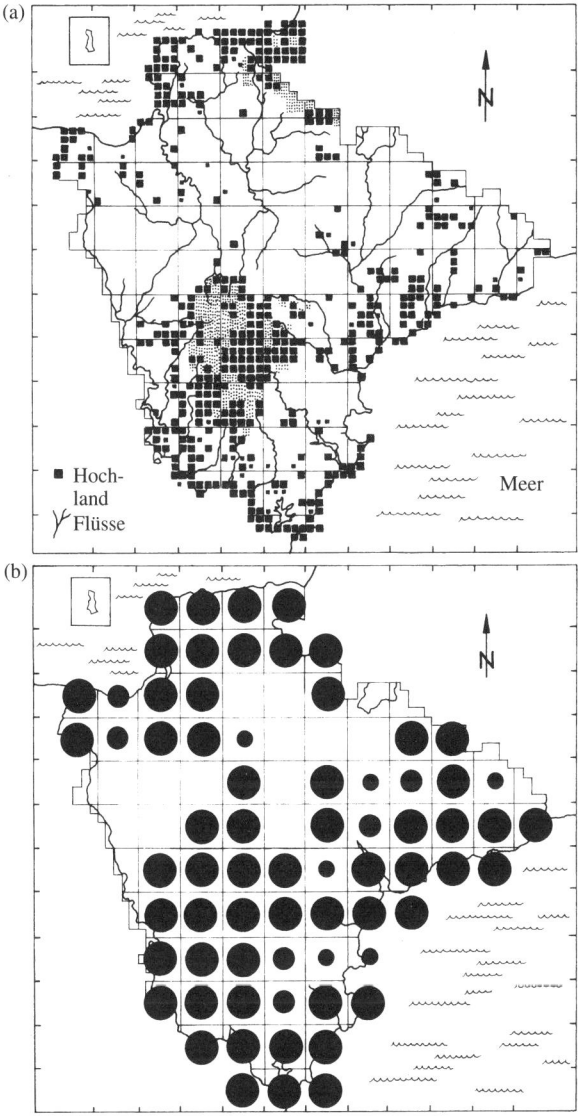

Abb. 1.3 Erstellen von Verbreitungskarten auf unterschiedlichem Maßstab

(a) Verbreitung des Schwarzkehlchens in Devon auf der Basis von 2-km-Quadraten
(Tetradenatlas der Brutvögel Devons, SITTERS 1988). Die Schwarzkehlchen haben
ihren Verbreitungsschwerpunkt in den höheren Lagen von Exmoor und Dartmoor
bzw. an der Küste. Durch eine Wiederholung der Kartierung in späteren Jahren
ließen sich Verbreitungsänderungen aufzeigen.

(b) Dieselben Daten wurden jetzt auf eine 10 × 10-km-Karte übertragen, wie sie
z.B. für den Atlas der Brutvögel Großbritanniens Verwendung findet (z. B. LACK
1986). Hier sind die für die Verbreitung entscheidenden Faktoren nicht mehr ersichtlich. Zudem kann man auf diesem Maßstab nur sehr drastische Veränderungen
in der Verbreitung erkennen.

Abb. 1.4 Einfluß des
Erfassungsbereiches auf
die Ergebnisse

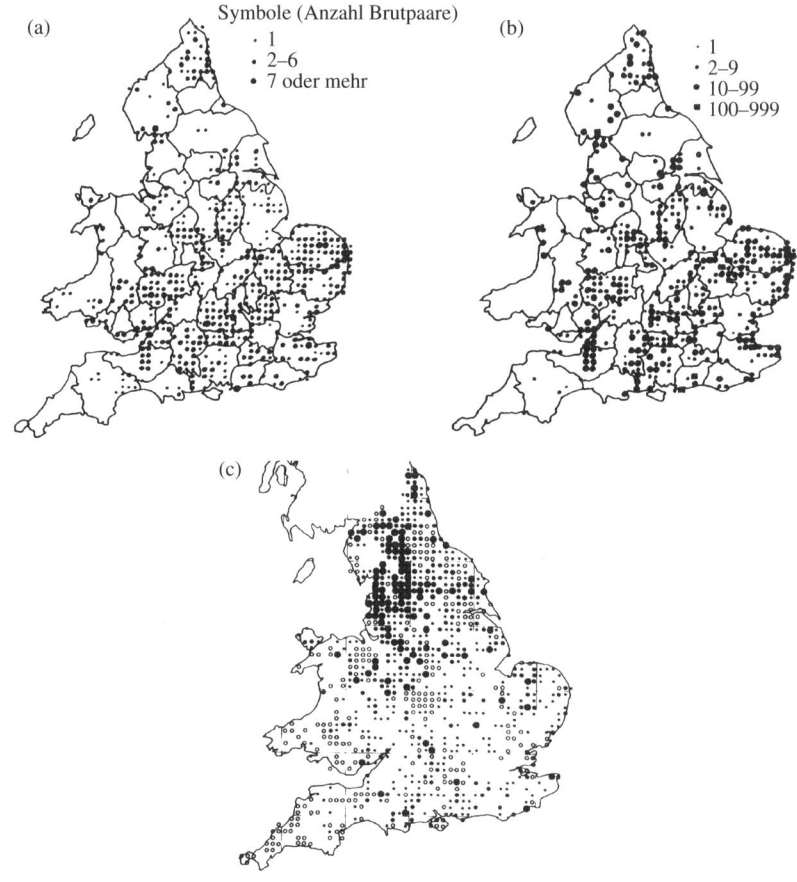

(a) Verbreitung und Anzahl bearbeiteter Wiesenflächen pro 10-km-Quadrat, wobei auch die Flächen in die Betrachtung eingehen, in denen keine brütenden Limikolen entdeckt wurden (aus SMITH 1983).

(b) Verbreitung und Anzahl in Wiesen brütender Kiebitze pro 10-km-Quadrat (aus SMITH 1983).

(c) Verbreitung der Kiebitzbruten in England und Wales im Jahre 1987 (aus SHRUBB und LACK 1991). Die Symbole zeigen Bestandszahlen jeder Tetrade eines 10-km-Quadrats, wobei das kleinste Symbol 1 bis 4 registrierte Brutpaare bedeutet, das mittlere 5 bis 10 und das größte Symbol mehr als zehn Paare. Freie Flächen kennzeichnen besuchte Quadrate ohne Kiebitzvorkommen, offene Kreise stellen unbearbeitete Flächen dar.

Welche Schlußfolgerungen sind möglich? Ganz offensichtlich läßt sich aus Karte (b) kaum eine Aussage gewinnen, da die Verbreitungskarte stark von der Bearbeitung (a) beeinflußt wurde. Die Bearbeitungskarte könnte allerdings die Verbreitung geeigneter Lebensräume darstellen. Dies ist aber aufgrund der unvollständigen Bearbeitung nicht der Fall. Tatsächlich zeigt die Verbreitungskarte (b) nicht die tatsächliche Brutverbreitung des Kiebitzes in England und Wales, wie sie aus der Häufigkeitskarte (c) ersichtlich wird.

erwartet werden, daß langfristig betrachtet die Veränderungen von Jahr zu Jahr ziemlich klein sind, daß es aber auch beträchtliche Schwankungen zwischen aufeinanderfolgenden Jahren geben kann, die langfristige Trends überdecken können. Dichteschwankungen, die durch die Witterung oder die Populationsgröße hervorgerufen werden, müssen auf einer soliden Datenbasis beruhen, um erkannt zu werden.

Arten, bei denen die gesamte Population mit einiger Sicherheit erfaßt werden kann, stellen kein besonderes Problem dar. So wurde beispielsweise die Zahl brütender Rohrweihen in Großbritannien über sehr viele Jahre durch alljährliche Überprüfung geeigneter Biotopstrukturen im Verbreitungsgebiet durch zahlreiche Mitarbeiter recht genau dokumentiert. Nahezu vollständig wurden in regelmäßigen Zeitabständen auch die Bestände von Haubentaucher, Wanderfalke, Baßtölpel und Provencegrasmücke in Großbritannien oder von Weißstorch, Schwarzstorch, Graureiher

und vielen Greifvogelarten in Deutschland (RYSLAVI 1993) erfaßt. In all diesen Fällen wurden trotz methodischer Unzulänglichkeiten wertvolle Ergebnisse erzielt.

Ist eine Vogelart häufig oder weit verbreitet, mag zwar ein Bestandsmonitoring nicht weniger wichtig sein, meist steht jedoch eine vollständige Bestandserfassung außer Frage. Zudem sind manche dieser Arten auch noch besonders schwer zu erfassen. Es ist zwar relativ leicht festzustellen, ob an einem Felsen ein Wanderfalkenpaar vorkommt oder nicht, es ist aber um einiges schwerer zu untersuchen, ob in einem Wald 10 oder 20 Buchfinkenpaare brüten. Derartige Probleme des Brutvogelmonitorings lassen sich in zwei Kategorien einteilen. Erstens: Wenn eine vollständige Erfassung nicht in Frage kommt, kann eine sorgfältig ausgewählte Stichprobe genommen werden. Eine Zufallsauswahl von 10-km-Quadraten (oder ähnlichen Einheiten) ist insbesondere dann sinnvoll, wenn Kenntnisse über An- und Ab-

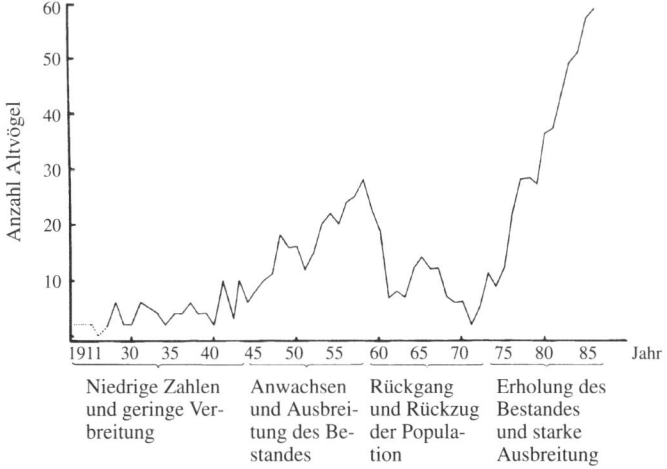

Abb. 1.5 Eine vollständige Bestandsaufnahme. Die Anzahl brütender Rohrweihen in Großbritannien von 1911 bis 1986 (aus DAY 1988)

Bei der Interpretation dieser Darstellung fallen Bearbeitungstätigkeit und Methode nicht ins Gewicht. Die einzige Frage ist, ob die Bearbeitung über den gesamten, sehr weit zurückreichenden Zeitraum gleichermaßen vollständig war, was in Anbetracht der Auffälligkeit der Art und der Konzentration auf wenige Bruthabitate durchaus gewährleistet erscheint.

**Abb. 1.6 Bestandstrends
aus Indexwerten**

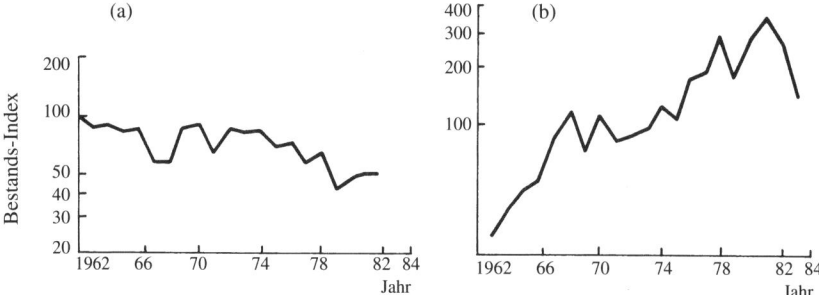

Abb. 1.6 Bestandstrends aus Indexwerten

Die Abbildungen stellen Bestandstrends von Kiebitzen auf Getreidefeldern (a) bzw. Schafweiden (b) in englischen und walisischen Probeflächen dar (aus O'CONNOR und SHRUBB 1986). Die Trends werden durch Berechnung der prozentualen Bestandsveränderungen von einem Jahr zum nächsten auf Probeflächen ermittelt, die jeweils von denselben Bearbeitern mit derselben Methode erfaßt wurden.

Die Folgerung, daß die Ergebnisse landesweit repräsentativ seien, überrascht in Anbetracht von Beobachtungen, die zeigen daß Kiebitze großräumig von Ackerflächen verschwunden sind und auch starke Bestandseinbußen in von Schafen dominierten Gebieten wie Wales erlitten haben. Die Allgemeingültigkeit der Ergebnisse hängt stark davon ab, wie die Probeflächen ausgewählt wurden und wo sie verteilt waren. Da diese Angaben fehlen, ist eine genaue Interpretation der Abbildungen nicht möglich.

wesenheit einer Vogelart bereits vorliegen. Eine derartige Methode wurde in Großbritannien z.B. beim Höckerschwan (OGILVIE 1986) und beim Waldlaubsänger (BIBBY 1989) angewendet. Demgegenüber wurden die Bestandsdaten für Alken (STOWE 1982) kritisiert, da weder eine zufällige noch repräsentative Auswahl der Brutkolonien erfolgt war. Der entscheidende Kritikpunkt dabei ist, daß bei nicht zufällig ausgewählten Stichproben eine Übertragbarkeit der Ergebnisse auf den Gesamtbestand der Population nicht gerechtfertigt ist. Es ist demzufolge wichtig zu wissen, welche Bestände genau erfaßt wurden und in welcher Beziehung diese zur Gesamtpopulation stehen. Das gilt sowohl hinsichtlich der geographischen Verteilung als auch in bezug darauf, wie gleichmäßig die verschiedenen Biotoptypen erfaßt wurden.

Umfassende, auf Stichproben basierende Bestandsmonitoringprogramme sind beispielsweise das Monitoringprogramm des Dachverbandes Deutscher Avifaunisten (DDA) bzw. der Common Birds Census (CBC) in Großbritannien. Anhand dieser Programme wird das Stichprobenproblem sehr gut veranschaulicht, weil die bisher veröffentlichten Indexwerte zu dem Glauben verführen, sie wären für die Gesamtpopulation der jeweiligen Vogelarten repräsentativ. In Wirklichkeit sind sie jedoch nur für jene Gebiete aussagekräftig, in denen die Daten erhoben wurden, nämlich vornehmlich für den Süden und Osten Englands (FULLER et al. 1985) bzw. für den Norden Deutschlands (FLADE und SCHWARZ 1992). Interne Überprüfungen gewährleisten, daß die gewählten Untersuchungsflächen die tatsächliche Bandbreite landwirtschaftlicher Nutzungsformen in diesem Gebiet widerspiegeln und nicht im Laufe der Zeit immer mehr davon abweichen. So kann man sich vorstellen, daß ein Beobachter seine Fläche aufgibt, wenn sie in eine Weizensteppe verwandelt wird, während ein neuer Bearbeiter der Versuchung nicht widerstehen kann,

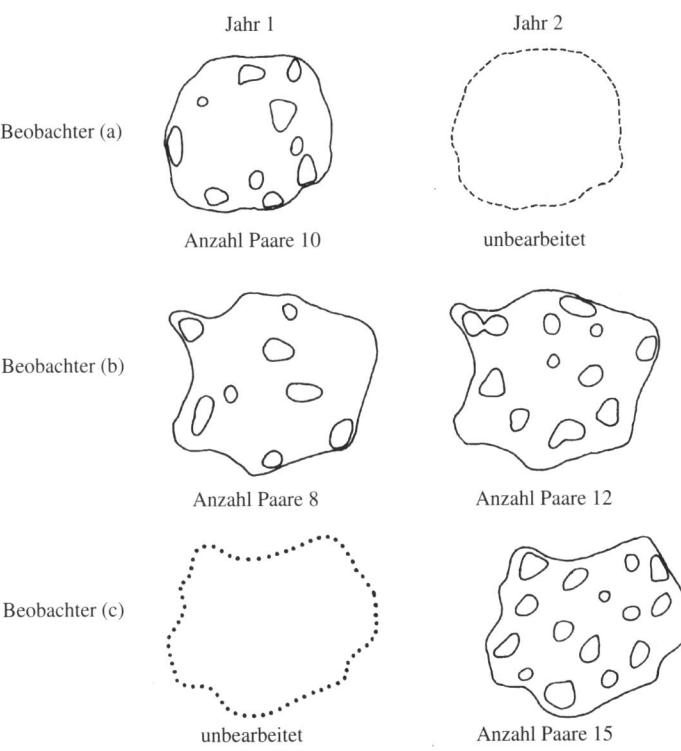

Abb. 1.7 Bestandstrends aus Untersuchungen mit Probeflächen-Paaren

Drei Revierkartierungsflächen (a bis c) werden in zwei Untersuchungsjahren in einer Region bearbeitet. Alle Flächen sind 25 ha groß und die festgestellten (hypothetischen) Waldlaubsängerreviere sind eingetragen.

Welche Aussagen sind möglich? Die mittlere Dichte des Waldlaubsängers betrug 3,6 Brutpaare/10 ha im ersten und 5,4 Brutpaare/10 ha im zweiten Jahr. Dies entspricht einer Zunahme um 50 % über alle bearbeiteten Probeflächen. Zufälligerweise zeigt auch die einzige Fläche, die in beiden Jahren bearbeitet wurde, eine 50 %ige Bestandszunahme. Kann man daraus schließen, daß die Waldlaubsänger in dieser Region von Jahr 1 zu Jahr 2 um 50 % zugenommen haben und daß sie dort allgemein in einer Dichte von 3,0 bis 6,0 Brutpaare/10 ha vorkommen?

Nicht unbedingt, denn die Bearbeiter haben ihre Flächen selbst ausgewählt und dabei interessante Wälder gewählt, die nicht typisch für die Region sind, in der Waldlaubsänger auf wenige Wälder beschränkt sind. Daher läßt sich aus den Daten kein verläßlicher Dichtewert des Waldlaubsängers für die Region berechnen. Zudem mußte Beobachter (a) aufgrund eines Sturmes, der die Hälfte der Waldflächen der Region zerstörte, seine alte Fläche aufgeben.

Wenn Bearbeiter ihre Zählungen auf den Probeflächen nicht fortsetzen, weil sie ihnen nicht mehr geeignet erscheinen, wenn also keine ausreichende Anzahl Vergleichspaare gegeben ist, wird die tatsächliche Bestandsentwicklung durch die Daten nicht mehr repräsentiert. Der Waldlaubsängerbestand war in den beiden Jahren in der Region insgesamt um 25 % gefallen.

Die Angaben in diesem Beispiel wurden bewußt übertrieben, um die grundsätzlichen Punkte zu verdeutlichen. Bei Weiterbearbeitung der Flächen wäre ersichtlich geworden, daß die Hälfte der Wälder vom Sturm zerstört wurde. Subtilere Veränderungen können demzufolge leicht übersehen werden, und Ergebnisse aus 'ungepaarten' Flächen führen oft zu falschen Schlüssen.

eine Fläche mit reichlichem Heckenbe-
stand auszusuchen. Es ist leicht nachzu-
vollziehen, daß gerade hierdurch auf
nicht zufällig ausgewählten Probeflächen Einflüsse einer Biotopverschlech-
terung nicht belegt werden können. In
der Praxis ist eine Zufallsauswahl oft
nicht möglich. Deshalb muß man sich
der möglichen Folgen sehr wohl bewußt
sein.

Das zweite Problem beim Bestandsmonitoring besteht darin, daß die Methoden von Jahr zu Jahr wiederholbar
sein müssen. Das heißt jedoch nicht, daß
bei diesen Erfassungen die ermittelten
Bestandszahlen exakt den tatsächlichen
Beständen entsprechen müßten. Denn
wenn die Zahlen aus irgendeinem Grunde generell in gleicher Weise vom
tatsächlichen Bestand abweichen, lassen
sich Veränderungen von Jahr zu Jahr
durchaus ziemlich genau bestimmen.
Dem Problem der Wiederholbarkeit
wird meist dadurch begegnet, daß ein
Bestandsindex überhaupt nur aus den
Daten derjenigen Flächen berechnet
wird, auf denen derselbe Beobachter in
aufeinanderfolgenden Jahren mit derselben Methode gezählt hat. Unter der Voraussetzung, daß ein Beobachter mit ver-
mindertem Hörvermögen bei einer Be-
standsverdoppelung beispielsweise des
Wintergoldhähnchens auch wirklich
doppelt soviele Paare erfaßt, spielt es
keine Rolle, ob zwei bzw. vier Paare
erfaßt werden, wenn der tatsächliche
Bestand 10 bzw. 20 Paare beträgt. Wird
der Bearbeiter andererseits mit den Jahren zunehmend schwerhöriger, könnte
der Eindruck entstehen, die Zahl der
Wintergoldhähnchen würde abnehmen,
obwohl sich ihr Bestand in Wahrheit
nicht verändert hat.

In Deutschland, den Niederlanden und
Großbritannien wird für Singvögel wohl
insbesondere aufgrund beispielhafter
Monitor-Programme die Methode der Revierkartierung zur Überwachung von
Brutbeständen und ihrer Veränderungen
bevorzugt. In anderen Ländern werden
dagegen überwiegend Methoden wie die
Linientaxierung (Kapitel 4), Punkt-

Stopp-Zählung (Kapitel 5) und Fangmethoden (Kapitel 6) routinemäßig
angewendet. Sogar die bemerkenswert
wenig standardisierte Weihnachtszäh-
lung ('Christmas Bird Count') in den
USA erlaubt die Ermittlung von Bestandsentwicklungen (BOCK und ROOT 1981,
DRENNAN 1981, ROOT 1988), obwohl dies
ursprünglich gar nicht beabsichtigt war.
In diesem Fall ist das Vertrauen in die Ergebnisse natürlich geringer als bei anderen Methoden, deshalb können nur größere Veränderungen mit einiger Verläßlichkeit angegeben werden. Das Wichtigste
beim Bestandsmonitoring ist ja auch
nicht, daß die Methoden ganz exakt sind,
sondern daß der systematische Fehler von
Jahr zu Jahr gleich bleibt. Für realistische
Hochrechnungen des Gesamtbestandes
ist zum einen wichtig, daß die Bestände
der Bearbeitungsflächen für das Gesamtgebiet repräsentativ sind, und zum anderen, daß eine große Zahl von Probeflächen vorliegt. Dazu sind allerdings eine biotopbezogene Flächenbilanz und ein
klares Bild der 'Grundgesamtheit' erforderlich, die z.B. für Deutschland nicht
vorliegen.

1.5 Bestimmung der
         Habitatansprüche

Die Bruthabitate der Vögel sind aus
mehreren Gründen von Interesse. In der
Praxis ist es oft von entscheidender Bedeutung, die Auswirkungen einer geänderten Landnutzung vorherzusagen. Die
Ergebnisse der Bestandserfassung können daher auch in Zusammenhang mit
der Landnutzungsplanung und beim Ge-
bietsmanagement, z.B. in Naturschutzgebieten, Anwendung finden. Gesetzli-
che Vorgaben, die Umweltverträglichkeitsprüfungen bei Gebietsentwicklun-
gen erfordern, führten zu einer Vielzahl
von Arbeiten über die Lebensräume der
Vogelarten in den USA, aus denen wichtige Beiträge zur Methodendiskussion
entstammen.

Vielfach könnte eine größere Genauigkeit erforderlich sein, um einen Vergleich mit schon publizierten Daten zu gewährleisten (obwohl man sich kaum sicher sein kann, daß diese selbst sehr genau sind). Probleme der Genauigkeit können allerdings schon beim Vergleich der Daten innerhalb der Studie auftreten, insbesondere dann, wenn die Zahl der erfaßten Biotoptypen sehr groß ist. Ist beispielsweise die Bestandserfassung in dichten Biotopen ebenso gut wie in offenen, und sind Unterschiede z. T. durch die Kartierungsmethode bedingt? Schließlich können nicht nur die Erfordernisse an die Genauigkeit zunehmen, sondern auch die an eine ausreichend große Datenmenge, die möglicherweise gegensätzliche Ansätze des Untersu-chungsdesigns erforderlich machen könnten.

Die Begründung für die Aufnahme einer großen Anzahl von Daten besteht darin, daß sich andernfalls die wenigen Probeflächen in zu vielen Charakteristika voneinander unterscheiden würden, wodurch in manchen Fällen verwirrende oder gar falsche Ergebnisse erzielt werden. Zur Bestandserfassung nach unterschiedlichen Altersklassen wurden z. B. jeweils mehrere Waldflächen ausgesucht. Aber diese Flächen könnten sich neben dem Alter auch in Exposition, Bodenqualität, Unterwuchs bzw. Kronendichte unterscheiden. Bei einer kleinen Zahl von Probeflächen besteht somit offensichtlich die Gefahr, daß untersuchte Bestandstrends durch andere Variable

Tab. 1.1 Eine hypothetische Untersuchung der Frage, wie das Alter von Bäumen die Vogelgemeinschaft eines Nadelwaldes beeinflußt, ergab auf vier gleich großen Probeflächen folgende Ergebnisse.

Probefläche	A	B	C	D
Alter (Jahre)	2	5	10	40
Baumpieper (Brutpaare)	0	6	1	18
Ziegenmelker (Brutpaare)	0	0	3	0
Buntspecht (Brutpaare)	1	0	0	0

Es ist unmöglich, die Daten zu interpretieren. Die Bestandszahlen können auf vielen anderen Unterschieden beruhen, die neben der Altersklasse für die Probeflächen charakteristisch waren. Probefläche D war von einer großen Kahlschlagfläche umgeben, die viele Baumpieper in ihre Randbereiche lockte. Probefläche C war die einzige auf Sandboden und daher die einzige mit Ziegenmelker-Vorkommen; die anderen Flächen wiesen lehmige Böden auf. Probefläche A befand sich in der Nähe eines Eichenwaldes, wo die Buntspechte brüteten. Es bleibt also eine Vielzahl von Erklärungsmöglichkeiten für die festgestellten Ergebnisse. Die Folgerung, daß Baumpieper bevorzugt in älteren Wäldern und Buntspechte bevorzugt im Jungwald vorzufinden seien, wäre also falsch.
Wie könnte die Untersuchung verbessert werden?
(1) Die Probeflächen müssen so ausgewählt werden, daß die Anzahl der Faktoren, in denen sie sich unterscheiden, sehr gering ist.
(2) Die Untersuchungsflächen sollten soweit gestreut sein, daß für jede Altersklasse mehrere Ergebnisse vorliegen. Am günstigsten hierfür wären Linientaxierungen und Punkt-Stopp-Zählungen.
(3) Der Vogelbestand auf einer Anzahl von Probeflächen sollte über mehrere Jahre verfolgt werden. Allerdings wäre ein Zeitraum von 40 Jahren zu lang, um auf die Ergebnisse zu warten.

vollkommen verdeckt werden. Wurden die anderen Variablen gar nicht registriert, könnte ihre Auswirkung unbemerkt bleiben. Wurden sie registriert, sind die üblichen statistischen Analysemethoden meist nicht mehr anwendbar, es sei denn, die Zahl der Probeflächen übersteigt die der Habitatvariablen deutlich (vgl. Kapitel 10).

Ein zusätzlicher Grund für eine große Zahl von Daten liegt darin, daß auf einer kleinen Probefläche die Mehrzahl der Vogelindividuen von einigen häufigen Arten stammen und daß die Anzahl der Vögel seltenerer vorkommenden Arten jeweils ziemlich klein ist. Es könnten ja gerade die selteneren Arten sein, die die anspruchsvolleren Habitatanforderungen haben und daher für die Untersuchung interessanter sind. In diesem Fall sind Methoden wie die Linientaxierung und Punkt-Stopp-Zählung effizienter, da sie pro Zeiteinheit mehr Daten liefern. Insbesondere eine spezielle Anwendungsform der Punkt-Stopp-Zählung läßt eine Untersuchung der Bruthabitate zu, ohne daß das normale Kartierungsverfahren überhaupt notwendig wird (vgl. Kapitel 5). Habitate können aber auch bei Revierkartierungen untersucht werden, indem die Verteilung der Vögel auf der Probefläche in bezug zu den Vegetationsstrukturen betrachtet wird (vgl. Kapitel 3).

Die Kartierung ist selbst bei biotoporientierten Studien problematisch, weil nur dann sinnvolle Ergebnisse erzielt werden, wenn die Biotope genau kartiert wurden. Dieses Problem wird im Kapitel 10 diskutiert. Auch wenn die Biotopdaten mit einem geeigneten Versuchsansatz erhoben wurden, ergeben sich schwierige statistische Probleme, die eine Benutzung von Computern und umfangreicher multivariater Statistik-Methoden notwendig machen können. Eine genauere Analyse würde den Rahmen dieses Buches sprengen, eine kurze Diskussion ist jedoch in Kapitel 10 enthalten.

1.6 Eingriffs-Experimente

Es spricht vieles dafür, Hypothesen zur Habitatnutzung experimentell zu überprüfen, wenn man einmal von der Schwierigkeit absieht, daß die hierfür notwendigen Eingriffe in die Habitatstrukturen hinreichend groß sein müssen. Für Vergleichsbeobachtungen macht man sich überwiegend in Planung befindliche Eingriffe zunutze, z. B. positive Veränderungen wie die zur Förderung der Ansiedlung gewisser Arten(gruppen) in Naturschutzgebieten oder negative wie bei Projekten zur sogenannten Verbesserung von Fließgewässern. Eigentlich wäre das einzig zufriedenstellende Ergebnis die Kenntnis darüber, welche Bestandsveränderungen auf den Probeflächen eingetreten wären, wenn es keine Biotopveränderungen gegeben hätte. Theoretisch ist es möglich, die Vergleichsuntersuchung in nur zwei aufeinanderfolgenden Jahren zu machen, aber wie kann man in solchen Fällen sicher sein, ob die Veränderungen bei einer Art auf den Eingriff oder auf einen externen Faktor wie Trockenheit in den Winterquartieren zurückzuführen sind?

Ein gutes Versuchsdesign beinhaltet auch die Bearbeitung einer Kontrollfläche mit demselben Arbeitsaufwand vor und nach dem Eingriff. Besonders problematisch sind Studien, die sich auf eine einzige Saison konzentrieren, wie sie z. B. oft bei Untersuchungen von Pestizideinsätzen erforderlich sind. In solchen Fällen wird es sehr schwer sein, saisonale Unterschiede in der Erfaßbarkeit der Vögel einzubeziehen. Derartige Probleme sind nur mit einem sehr detaillierten methodischen Ansatz annähernd lösbar.

Eine häufige Schwierigkeit solcher Studien ist, daß die Datenmenge sowohl im statistischen Sinne zu gering ist und daß meist nur die häufigeren Arten erfaßt werden. Liegen der Untersuchung aus Gründen der Zweckdienlichkeit schon Planungsvorhaben zugrunde, lohnt es sich, auf eine ausreichende

Probefläche A

Jahr A
vor der Ausdünnung

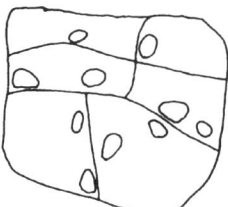

Zahl der Brutpaare: 10

Jahr B
Nach der Ausdünnung

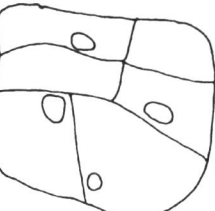

Zahl der Brutpaare: 4

Abb. 1.8 Der Einsatz von Kontrollflächen

Kontrollfläche

Jahr A

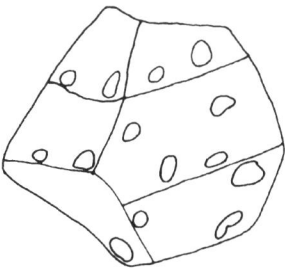

Zahl der Brutpaare: 14

Jahr B

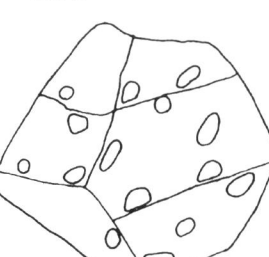

Zahl der Brutpaare: 15

Die Abbildung zeigt ein hypothetisches Experiment zur Frage, wie sich das Ausdünnen eines Nadelforstes auf den Bestand an Zaunkönigen auswirkt. Eine Probefläche (A) wurde sowohl vor als auch nach dem Ausdünnen untersucht.

Was aus der Abnahme des Zaunkönigs zu schließen ist, bleibt unklar, denn der Schneefall im Dezember, der stärkste seit Menschengedenken, könnte sich auch ohne die Ausdünnung auf den Bestand ausgewirkt haben. Der Bestandsindex des britischen Common Birds Census (CBC) gibt für die entsprechenden Jahre eine Zunahme um 8 % an. Leider kann diese Angabe hier auch nicht weiterhelfen, da sich die Untersuchungsflächen im Norden Schottlands befinden, während der CBC-Index auf einem starken Übergewicht an südenglischen Flächen basiert, wo kaum Schnee gefallen war.

Durch Kartierung einer Kontrollfläche, die keine Veränderungen in der Vegetation aufweist, könnte die Untersuchung verbessert werden. Dort wird der Einfluß weiterer Faktoren, etwa des Wetters, gemessen. Bei der vorliegenden Studie nahm die Zahl der Zaunkönige auf der Kontrollfläche nicht ab.

Folgerung: Die Zaunkönige zeigten infolge des Schneesturmes keine hohe Mortalität (der Schnee schmolz sehr schnell). Die Abnahme in Probefläche A ist daher wahrscheinlich auf die Ausdünnung zurückzuführen. Ohne eine Wiederholung der Untersuchung ist es jedoch schwierig zu sagen, ob das Ergebnis von allgemeiner Gültigkeit ist.

Größe der Probefläche zu achten. So sind Schlagflächen in britischen Wäldern selten größer als ein Hektar. Dadurch können die meisten möglichen Arten ganz fehlen oder sie sind nur durch ein Paar repräsentiert, dessen Reviergrenze sogar noch über die Fläche hinausreichen könnte. Ist die Fläche zu klein, um sinnvolle Ergebnisse zu erzeugen, sollte die Untersuchung neu geplant werden, bevor überhaupt Daten gesammelt werden.

1.7 Folgerungen

Im folgenden werden wir versuchen darzustellen, welche Methoden auf welche Weise bei verschiedenen Zielvorgaben eingesetzt werden können. Dabei ist eine subjektive Auswahl der Beispiele unvermeidlich. In Tabelle 1.2 erfolgt eine Auswahl neuerer Studien, eingeteilt in angewandte Methode bzw. Zielvorgaben. Dies eröffnet die Möglichkeit, in den entsprechenden Kapiteln direkt weitere Einzelheiten nachzulesen bzw. auf die entsprechende Referenzliteratur zurückzugreifen.

In diesem Kapitel wurde ein kurzer Abriß über mögliche Zielvorstellungen von Bestandsaufnahmen gegeben. Der nachfolgende Teil des Buches beschreibt einige der vielen möglichen Erfassungsmethoden. Es ist sicherlich nicht einfach, für seine Fragestellung die richtige Methode zu finden. Daher wird in diesem Buch immer wieder darauf hingewiesen, daß die richtige Methode diejenige ist, mit der die Fragen hinreichend beantwortet werden können. Eine sorgfältige Planung, insbesondere in der Auswahl geeigneter Methoden für die jeweilige Fragestellung wird sich immer auszahlen, vor allem in Anbetracht der Zeit, die durch unzureichende Methoden verlorengehen könnte. Folglich ist es als erstes wichtig zu klären, welche Fragestellung man mit der Untersuchung überhaupt angehen will. Auf welcher Ebene soll das Ergebnis Gültigkeit haben? Genügt eine Aussage über das Untersuchungsgebiet selbst, soll über einen oder mehrere Biotoptypen etwas ausgesagt werden oder eventuell über eine Region? Die Auswahl und Zahl der Probeflächen wird meist den Geltungsbereich der Untersuchung festlegen; entsprechen aber die gewählten Probeflächen auch den Erfordernissen der Fragestellung? Benötigt man z. B. eine vollständige Bearbeitung oder ist der gewählte Maßstab so groß, daß eine Auswahl der Probeflächen nötig wird? Wenn eine Auswahl getroffen wird, wie kann gesichert werden, daß sie für die untersuchten Bedingungen repräsentativ ist?

Welche Erfassungsgenauigkeit und welcher Grad an methodischer Fehlerfreiheit wird bei den Ergebnissen vorausgesetzt (Kapitel 2) und wie kann man sie erreichen? Die Frage der Genauigkeit enthält insbesondere die Frage, ob die Erfassung absoluter oder relativer Häufigkeiten notwendig ist. Kommt es darauf an, die Zahl einer bestimmten Vogelart exakt zu bestimmen oder genügt ein Index, unter der Voraussetzung, daß dieser bei häufigen Arten groß ist und bei seltenen klein? Es wird sehr häufig angenommen, daß die Erfassung absoluter Zahlen nötig ist. In Wirklichkeit sind diese jedoch bestenfalls durch extrem hohen Aufwand zu ermitteln und schlimmstenfalls gar nicht erreichbar. Damit ist der Versuch, Absolutzahlen zu ermitteln, in vielen Fällen sinnlos. Zudem können die meisten Fragen mit relativen Bestandszahlen beantwortet werden.

Schließlich sollte man sich für die Wahl der Auswertungsmethode einige Zeit nehmen. Man erhält dadurch eine weitere Möglichkeit, um festzustellen, ob die ausgewählte Methode für die Fragestellung geeignet ist. Sind die genannten Hürden überwunden, ist es an der Zeit, eine Bestandserfassungsmethode zu wählen.

Beispiele für die Verwendung der verschiedenen Methoden sind den folgenden Tabellen zu entnehmen.

Tab. 1.2 Beispiele für die Verwendung der unterschiedlichen Erfassungsmethoden bei ornithologischen Untersuchungen. Einige der hier zitierten Arbeiten sind im Text ausführlich besprochen.

Erfassungsmethode (Kapitel)	Biogeographie	Arteninventar/ Gebietsbewertung	Index der Bestandsänderungen	Habitat präferenz	Dichteabhängigkeit	Lebensdauer Überlebensrate	Physiologische Untersuchungen
1+2 Ermittlung von Absolutzahlen		• Rohrweihe GB (DAY 1988) • Graureiher (MARQUSS 1989)	• dto. • dto.		• Säbelschnäbler (HILL 1988) • Sperber (NEWTON 1988)		
3 Revierkartierung		• Rohrdommel • Weißstorch • Greifvögel • Eulen • Singvögel • Wiesenvögel (KUSCHERT 1983) • Waldvögel (SCHERZINGER 1985)	• Kiebitz GB (SHRUBB und LACK 1991) • DDA-Monitoringprogramm (FLADE und SCHWARZ 1992) • Zwergtaucher GB (VINICOMBE 1982) • Rohrdommel GB • Moorschneehuhn (HUDSON und RANDS 1988) • Fasan (HILL und ROBERTSON 1988) • Ziegenmelker und Eulen • Teich- und Bläßhuhn • Wachtelkönig (STOWE und HUDSON 1988)	• dto. • Waldvögel GB (FULLER et al. 1989) • Buschsteppenvögel USA (WIENS 1969,1973)	• Moorschneehuhn (ANDREEV 1988) • Kleiber (MATTHYSEN 1989)		
4 Linientaxierungen	• Meeresvögel auf See (TASKER et al. 1984)	• Auerhuhn • Birkhuhn • Limikolen (Wiesenbrüter) • Singvögel • Waldvögel (OELKE 1992)	• Finnisches Monitoringprogramm • Greifvögel- und Eulenerfassung USA (FULLER und MOSHER 1981) • Auerhuhn (ROLSTAD und WEGGE 1987) • Limikolen (FULLER et al. 1983) • Raubmöwen (FURNESS 1982) • Möwen, Unzertrennliche (THOMPSON 1989)	• Buschsteppenvögel USA (WIENS und ROTHENBERRY 1985) • Hochseevögel (RYAN und COOPER 1989)			

Tab. 1.2 (Fortsetzung) Beispiele für die Verwendung der unterschiedlichen Erfassungsmethoden bei ornithologischen Untersuchungen. Einige der hier zitierten Arbeiten sind im Text ausführlich besprochen.

Erfassungsmethode (Kapitel)	Biogeographie	Arteninventar/ Gebietsbewertung	Index der Bestandsänderungen	Habitat präferenz	Dichteabhängigkeit	Lebensdauer Überlebensrate	Physiologische Untersuchungen
5 Punkt-Stopp-Zählungen	• Singvögel • Azorengimpel (BIBBY und CHARLTON 1991; MASSA und FEDRIGO 1989)	• Singvögel	• DDA-Brutvogelmonitoring (FLADE und SCHWARZ 1992) • Brutvogelmonitoring USA (ROBBINS et al. 1986) • Eichen-/Kiefernwaldvögel (VERNER und MILNE 1989)	• Frühe Waldstadien GB (BIBBY et al. 1985) • Waldvögel und Habitatstruktur (BIBBY und ROBINS 1985; HILL et al. 1990; JEDICKE 1994)			
6 Fang-Wiederfang			• LINCOLN-Index, Kanadagans (HESTBECK und MALECKI 1989) • DU FEU-Methode (DU FEU et al. 1983) • Unzertrennliche (THOMPSON 1989)		• Fasan, GB (HILL und ROBERTSON 1988)	• Weißstorch (KANYAMIBWA et al. 1990) • Zwergschwan, Nonnengans (OWEN und BLACK 1989) • Rastplatz D (KAISER 1994)	
6 Fang pro 'Einheitsfangmaß'		• Singvögel (KAISER und BAUER 1994)	• CES-Programm GB • Hohltaube GB (O'CONNOR und MEAD 1984) • MRI-Programm (BERTHOLD et al. 1993)			• MULT-Programm USA (CONROY et al. 1989)	
6+9 Radiotelemetrie				• Fasan und Waldränder (HILL und ROBERTSON 1988) • Rebhuhn, Rothuhn (GREEN 1988) • Waldschnepfe			• Wanderalbatros (JOUVENTIN und WEIMERSKIRCH 1990)

Tab. 1.2 (Fortsetzung) Beispiele für die Verwendung der unterschiedlichen Erfassungsmethoden bei ornithologischen Untersuchungen. Einige der hier zitierten Arbeiten sind im Text ausführlich besprochen.

Erfassungsmethode (Kapitel)	Biogeographie	Arteninventar/ Gebietsbewertung	Index der Bestands-änderungen	Habitat-präferenz	Dichteab-hängigkeit	Lebensdauer Überlebensrate	Physiologische Untersuchungen
7+8 Direkte und indirekte Erfassung	• Vallisneriaente (LOVVORN 1989) • Pinguine (SCHWALLER et al. 1989)	• Wasser- und Watvögel, Seevögel, Rabenvögel • Limikolen und Satelliten-bildauswertung (AVERY und HAINES-YOUNG 1990)	• Brütende Enten (HILL 1984a,b) • Entenerpel im Brut-gebiet (PÖYSÄ 1984) • Greifvogelzug • Rebhuhn (POTTS 1986) • Wiesenbrütende Limi-kolen (BTO 1989) • Rastende Limikolen (HORNE und SHORT 1988) • Waldschnepfenbalz (TAPPE et al. 1989) • Seevogelkolonien • Rabenvögel	• Tauchenten (BERGAN und SMITH 1989) • Uferschnepfe (BUKER und GROEN 1989)	• Limikolen (Goss, CUSTARD und DURELL 1990) • Spaltfußgans (BAYLISS 1989) • Schneegans (COOCH et al. 1989)		• Tauchenten (BERGAN et al. 1989) • Limikolen (YOUNG 1989)
7 Über-prüfung geeigneter Biotop-strukturen	• Steinadler (WATSON et al. 1989)	• Schlafplatzzählung Kornweihe (CLARKE und WATSON 1990)	• Seetaucher GB (CAMPBELL und TALBOT 1987) • Graureiher GB (MARQUISS 1989) • Auffällige Wasservogelarten (OGILVIE 1986) • Mäusebussard GB (TAYLOR et al. 1986) • Greifvögel am Schlafplatz (CLARKE und WATSON 1990) • Eulen; Rabenvögel				

Tab. 1.2 (Fortsetzung) Beispiele für die Verwendung der unterschiedlichen Erfassungsmethoden bei ornithologischen Untersuchungen. Einige der hier zitierten Arbeiten sind im Text ausführlich besprochen.

Erfassungsmethode (Kapitel)	Biogeographie	Arteninventar/ Gebietsbewertung	Index der Bestandsänderungen	Habitatpräferenz	Dichteabhängigkeit	Lebensdauer/ Überlebensrate	Physiologische Untersuchungen
1+2+9 Verbreitungsstudien An-/Abwesenheit	• Kiebitz GB (SHRUBB und LACK 1991) • Limikolen (SMITH 1983) • Schwarzkehlchen, Devon (SITTERS 1988) • Mäusebussard GB (TAYLOR et al. 1988) • Birkhuhn D (SCHUSTER und D'OLEIRE-OLTMANNS 1994) • Atlasarbeiten (SHARROCK 1976; ROBBINS et al. 1986; ROOT 1988; POMEROY 1989; WELSH 1989; weitere Zitate in Kapitel 9) • Wiederaufforstung, Satellitenbildauswertung (SMITH 1988)	• Kanarenschmätzer (BIBBY und HILL 1987)	• Neuntöter (BIBBY 1973) • Wintervögel USA (ROOT 1988) • Änderungen in der Vogeldichte (BART und KLOSIEWSKI 1989)	• Kiebitz GB (SMITH 1983; SHRUBB und LACK 1991) • Goldammer und Landwirtschaft (WILLIAMSON 1968) • Vögel im Winter USA (ROOT 1988) • Waldvögel (FULLER et al. 1989) • Vögel der Moore/Heiden (BIBBY und TUBBS 1975) • Rebhuhn und Landwirtschaft (GREEN 1984)			

1.8 Zusammenfassung

Welche Zielsetzung hat die Untersuchung?

Lohnt sich die Beantwortung der Frage?
Was kann aus früheren Untersuchungen dazu in Erfahrung gebracht werden?
Welche Stufe der Allgemeingültigkeit wird angestrebt?
Welche und wieviele Arten müssen untersucht werden?
Genügen Schätzungen bzw. Indizes oder sind Absolutzahlen notwendig?
Welche Stichprobenzahl ist erforderlich?

Welche Freilandmethoden werden angewendet?

Welche grundsätzliche Methode ist am besten geeignet (Revierkartierung, Linientaxierung, Überprüfung geeigneter Habitate etc.)?
Wieviele Probeflächen/Routen/Stopps sind notwendig?
Wie soll die Auswahl der Probeflächen erfolgen?

Welcher Aufwand ist für die Untersuchung nötig (Zeit bzw. Geld)?
Sind die Bearbeiter erfahren oder ist eine Einführung notwendig?
Welche Fehlerquellen können auftreten?
Welche Schritte werden eingeleitet, um Fehler zu vermeiden?
Wie erfolgt die Erfassung im Feld? – Entwicklung von Vordrucken, Formblättern etc.

Sind die Methoden der Zielsetzung angepaßt?

Sind die Methoden ausreichend genau, aber nicht zu aufwendig?
Müssen zusätzliche Faktoren erfaßt werden?

Welche Auswertungsmethode ist vorgesehen?

Genügt die Zahl der Stichproben?
Wie sieht es mit selteneren Arten aus?
Sind genügend Daten aus den verschiedenen Biotoptypen vorhanden?
Welche statistischen Verfahren und welcher Computeraufwand werden notwendig sein?

2 Fehlerquellen bei Bestands-erfassungen

2.1 Einführung

Die Anzahl Vögel an einem bestimmten Ort, die durchschnittliche Dichte einer Art zur Brutzeit in einem bestimmten Habitat oder was auch sonst bestimmt werden soll, hat einen exakten Wert – den wahren Wert, der uns natürlich nicht bekannt ist. Mit wenigen geringfügigen Ausnahmen wird sich der erfaßte Wert vom wahren Wert unterscheiden. Der Unterschied zwischen den beiden Werten wird Fehler genannt, wobei hier ein Fehler im statistischen Sinne, nicht ein Fehler im umgangssprachlichen Sinne, gemeint ist. In vielen Arbeiten über Vogelbestandsaufnahmen fehlen direkte Angaben zu den Fehlern – ihr Verständnis ist jedoch eine Grundvoraussetzung für jede Versuchsplanung. Oberflächlich betrachtet könnte man meinen, Fehler seien unerwünscht und müßten vermieden werden. Tatsächlich ist dies weder möglich, noch notwendigerweise der beste Versuchsansatz. Wie man auch immer verfährt, Fehler sollten keinesfalls ignoriert werden. Es gibt zwei Quellen für Fehler: natürliche ('statistische') Variation und systematische Fehler (engl. bias). Ergebnisse, die nur in geringem Ausmaß von Fehlerquellen beeinflußt sind, werden als genau (engl.: precise) und frei von methodischen Fehlern (engl.: unbiased, accurate) bezeichnet. Die Faktoren Genauigkeit (engl.: precision) und Freiheit von systematischen Fehlern (engl.: accuracy) sind sehr wichtig und müssen bei der Planung von Vogelbestandsaufnahmen in jedem Falle Berücksichtigung finden.

2.2 Erfassungsgenauigkeit

Angenommen, es soll die mittlere Dichte der Feldlerche in relativ einheitlichem Ackerland während eines bestimmten Sommers ermittelt werden. Dabei wird von der unwahrscheinlichen Annahme ausgegangen, daß die Möglichkeit besteht, die Zahl der Brutpaare auf einer kleinen Probefläche ganz exakt zu bestimmen. Die Dichte auf dieser Probefläche könnte sehr ähnlich der mittleren Dichte im gesamten Untersuchungsgebiet sein, jedoch werden beide kaum exakt übereinstimmen. Ebenso unwahrscheinlich wäre es, daß der Leser genau die mittlere Größe eines Mitteleuropäers aufweist. Bearbeitet man nun mehrere Probeflächen und berechnet den Mittelwert daraus, wird das Ergebnis vermutlich genauer sein. Bei der Bearbeitung von 100 Probeflächen, und das ist eher ein theoretischer als ein praktischer Vorschlag, käme der erfaßte Mittelwert dem wahren Wert wohl sehr nahe. Eine Abbildung der Häufigkeitsverteilung der Dichtewerte aus diesen Probeflächen hätte eine annähernd glockenförmige, symmetrische Form. Ist die Anzahl Probeflächen unendlich groß, kann die Verteilung in einer geglätteten Kurve, der Normalverteilung, dargestellt werden. Eine einzelne Probefläche wird nur in seltenen Fällen für das Ergebnis exakt repräsentativ sein. Erst mit zusätzlichen Flächen erreicht der Mittelwert näherungsweise den wahren Wert, d. h. das Ergebnis wird zunehmend genauer.

Im vorliegenden Beispiel entstand der Fehler bzw. die Ungenauigkeit dadurch, daß nur ein kleiner Teil der betreffenden

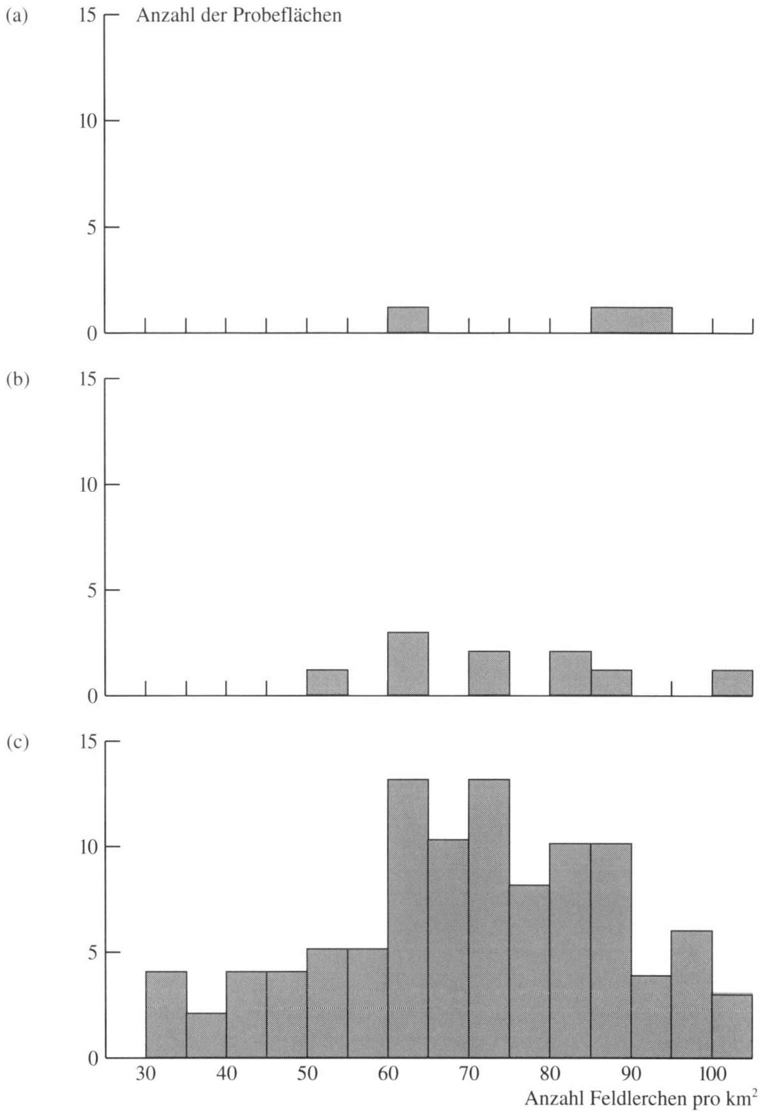

(a) 15 ⌐ Anzahl der Probeflächen

Abb. 2.1 Die Genauigkeit nimmt mit der Stichprobenanzahl zu

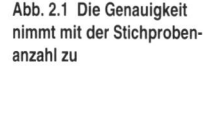

(b)

(c)

Anzahl Feldlerchen pro km^2

Die Abbildung zeigt hypothetische Dichtewerte der Feldlerche auf kleinen Probeflächen in einem großräumigen einheitlichen Untersuchungsgebiet. Die wirkliche Dichte liegt bei 7,0 Vögeln/10 ha, SE = 2,0.

(a) Die Ergebnisse von drei Probeflächen streuen um den wahren Wert (den der Bearbeiter nicht kennt). Aus den drei Flächen ergibt sich ein Mittelwert von 8,2 Vögeln/10 ha.

(b) Der Mittelwert aus zehn Probeflächen liegt mit 7,5 Vögeln/10 ha recht nahe am wahren Wert.

(c) Die Bearbeitung von 100 Probeflächen würde einen enormen Arbeitsaufwand erfordern, andererseits aber neben der mittleren Dichte auch aufschlußreiche Daten zu den Abweichungen zwischen den Probeflächen vermitteln (Mittelwert aus den Flächen: 7,1 Vögel/10 ha).

Gesamtfläche bearbeitet wurde und die Vögel nicht genau gleich auf das Gebiet verteilt waren. Dies könnte mehrere Ursachen haben, z. B. zufällig oder durch die Abfolge der Ansiedlung bedingt sein oder weil das Habitat weit weniger einheitlich war als stillschweigend angenommen wurde. Manche Meßfehler haben ebenfalls die Eigenschaft, sich bei zunehmender Stichprobenzahl herauszumitteln. Wenn z. B. 100 Personen mit demselben Maßband ihre Größe messen, würden die Ergebnisse sicherlich um einiges variieren, aber sie wären sehr wahrscheinlich eng um den wahren Wert gruppiert. Die Normalverteilung ist so häufig, daß sie einer Vielzahl von statistischen Verfahren zugrundeliegt und meist an den Anfang sehr vieler Lehrbücher gestellt wird. Auf entsprechende Statistikbücher sei an dieser Stelle verwiesen, wenn eine ausführlichere Darstellung gewünscht wird als sie hier möglich ist (vgl. NIEMEYER in BERTHOLD et al. 1980, SACHS 1984, ZÖFEL 1985). Eine Einführung mit Beispielen aus der Vogelwelt liefern z. B. FOWLER und COHEN (1986).

Wenn die Dichteunterschiede zwischen zwei Probeflächen nicht auf die Erfassungsmethode zurückzuführen sind, liegen sie in den untersuchten Faktoren selbst begründet. Dem kann man nur durch eine Vergrößerung der Probefläche begegnen – dies entspricht wiederum einer Zunahme der Stichprobenzahl, über die ein Mittelwert gebildet werden kann. Dabei ist es weit weniger sinnvoll, den gesamten Arbeitsaufwand in eine riesige Probefläche zu stecken, wodurch man nur ein einziges Ergebnis erhält, vielmehr sollte eine Vielzahl kleinerer Probeflächen bearbeitet werden (theoretisch ist dies auch durch eine nachträgliche Unterteilung einer riesigen Probefläche möglich). Dadurch wird neben der Mittelwertsberechnung eine Schätzung über den Grad der Genauigkeit bzw. des Fehlers möglich. Allerdings dürfen die Flächen auch nicht zu klein gewählt werden, da die Bestandsgrößen der Arten durch Randlinieneffek-

te (viele Teil- und Randsiedler) überschätzt werden könnten (vgl. ausführliche Diskussion bei SCHERNER 1981). Der Standardfehler von Dichtewerten ist ein Maß des Fehlers, der einer Beobachtung zugrundeliegt. Eine einfache statistische Anpassung (Transformation) mit einem geeigneten Wert ermöglicht es, den Bereich in einer Tabelle der t-Verteilung nachzulesen, bei dem man einigermaßen sicher sein kann, daß er in der Nähe des wahren Wertes liegt. Ein üblicher Wert für die statistische Sicherheit ist 95 %. Die Extremwerte dieses Bereiches, in denen der wahre Wert in 95 von 100 Fällen vermutet wird, werden als 95 %-Vertrauensbereich des ermittelten Wertes bezeichnet. Mit Zunahme der Stichprobenzahl wird sich der Werteumfang innerhalb des Vertrauensbereiches einengen. Dies entspricht im statistischen Sinne der intuitiv verständlichen Erkenntnis, daß sich der berechnete Mittelwert mit zunehmender Stichprobenzahl dem wahren Wert annähert. (Abb. S. 37)

Das bedeutet, daß sich die Genauigkeit der Daten beeinflussen läßt. Sie läßt sich steigern, indem die Zahl der Stichproben vergrößert wird, aber dies erfordert einen größeren Zeitaufwand. Unglücklicherweise nimmt die Genauigkeit nur im Verhältnis zur Quadratwurzel der Stichprobengröße zu. Will man demzufolge die Genauigkeit des Ergebnisses aus 10 Probeflächen verdoppeln, benötigt man weitere 30 Probeflächen, bei erneuter Verdoppelung weitere 120. Es ist ganz offensichtlich, daß recht schnell unrealistische Stichprobengrößen erreicht werden und die Genauigkeit der Zahlen gegen den dazu notwendigen Arbeitsaufwand abgewogen werden muß. Die Genauigkeit hängt zudem von der Fragestellung ab. Manchmal reicht schon ein Durchschnittswert, der mit 50 %iger Sicherheit richtig ist, manchmal ist eine größere Genauigkeit erforderlich. Soll der ermittelte Dichtewert mit dem eines anderen Gebietes verglichen werden, dann hängt die benötigte Genauigkeit davon ab, welche Unter-

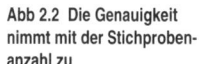

Abb 2.2 Die Genauigkeit nimmt mit der Stichprobenanzahl zu

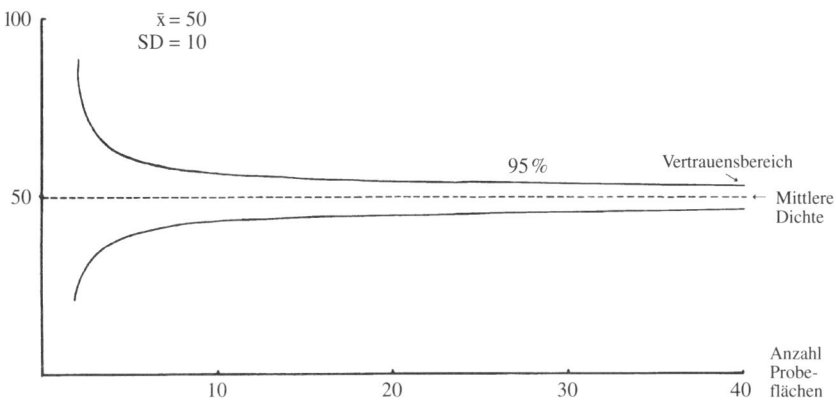

Die Abbildung zeigt den Zusammenhang zwischen der Anzahl der Probeflächen und dem jeweiligen Vertrauensbereich für die Ergebnisse einer hypothetischen Population.

schiede man erwartet. Sind die Werte völlig verschieden, reichen recht ungenaue Angaben, um die Aussage bestätigen zu können. Sind sie jedoch sehr klein, wird ein recht großer Arbeitsaufwand nötig sein, um die entsprechende Genauigkeit zu erzielen. Im günstigsten Falle läßt sich die Größe des Unterschiedes zwischen den Vergleichsflächen anhand einer Pilotstudie oder Literaturangaben vorhersagen. Wenn die wahrscheinliche Variation der Ergebnisse bekannt ist, genügt ein einfaches statistisches Verfahren zur Ermittlung der notwendigen Stichprobenzahl. Stellt sich dabei heraus, daß weitaus mehr Proben notwendig sind, als man je sammeln könnte, ist es nicht sinnvoll, die Arbeit fortzusetzen. In diesem Fall muß die Untersuchung neu angegangen werden, was eine Menge Zeit ersparen kann. Umgekehrt (wenn auch in der Praxis weit seltener) kann man seine Zeit auch damit verschwenden, mehr Daten zu sammeln als wirklich nötig sind. Diese Zeit könnte sinnvoller zur Ermittlung anderer Ergebnisse im Rahmen derselben Studie verwendet werden.

In der Tat wird bei vielen Untersuchungen zum Vogelbestand die Genauigkeit der Daten überhaupt nicht überprüft. Selbst eine Annäherung von 25 %

an den wahren Wert wäre häufig eine große Verbesserung.

Von noch grundlegenderer Bedeutung ist die Forderung, generell mindestens zwei Probeflächen zu bearbeiten, bevor allgemeingültige Aussagen getroffen werden. Denn sollten sich die Ergebnisse der beiden Flächen stark unterscheiden, sind sie nicht ohne weiteres zu verallgemeinern. Andererseits könnten übereinstimmende Ergebnisse zweier Probeflächen auch durch Zufall zustandekommen. Trotzdem macht sich schon bei dieser sehr niedrigen Zahl gleichartiger Untersuchungen ein zusätzlicher Arbeitsaufwand bezahlt, weil dadurch das Vertrauen in die erhaltenen Ergebnisse steigt. Die entscheidende Bedeutung zusätzlicher Probeflächen liegt darin, daß andere Vogelindividuen an anderen Orten erfaßt werden. Es genügt also nicht, die Anzahl erfaßter Vögel durch eine Vergrößerung der Zahl der Kontrollgänge auf einer einzigen Probefläche zu steigern.

In unserem Beispiel ist entscheidend, daß die Dichte der Feldlerche in einem festgelegten Gebiet bestimmt werden soll, das zu groß für eine vollständige Bestandserfassung ist. Wäre dagegen eine vollständige Erfassung in einem relativ kleinen Untersuchungsgebiet möglich, würde sich die Frage der Genauigkeit nicht in gleichem Maße stellen. Andererseits könnte man in diesem Falle die Ergebnisse kaum als allgemeingültig betrachten. Die Aussage wäre dann auf dieses bestimmte Gebiet, z. B. eine größere Ackerfläche, beschränkt.

Wir schlagen daher vor, daß ein genauer Dichtewert, wo immer möglich, durch die Erfassung von mehr als einer Probefläche ermittelt wird. Aber wie sollen die Probeflächen ausgewählt werden? Die Antwort ist, sie sollten zufallsverteilt im gesamten Untersuchungsgebiet liegen, über das eine Aussage gemacht werden soll. Die entscheidende Eigenschaft der Zufallsverteilung ist, daß die Wahrscheinlichkeit der Auswahl für alle Flächen innerhalb des Gebietes gleich ist. Die Auswahl sollte also in keinem Fall durch vorherige Kenntnisse über die erwartete Zahl von Vögeln beeinflußt werden. Dies ist eine Grundvoraussetzung, um sicherzustellen, daß die Ergebnisse für das gesamte Untersuchungsgebiet gültig sind und keinem systematischen Fehler (bias) unterliegen (siehe Seite 39).

Bei der Zufallsauswahl empfiehlt sich folgende Vorgehensweise: Alle kartierbaren Flächen werden numeriert, die Auswahl der Flächen erfolgt durch Zufallszahlen aus dem Computer oder einer entsprechenden Tabelle. Sie sollte auf keinen Fall mit dem Auge erfolgen, z. B. durch Einstechen auf einer Karte mit einer Stecknadel, denn das menschliche Auge ist für eine Zufallsauswahl aus einer Reihe von Punkten außerordentlich schlecht geeignet. Noch weniger sollte man so vorgehen, die Probeflächen durch Betrachten der Karte derart auszuwählen, daß eine Auswahl recht durchschnittlich erscheinender Flächen zustandekommt. Stattdessen erfolgt die Auswahl der Probeflächen in zunehmendem Maße auf der Basis des UTM-Gitters (oder z. B. auf Meßtischblattbasis), woraus zufallsmäßig mehrere 10-km-Quadrate oder kleinere Einheiten ausgewählt werden. Diese Verfahrensweise macht die Auswahl einfach und ist für viele Versuchsansätze sinnvoll.

Abb 2.3 Zufallsverteilte und geschichtete Auswahl

(a)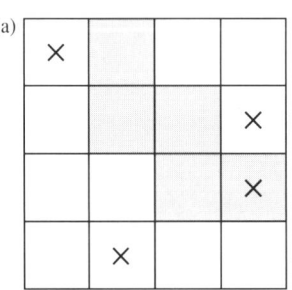

(b)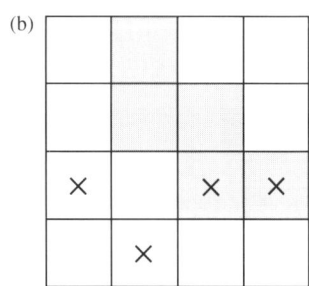

(a) Das Untersuchungsgebiet wird in quadratische Flächen eingeteilt. Die Probeflächen werden nun zufällig ausgewählt, um allgemeingültige Aussagen über das Gesamtgebiet zu gewährleisten. Zufallsbedingt liegen drei Probeflächen im gleichen Biotoptyp und nur eine in einem anderen.

(b) Wie in (a) wird das Untersuchungsgebiet in quadratische Flächen eingeteilt. Diese Quadrate werden einem von zwei Biotoptypen zugeordnet, von denen man weiß oder annimmt, daß sie sich in ihrer Eignung für die untersuchte Art unterscheiden. Jeweils zwei Probeflächen werden nun zufallsgemäß aus den beiden Biotoptypen ausgewählt.

Obwohl ein Großteil der Variabilität der Dichtewerte verschiedener Probeflächen auf die Eigenschaften der untersuchten Faktoren zurückführbar ist, gibt es noch einen anderen Ansatz diese zu ermitteln. Unterschiede zwischen den Probeflächen könnte beispielsweise die Variation der einzelnen Dichtewerte bedingen. Es kann deshalb sinnvoll sein, Habitattypen zu unterscheiden und diese getrennt zu kartieren. Beim Beispiel Feldlerchen könnte man die Dichtewerte auf verschiedenen Anbauflächen bestimmen, indem einige Probeflächen mit Zuckerrüben bzw. mit Weizen herausgegriffen werden. Mit demselben Arbeitsaufwand ließe sich somit eine genauere Aussage über den Einfluß verschiedener Ackerkulturen auf den Bestand machen als für das gesamte, sehr heterogene Gebiet. In diesem Falle erfolgt die Auswahl der Flächen aufgrund der Kenntnis von Vorkommen und Häufigkeit bestimmter Strukturtypen, wobei die Anzahl der Probeflächen des jeweiligen Typs von den Zielsetzungen der Untersuchung abhängt.

In vielen Fällen wird es wünschenswert sein, weniger häufige Habitattypen mit größerem Feldaufwand zu kartieren als dies bei einer Zufallsauswahl geschehen würde. Diese Auswahlmethode wird als geschichtete Auswahl (stratified sampling) bezeichnet. Alle potentiellen Probeflächen oder Quadrate werden einer bestimmten Schicht zugeordnet (z. B. einem Anbautyp) und die Versuchsflächen zufallsgemäß aus jeder dieser Schichten ausgewählt. Die Habitatunterschiede können weniger scharf sein als bei den o. g. Anbautypen und Übergänge aufweisen, wie z. B. bei Heckenbeständen auf verschiedenen Wiesenflächen. In diesem Falle können die Probeflächen entlang des Variationsbereiches verteilt werden, wobei die Heckendichte auf jeder Fläche gemessen wird und die Auswertung anschließend regressionsanalytisch erfolgt.

2.3 Vermeidung systematischer Fehler

In der Absicht, eine hohe Genauigkeit zu erreichen, treten Zufallsfehler auf, die sich bei großer Stichprobenzahl herausmitteln. Bei einer anderen Fehlerklasse weisen derartige Fehler jedoch immer in eine Richtung und verschwinden nicht mit großen Stichproben. Sie werden daher systematische Fehler (bias) genannt. Methoden, die frei von systematischen Fehlern sind, werden als „methodisch korrekt" (accurate) bezeichnet. Bei der Beschreibung des Feldlerchenbeispiels postulierten wir bezüglich der Genauigkeit eine perfekte Zählmethode ohne methodische Fehler. Angenommen, wir sind an einer großen Stichprobe interessiert und wählten daher eine wenig aufwendige, schnell durchführbare Feldmethode. Diese besteht z. B. darin, im Zentrum einer Probefläche die höchste Anzahl gleichzeitig singender Vögel zu notieren. Sicherlich wird der erfaßte Wert in guten Feldlerchengebieten entsprechend größer sein als in weniger geeigneten. Ebenso offensichtlich werden nicht alle Brutvögel des Untersuchungsgebietes zur gleichen Zeit ihren Singflug zeigen. Wenn also keine kurzfristig anwesenden Vögel aus benachbarten Gebieten oder Nichtbrüter erfaßt wurden, liegt der so ermittelte Wert in den meisten Fällen unterhalb des tatsächlichen Bestandes und nicht darüber. Man spricht in diesem Fall von unkorrekten oder methodisch beeinflußten Ergebnissen, denn die Zahlen liegen im Mittel unterhalb des wahren Bestandes, wobei wir leider nicht genau wissen, um wieviel.

Ein solcher systematischer Fehler (bias) läßt sich bei keiner realistischen Bestandsaufnahmemethode vermeiden, und meist wissen wir weder wie groß dieser ist noch in welcher Richtung er das Ergebnis verändert. Die Gründe für solche Fehler sind vielfältig, wobei einige das Ergebnis nach 'oben' beeinflus-

Die relative Bestandsdichte der Feldlerche wird auf einer Probefläche erfaßt, indem alle singenden Vögel während einer zehnminütigen Beobachtungsphase registriert werden.
(a) Eine Erfassung ergab vier singende Vögel, obwohl tatsächlich sieben Männchen auf der Probefläche anwesend waren.
(b) Eine Zählung ergab nur einen singenden Vogel, obwohl wiederum sieben anwesend waren. In beiden Fällen liegt die erfaßte Zahl unter der wirklichen. Dies ist bei Bestandsaufnahmen fast generell der Fall. Die erfaßte Zahl könnte jedoch zumindest in einem bestimmten Verhältnis zum wahren Wert liegen; d.h. wenn sich zweimal soviele Vögel auf der Probefläche befinden, müßten auch doppelt soviele registriert werden.

sen, andere nach 'unten'. Es kommt leider häufig vor, daß die Ursachen für systematische Fehler zwar genannt werden, dann aber unterstellt wird, daß sie sich gegenseitig aufheben würden, womit das Problem aus der Welt geschafft wäre. Andererseits hat das zunehmende Bewußtsein für die unzähligen Ursachen dieser Fehler dazu geführt, daß neuere Literatur zu Bestandsaufnahmemethoden so entmutigend ist. Wenn es wie meist der Fall sehr schwierig oder vielleicht sogar unmöglich ist, genaue Ergebnisse zu erzielen, könnte man als Perfektionist die Meinung vertreten, daß es besser wäre, auf Bestandsaufnahmen gänzlich zu verzichten.

Es ist allerdings auch möglich, einen pragmatischeren Standpunkt zu vertreten, z. B. während der Feldarbeit genau auf systematische Fehler zu achten und mit entsprechenden Ergebnissen ähnlicher Erfassungsmethoden aus der Literatur zu vergleichen. Zudem kann man diese Fehler durchaus in den Griff bekommen, auch wenn dies z. T. sehr viel schwieriger ist als bei zufallsbedingten Fehlern. Hierzu bieten sich drei Möglichkeiten an. Ist man sich über die möglichen Ursachen der Fehler im klaren, kann man erstens versuchen, deren Einfluß durch ein geeignetes Versuchsdesign zu minimieren. Zweitens ist es bei sorgfältiger Planung möglich, das Problem dadurch zu umgehen, daß Vergleiche auf die Faktoren beschränkt werden, die denselben Fehler aufweisen. Und schließlich ist es drittens möglich, wenn auch meist sehr schwierig, den systematischen Fehler genau zu bestimmen.

Der Einfluß systematischer Fehler läßt sich dadurch begrenzen, daß deren Ursachen erkannt werden (siehe unten) und versucht wird, sie durch gute Versuchsplanung auszuschließen. So können Bestandserfassungen auf einen bestimmten Zeitraum im Jahr bzw. am Tag beschränkt, Mitarbeiter geschult sowie Zählungen nur bei günstiger Witterung durchgeführt werden (z. B. nicht bei starkem Wind) Erfassungsmethoden können weiterhin standardisiert sein,

beispielsweise indem für Punkt-Stopp-Zählungen eine genaue Zähldauer (z. B. 5 min/Stopp) und für Linientaxierungen eine bestimmte Gehgeschwindigkeit (z. B. 1 km Wald/h) vorgegeben ist. Weitere Fehlerquellen, die nicht vollständig beseitigt werden können, sollten zumindest gleichmäßig über die Untersuchung verteilt sein. Wenn z. B. zehn Probeflächen jeweils achtmal aufgesucht werden müssen, sollte die Reihenfolge der Kartierungen so gelegt werden, daß diese auf allen Flächen gleichmäßig über die Saison verteilt sind. Es mag sein, daß dies den Fahraufwand für die Begehungen erhöht, andererseits wird aber vermieden, daß dadurch ein unnötiger systematischer Fehler in die Ergebnisse einfließt, wie das beispielsweise der Fall wäre, wenn auf einer Fläche überwiegend im April und auf einer anderen überwiegend im Mai kartiert wurde. Entsprechend sollte bei Revierkartierungen die Begehungsrichtung bei den Kartierungsgängen gewechselt werden, um sicherzustellen, daß die Teilgebiete nicht grundsätzlich zu unterschiedlichen Zeiten kartiert werden. Hierdurch lassen sich unrealistische Häufigkeitsunterschiede in den Daten vermeiden. In Langzeit-Erfassungsprogrammen wie z. B. dem DDA-Monitorprogramm wird ein weiterer systematischer Fehler dadurch vermieden, daß Vergleiche von Jahr zu Jahr nur auf den Probeflächen gemacht werden, die vom selben Bearbeiter mit dem gleichen Aufwand und in den gleichen Zählperioden kartiert wurden. Für die Verminderung von systematischen Fehlern gilt grundsätzlich dasselbe wie für die Versuchsplanung selbst. Das Ziel der Untersuchung muß sein, die zu ermittelnden Faktoren hinreichend von allen anderen Einflußvariablen zu isolieren, so daß die Ergebnisse nicht beeinträchtigt werden. Die Erfassungsmethoden entsprechen dabei einer weiteren Klasse von Einflußvariablen, die ungewollt die Variation der Daten erhöhen und dadurch das eigentliche Ziel der Untersuchung nachhaltig beeinflussen könnten.

Die exakte Bestimmung des systematischen Fehlers ist außerordentlich schwierig, und eigentlich nur dann möglich, wenn die wahre Bestandszahl ermittelt werden kann – ein in der Praxis jedoch nur äußerst schwer oder überhaupt nicht zu erreichendes Ziel. Bei einzelnen Arten kann dies allerdings mittels Farbberingung (Kapitel 6) oder durch Nestersuche und -kartierung auf einer kleinen Teilfläche des Untersuchungsgebietes (Kapitel 3) möglich sein. Weiterhin besteht die Möglichkeit, die Untersuchung mit verschiedenen Bearbeitern bzw. unterschiedlichem Feldaufwand durchzuführen, denn durch die unterschiedlichen Ergebnisse verschiedener Bearbeiter läßt sich die mögliche Größe des systematischen Fehlers abschätzen. Der Fehler ist jedoch nicht genau meßbar, da es keine unbeeinflußten Vergleichsergebnisse gibt. Bei der Erfassung vollständiger Vogelgemeinschaften ist ein Zählergebnis ohne systematischen Fehler generell nicht möglich. Liegen jedoch Messungen des Fehlers von einigen Probeflächen vor, können die Daten anderer Probeflächen des Un-

Abb. 2.5 Genauigkeit und systematische Fehler

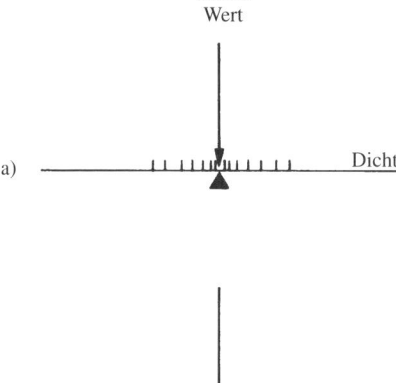
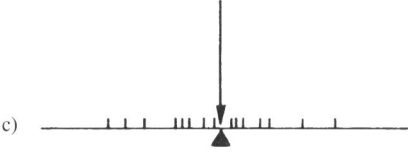
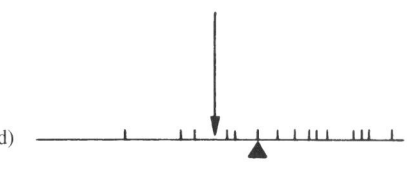

▲ Mittlerer Dichtewert der untersuchten Population

Genauigkeit und systematische Fehler einer Untersuchung variieren unabhängig voneinander und können daher jeweils hoch oder niedrig sein. In den Abbildungen werden die Ergebnisse von 15 Probeflächen gezeigt und mit der jeweils unbekannten wahren Dichte in Beziehung gesetzt.

(a) **Genau und methodisch korrekt**. Die Ergebnisse verteilen sich in einem schmalen Bereich um den wahren Wert. Dies ist der Idealfall, der in Wirklichkeit wohl ganz selten erreicht wird.

(b) **Genau aber methodisch nicht korrekt**. Die Ergebnisse nehmen wiederum einen schmalen Bereich ein, der sich aber vom wahren Wert deutlich unterscheidet. Da der Bearbeiter den wahren Wert nicht kennt, wird es ihm nicht möglich sein, einen Unterschied zum Ergebnis (a) zu erkennen.

(c) **Ungenau aber methodisch korrekt.** Die Ergebnisse sind weit um den wahren Wert verstreut.

(d) **Ungenau und methodisch nicht korrekt**. Die Ergebnisse sind weit verstreut, und ihr Mittelwert weicht vom wahren Wert ab. Da aber der Bearbeiter den wahren Wert wiederum nicht kennt, ist eine Unterschiedung zwischen (d) und (c) kaum möglich. Zyniker könnten behaupten, daß dieses Muster das am häufigsten auftretende Ergebnis bei Vogelbestandsaufnahmen darstellt.

tersuchungsgebietes entsprechend korrigiert werden – auch wenn dort beispielsweise eine weniger aufwendige Kartierungsmethode angewandt wurde.

Im allgemeinen sollten bei jedem Versuchsansatz die Erfassungsgenauigkeit und die Reduzierung von methodischen Fehlern gegeneinander abgewogen werden. Die methodisch korrektesten Erfassungen sind stets die zeitaufwendigsten. Ihre Anwendung macht es meist unmöglich, große Stichproben zu untersuchen. Dies geht oft zu Lasten der Erfassungsgenauigkeit sowie der Allgemeingültigkeit der Ergebnisse. Nach unserer Einschätzung war die in Großbritannien traditionell bevorzugte Revierkartierungsmethode (Kapitel 3) für Singvögel ein Versuch, methodisch möglichst korrekt vorzugehen. Vermutlich hatte sie aber den negativen Effekt, daß der Einsatz weniger aufwendiger Methoden (Kapitel 4 und 5) unterblieb und dadurch viele Erkenntnisse und eine weiter gestreute Sammlung möglicherweise weniger genauer Daten verhindert wurden. Der Versuch, unter Vernachlässigung der Erfassungsgenauigkeit und der Allgemeingültigkeit methodisch vollkommen korrekte Ergebnisse zu erhalten, muß daher in den meisten Fällen als unsinnig bezeichnet werden. In Zukunft sollten Versuchsansätze systematische Fehler zwar berücksichtigen, jedoch den Abwägungsprozeß zwischen der Genauigkeit und der Allgemeingültigkeit dcr Ergebnisse zu optimieren versuchen.

2.4 Fehlerquellen

Um systematische Fehler bei der Versuchsplanung ausschalten zu können, müssen deren Ursachen genau verstanden werden. In vielen Fällen ergibt sich eine sinnvolle Berücksichtigung dann von selbst. Im Anschluß werden zehn wichtige Fehlerquellen diskutiert, für weitere Faktoren sei z. B. auf die Ausführungen in BERTHOLD (1976),

GNIELKA (1990) und FLADE (1994, Kap. 3.1) verwiesen.

2.4.1 Bearbeiter

Die verschiedenen Mitarbeiter unterscheiden sich sehr deutlich in ihren feldornithologischen Fähigkeiten und (im Falle einiger Berufsornithologen, weniger bei den Amateuren) auch in der Motivation. Niemand wird viel Vertrauen in mehrjährige Bestandszahlen in einem Naturschutzgebiet haben, wenn die Daten jedes Jahr von einem anderen, neuen und unerfahrenen Helfer im Rahmen einer lästigen Pflichterfüllung erhoben wurden. Eine Mindestvoraussetzung für die Untersuchung ist, daß man alle im Gebiet vorkommenden Vogelarten sowie ihre Rufe und Gesänge kennt. Mit zunehmenden Alter können Schwerhörigkeit oder eine schlechtere Sehleistung zum Problem werden. Und Vorsicht: Bei einer bedeutenden Konferenz über Vogelbestandsaufnahmen wurde festgestellt, daß ein großer Anteil der Teilnehmer erhebliche Hörschäden aufwies. Außerdem ist es für die Zählungen besser, mit Begeisterung bei der Sache zu sein als erschöpft von Müdigkeit, Kälte oder Hunger, weil man sich zuviel zugemutet hat.

Bei Bestandserfassungen mit mehreren Bearbeitern sollte die Arbeit möglichst so verteilt werden, daß Zählstellen untereinander ausgetauscht werden, um den Einfluß von Bearbeiterunterschieden auszuschließen. Auf diese Weise können sich die Bearbeiter auch selbst überprüfen, da so ungewöhnliche Ergebnisse eher auffallen. In vielen Fällen empfiehlt sich allerdings ein Einführungskurs, um eine übereinstimmende Anwendung der Zählmethode zu gewährleisten. Dies ist besonders wichtig bei schwierigeren Aufgaben wie der Zählung von rastenden Limikolen oder der Entfernungsschätzung. Es ist allgemein zu empfehlen, sich Gedanken über Einführungskurse zu machen bzw. sicherzustellen, daß die Mitarbeiter bestimmte Mindestanforderungen erfüllen, bevor ihre Ergebnisse akzeptiert werden. Ist eine direkte Schulung nicht möglich, kann eine ausführliche, klar formulierte Anleitung in schriftlicher Form den selben Zweck erfüllen.

Die Revierkartierungsmethode (Kapitel 3) wird zudem noch zusätzlich durch die Interpretation der einzelnen Kartierungsergebnisse beeinflußt. Die Regeln zur Interpretation der Daten können wohl nie so ausführlich sein, um ein übereinstimmendes Ergebnis aller Mitarbeiter zu gewährleisten. Im British Trust for Ornithology (BTO) wurden eigens Mitarbeiter für die Interpretation der Kartierungen des CBC ausgebildet. Dies dürfte aber sicherlich nicht allen möglich sein, die eine Revierkartierung in größerem Maßstab planen.

2.4.2 Erfassungsmethode

Die verschiedenen Erfassungsmethoden unterscheiden sich sicherlich in ihrer Anfälligkeit gegenüber systematischen Fehlern, auch wenn keine genauen Aussagen dazu möglich sind. Aus diesem Grunde sollte man bei Veröffentlichungen besondere Sorgfalt darauf verwenden, die Methode genau zu beschreiben, insbesondere wenn die Standardmethoden in irgendeiner Form abgewandelt wurden. Eine zusätzliche Nestersuche kann sich z. B. erheblich auf das Ergebnis von Revierkartierungen auswirken. Das Ergebnis mag genauer sein, aber es unterscheidet sich von einer normalen Bestandserfassung und ist im Vergleich zu den Revierkartierungen eines anderen Bearbeiters mit einem systematischen Fehler behaftet. Ein systematischer Fehler kann sich auch auf subtilere Weise einschleichen, wie bei vorheriger Kenntnis des Gebietes, das möglicherweise direkt vor der eigenen Haustür liegt. Man stelle sich nur den Einfluß auf einen Brutvogelatlas vor, wenn man die in einem entlegenen Gebiet erhobenen Ergebnisse mit solchen aus einem wohlbekannten, häufig begangenen Gebiet vergleicht. Auch wenn der Feldaufwand

derselbe sein sollte, wird im bekannten Gebiet ein vergleichweise größerer Anteil der auftretenden Arten festgestellt werden, da der Bearbeiter weiß, was er wo zu erwarten hat.

Die Ergebnisse unterschiedlicher Methoden unterliegen sehr wahrscheinlich verschiedenen systematischen Fehlern. Allgemein gilt, daß, wenn generelle Regeln für eine Methode bestehen, diese auch beibehalten werden sollen. Die mitgebrachte Ausrüstung läßt sich dagegen nur schwer standardisieren, kann die Ergebnisse aber ebenfalls beeinflussen. Ein Beobachter mit gutem Fernrohr wird mehr Enten bei einer Zählung finden, als einer mit einem schlechten Feldstecher.

Viele Singvogelbearbeiter waren lange Zeit geneigt zu glauben, die Revierkartierungsmethode sei frei von systematischen Fehlern und alle anderen Methoden hätten sich an dieser auszurichten. Diese Ansicht hat sich als nicht haltbar erwiesen. Eine vollkommen fehlerfreie Methode ist völlige Illusion. An dieser Stelle genügt es zu betonen, daß ein Vergleich von Ergebnissen, die mit verschiedenen Methoden gewonnen wurden, in jedem Falle zu einem systematischen Fehler führt. Dessen muß man sich unbedingt bewußt sein, bevor biologische Folgerungen gezogen werden.

2.4.3 Arbeitsaufwand und Kartierungsgeschwindigkeit

Je größer der Einsatz, desto mehr wird registriert, sei es durch langsameres Gehen oder durch längere Kartierungszeit. Bei einer über mehrere Jahre laufenden Untersuchung sollte daher der Arbeitsaufwand standardisiert sein. Sind Probeflächen verschiedener Größe zu untersuchen, sollte auf gleichen Arbeitsaufwand pro Flächeneinheit Wert gelegt werden, nicht aber auf gleichen Gesamtaufwand. Für die gängigen Methoden liegen dazu Richtlinien vor, an die man sich halten sollte. Es ist sicher nötig, insbesondere den Arbeitsaufwand gegen andere Gesichtspunkte abzuwägen.

Abb. 2.6 Systematische Fehler aufgrund von unterschiedlichem Bearbeitungsaufwand bzw. unterschiedlicher Bearbeitungsgeschwindigkeit

Je mehr Aufwand betrieben wird, desto mehr Vögel wird man entdecken. Bei zu hoher Kartierungsgeschwindigkeit werden leise singende und versteckt lebende Arten leicht übersehen.

Was würde sich z. B. an den Ergebnissen ändern, wenn der Arbeitsaufwand pro Fläche halbiert würde, um doppelt soviele Probeflächen kartieren zu können oder umgekehrt? Leider existiert zur Beantwortung dieser Frage keine magische Formel, und Einfühlungsvermögen bzw. fachliche Einschätzung kommen ins Spiel. Eine Möglichkeit zur Verringerung des Arbeitsaufwandes um mehr Zeit für die Bearbeitung weiterer Flächen zu haben wäre die, weniger Vogelarten zu erfassen. Das ist weit weniger ketzerisch als es klingen mag, wenn man bedenkt, daß gängige Methoden z. T. so unzureichend für die Erfassung mancher Arten sind (man denke z. B. an Eulen), daß diese effektiv nicht erfaßt werden. Wenn demzufolge einige Arten sowieso unter den Tisch fallen, ist es dann nicht auch möglich festzustellen, welche Arten für die Untersuchung wichtig sind und sich auf diese zu beschränken? Wäre dadurch entscheidend viel Zeit gewonnen?

Das Problem des unterschiedlichen Arbeitsaufwandes ergibt sich meist bei sehr großflächigen Erfassungen und einer Teilnahme vieler Mitarbeiter. Kann die Idealvorstellung eines überall gleichen Aufwandes nicht verwirklicht werden, dann ist es die zweitbeste Lösung, den geleisteten Aufwand genau zu bestimmen. Dadurch wäre es zumindest möglich, festzustellen, ob Abweichungen im Verbreitungsbild oder in der Häufigkeit natürliche Ursachen haben oder ob sie nur auf unterschiedlichen Feldaufwand zurückzuführen sein könnten. Der Feldaufwand sollte bei Veröffentlichungen mit aufgeführt werden, um beim Vergleich verschiedener Studien beurteilen zu können, inwieweit sich Unterschiede allein durch verschieden hohen Arbeitsaufwand ergeben haben. Bei manchen Auswertungen kann der Einfluß des Arbeitsaufwandes in den statistischen Methoden berücksichtigt werden. Ebenso wie die Messung des Arbeitsaufwandes sollte man auch Zählungen mit Null-Ergebnis in den Datensatz aufnehmen, so daß diese anders bewertet werden als fehlende Daten aufgrund von Kartierungslücken. So werden z. B. Greifvögel oft gezählt, indem Horstplätze, die in früheren Jahren besetzt waren, aufgesucht werden; will man in diesem Fall den Arbeitsaufwand dokumentieren, müssen sowohl Erfassungen unbesetzter Horstplätze als auch Überprüfungen in dazwischenliegenden Bereichen berücksichtigt werden.

2.4.4 Lebensraumtyp

In manchen Landschaftstypen sind Vögel wesentlich leichter zu finden als in anderen, dementsprechend sind bestimmte Erfassungsmethoden für die entsprechenden Vogelarten besser oder schlechter geeignet. Dies sollte zumindest als mögliche Quelle für systematische Fehler erkannt werden. Der Einfluß unterschiedlicher Entdeckbarkeit der Vögel in Offenlandbiotopen bzw. Gebüschgruppen wurde von BIBBY und BUCKLAND (1987) aufgezeigt, die auch darstellen, wie man derartige Unterschiede bei der Berechnung von Dichte-

Abb. 2.7 Systematische Fehler aufgrund von Biotopeinflüssen

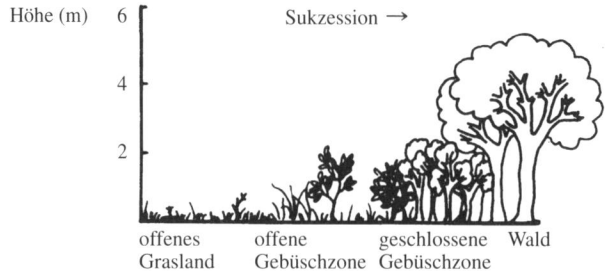

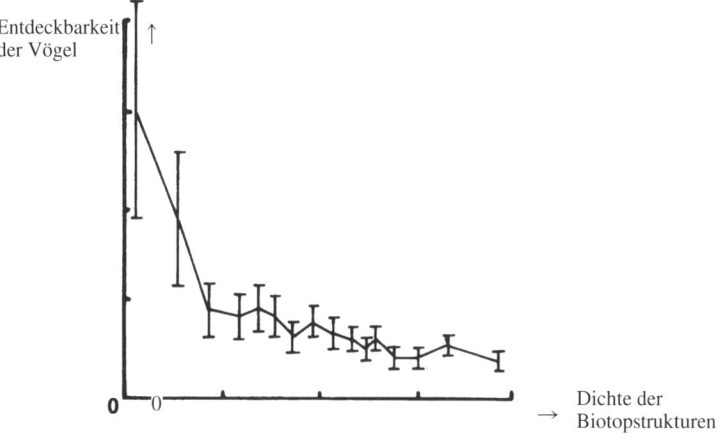

Vögel sind in offenen Biotopen teilweise auffälliger als im dichten Wald (aus BIBBY und BUCKLAND 1987). Die hypothetische Art kommt in allen Sukzessionsstufen gleich häufig vor, erscheint aber in Grasland und Jungforsten wesentlich häufiger, da sie dort leichter entdeckt wird. Der Effekt ist besonders bedenklich, wenn der systematische Fehler aufgrund von Faktoren bedingt ist, die eigentlich untersucht werden sollen, z.B. wenn der Einfluß von Waldsukzessionen auf die Vogelgemeinschaft untersucht wird. (Anm.: Da die Vogelgemeinschaft bzw. die jeweilige Revierdichte einer Art meist einen wichtigeren Einfluß ausübt, wird das Problem wohl nur bei wenigen Arten auftreten.)

werten aus Punkt-Stopp-Zählungen berücksichtigen kann. Schleiereulen lassen sich z. B. sehr leicht erfassen, wenn sie in Scheunen brüten, denn alle im Untersuchungsgebiet liegenden Scheunen können nach und nach überprüft werden. Viel schwieriger ist die Erfassung von Individuen, die in Bäumen brüten. Da es regional erhebliche Unterschiede bei der Nutzung dieser beiden Bruthabitate gibt (SHAWYER 1987), besteht beim Vergleich der Ergebnisse aus unterschiedlichen Regionen eine große Gefahr des Auftretens systematischer Fehler. Eine gute Versuchsplanung sollte daher zur Fehlervermeidung das Problem des Bruthabitats mit in Betracht ziehen und genügend Zeit zur Suche von Baumnestern veranschlagen.

Manche Biotope wie dichte Gebüschzonen oder Röhrichte sind schon aufgrund ihrer geringen Zugänglichkeit extrem schwer zu kartieren, und auch in Siedlungsbereichen ist die Brutvogeldichte wegen eingeschränkter Begehbarkeit nur bedingt zu ermitteln. Entlang von Flüssen, Straßen oder Industrieanlagen ist der Lärmpegel zuweilen derart hoch, daß leise rufende oder singende Vögel sehr schwer zu entdecken sind. Auch außerhalb der Brutsaison ist das Auffinden von Kleinvögeln in Dickichten viel eher akustisch als optisch möglich. Manche Untersuchungsbedingungen erlauben demzufolge einfach keine exakte Ermittlung von Bestandszahlen.

2.4.5 Vogelarten

Die verschiedenen Vogelarten unterscheiden sich grundsätzlich in ihrer Erfaßbarkeit. Manche Arten brüten früh, andere spät im Jahr. Einige lassen sich sehr leicht mit Japannetzen fangen, andere gar nicht. Es ist daher offensichtlich, daß es keine allgemein anwendbare Methode gibt, mit der alle Vögel gleich gut erfaßt werden könnten. In manchen Fällen mag ein innerartlicher Vergleich der Ergebnisse erlaubt sein, nicht aber ein zwischenartlicher. Da manche Arten mit allgemeinen Erfassungsmethoden kaum registriert werden können, sind für sie meist spezielle Erfassungsmethoden notwendig (Kapitel 7). Bei einigen Ar-

Abb. 2.8 Systematische Fehler aufgrund artspezifischer Eigenschaften

Laute und aktive Vögel sind leichter zu entdecken als leise und versteckte. Folglich werden die verschiedenen Arten häufig unterschiedlich vollständig erfaßt, was eigentlich einen direkten zwischenartlichen Vergleich unmöglich macht.

Abb. 2.9 Systematische
Fehler aufgrund der Vogeldichte

Bei großer Vogeldichte könnte der Bearbeiter schnell überfordert werden, da er jeden einzelnen Vogel lokalisieren, erkennen und erfassen muß. Zudem ist es oft schwierig, in jedem Falle zu unterscheiden, ob ein Individuum schon erfaßt wurde oder nicht.

ten werden bei allen bestehenden Erfassungsmethoden meist nur Teile der Population erfaßt, so z. B. bei Seevogelkolonien oder Greifvögeln überwiegend der Brutvogelanteil der Population. Gerade bei langlebigen Arten mit später Brutreife macht der Nichtbrüteranteil einen großen Teil der gesamten Population aus, dieser bleibt jedoch bei der Erfassung häufig unbekannt. Daraus könnte sich z. B. ein ernsthafter Fehler ergeben, wenn, was nicht abwegig ist, die Brutpopulation abnimmt und durch das Freiwerden der Brutplätze jüngeren Vögeln früher eine Brutmöglichkeit eröffnet wird. Folglich würde die Bestandserfassung, die sich ja nur auf Brutvögel bezieht, keine Abnahme registrieren, weil der Rückgang hauptsächlich die Vorjahresbrutvögel betroffen hatte. Das Ausmaß solcher möglichen Entwicklungen ist weitgehend unbekannt und könnte sogar bei den kurzlebigen Singvogelarten wesentlich größer sein als man allgemein annehmen würde. Entsprechend schlecht wird der Bestand bei Arten wie Tüpfelsumpfhuhn oder Wachtelkönig erfaßt, weil bei ihnen meist nur rufende Männchen registriert

werden, deren Anzahl jedoch keine Rückschlüsse auf das tatsächliche Brutgeschehen zuläßt (z. B. SCHÄFFER 1994).

2.4.6 Vogeldichte

Bei sehr hohen Vogeldichten kann der Bearbeiter schnell bei seinem Versuch die verschiedenen Arten, Individuen oder Reviere zu unterscheiden, überfordert sein. Andererseits besteht bei sehr niedrigen Dichten die Gefahr, daß sich Langeweile auf die Gründlichkeit der Suche auswirkt. Bei der Erfassung sehr häufiger Arten können noch weitere Probleme auftreten, die später behandelt werden (Kapitel 8). Schließlich ist es bei sehr seltenen bzw. weit verstreut brütenden Arten wiederum notwendig, den Feldaufwand gleichmäßig zu verteilen und genau zu protokollieren.

2.4.7 Aktivität der Vögel

Einzelne Individuen können sich aufgrund unterschiedlicher Aktivitäten in ihrer Wahrnehmbarkeit so stark unterscheiden, daß ein direkter Vergleich schwierig oder gar unmöglich wird. Eine Zählung der in einer Brutkolonie sitzenden Papageitaucher läßt z. B. keine Aussage über die Zahl der Vögel zu, die zum selben Zeitpunkt auf den Nestern in den Bruthöhlen sitzen oder auf hoher See Nahrung suchen. Entsprechende Aktivitäten, die eine Erfassung der Art erst ermöglichen, können z. T. sogar von Wetter, Tages- oder Jahreszeit abhängig sein. Nahrungssuchende Limikolen können über ein weites Gebiet verstreut und auffällig sein, ruhend können dieselben Vögel jedoch dichte Trupps bilden, die leicht zu übersehen sind. Ganz allgemein gilt, daß es fast unmöglich ist, die brutzeitliche und außerbrutzeitliche Erfassung einer Art mit gleicher Methode durchzuführen. In manchen Fällen ist die Erfassungsmethode bewußt darauf zugeschnitten, nur einen Teil der Population – bei einer bestimmten Aktivität – zu erfassen (Kapitel 7). So wird z. B. die Anzahl brütender Enten häufig durch Zählen der Männchen zu einem frühen bzw. der jungenführenden Weibchen zu einem späten Zeitpunkt in der Brutsaison bestimmt.

Die Erfassung von Koloniebrütern erfolgt oft in Beziehung zum Bruterfolg. Die Anzahl anwesender Vögel in einer Kolonie kann sehr wohl etwas damit zu tun haben, ob der Bruterfolg im jeweiligen Jahr gut oder schlecht war.

Die Anzahl der auf Shetland brütenden Küstenseeschwalben scheint rückläufig zu sein, was auch nach einem über viele Jahre anhaltend geringen Bruterfolg kaum verwunderlich ist. Wie sicher können wir aber sein, daß der Rückgang richtig eingeschätzt wird? Es wäre z. B. durchaus denkbar, daß die Nahrungsgründe so schlecht geworden sind, daß viele Vögel gar keinen Brutversuch unternehmen, sondern mit den Vögeln, die ihre Brut verloren haben, auf hoher See bleiben und daher in den Kolonien nicht erfaßt werden können. GREEN und HIRONS (1988) zeigten in einem Modell, welchen Effekt ein solches Szenario auf die Bestandszahlen

haben könnte. Die Untersucher sollten sich daher über mögliche Einflüsse unterschiedlichen Bruterfolges im klaren sein und in Erwägung ziehen, auch den Bruterfolg in den Kolonien zu bestimmen (vgl. z.B. die „Empfehlungen zum Bruterfolgsmonitoring bei Küstenvögeln", EXO et al. 1994).

2.4.8 Jahreszeit

Es gibt insbesondere bei den Brutvogelarten Unterschiede in der jahreszeitlichen Erfaßbarkeit. Die günstigste Zeit für wiederholte Begehungen ist möglicherweise sehr kurz. So singen viele Zweigsängerarten nur für relativ wenige Tage intensiv und werden nach der Verpaarung sehr viel ruhiger. Zudem kann das Wachstum der Pflanzendecke Zählungen im Frühjahr in sehr kurzer Zeit erschweren. Aus diesen Gründen müssen die Erfassungsperioden sorgfältig vereinheitlicht werden, um eine Vergleichbarkeit zu gewährleisten. Idealerweise sollte sich die Erfassungszeit dabei eher an der Brutzeit der Vögel als am Kalender orientieren. Leider unterscheiden sich die verschiedenen Arten sehr deutlich hinsichtlich des jeweils günstigsten Erfassungszeitraumes. Eine für alle Arten gültige Feldmethode wird daher auf dem bestmöglichen Kompromiß beruhen.

2.4.9 Tageszeit

Aufgrund unterschiedlicher Aktivitäten der Vögel ist eine Vereinheitlichung der tageszeitlichen Erfassung ebenfalls erforderlich. Bei Sonnenaufgang zeigen die meisten Arten mit Abstand die größte Gesangsaktivität, wobei das Frühkonzert zuweilen den Bearbeiter mit Stimmen regelrecht überfluten kann. Dabei ist zu beachten, daß auch die Änderungsrate der Gesangsaktivität bei Sonnenaufgang meist am größten ist, und Erfassungen von Singvögeln, die immer vor bzw. immer nach Sonnenauf-

Abb. 2.10 Systematische Fehler aufgrund der Jahreszeit

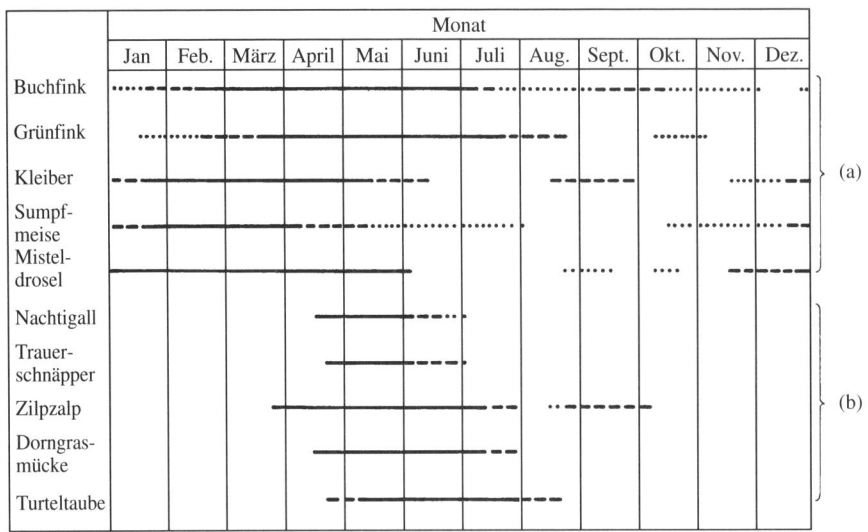

	Monat											
	Jan	Feb.	März	April	Mai	Juni	Juli	Aug.	Sept.	Okt.	Nov.	Dez.
Buchfink												
Grünfink												
Kleiber												
Sumpf-meise												
Mistel-drosel												
Nachtigall												
Trauer-schnäpper												
Zilpzalp												
Dorngras-mücke												
Turteltaube												

_____ Regelmäßiger Gesang

- - - Unregelmäßiger, aber häufiger Gesang

······· Gelegentlicher Gesang

Vogelarten haben unterschiedliche Hauptgesangsperioden (aus ALEXANDER 1935)
(a) In Großbritannien singen die Standvogelarten sehr früh im Jahr.
(b) Bis die Zugvogelarten aus Afrika zurückgekehrt sind, haben die Standvogelarten ihre Gesangsperiode zum überwiegenden Teil abgeschlossen.
Bei einigen der aufgeführten Arten liegen die Gesangsschwerpunkte in Mitteleuropa anders.

Abb 2.11 Systematische Fehler aufgrund der Tageszeit

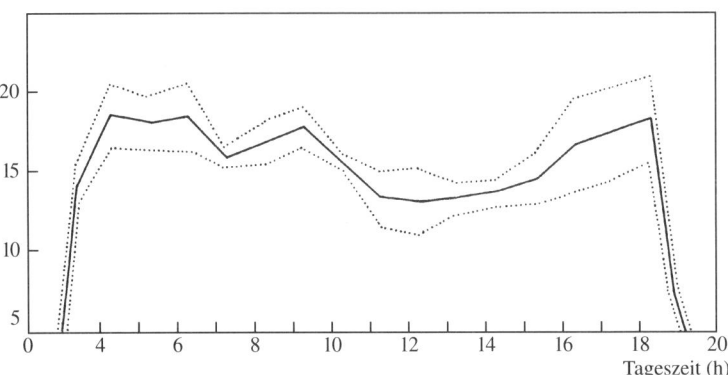

Die Aktivitätsmuster (singende Männchen) einer nordamerikanischen Vogelgemeinschaft im Tagesverlauf nach fünf Exkursionen in der mittleren Juli-Dekade. Die durchgezogene Linie beschreibt die mittlere Zahl singender Männchen pro 20-Minuten-Intervall, die gepunkteten Linien den 95%-Vertrauensbereich.
Aktivität und Gesangsintensität sind oft am größten im Bereich des Sonnenaufganges, wesentlich schwächer um die Mittagszeit, und wieder größer gegen Sonnenuntergang (aus ROBBINS 1981). Flächen, die gegen Mittag untersucht werden, müssen daher als vergleichsweise vogelarm erscheinen.

gang beginnen, daher nur schwer miteinander vergleichbar sind. Für alle über mehrere Jahre durchgeführten Erfassungsprogramme ist demzufolge eine Vereinheitlichung des Erfassungszeitraumes sehr wichtig.

2.4.10 Witterung

Witterungsbedingungen beeinflussen sowohl die Aktivität der Vögel als auch die Befindlichkeit des Kartierers und seine Aufmerksamkeit. Die größten Schwierigkeiten bei der Erfassung von Singvögeln bereitet starker Wind, da die Vögel durch die Bewegung und das Geräusch der Bäume schwerer zu sehen und hören sind. Dagegen ist leichter Regen nur selten ein Problem. Bei sehr heißem Wetter läßt die morgendliche Aktivität der Vögel früher nach, bei kühlem kommt sie andererseits erst später in Gang. Bei der Erfassung von Wasservögeln, Limikolen und Seevögeln auf große Entfernungen spielen Lichtintensität und Sichtweite eine entscheidende

Rolle. Am besten vermeidet man Erfassungen bei schlechtem Wetter vollständig, wobei es nicht ganz einfach ist, dazu genauere Angaben zu machen, weil die Witterungsfaktoren sich oft gegenseitig beeinflussen und auch im Zusammenhang mit der Tages- bzw. Jahreszeit stehen. Unter gewissen Umständen kann es möglich sein, das Wetter genau zu protokollieren und bei den Erfassungen zu berücksichtigen, dies bringt aber nur selten Erfolg.

2.5 Zusammenfassung

Erfassungsgenauigkeit
Wie groß ist der Erfassungsbereich?
Welche Untersuchungsmethode ist erforderlich?
Wäre ein genauerer/weniger genauer Ansatz bzw. eine kleinere/größere Stichprobe günstiger?
Ist es notwendig, viele Arten zu erfassen oder genügt eine Auswahl?

Abb. 2.12 Systematische Fehler aufgrund der Witterung

Bei nasser oder kalter Witterung sind Vögel oft weniger aktiv und ziehen sich in dichtere Vegetation zurück. Zudem sind die Rufe der Vögel aufgrund der Geräusche durch Wind und Regen schwerer zu vernehmen. Der Bearbeiter wird zudem selbst gegen die Witterungseinflüsse ankämpfen und an Konzentrationsfähigkeit einbüßen.

Wie sollten die Probeflächen/Punkte/
Transekte verteilt sein?
Sind die gewählten Probeflächen typisch
für das Gesamtgebiet?
Wäre eine geschichtete Auswahl günstiger?
Erlaubt die Zahl der Probeflächen/Punk-
te/Transekte eine genügend exakte Aussage?

Vermeidung systematischer Fehler
Welche Schritte werden unternommen,
um systematische Fehler auszugleichen?
Diese können durch den Einfluß ver-
schiedener Faktoren hervorgerufen wer-
den, z. B. durch den Einfluß von
   Bearbeiter
   Erfassungsmethode

Arbeitsaufwand und Kartierungsge-
schwindigkeit
   Lebensraumtyp
   Vogelarten
   Vogeldichte
   Aktivität der Vögel
   Jahreszeit
   Tageszeit
   Witterung
Läßt sich der Einfluß mancher dieser
Faktoren vermindern?
Ist es möglich, die verbleibenden syste-
matischen Fehler gleichmäßig auf die
Probeflächen zu verteilen?
Läßt sich das Ausmaß des Fehlers be-
stimmen?
Sollten weitere mögliche Faktoren für
systematische Fehler in Betracht gezo-
gen werden?

3 Revierkartierungsmethoden

3.1 Einführung

W ährend der Brutsaison sind sehr viele Arten an den Standort gebunden – insbesondere Singvögel grenzen ihre Reviere häufig durch auffälligen Gesang, Balzflüge und regelmäßige Auseinandersetzungen mit ihren Nachbarn ab. Allerdings ist ein Gebiet oft nicht vollständig in Reviere aufgeteilt, was in einer niedrigen Vogeldichte oder in einer eingeschränkten Verfügbarkeit des Lebensraumes begründet sein kann. Bei den Kartierungen sollten daher an Orten tatsächlicher Reviere gehäufte Beobachtungen festgestellt werden. Wo die Reviere sehr eng beieinanderliegen, wird die Beobachtung gleichzeitig revieranzeigender Vögel innerhalb ihrer jeweiligen Reviergrenzen bedeutsam, wobei man die theoretische Reviergrenze üblicherweise zwischen den beiden Kontrahenten zieht. Die Methode der Revierkartierung basiert auf der Registrierung aller Revierkennzeichen bei einer größeren Zahl von Begehungen. Anschließend werden diese Beobachtungen zur Abschätzung der jeweiligen Reviergrenzen und der Gesamtzahl von Revieren genutzt.

Die Methode ist weit verbreitet und wird derzeit u. a. beim Common Bird Census des BTO (WILLIAMSON 1964, auch WILLIAM 1936, KENDEIGH 1944, ENEMAR 1959), dem DDA-Monitorprogramm (FLADE und SCHWARZ 1992) oder dem niederländischen Broedvogel-Monitoringprogramm von SOVON (z. B. VAN DIJK 1992) angewendet. Aufgrund ihrer langen Tradition – in Deutschland seit 1937 (z. B. FLADE 1994) – ist sie für einige Feldornithologen zur Standardmethode geworden, an der sich die anderen Methoden zu messen haben. Diese Ansicht ist jedoch nicht gerechtfertigt. Die Methode ist u. a. wenig geeignet für Arten, die nur eine geringe Territorialität zeigen und z. B. nicht singen, die ein hohes Maß an Polygamie aufweisen, oder die in lockeren Kolonien brüten. Auch unter den Singvögeln gibt es etliche Problemarten. Viele Zugvogelarten singen nur während einer kurzen Phase, bis sie einen Partner gefunden haben, und werden dann unauffällig. Andere, wie der Hänfling, brüten in lockeren Verbänden und zeigen kaum Revierverhalten. Wieder andere, wie z. B. Waldlaubsänger oder Trauerschnäpper, können in zwei oder mehr nicht aneinandergrenzenden Revieren ihren Gesang vorbringen, sind aber in den Bereichen dazwischen ruhig. Schließlich kommen Teichrohrsänger in sehr hohen Dichten vor, während der Brutsaison könen sich jedoch durchaus größere Ortsveränderungen ergeben (z. B. nach Verlust der Bruten).

Wenn die Methoden standardisiert sind oder die Ergebnisse beispielsweise für Indexwerte beim Bestandsmonitoring genutzt werden, spielen die meisten dieser Probleme keine Rolle. In solchen Fällen ist eine Vereinheitlichung der Methoden von großer Bedeutung. Die Grundregeln für Revierkartierungen wurden daher vom IBCC (International Bird Census Committee) 1969 festgelegt. Wie anschließend noch besprochen wird, sind die festgelegten Regeln nicht unumstritten, da sie für die geforderte größere Exaktheit der Kartierungsdaten nicht ausreichen. Will man realistische Dichtewerte erhalten oder auf der

Grundlage anderer Studien vergleichende Untersuchungen durchführen, sollten einige dort gemachte Beschränkungen besser nicht befolgt werden.

Revierkartierungen sind bezüglich der pro Zeiteinheit erfaßten Anzahl Individuen von allen Erfassungsmethoden am aufwendigsten und daher vergleichsweise ineffizient. Aus diesem Grunde ist es meist nicht zweckmäßig, sie bei Untersuchungen zur Trendermittlung aus Paarvergleichen einzusetzen oder um einen repräsentativen Querschnitt über mehrere Biotoptypen, Eingriffsversuche, Kontrollflächen oder Versuchswiederholungen zu erhalten. In diesen Fällen sind die weniger aufwendigen Punkt-Stopp-Zählungen und Linientaxierungen als Alternativen vorzuziehen. Ihren Hauptvorteil hat die Revierkartierung in Untersuchungen, bei denen kartierte Beobachtungsdaten wichtig sind, z. B. wenn aus der Verbreitung der Vögel und der Verteilung der Biotope siedlungsökologische Aussagen getroffen, oder bei denen mit Hilfe weiterer Methoden wie Farbberingung, Nestersuche etc. Absolutbestände ermittelt werden sollen (TOMIALOJC 1980, BAILLIE und MARCHANT 1992).

3.2 Feldmethoden

3.2.1 Die Probefläche

Die Lage der Probeflächen bedarf entsprechend dem Untersuchungsziel sorgfältiger Planung. Sollen die Ergebnisse über die Beschreibung der Besonderheiten der Probefläche hinaus allgemeine Aussagekraft haben? Wenn beispielsweise Allgemeingültiges über die Vögel auf landwirtschaftlichen Flächen einer Region ausgesagt werden soll, ist eine repräsentative Auswahl der Probeflächen erforderlich (vgl. Kapitel 1). Sind die ausgewählten Flächen groß genug, um auch Aussagen zu einer wichtigen aber seltener anzutreffenden Art zuzulassen?

Die Probefläche sollte ausreichend genau auf einer Karte im Maßstab 1 : 2 500 vorliegen. Es ist sehr wichtig, daß die jeweiligen Reviere in die Karte lagegetreu eingetragen werden, d. h. bei obigem Maßstab sollte die Genauigkeit der Registrierungen bei 10 bis 20 m liegen, was in etwa dem Fehler entspricht, der beim Kartenlesen üblicherweise entsteht. Je nach Vogeldichte ist möglicherweise ein anderer Maßstab günstiger, z. B. 1 : 1 250 (im Auwald) oder 1 : 5 000 (im Offenland). Sollte die Karte mit Informationen überladen sein, empfiehlt es sich, Kopien einer durchgepausten, vereinfachten Kartenversion zu benutzen. In offener bzw. strukturarmer Landschaft ist es unbedingt erforderlich, bestimmte Steine, Bäume oder andere Strukturen sowohl im Feld als auch auf der Karte zu markieren, um eine größere Genauigkeit bei der Registrierung zu gewährleisten. In vielen Waldstücken ist es notwendig, sich die wichtigsten Strukturen bei einer Vorexkursion einzuprägen, um eine korrekte Zuordnung der Vögel auf der Karte zu erreichen. Im Wald entsteht auch das Problem, daß die Sichtweite im Sommer häufig stark eingeschränkt ist. In unübersichtlichen Beständen kann die Markierung (und Einmessung) von Bäumen Abhilfe schaffen.

In Wäldern mit großer Vogeldichte wird man für einen Kartierungsgang auf einer Fläche von 10 bis 20 ha etwa drei bis vier Stunden benötigen. In landwirtschaftlichem Gebiet können in dieser Zeit 50 bis 100 ha bearbeitet werden, je nachdem, wie groß der Anteil von Heckenbereichen und Feldgehölzen ist. Es ist wichtig, die Randbereiche der Probeflächen zu begehen, daher sind auf Ackerflächen insbesondere Feldwege oder -ränder zu empfehlen. Bei dieser Vorgehensweise wird die Vogeldichte landwirtschaftlicher Gebiete normalerweise überschätzt, da die Mehrzahl der Vögel in Hecken konzentriert ist, die nun überrepräsentativ erfaßt werden. Deshalb ist es nicht wünschenswert, Randflächen auszusuchen, die an Wälder angrenzen. Um den Randeffekt zu

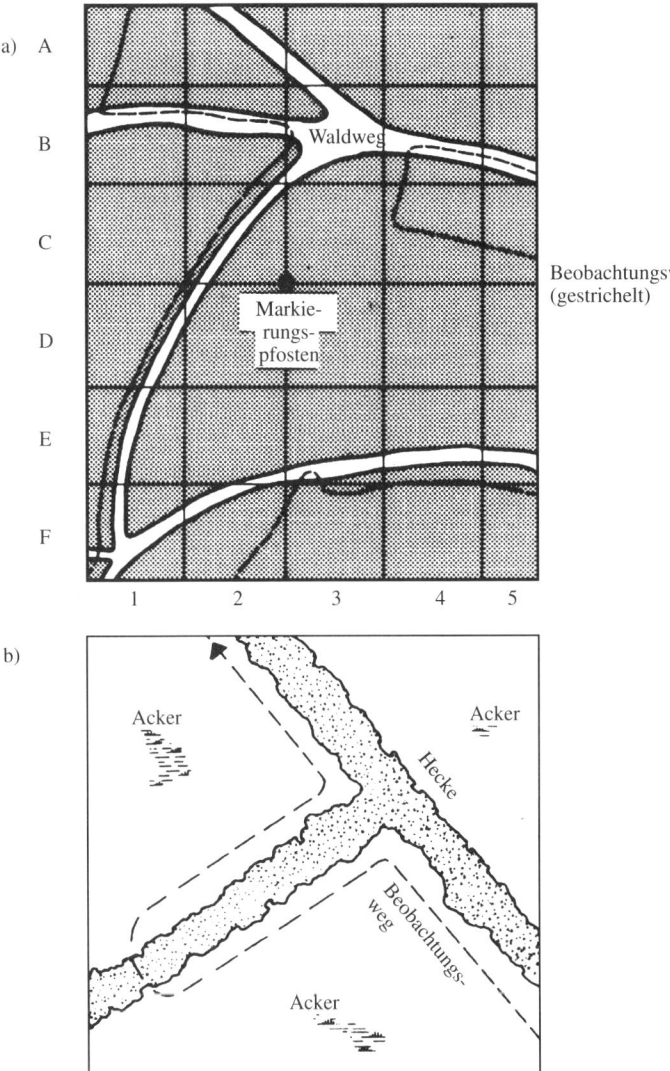

Abb. 3.1 Basiskarten zur
Revierkartierung

(a) Ausschnitt der Umrißkarte einer Waldprobefläche mit einem 20 × 20-m-Gitterraster. Die Gitterpunkte werden mit einem Buchstaben- und Zahlencode markiert (A1, B2, C3, C4 etc.). Die Karte zeigt Wege, das Gitternetz, Markierungspfosten und eventuelle andere Feldkennzeichen. Die Bearbeiter können unter Nutzung eines Kompasses beispielsweise den Gitterlinien folgen, um stets ihre genaue Kartenposition festzulegen.

(b) Bei Untersuchungen auf freiem Feld genügen hingegen topographische Merkmale wie Telegrafenmasten, Bäume, Häuser oder an bestimmten Stellen eingeschlagene Markierungspfosten etc. zur Orientierung des Bearbeiters und zur genauen Zuordnung der registrierten Vögel. In diesem Beispiel würde man mehr Vögel in der Hecke als im Getreidefeld erwarten; da es oft schwierig ist, bestellte Äcker zu begehen, verläuft die Begehungsroute eher entlang der Hecke als innerhalb der Ackerfläche.

verringern, sollte man auch darauf achten, daß die Probeflächen annähernd rechteckig oder kreisrund sind bzw. keine langen und komplexen Randstrukturen aufweisen. Je größer die Probefläche jedoch ist, desto geringer wird der Einfluß des Randeffektes, wobei die für die Bearbeitung benötigte Zeit die mögliche Größe der Probefläche begrenzt.

Um die Daten einer bearbeiteten Fläche aussagekräftiger zu machen, sollten die Biotop- und Vegetationsstrukturen in irgendeiner Weise beschrieben werden (Kapitel 10). Die Eintragung der Vegetationsstrukturen zusätzlich zu den Vogelterritorien ermöglicht auch eine Analyse der Habitatnutzung. Sind die Probeflächen allerdings recht strukturarm, aber untereinander sehr verschieden, kann statt einer genauen Kartierung der Vegetation auch eine kurze Beschreibung genügen.

3.2.2 Kartierungszeit und -strecke

Die Ergebnisse einer Revierkartierung werden durch die Zahl der Begehungen beeinflußt. Man könnte daher annehmen, daß mit zunehmender Anzahl von Begehungen die Ergebnisse besser würden; es zeigt sich aber, daß eine Vielzahl an Begehungen eher zu Unklarheiten führt als zu eindeutigeren Ergebnissen. Im CBC wurde ein Limit von zehn Begehungen je Probefläche vorgegeben, und beim DDA-Monitorprogramm werden acht Begehungen empfohlen. In mitteleuropäischen Wäldern sollten diese zwischen Mitte März und Ende Juni durchgeführt werden, im Hochgebirge von Anfang/Mitte April bis Mitte Juli. Idealerweise sind die Kartierungsgänge gleichmäßig über den Gesamtzeitraum verteilt und haben einen mindestens einwöchigen Abstand. Für die einzelnen Arten sind meist keine zehn Kartierungen notwendig, diese Anzahl und der dreimonatige Kartierungszeitraum dienen vielmehr dazu, alle im Gebiet brütenden Arten in ausreichendem Maße zu erfassen, um ihre Reviere eindeutig festlegen zu können. Für die Standvogelarten sind meist die ersten fünf (vier) Kartierungen von entscheidender Bedeutung, während die später ankommenden Arten meist erst in der zweiten Hälfte des Kartierungszeitraumes erfaßt werden. Zu diesem Zeitpunkt haben Standvögel häufig schon Junge, die Reviere verlieren zunehmend an Bedeutung und werden daher weniger deutlich markiert oder verteidigt.

Die Kartierungen sollten am frühen Morgen stattfinden, allerdings sind oft auch Besuche am Abend oder nachts hilfreich (im CBC sind bis zu zwei solcher Abendbesuche gestattet). Da die Stunde vor Sonnenaufgang die deutlich höchste Aktivität der Vögel aufweist, sollte bei jeder Kontrolle mit einem anderen Flächenteil begonnen werden, um die gleichmäßige Erfassung des Gebietes und insbesondere der dämmerungsaktiven Arten zu gewährleisten. Da Änderungen in Bearbeitungszeit und -aufwand zu systematischen Fehlern führen können, ist es unabdingbar, neben den Beobachtungsdaten auch die Anfangs- und Endzeiten der Kartierung bei jedem Besuch zu notieren und diese Faktoren so weit wie möglich zu standardisieren.

Die Probefläche sollte langsam durchschritten werden, so daß genügend Zeit bleibt, alle Vögel und ihre Standorte zu bestimmen. Die Begehungsstrecke sollte bis auf etwa 50 m an jeden Punkt der Probefläche heranreichen, in dichterer Vegetation eher noch näher. Auf landwirtschaftlich genutzten Flächen ist eine Kontrolle aller Hecken notwendig, wobei darauf geachtet werden muß, daß die Begehung nicht immer genau demselben Weg folgt. Dies würde dazu führen, daß bestimmte Teilareale immer zu denselben Zeiten kartiert werden. Jede Begehung sollte an einem Kartierungstag abgeschlossen sein, denn die Aufteilung in mehrere Teilbegehungen kann zu einer ungewollten Mehrfacherfassung einzelner Individuen führen. Teilbegehungen sollten dann auch als solche protokolliert werden. Bei Waldflächen können etwa fünf Hektar pro Stunde kartiert werden, bei Feldern sind etwa 20 Hektar pro Stunde möglich. Die Länge der Begehung ist abhängig von der Ausdauer des Bearbeiters sowie der Aktivität der Vögel, die bis etwa sechs Stunden auf vergleichbarem Niveau anhalten kann.

3.2.3 Registrierung der Vögel

Die Standorte der vorgefundenen Vögel sowie Angaben zu deren Verhalten werden in kleiner, sauberer Schrift möglichst lagegetreu mit Bleistift oder anderem Schreibmaterial in die mitgeführte Karte eingetragen. Dabei ist darauf zu achten, daß die Tinte mancher Stifte ver-

schmieren kann, wenn die Karte naß wird; zudem funktionieren Kugelschreiber auf nassem Papier oft nicht, während mit Bleistiften derartige Probleme nicht auftreten. Es empfiehlt sich, eine allgemein gebräuchliche Kürzelliste für die Vogelarten zu verwenden. Einige Kürzel häufiger Arten sind in Tabelle 3.1 aufgeführt. Auch für die Aktivitäten der Vögel liegen gebräuchliche Kürzel vor. Es sollte versucht werden, so viele Einzelheiten der Vögel wie möglich aufzunehmen (Alter, Geschlecht etc.), denn es ist für die Auswertung oft wichtig zu wissen, ob es sich bei einem vorgefundenen Trupp um Jung- oder Altvögel gehandelt hat. Waren zwei benachbarte Vögel als Männchen und Weibchen ein Brutpaar

Tab. 3.1 Allgemein gebräuchliche Abkürzungen für Vogelarten bei Brutvogel-Revierkartierungen.

Da es für die Revierkartierungen im Deutschen Brutvogelmonitoring – anders als z. B. in Großbritannien (BTO) – keine festgelegten Richtlinien hinsichtlich der Abkürzungen gibt, ist es jedem Mitarbeiter freigestellt, seine eigenen Kürzel zu verwenden. Die aufgeführte Kürzelliste (Auswahl) wurde von der NABU-Ortsgruppe Konstanz entwickelt und für Kartierungen im NSG Wollmatinger Ried verwendet (Orn. Arbeitsgem. Bodensee).

Kürzel	Vogelart	Kürzel	Vogelart
Sto	Stockente	G	Gartengrasmücke
Mb	Mäusebussard	Dg	Dorngrasmücke
Tf	Turmfalke	Kg	Klappergrasmücke
Bh	Bläßhuhn	Z	Zilpzalp
La	Lachmöwe	F	Fitis
Bsp	Buntspecht	Sg	Sommergoldhähnchen
Ku	Kuckuck	Gs	Grauschnäpper
Fl	Feldlerche	Sum	Sumpfmeise
Bp	Baumpieper	K	Kohlmeise
Ba	Bachstelze	Bm	Blaumeise
Zk	Zaunkönig	Sm	Schwanzmeise
He	Heckenbraunelle	Bam	Bartmeise
Rk	Rotkehlchen	Kl	Kleiber
N	Nachtigall	Gb	Gartenbaumläufer
A	Amsel	El	Elster
Si	Singdrossel	Ra	Rabenkrähe
Wd	Wacholderdrossel	S	Star
Sr	Schilfrohrsänger	Fe	Feldsperling
Su	Sumpfrohrsänger	H	Haussperling
T	Teichrohrsänger	B	Buchfink
Dr	Drosselrohrsänger	Gf	Grünfink
Fs	Feldschwirl	Sti	Stieglitz
Ros	Rohrschwirl	Ga	Goldammer
M	Mönchsgrasmücke	R	Rohrammer

Tab. 3.2 Standardsymbole für Vogelarten bei Revierkartierungen des BTO in Großbritannien, ergänzt durch zwei in Deutschland oft verwendete Symbole. Deutsche Namenskürzel entsprechend der Liste in 3.1

Im Deutschen Brutvogelmonitoring gibt es keine festgelegten Richtlinien hinsichtlich der zu verwendenden Symbole. Es ist jedem Mitarbeiter freigestellt, seine eigenen Kürzel zu verwenden, solange sie sinnvoll und eindeutig sind. Beispielhaft soll das ausgeklügelte britische System darstellen, welche Unterscheidungen notwendig sind bzw. welche Problemfälle auftreten können. Ein davon in einigen Punkten abweichendes System entwickelte H. OELKE (in BERTHOLD et al. 1980).

Abgebildet ist die Standardliste der gebräuchlichen Symbole des BTO (angepaßt an die Kürzel des DDA). Sie wurden entwickelt, um klare und eindeutige Registrierungen zu ermöglichen. Die Symbole sind bei Bedarf kombinierbar. Zusätzliche Aktivitäten, die auf Revierverhalten hindeuten, wie Balzverhalten oder Paarung, sollten mit zusätzlichen eindeutigen Zeichen vermerkt werden.

Zeichen	Erklärung
B, B♂, B♀ 3B juv., B ♀♂	Buchfink-Beobachtung, mit Alter, Geschlecht oder Zahl der Vögel, falls erforderlich. Das Zeichen B ♀♂ kennzeichnet ein Paar; 2B ♀♂ bedeutet demzufolge zwei Paare am selben Ort.
Rk fam	Von Altvögeln betreute Jungvögel des Rotkehlchens
<u>Rk</u>	Ein rufendes Rotkehlchen
<u>Rk</u> (double underline)	Mehrfache Warnrufe oder andere Rufe (nicht Gesang) eines Rotkehlchens, die eindeutiges Revierverhalten signalisieren
ⓇⓀ	Ein singendes Rotkehlchen
⁻Rk Rk⁻	Eine aggressive Auseinandersetzung zwischen zwei Rotkehlchen
* Rk	Ein besetztes Nest des Rotkehlchens; unbesetzte Nester sollten nicht eingetragen werden, da sie für sich alleine noch nicht auf ein Revier hinweisen.
⊞ Bm	Blaumeisen in einer künstlichen Nisthilfe (d. h. Nistkasten)
* Ba !	Bachstelzennest mit sitzendem Altvogel
Ba ✝	Bachstelze mit Nistmaterial
Ba #	Bachstelze futtertragend

Bewegungen der Vögel können mit folgenden Kürzeln angezeigt werden:

−G̲f →	Ein rufender Grünfink fliegt vorüber (nur fliegend gesehen)
⃝He →	Eine singende Heckenbraunelle auf Singwarte, dann wegfliegend (nicht landen gesehen)
→ A♂	Ein Amsel-Männchen fliegt heran und landet (zuerst fliegend gesehen)

Tab. 3.2 Standardsymbole für Vogelarten bei Revierkartierungen des BTO in Großbritannien, ergänzt durch zwei in Deutschland oft verwendete Symbole. Deutsche Namenskürzel entsprechend der Liste in 3.1.

Zeichen	Erklärung
Die folgenden Kürzel kennzeichnen Beobachtungen von verschiedenen Vögeln bzw. demselben Vogel an verschiedenen Orten. Auf ihren exakten Gebrauch sollte großer Wert gelegt werden, denn dies sind die wichtigsten Kürzel zur richtigen Einschätzung von Beobachtungshäufungen.	
Zk → Zk	Ein Zaunkönig wechselt von einer Singwarte zur anderen.
(Zk) --- (Zk)	Zwei Zaunkönige singen gleichzeitig, d. h. es handelt sich mit Sicherheit um zwei Vögel. Die gestrichelte Linie weist auf eine gleichzeitige Beobachtung hin und ist sehr wichtig bei der Abgrenzung von Revieren.
* * Hf - - - Hf	Zwei gleichzeitig besetzte Hänfling-Nester, demnach von zwei verschiedenen Brutpaaren. Dieses Beispiel unterstreicht erneut den Wert der gestrichelten Linie. Nur direkt benachbarte Nester sollten derart gekennzeichnet werden.
(B)—(B)	Die durchgezogene Linie weist darauf hin, daß es sich sicherlich um dasselbe Individuum handelt.
(Sd)–?–(Sd)	Eine durchgezogene Linie mit Fragezeichen deutet an, daß es sich möglicherweise um denselben Vogel handelt. Dieses Kürzel wird sinnvollerweise gebraucht, wenn die Zählroute wieder an einen Punkt zurückführt, der schon einmal kartiert wurde. Es ist sinnvoll, neue Aufenthaltsorte von möglicherweise schon kartierten Vögeln so zu notieren, daß die Gefahr einer Doppelregistrierung vermieden wird. Werden die Vögel ohne dieses Kürzel eingetragen, könnte dies zu einer Überschätzung der Revierzahlen führen.
(Zk) Zk⨍	Wenn zwei Beobachtungen nicht durch eine Linie verbunden werden, handelt es sich aller Wahrscheinlichkeit nach um verschiedene Vögel; allerdings hängt es vom Muster der anderen Registrierungen ab, ob diese Beobachtungen nicht doch nur einem Reviervogel zugeordnet werden. (Um den Eindruck zu verstärken, daß es sich doch eher um zwei Vögel gehandelt hat, würde man die durchgezogene Linie mit Fragezeichen verwenden.)
Ra✳ Ra✳	Wenn benachbarte Nester nicht durch eine Linie verbunden sind, gilt meist die Annahme, daß es sich um Erst- und Zweitbruten desselben Paares handelt, bzw. um eine Ersatzbrut nach Verlust der vorherigen.

oder vom selben Geschlecht und befanden sich damit in der Nähe einer Reviergrenze?

Ganz wesentlich ist der genaue Aufenthaltsort von Individuen derselben Art, die gleichzeitig gesehen oder gehört wurden. Die Auswertung basiert auf der Annahme, daß die Reviergrenzen zwischen diesen Vögeln liegen. Bei Vogelarten mit gleichmäßig verteilten Revieren wird eine Auswertung ohne solche 'Simultanerfassungen' erheblich erschwert. Ist der gerade gehörte Vogel identisch mit dem 50 m entfernten oder zwei Stunden zuvor gesehenen? Bei Unsicherheit sollte man die beiden Kurzel

mit einem Pfeil und Fragezeichen ver-
binden, denn oft handelt es sich tatsächlich um dieselben Vögel. Wenn die Beobachtungen wirklich unterschiedliche
Individuen betreffen, ist die Chance
groß, sie bei einer späteren Begehung
nebeneinander und simultan erfassen zu
können. Nestersuche ist für Kartierungsgänge zu zeitaufwendig, allerdings können Daten zu Neststandorten bei der
Auswertung hilfreich sein.

Manche Reviere werden z.T. von den
Grenzen der Probefläche geschnitten. Es
gibt mehrere Möglichkeiten, mit diesem
Problem umzugehen. Generell werden
auch Randreviere vollständig registriert,
wobei im Gelände üblicherweise alles
notiert wird, was innerhalb der Probefläche erfaßt werden kann. Aus diesem
Grunde sollten die Arbeitskarten auch
alle Flächen bis etwa 100 m außerhalb
der Probefläche aufweisen.

3.3 Variationen der Revier-
kartierungsmethode

Da die Revierkartierung beispielsweise
beim Monitorprogramm des DDA Verwendung findet, ist eine einheitliche Ar-
beitstechnik unabdingbar. Für andere
Anwendungsbereiche könnten jedoch
entweder genauere Kartierungen notwendig sein, wofür im folgenden sechs
Möglichkeiten beschrieben werden, oder
es genügen weniger genaue Bestandserfassungen, deren Ansatz unter Punkt
3.3.7 besprochen wird.

3.3.1 Reduktion der Zahl zu
kartierender Arten

Im Monitorprogramm des DDA (bzw.
des BTO und von SOVON) sowie bei
Untersuchungen von Vogelgemeinschaften werden alle Arten aufgenommen,
zumindest aber so viele, wie man nur
irgendwie entdecken kann. Ist das Ziel
jedoch nicht so hoch gesteckt, besteht

eine erste Variationsmöglichkeit darin,
weniger Arten zu kartieren und sich z.B.
auf die Leitarten zu konzentrieren (vgl.
FLADE 1994). Dies hilft dabei, die vorhandene Zeit und Anstrengung auf die
eigentlichen Aufgaben zu lenken. Der
Grund für zehn Kartierungsgänge während einer Brutsaison liegt darin, genügend Daten über territoriale Arten zu
erhalten, die sich in ihren Gesangs- und
Brutzeiten zum Teil erheblich unterscheiden. Wird dagegen beispielsweise
nur eine Art untersucht, genügen oft
fünf Begehungen zur richtigen Tageszeit
während der Hauptbrutzeit der Art.

Für eine richtige Interpretation der
Daten müssen benachbarte Vögel unbedingt als solche erkannt werden. Bei der
Untersuchung einer einzelnen Art kann
so mehr Zeit darauf verwendet werden,
Nachbarvögel bei der Revieranzeige zu
finden. Man kann sich die Arbeit erleichtern, indem die mitgeführte Karte
vor jeder Begehung auf den neuesten
Stand gebracht wird. Auf diese Weise
ließen sich solche Teilgebiete leichter
erkennen, in denen die Festlegung von
sogenannten 'Papierrevieren' (Cluster,
s.u.) bzw. die genaue Zahl anwesender
Revierinhaber sehr schwierig ist. Dann
kann man seine Anstrengungen in diesen Teilbereichen intensivieren.

3.3.2 Verwendung von Hilfsmitteln
zur Auslösung von Reaktionen

Das Vorspielen von Artgesängen mit
Hilfe eines Tonbandgerätes ist oft hilfreich, einzelne Arten bzw. Individuen
einer Art aufzufinden und ihre Reaktionen zu erfassen. An Reviergrenzen abgespielt, könnten auch beide Reviernachbarn auf den vorgespielten Gesang
reagieren. Isolierte Revierinhaber singen
oftmals weniger häufig als solche, die in
unmittelbarer Nähe einen Nachbarn haben (oder solche, die unverpaart geblieben sind und dadurch einen höheren
'Brutbestand' vortäuschen).

Durch Vorspielversuche könnten die
notwendigen Registrierungen für die Er-

mittlung von Papierrevieren leichter erreicht werden. Viele Zugvogelarten haben nur eine recht kurze Gesangsphase, durch Vorspielen des Gesanges läßt sich jedoch oft auch noch bei brütenden Vögeln mit geringer Gesangsaktivität eine Reaktion auslösen. Dabei sollte allerdings auch bedacht werden, daß der Bestand mancher Vogelarten durch diese Methode überschätzt wird (z. B. Mittelspecht nach Untersuchungen in der Schweiz), und empfindliche Arten durch diese Methode in ihrem Brutrevier gestört werden.

Bei einigen sehr schwer zu erfassenden Arten könnte der Einsatz von Hunden die Chance erhöhen, den Nachweis einer Art zu erbringen. Hunde werden z. B. in angelsächsischen Ländern zuweilen eingesetzt, um Hühnervögel zu erfassen oder Nester von Enten oder Limikolen aufzuspüren. Es muß nicht erst betont werden, daß der Hund gut ausgebildet sein muß, damit sein Einsatz für die Zählung hilfreich ist und die Vögel nicht gefährdet werden. In Deutschland ist für den Einsatz von Hunden eine naturschutzrechtliche Genehmigung erforderlich (bei strenger Auslegung der Bundesartenschutzverordnung § 13 gilt dies auch für das Vorspielen vom Tonband, z. B. wenn dadurch ein Fang erreicht werden soll).

3.3.3 Aufscheuchmethode

Eine weitere, in angelsächsischen Ländern (überwiegend im offenen Grasland) benützte Methode, genauere Revierkartierungs-Daten zu erhalten, besteht darin, territorial gebundene Vögel an ihre Reviergrenzen zu treiben; dabei wird ausgenützt, daß die Vögel meist nur sehr ungern über ihre Reviergrenzen hinwegfliegen. Auf diese Weise lassen sich die Reviergrenzen eines Vogels mit einem 10- bis 20-maligen Aufscheuchen (engl.: consecutive flush) relativ schnell erfassen. An schwierigen Stellen, die nach Eintrag in die Artkarten kenntlich werden, ist die Wiederholung solcher

Versuche denkbar. Die Feldarbeit kann beendet werden, wenn genügend Informationen über die einzelnen Revierinhaber zur Konstruktion eines Papierrevieres vorhanden sind und keine unerklärten Einzelbeobachtungen mehr vorliegen.

Der Einsatz dieser Methode scheint aus Artenschutzgründen bedenklich, und zumindest für die vom Aussterben bedrohten Arten Deutschlands (vgl. DDA und DS/IRV 1991) kommt ihre Anwendung nach § 20 BNatSchG nicht in Frage. Die Methode wird in Österreich jedoch von LANDMANN et al. (1990) vor allem für einige verbreitete Arten der Alpinstufe empfohlen.

3.3.4 Nestersuche

Der Nachteil der Nestersuche vieler Arten bei Kartierungen ist der, daß das Auffinden von Nestern nicht bei allen Arten gleich leicht fällt. Wird allerdings nur eine einzelne Art untersucht, ist die Kenntnis des Neststandortes vielleicht noch in anderer Hinsicht von Nutzen. Da Nester im Normalfall von einem Brutpaar stammen, ist ein Nestfund der bestmögliche Hinweis auf die Anwesenheit eines Brutpaares. In vielen Fällen wird man eine große Übereinstimmung zwischen der Verteilung der Neststandorte und den Ergebnissen der reinen Revierkartierung feststellen.

Bei manchen, wenig territorial gebundenen Arten kann die Nestersuche die einzig verläßliche Erfassungsmethode sein; z. B. sind Stare nur über die Besetzung von Bruthöhlen zu kartieren. Rabenvögel oder Tauben haben recht auffällige Nester, die sehr leicht zu finden sind. Der Nachteil einer reinen Nestsuche besteht darin, daß man kaum genau weiß, ob alle Nester eines Gebietes gefunden wurden. Ein systematischer Fehler kann beispielsweise dann entstehen, wenn man sich nur auf die leichter auffindbaren Nester beschränkt. Wird aber gleichzeitig revierkartiert, kann man die Feldarbeit so lange fortführen, bis die Ergebnisse der beiden Methoden übereinstimmen.

Es muß auch hier darauf hingewiesen werden, daß das Aufsuchen von Nestern der vom Aussterben bedrohten Arten in Deutschland untersagt ist (§ 20 f BNatSchG). Zu beachten sind außerdem die speziellen Vorschriften innerhalb besonders geschützter Gebiete.

3.3.5 Farbmarkierung und Radiotelemetrie

Eines der Hauptprobleme bei der Interpretation von Artkarten entsteht durch die Unsicherheit, ob die jeweiligen Beobachtungen ein bereits bekanntes oder ein weiteres Individuum betreffen. Eindeutige Farbringkombinationen oder die (Radio)Telemetrie können hier Klarheit schaffen. Die Revierverteilung läßt sich wesentlich leichter ermitteln, wenn die Vögel individuell gekennzeichnet sind. Ein entscheidender Nachteil beider Methoden liegt im relativ hohen Aufwand. Zuerst müssen die Vögel gefangen und farbmarkiert werden und schließlich benötigt die Ablesung der Farbringkombinationen einen größeren (Feld)Aufwand als das normale Beobachten. Farbringe lassen sich nicht unter allen Bedingungen leicht erkennen und ablesen, und die Radiotelemetrie erfordert einen hohen technischen und zeitlichen Aufwand. Weitere Bemerkungen zur Beringung folgen in Kapitel 6.

Die (Farb)Beringung bietet die einzige Möglichkeit, Nichtbrüter einer Population als solche zu erkennen und deren Anzahl recht genau zu ermitteln, obwohl deren Verhalten eigentlich im Widerspruch zu den Grundbedingungen der Revierkartierungsmethode steht. Immer mehr Veröffentlichungen zeigen allerdings, daß in vielen Populationen auch von kurzlebigen Singvögeln ein nicht zu unterschätzender Nichtbrüteranteil existiert.

Es ist darauf hinzuweisen, daß der Fang zum Zwecke der Markierung in Deutschland einer vorherigen behörd-lichen Ausnahmegenehmigung nach § 20 g BNatSchG bedarf.

3.3.6 Die integrierte Untersuchung

Untersuchungen, die neben einer möglichst hohen Zahl von Registrierungen auch Farbberingung und Nestersuche beinhalten, liefern die beste Vorstellung vom Absolutbestand einer Art in einem Gebiet während der Brutzeit. Die Aussagen einer solchen Studie gehen natürlich weit über die einfacher Bestandserfassungen hinaus. Sie sind zudem oft die einzige Möglichkeit, Absolutzahlen für manche Vogelarten zu erhalten. Wegen des hohen Arbeitsaufwandes werden integrierte Untersuchungen allerdings (immer noch) selten angewandt.

3.3.7 'Rationalisierte' Revier-kartierungen

Eine 'rationalisierte' Revierkartierung kann durchgeführt werden, wenn eine Zahl von acht oder mehr Begehungen aus zeitlichen Gründen nicht möglich ist, sei es, weil z. B. eine Vielzahl von Kleinstrukturen untersucht werden soll, oder sei es, weil beispielsweise der für die Untersuchung zur Verfügung stehende Zeitrahmen sehr begrenzt ist (kurze Brutperiode, begrenzte Anwesenheit im Untersuchungsgebiet, extrem schwieriges Gelände etc.). Bei dieser abgewandelten Methode werden nur drei Begehungen durchgeführt. Folglich werden keine Papierreviere mehr konstruiert, sondern jede Beobachtung eines revieranzeigenden Vogels kennzeichnet ein Territorium. Trotz der daraus entstehenden Unschärfe konnte BLANA (1978) zeigen, daß die ermittelten Ergebnisse gegenüber vollständigen Begehungen nur wenig an Genauigkeit einbüßen. Bei einer Überprüfung der Methode im Berner Oberland fand LUDER (1981) mit der Dreifachkartierung über 90 % der bei zehnmaliger Kartierung ermittelten Reviere. Probleme entstehen bei dieser

Methode vor allem bei der Beurteilung von Durchzüglern und kurzfristig anwesenden Nichtbrütern sowie bei der Erfassung von Koloniebrütern und unauffälligen Arten (vgl. Diskussion in LUDER 1981).

Eine rationalisierte Revierkartierung kann sich als günstig erweisen, wenn eine quantitative Erfassung auf großer Fläche (z.B. Atlasarbeit, Kapitel 9), oder mit kleinem Mitarbeiterstab, beschränkter Kartierungszeit oder in schwierigem Gelände geplant ist.

3.4 Auswertung der Kartierungsergebnisse

3.4.1 Übertragen der Felddaten

Bei jeder Begehung werden Tageskarten angelegt, die die Registrierungen aller Vogelarten enthalten. Die erfaßten Arten müssen nun auf die einzelnen Artkarten übertragen werden, wobei jede Begehung einen Buchstaben-Code (A, B, C, D..) erhält (es sind auch Zahlen- oder

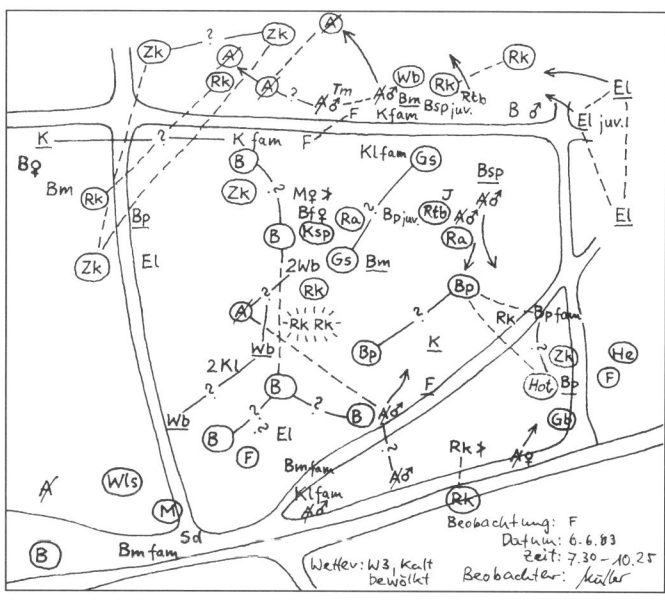

Abb. 3.2 Abbildung einer Tageskarte

Ausschnitt einer durchgeführten, vollständigen Begehung einer Waldprobefläche (nach MARCHANT 1983, verändert). Es handelt sich um eine von zehn erforderlichen Begehungen während der Brutzeit, die in den frühen Morgenstunden durchzuführen sind. Die einzelnen Begehungen werden mit den Buchstaben A bis J bezeichnet und alle Beobachtungen werden mit den gebräuchlichen (bzw. einem eigenen System von) Kürzeln in die Karte eingetragen. Weitere wichtige Informationen, wie Witterung, Windstärke (W3), Bearbeitungs-Datum und Name des Beobachters sollten ebenfalls in die Karte aufgenommen werden, so daß detaillierte Vergleiche zwischen verschiedenen Probeflächen innerhalb eines Jahres oder derselben Probeflächen über verschiedene Jahre hinweg unter konstanten äußeren Bedingungen möglich sind.

Das vorliegende Beispiel zeigt eine sehr erfolgreiche Begehung mit einer Vielzahl von Beobachtungen verschiedener Arten. Besonders hilfreich bei der Auswertung der Reviere werden die vielen gestrichelten Linien sein. Alle Amsel-Beobachtungen (= A) wurden schon in eine Artkarte übertragen und sind daher mit dem Bleistift durchgestrichen.

Abkürzungen s. Tab. 3.1

Abb. 3.3 Abbildung einer
Artkarte

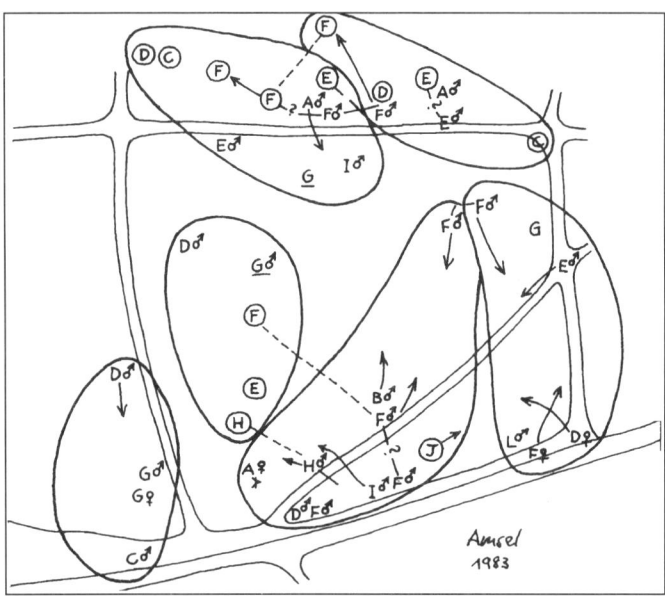

Abgebildet ist hier die Karte der Amsel aus derselben Untersuchung wie in Abbildung 3.2. Beim Übertragen von der Tageskarte auf die Artkarte wird das Kürzel
der Amsel durch das jeweilige Kürzel der Begehungen (A bis J) ersetzt. Nicht verändert werden dagegen die Kürzel für Geschlecht, Gesang und Bewegungen der
Vögel. Die Artkarte wurde schon ausgewertet, und in dem betreffenden Kartenaus-
schnitt wurden sechs Reviere ermittelt.

Farbcodes möglich). Jede Registrierung
einer Art wird nun von den einzelnen
Tageskarten auf die jeweilige Artkarte
übertragen, wobei das Artkürzel jeweils
durch den Buchstabencode ersetzt wird.
Die Übertragung kann zu Fehlern führen, wenn das entsprechende Artkürzel
auf den Feldkarten nicht ausgestrichen
wird. Deshalb sollte mehrmals überprüft
werden, ob auch wirklich alle Beobachtungen in Artkarten überführt wurden.
In der Praxis ist es möglich (wenn auch
nicht immer empfehlenswert), mehrere
Arten auf einem Kartenblatt durch die
Benutzung verschiedener Farben und
die Wahl häufiger bzw. seltener Arten,
die unterschiedliche Habitatstrukturen
nutzen, ohne größere Überlappung gemeinsam abzubilden. Dazu eignen sich
Buntstifte oder Kugelschreiber am besten, da manche Filzstiftfarben sehr
schnell ausbleichen.

3.4.2 Auswertung der Artkarten

Die Auswertung der Karten ist keineswegs so einfach, daß hierfür eindeutige
Richtlinien gelten könnten. Der BTO hat
einige allgemeine Richtlinien veröffentlicht, die auch die Grundlage für diesen
Abschnitt bilden (MARCHANT 1983).
Weil es mehr als eine „richtige" Interpretation einer bestimmten Artkarte geben kann, werden beim CBC-Programm
alle von den Feldbearbeitern eingesand-
ten Artkarten von eigens geschulten
Mitarbeitern des BTO ausgewertet, deren Ergebnisse nachvollziehbar sein
müssen und die schwierige Fälle untereinander absprechen. Für das CBC-Programm ist eine einheitliche Dateninterpretation wesentlich bedeutsamer als absolute Genauigkeit. Das Hauptproblem
bei den Richtlinien ist, daß sie einen Zir-

kelschluß beinhalten, indem sie sowohl die Bildung zu kleiner als auch zu großer Papierreviere untersagen. Leider liegen immer noch zu wenige unabhängige Untersuchungen vor, auf deren Basis auf die normale Streuung der Reviergrößen für die meisten Vogelarten geschlossen werden könnte. Zudem wird aufgrund der Auswertung der Karten durch Fremde auf Lokalinformationen des Beobachters verzichtet.

Wesentliches Ziel bei der Auswertung ist die Erstellung von Papierrevieren. Dabei werden gehäufte Nachweise der Individuen auf der Karte in möglichst nichtüberlappender Weise umgrenzt. Diese Grenzlinien werden oft Reviere genannt und die Ergebnisse als Anzahl Reviere dargestellt. Dabei darf jedoch nicht angenommen werden, daß die Papierreviergrenzen unbedingt den wirklichen Reviergrenzen entsprechen oder überhaupt viel über den Aufenthaltsraum eines Vogels im Verlaufe eines Sommers aussagen. Es sind vielmehr konstruierte Produkte der speziellen Auswertungsmethode.

Idealerweise zeigt eine Artkarte eine Anzahl eindeutig abgegrenzter Papierreviere, die jeweils mehrere Beobachtungen eines oder zweier Vögel aus verschiedenen Begehungen enthalten und häufig durch mehrere Beobachtungen des singenden Reviermännchens gekennzeichnet sind. Gepunktete Linien verlaufen zu unabhängig registrierten Brutpaaren bzw. Männchen in benachbarten Papierrevieren. Bei einigen Arten sind Häufungen von Beobachtungen leicht zu erhalten, bei anderen ist dies sehr viel schwieriger (FULLER und MARCHANT 1985). Es wird daher Fälle geben, in denen mehr als eine Beobachtung in einem Papierrevier vom selben Beobachtungsgang stammt. Dann stellt sich die Frage: Handelt es sich nun um eine Doppelregistrierung desselben Vogels oder um das kurzfristige Eindringen eines anderen oder handelt es sich eigentlich um zwei Reviere? Dagegen wird es andere Kartenabschnitte geben, in denen nur einige wenige Vögel registriert wurden. Handelt es sich bei diesen Einzelbeobachtungen um Nichtbrüter oder um Vögel, die sich für kurze Zeit außerhalb ihres normalen Aufenthaltsgebietes befanden, oder sind dies Anzeichen für ein weiteres Revier, in dem die Vögel aus irgendwelchen Gründen der Registrierung in den meisten Fällen entgingen? Alle Häufungen von Beobachtungen, die die Mindestanforderungen für ein Papierrevier erfüllen, werden schließlich in die Karte eingetragen. Dabei sollte ein Bleistift verwendet werden, so daß später noch eventuelle Veränderungen vorgenommen werden können.

3.4.3 Mindestanforderungen für ein Papierrevier

Zur Bestimmung der Territorien sind je nach Anzahl der Kartierungsgänge zwei oder drei Registrierungen ('Kontakte') eines Reviervogels notwendig. Bei einer Gesamtzahl von acht (bzw. sieben) oder weniger gültigen, vollständigen Kartierungen genügen zwei Registrierungen, bei neun (bzw. acht) oder mehr dagegen drei.

Die Zahl gültiger Kartierungen richtet sich bei Zugvögeln nach dem Zeitpunkt des ersten Auftretens. Werden beispielsweise die zehn Begehungen in wöchentlichen Intervallen ab Ende März durchgeführt, werden die meisten Zugvögel frühestens ab der dritten Begehung erfaßt. So können maximal acht Registrierungen zustandekommen, wobei zwei zur Bestimmung eines Papierrevieres genügen. Ähnliches gilt für schwer kartierbare Arten, insbesondere nachtaktive wie Waldschnepfe oder Eulen, die wohl stets nur in geringer Anzahl erfaßt werden. Für diese genügen im Normalfall zwei Registrierungen, und nur in Ausnahmefällen, z. B. bei sehr spät ankommenden Arten wie Pirol und Sumpfrohrsänger oder bei unauffälligen Arten wie Waldbaumläufern, muß mitunter auch schon eine Registrierung genügen.

Abb. 3.4 Mindestanforde-
rungen zur Definition eines
Papierrevieres (aus MAR-
CHANT 1983).

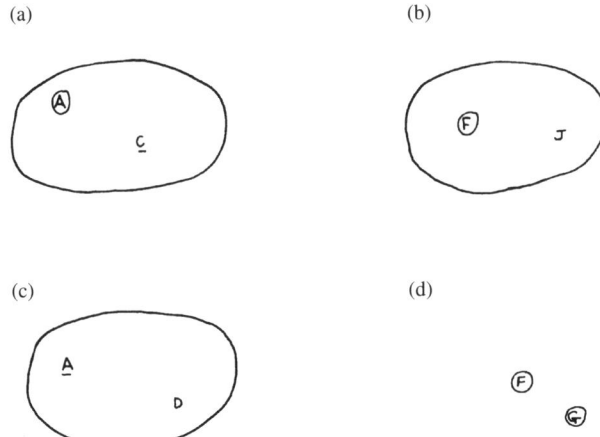

(a) Bei den Begehungen A und C wurde jeweils ein Rotkehlchen entdeckt. Bei insgesamt nur acht Begehungen würden diese beiden Beobachtungen zur Bestimmung
eines Revieres genügen, nicht jedoch bei neun oder den hier vorgeschriebenen
zehn Begehungen.
(b) Bei den zwei Begehungen F und J (Anfang und Ende Mai) von insgeamt zehn
wurde jeweils eine Dorngrasmücke gefunden. Da diese Art in Großbritannien erst
recht spät im Frühjahr eintrifft, genügen die beiden Beobachtungen zur Wertung als
Revier.
(c) Bei den Begehungen A und D wurde jeweils eine Schleiereule entdeckt. Die
beiden Beobachtungen genügen zur Wertung als Revier, da die Art sehr schwierig
zu erfassen ist und daher die Mindestanforderungen für ein Papierrevier niedriger
liegen.
(d) Bei den Begehungen F und G wurde jeweils ein Fitis entdeckt. Da die beiden
Begehungen jedoch nur zwei und nicht die vorgeschriebenen zehn Tage auseinanderliegen, darf kein Revier angenommen werden, da nicht ausgeschlossen werden
kann, daß es sich um einen Durchzügler oder Gastvogel mit kurzer Verweildauer
gehandelt haben könnte.

Beobachtungen in einem Papierrevier müssen mindestens zehn Tage auseinanderliegen. Dadurch wird verhindert, daß nur kurzfristig anwesende Durchzügler
zweimal in kurzem Abstand registriert und dann fälschlich als Reviervögel eingestuft werden. Diese Regel kann aller-dings manchmal nicht eingehalten werden, beispielsweise wenn in sehr schwer zugänglichen Gebieten über einen kürzeren Zeitraum mehrere Begehungen durchgeführt werden müssen.

Eine einzige Registrierung eines Nests mit Eiern oder Jungen genügt ebenfalls, um ein Revier zu bestimmen,
auch wenn die jeweiligen Altvögel nicht ausreichend oft gesehen wurden. Dage-
gen reicht die Registrierung umherstrei-fender Jungvogeltrupps oder die Beobachtung junger Nestflüchter (z.B. Hüh-nervögel oder Limikolen) nicht ohne
vorherige Brutzeitbeobachtungen zur Bestätigung eines Revieres, da diese
Vögel durchaus aus einem schon erfaß-ten Territorium oder sogar von außerhalb der Probefläche stammen könnten.

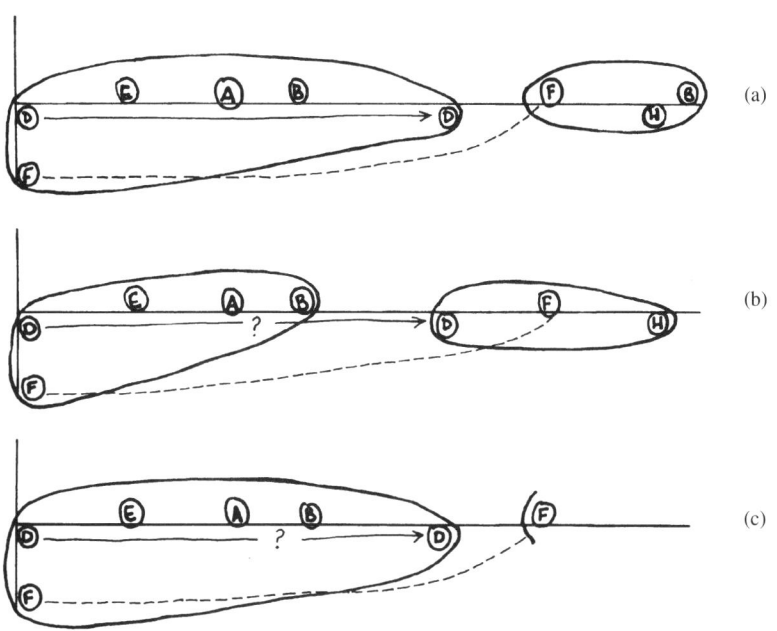

(a)

(b)

(c)

Die Abbildung zeigt die richtige Wertung von Linien bei verschiedenen Registrierungen des Fitis (aus MARCHANT 1983).
(a) Die gestrichelte Linie zwischen den beiden Vögeln bei Begehung F weist darauf hin, daß die beiden F-Beobachtungen nicht im gleichen Revier liegen können. Die durchgezogene Linie bei Begehung D kennzeichnet jedoch denselben Vogel und beide Beobachtsorte liegen demzufolge im selben Revier.
(b) und (c) Die mit einem Fragezeichen versehene Linie der Begehung D kann je nach dem Muster der anderen Beobachtungen auf zwei verschiedene Weisen gedeutet werden. In (b) liegen genügend weitere Beobachtungen vor, um ein zweites Revier zu rechtfertigen (D,F,H). Die beiden D-Beobachtungen werden demzufolge zwei verschiedenen Vögeln zugeschrieben. In (c) gibt es dagegen keine Hinweise auf ein zweites Revier, da nur eine Beobachtung im zweiten möglichen Revier erfolgte. Daher werden die D-Beobachtungen einem Vogel zugeordnet und die F-Beobachtung als überzählig gewertet und keinem Revier zugeordnet.
Die Beispiele sind für sich selbst genommen zwar richtig, die Interpretation der Karte wird allerdings auch vom Muster der weiteren Beobachtungen beeinflußt.

3.4.4 Durchgezogene und gestrichelte Linien

Eine gestrichelte Linie, die auf zwei gleichzeitig registrierte Vögel hinweist, sollte keinesfalls innerhalb eines Papierreviers liegen. Die einzige Ausnahme wäre die Feststellung, daß es sich um Männchen und Weibchen eines Paares oder um einen der Altvögel und einen Jungvogel gehandelt hat. Ebenso sollten zwei mit einer durchgezogenen Linie verbundene Beobachtungen, bei denen es sich folglich um dasselbe Individuum handelt, nicht in zwei getrennten Papierrevieren zu liegen kommen. Unsichere Beobachtungen, die durch ein Fragezeichen markiert sind, können nach Abwägung der anderen vorliegenden In-

Abb. 3.6 Die Interpretation
gestrichelter Linien

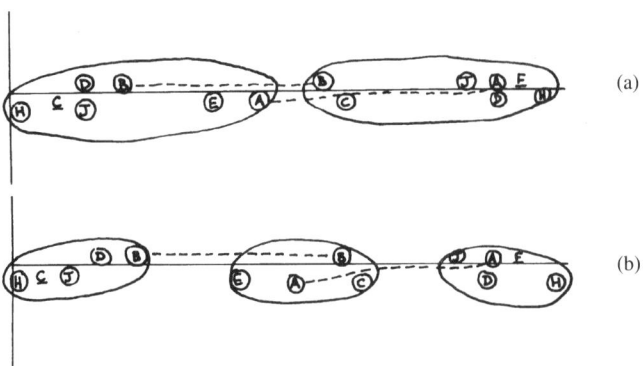

(a)

(b)

In (a) und (b) werden zwei unterschiedliche Interpretationen derselben Beobachtungen von Fitissen dargestellt (aus MARCHANT 1983). Die allgemeinen Richtlinien des BTO legen dar, daß Lösung (a) nicht zufriedenstellend ist, da das offensichtliche Zentrum der Registrierungen bei den Begehungen A, B und C auf zwei unterschiedliche Reviere entfällt. Dagegen wird Lösung (b) mit den kleineren Papierrevieren als besser erachtet, weil sie auf Grundlage der Beobachtungen A, B und C ein eigenes Papierrevier vorsieht. Die Wertung der gestrichelten Linien ist in beiden Fällen korrekt.

formationen unterschiedlich behandelt werden.

Bei schwer zu deutenden Artkarten sind es vor allem die gestrichelten Linien, die eine Interpretation erleichtern, daher ist die Simultanregistrierung von Reviernachbarn so wichtig. In diesen Fällen kann eine Auswertung damit beginnen, daß Reviergrenzen dort eingetragen werden, wo derartige gestrichelte Linien durchlaufen. Ausgehend von diesen Grenzen ist es oft einfacher, die Papierreviere an jenen Stellen zu vervollständigen, wo eine ausreichende Zahl von Registrierungen vorliegt.

3.4.5 Mehrfachbeobachtungen

Die Beobachtungen mehrerer Vögel sollten generell verschiedenen Papierrevieren zugeordnet werden, es sei denn, es handelt sich um Partner eines Paares oder Jungvögel. Mehrfachbeobachtungen kommen auch zustande, wenn ein Vogel unbewußt an verschiedenen Stellen registriert wird. Sorgfältiges Beob

achten kann hier jedoch Abhilfe schaffen. Gibt es z. B. zwischen den beobachteten Vögeln aggressive Auseinandersetzungen, ist es meist berechtigt, die Grenzlinie zwischen den beiden zu ziehen. Fallen während der Kartierung zwei Beobachtungen einer Art räumlich sehr nahe zusammen, lohnt es sich oft, mehrere Minuten auszuharren, um festzustellen, ob es sich tatsächlich um einen oder zwei Vögel handelt. Dies wird beispielsweise dadurch möglich, daß man den gerade beobachteten Vogel an der Stelle vorbeifliegen sieht, an der man vorher den möglichen zweiten Vogel gesehen hat. Vielleicht löst das erste Individuum dort auch eine Reaktion des zweiten Vogels aus. In manchen Fällen sind Mehrfachbeobachtungen auch auf die Anwesenheit von Durchzüglern zurückzuführen. Während in Großbritannien z. B. ganzjährig anwesende Amseln bereits im April brüten, sind oft noch zusätzlich ziehende Individuen der Art anzutreffen (vgl. auch STEIOF 1986), in Mitteleuropa ist dieses Problem bei einer Vielzahl von Arten gegeben.

Enthält ein Papierrevier Mehrfach-beobachtungen von verschiedenen Beobachtungstagen oder ergeben sich Hinweise auf eine räumliche Trennung, bietet es sich an, das Papierrevier zu teilen, insbesondere, wenn beide Teilflächen die Mindestanforderungen für ein Papierrevier erfüllen. Dabei ist zu beachten, daß die entstandenen Reviere eine artspezifisch realistische Größe aufweisen sollten. Dies läßt sich meist schon aus der Größe der benachbarten Reviere erkennen. Manche Arten sind in besonderer Weise zu schnellen und unentdeckten Ortsänderungen innerhalb ihrer Reviergrenzen fähig, dazu gehören Zilpzalp, Zaunkönig oder Grasmücken-Arten. Andere, z. B. Zugvogelarten wie Schilfrohrsänger oder Fitis singen oft bei ihrer Ankunft im Frühjahr, noch bevor sie ein Revier eingenommen haben. Manche isolierte Brutzeitbeobachtung könnte hierauf zurückzuführen sein und sollte nicht zur Abgrenzung eines Papierrevieres verleiten. Schließlich besitzen manche Arten wie Amsel und Goldammer häufig keine streng abgegrenzten Territorien und weiten ihren Aktionsraum auch auf weit außerhalb der Reviere liegende Flächen aus.

3.4.6 Überzählige Registrierungen

Manche Beobachtungen erfüllen weder die Grundvoraussetzungen für ein Papierrevier noch sind sie irgendeinem benachbarten Revier zuzuordnen. Dennoch sollten sie dem nächstbenachbarten Revier zugeordnet werden, wenn dieses dadurch nicht allzu groß wird oder zu viele Mehrfachregistrierungen aufweist. In solchen Fällen läßt man sie einfach weg. Manche dieser Beobachtungen stehen in bezug zu Revieren außerhalb der Probefläche, andere stammen von Vögeln, die, insbesondere zu Beginn der Brutzeit oder später im Jahr (Jungvögel), kurzzeitig durch das Gebiet streifen ('floater'). Die ausgewerteten Artkarten sollten Hinweise enthalten, wie mit solchen überzähligen Registrierungen ver-

fahren wurde, damit nicht der Eindruck entsteht, sie wären einfach übersehen worden.

3.4.7 Große oder diffuse Papier-reviere

In einheitlichen Biotopen und bei einigen schwer kartierbaren Arten können die Einzelbeobachtungen weit verstreut liegen, ohne daß ein Revier-Zusammenhang erkennbar wäre. In diesen Fällen ist es bei der Bildung von Papierrevieren am besten, mit den potentiellen Reviergrenzen – basierend auf Beobachtungshäufungen oder gestrichelten Linien – zu beginnen. Ausgehend von diesen Grenzen kann man dann versuchen, die anderen Beobachtungen so einzuordnen, daß die Voraussetzungen für Papierreviere erfüllt sind. In keinem Fall empfiehlt es sich, an einer Stelle der Karte anzufangen und sich zum anderen Ende durchzuarbeiten.

Große Arten zeigen oft diffuse Reviergrenzen, und häufig reichen die Reviere weit über die Probefläche hinaus (Abb. 3.7 S. 70). In diesen Fällen sollte festgestellt werden, ob es Anzeichen für eine Reviergrenze zu einem zweiten Territorium innerhalb der Probefläche gibt. In Fällen sehr weit gestreuter oder diffuser Registrierungen sollte darauf geachtet werden, daß die konstruierten Papierreviere in etwa der Größe der von dieser Art im Normalfall eingenommenen Territorien entsprechen. Eine Schwierigkeit besteht darin, daß diese teilweise nicht bekannt ist oder daß sich die Reviergrößen in Abhängigkeit von Dichte bzw. Biotopstruktur stark unterscheiden.

3.4.8 Unechte Reviere

Nahe benachbarte Papierreviere könnten zwar jedes für sich die Mindestanforderungen für ein Revier erfüllen; es ist dennoch zu prüfen, ob sie nicht doch einem gemeinsamen größeren Revier zugeordnet werden sollten, insbeson-

Abb. 3.7 Große, diffuse
Papierreviere

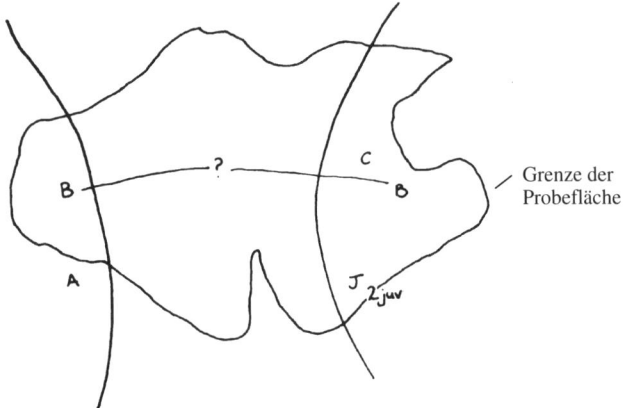

Bei der Kartierung größerer, mobiler Arten, wie z.B. des Turmfalken, ist es häufig
schwierig, genügend Beobachtungen zur Bestimmung der Reviergrenzen zu erhalten. Im vorliegenden Beispiel wurden bei der Begehung B entweder ein oder zwei
Vögel gesehen, da nicht sicher war, ob es sich bei den Beobachtungen um denselben Vogel handelte oder nicht. Die weiteren Beobachtungen vermitteln den Eindruck, daß es sich tatsächlich um zwei Reviere handelt; die Abbildung entspricht
daher der bestmöglichen Lösung aus den vorhandenen Daten. Bei Zusatzkartierungen konnte nur ein Revier bestätigt werden.

Abb. 3.8 Revierveränderun-
gen und Mehrfachregistrierungen

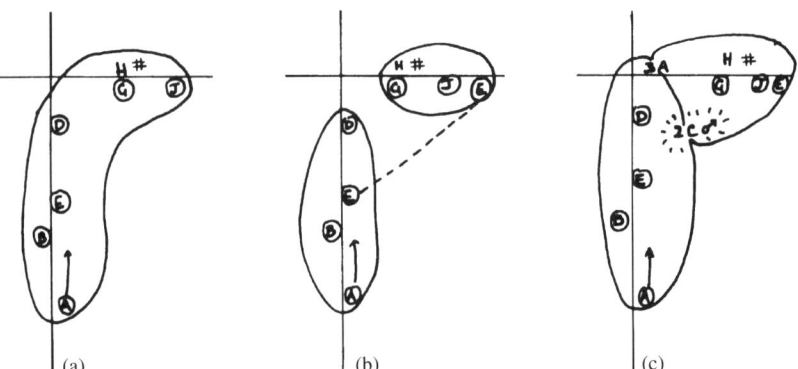

Es werden drei Beispiele für eine korrekte Auswertung gezeigt (aus MARCHANT
1983).
(a) Die zwei Beobachtungshäufungen ABCD und GHJ wurden unter der Annahme
zu einem Revier zusammengefaßt, daß das Revier im Laufe der Saison verlagert
wurde. Eine getrennte Darstellung der beiden so nahe beieinanderliegenden Gruppierungen wäre nicht gerechtfertigt.
(b) Eine zweite Beobachtung bei Begehung E und die gestrichelte Linie machen
klar, daß es sich um zwei Reviere handelt.
(c) Die Abbildung wurde erweitert um die richtige Zuordnung von Mehrfachbeobachtungen zu demonstrieren. In keinem Papierrevier kommen Doppelbeobachtungen vor.

dere, wenn dadurch die Zahl der erlaubten Doppelregistrierungen nicht überschritten wird. Diese Vorgehensweise sollte immer dann bevorzugt werden, wenn dadurch kein allzu großes, unrealistisches Revier entsteht. Es ist wahrscheinlich, daß ein derartiges Beobachtungsmuster durch das Aufsuchen zweier voneinander getrennter Aufenthaltsorte der Vögel zustandekommt; so könnte beispielsweise ein Vogel seine Singwarten auf zwei isolierten Buschgruppen in einer Wiesenlandschaft haben. Eine weitere Möglichkeit für getrennte Beobachtungshäufungen könnte in einer Verschiebung des Territoriums im Verlaufe der Brutsaison liegen. In solchen Fällen liegen die frühen Beobachtungsdaten überwiegend im ersten Revierteil, die späten im zweiten. Grundsätzlich sollten diese Fälle einem einzigen Paar zugeordnet werden, wenn dadurch keine methodischen Bedingungen verletzt werden.

Es sollte außerdem besonders in Betracht gezogen werden, daß sehr kleine Papierreviere eigentlich zu einem benachbarten größeren Revier gehören. Unechte Reviere könnten z. B. an bevorzugten Nahrungsplätzen entstehen. Besondere Beachtung sollte man deshalb Revieren schenken, in denen nie ein Vogel singend beobachtet wurde.

3.4.9 Koloniebrüter bzw. nicht-territoriale Arten

Die Revierkartierungmethode funktioniert eigentlich nur für solche Arten gut, die eindeutig abgrenzbare Beobachtungshäufungen erkennen lassen. Sie wird aber häufig auch für andere Arten verwendet. Bei Arten, die nur den unmittelbaren Neststandort oder Weibchen verteidigen, sonst aber einen großen Aktionsradius besitzen, wie z. B. Schwalben, Tauben, Enten und einige Finkenarten, sollte man dagegen Gruppenreviere einzeichnen. Die Reviere sollten auf jeden Fall einen möglichen Nistplatz einschließen; d.h. nahrungssuchen-

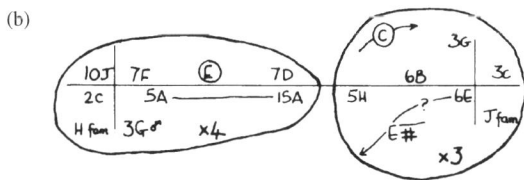

(a)

(b)

Abb. 3.9 Halbkoloniale Vogelarten

Für halbkoloniale Arten wie etwa dem Hänfling ist es oft nötig, Gruppenterritorien zu konstruieren. Die Beispiele (a) und (b) zeigen richtige und falsche Interpretationen derselben Beobachtungen. Beispiel (a) ist richtig und beruht auf den Beobachtungen der insgesamt sieben Individuen bei den Begehungen D,E und F. Dabei wird der Extremwert der Begehung A als noch nicht aufgelöster Wintertrupp betrachtet und ebensowenig einbezogen wie der hohe Wert in J, der offensichtlich auch Jungvögel enthält. Beispiel (b) ist dagegen falsch, da die Maximalwerte in den beiden möglichen benachbarten Revieren bei verschiedenen Begehungen festgestellt wurden, wodurch sich anders als bei (a) ein sehr hoher Gesamtbestand ergeben würde (aus MARCHANT 1983).

de Schwalben über einer Wiese werden nur registriert, wenn auch ein passendes Gebäude in der Nähe steht. Enthalten benachbarte Gruppenreviere bei verschiedenen Begehungen dieselben Maximalzahlen, empfiehlt es sich, sie zusammenzulegen. Gruppenreviere sollten groß genug sein, um die darin zugeordnete Brutpaarzahl auch aufnehmen zu können.

Jedem Gruppenrevier wird eine bestimmte Zahl von Brutpaaren zugeordnet, und zwar die jeweils höchste oder zweithöchste Anzahl Männchen, die bei den Begehungen festgestellt wurde. Häufig wird die zweithöchste Zahl verwendet, weil sich dadurch die Gefahr eines Ausreißerwertes verringert. Wenn die Geschlechter nicht unterschieden werden können, geht man von deren Gleichverteilung in einem Trupp aus. Extrem große Ansammlungen, wie sie z. B. kurzfristig an reichen Nahrungsquellen auftreten können, werden nicht gewertet. In solchen Fällen wäre dann der dritthöchste Beobachtungswert einzubeziehen. Besondere Vorsicht ist zudem im Frühjahr bei hohen Zahlen geboten, weil noch Wintergäste oder Durchzügler miterfaßt sein könnten. Ebenso ist bei manchen Arten darauf zu achten, daß keine Jungvögel oder nachbrutzeitliche Ansammlungen wie beim Kiebitz als Brutvögel gezählt werden.

Liegt die Zahl der gleichzeitig festgestellten Nester bzw. Bruten in einem Gruppenrevier höher als die Zahl gleichzeitig beobachteter Männchen, wird die Zahl der Nester herangezogen.

3.4.10 Randreviere

Im CBC-Programm werden auch alle Randreviere voll gezählt, also solche, die teilweise auch außerhalb der Probefläche liegen, da die Berechnung des Populations-Index mit größeren Zahlen zunehmend genauer wird. Wenn allerdings Dichtewerte berechnet werden müssen, ergibt sich ein unrealistisch hoher Wert, weil die ermittelten Brut-

paare ein Gebiet nutzen, das die Probefläche überschreitet. Das IBCC (inzwischen umbenannt in EBCC: Europäischer Rat für Vogelbestandserfassungen) empfiehlt, Randreviere nur dann mitzuzählen, wenn mehr als die Hälfte der Registrierungen innerhalb der Reviergrenzen liegen. Fällt die Reviergrenze beispielsweise mit einer Hecke zusammen, dann werden alle Beobachtungen in der Hecke so gewertet, als lägen sie auf der Reviergrenze. Doch auch so können immer noch zu hohe Schätzwerte zustandekommen, da auch bei Randrevieren, die weit über die Probefläche hinausreichen, ein Großteil der Beobachtungen innerhalb der Probefläche erfolgen kann. Bei manchen Begehungen, an denen sich der betreffende Vogel gerade außerhalb befand, wurde er ja meist überhaupt nicht registriert.

Es gibt zwei weitere Möglichkeiten, Randreviere methodisch zu behandeln. Man kann z. B. annehmen, daß im Mittel die Hälfte der Revierflächen innerhalb der Probefläche liegt. Jedes Territorium, das von der Probefläche angeschnitten wird, kann man folglich als halbes Revier werten. Zum anderen können alle Reviergrenzen in der für die Art typischen Form und Größe über die jeweilige Probefläche hinausgezeichnet werden. Man wertet nun den Anteil der Revierfläche, der innerhalb der Probefläche liegt, indem die Flächengröße beispielsweise auf ein Zehntel genau abgeschätzt wird.

Die Betrachtungen zeigen, daß dem Problem der Randreviere während der Kartierungsarbeit genügend Aufmerksamkeit gewidmet werden sollte. Annähernd rechteckige oder runde Probeflächen, deren Randbereiche nicht besonders vogelreich sind, reduzieren die Zahl von Randrevieren. Die beste Lösung des Problems liegt jedoch tatsächlich darin, weit über den eigentlichen Rand der Probefläche hinaus zu kartieren, eventuell bis zu 50 bis 100 m, um eine Interpretation der Papierreviere, die sich über die Flächengrenzen hinaus erstrecken, zu erleichtern.

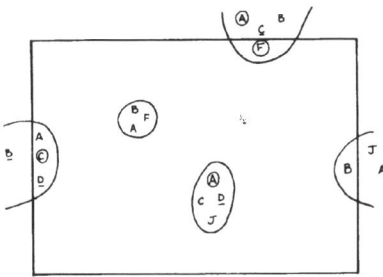

Abb. 3.10 Randreviere

In diesem Beispiel einer Revierkarte gibt es je nach angewandter Methode drei verschiedene Interpretationsmöglichkeiten bei der Berechnung der Revierzahl. Im CBC-Programm (MARCHANT 1983) werden alle Randreviere wie Vollreviere gezählt, woraus sich eine Gesamtrevierzahl von 5 ergibt. Folgt man der Methode des International Bird Census Committee (1969), werden nur solche Randreviere gewertet, die eine Mehrzahl der Beobachtungen innerhalb der Probefläche aufweisen. In diesem Falle liegen demnach drei Territorien innerhalb der Probefläche. Eine dritte Möglichkeit besteht darin, Randreviere gemäß des Flächenanteils, der innerhalb der Probefläche liegt, zu werten. Im vorliegenden Fall würde die Probefläche demnach etwa 2,5 Territorien aufweisen.

Da im CBC alle Territorien gleichrangig gewertet werden, kann dies zu einer Überschätzung der jeweiligen Vogeldichte der Probefläche führen und muß bei deren Berechnung berücksichtigt werden. Der Fehler wird dabei umso größer, je vogelreicher die Randbereiche der Probefläche sind. Deshalb sollte darauf geachtet werden, daß die Abundanzwerte in den Randbereichen typisch für die gesamte Probefläche sind.

3.5 Grundbedingungen

3.5.1 Der Bearbeiter ist erfahren im Auffinden und Bestimmen der Vögel

Diese Bedingung müßte eigentlich bei keiner Zählmethode besonders erwähnt werden. In dichter Vegetation basiert die Kartierungsarbeit zu einem großen Teil auf der Registrierung und richtigen Erkennung von Gesängen und Rufen. In offeneren Gebieten ist die Gefahr groß, daß sich die Vögel vor dem Beobachter verstecken oder vor ihm fliehen, außerdem müssen die meisten Vögel auf größere Distanzen entdeckt, bestimmt und kartiert werden. Die Hauptanforde-

rung an den Bearbeiter besteht darin, auch weit entfernte Individuen aufzufinden und zu identifizieren, um die Zahl gleichzeitig registrierter Vögel zu vergrößern. Allerdings ist die Revierkartierung hinsichtlich der Vogelbestimmung nicht ganz so anspruchsvoll wie Linientaxierungen oder Punkt-Stopp-Zählungen (Kapitel 4 und 5), da es möglich ist, den Beobachtungsort zu wechseln, wenn man sich über eine Bestimmung nicht sofort sicher ist. Nach einigen Kartierungsgängen wird der Beobachter eine genauere Kenntnis des Untersuchungsgebietes und der darin vorkommenden Vögel bekommen. Das stellt einen weiteren Vorteil gegenüber Linientaxierungen und Punkt-Stopp-Zählungen dar, zumindest soweit sie nur einmal pro Brutsaison durchgeführt werden.

3.5.2 Die Beobachtungen werden genau kartiert

Eine ungenaue Eintragung der Beobachtungen in die Tageskarte kann dazu führen, daß die Erstellung von Papierrevieren sehr ungenau wird. Eine genaue Kartierung wird durch eine gute Karte, die viele Geländepunkte zur Orientierung enthält, erleichtert. Hier sind Luftbildaufnahmen sehr hilfreich. Zusätzlich empfiehlt sich in ausgedehnten Wäldern die Verwendung eines Kompasses. Sind Entfernung und genauer Standort eines singenden Vogels schwer zu bestimmen, versucht man es vielleicht durch nochmaliges Lokalisieren von einer anderen Stelle aus oder durch Vermessen mit Hilfe des Kompasses. Die Kenntnis der Geographie des Gebietes ist dabei eine wichtige Hilfe, wobei sich besonders im Winter eine Vorbegehung empfiehlt. Es sollte auch immer berücksichtigt werden, wie schnell sich mit dem Laubaustrieb die Sicht verändert und der Erfassungsraum verringert.

3.5.3 Die Standardrichtlinien werden befolgt oder selektiv verändert

Faktoren, die zu systematischen Fehlern führen können, wie Tageszeit, Jahreszeit, Wetter und Erfassungsgeschwindigkeit, sollten so weit wie möglich standardisiert werden. Die Zahl der Begehungen sollte dem Richtwert möglichst entsprechen, wenn keine besonderen Gründe eine Abänderung erfordern. Man mag versucht sein anzunehmen, daß eine größere Anzahl Begehungen zu exakteren Erhebungen führt. Meist ist jedoch das Gegenteil der Fall. Die Zahl gültiger Beobachtungen wird am wirkungsvollsten durch den zunehmenden Anteil gleichzeitig registrierter Beobachtungen gesteigert.

Die Auswertung der Karten muß mit der größten Sorgfalt geschehen. Die willkürlichsten Zuordnungen entstehen vor allem dann, wenn 'erwartete Revier-größen' zur Entscheidungshilfe bei unklarer Datenlage herangezogen werden. Hier kann eigentlich nur der Versuch helfen, die Zahl unklarer Zuordnungen von vornherein so gering wie möglich zu halten.

3.5.4 Vögel leben paarweise in stabilen, abgegrenzten und nicht-überlappenden Revieren

Dies ist die kritischste aller Bedingungen für die Revierkartierung, weil es nur wenige Informationen darüber gibt, wie sich das Reviersystem tatsächlich im Jahresverlauf verändert. Viele der bisher untersuchten Arten erfüllen diese Bedingung keineswegs. Vornehmlich Nichtsingvogelarten haben überdies solch große Aktionsräume, daß die Kartierungsflächen zur Abdeckung nicht ausreichen. Tauben, Krähenvögel, Finkenvögel und Schwalben haben ebenfalls Aktivitätsmuster und Reviersysteme, die sich kaum für Revierkartierungen eignen. Bei polyterritorialen Arten wie Waldlaubsänger oder Trauerschnäpper besteht die Gefahr, daß jedes Männchen (mindestens) zweimal gezählt wird. In Röhrichten machen die große Anzahl und geringe Verteidigung der Reviere, z. B. bei Teich- oder Schilfrohrsänger, das Registrieren bis auf Gebiete mit sehr geringer Dichte fast unmöglich. Andererseits brütet eine ganze Anzahl von Singvögeln tatsächlich in eng umgrenzten, stabilen Revieren.

Die Genauigkeit des Endergebnisses hängt entscheidend davon ab, ob ein verhältnismäßig hoher Anteil an Revieren im Vergleich zu nicht zuzuordnenden Einzelbeobachtungen festgestellt wurde. Letzteres entsteht oft bei sehr mobilen Arten, die ihre Aktivitäten nicht auf eng umgrenzte, verteidigte Areale beschränken. Sie sind aber z. T. auch auf echte Nichtbrüter zurückzuführen. So deuten immer mehr Studien darauf hin, daß der Nichtbrüteranteil bei einigen Arten sehr groß sein kann. Einerseits werden sie von der Revierkartierungsmethode als solche nicht erfaßt, andererseits besteht sogar die Gefahr, daß durch ihre Anwesenheit eine Anzahl 'falscher' Papierreviere in die Auswertung eingeht.

3.5.5 Es besteht eine realistische Chance, den Revierinhaber zu entdecken

Um einen hohen Anteil an Revieren im Vergleich zu nicht zuzuordnenden Einzelbeobachtungen zu erhalten, muß gewährleistet sein, daß die Chance, einen Revierinhaber auch tatsächlich zu entdecken, groß ist. Auf wenigen Beobachtungen beruhende Papierreviere müssen gestrichen werden, wenn sie unsichere Beobachtungen enthalten, andererseits erhöht dies die Gefahr, daß reale Reviere, die auf wenigen Beobachtungen beruhen, teilweise ebenfalls gestrichen werden müßten. Auffällige Sänger erfüllen die Bedingung 5 am eindeutigsten; dabei gilt es jedoch zu beachten, daß die Gesangsphasen mancher Arten sehr kurz sind. Nachtaktive Arten werden durch die Revierkartierung nur unzureichend erfaßt, da sie diese Voraussetzung nur im Falle speziell darauf abgestimmter Begehungszeiten erfüllen.

3.6 Beispiele für den Einsatz der Revierkartierungs-Methode

3.6.1 Brutbestandsmonitoring in Großbritannien

Das CBC-Programm des BTO wird seit 1962 mit Hilfe der Revierkartierungsmethode durchgeführt. Ursprünglich wurde es eingeführt, weil schon damals negative Einflüsse von Habitatveränderungen und Pestizideinsatz auf die Offenlandvogelarten zu befürchten waren. Das Programm hat zum Ziel, die natürlichen Schwankungen in den Be-

ständen der häufigen Vogelarten zu dokumentieren und langfristige Bestandsentwicklungen deutlich zu machen. Ergebnisse des Programmes wurden u. a. in MARCHANT et al. (1990) veröffentlicht. Ein zusätzliches Ziel war es, Daten zur Verteilung von Vogelarten über die verschiedenen Habitattypen zu gewinnen.

Die angewandten Methoden wurden in MARCHANT (1983) beschrieben und in MARCHANT et al. (1990) ausführlich diskutiert. Die Probeflächen wurden in die beiden Kategorien Wald und Feldflur eingeteilt. Jedes Jahr werden etwa 100 Flächen beider Kategorien überwiegend von Amateurornithologen bearbeitet. Die Bearbeiter wählen dabei ihre Untersuchungsflächen selbst aus. Sie wurden lediglich dazu angehalten, solche Flächen zu wählen, die für Wald- oder Feldstrukturen in ihrer Region typisch sind. Sie sollen Methoden befolgen, die klar vorgegeben sind und die weitgehend den in diesem Kapitel erfolgten Darstellungen entsprechen. Die Karten werden zentral von einigen dazu ausgebildeten Bearbeitern ausgewertet, die besonders auf eine Einheitlichkeit der Daten achten sollen.

Für alle Arten, von denen ausreichend große Stichprobenzahlen vorliegen, werden Bestandsindizes berechnet. Sie basieren auf dem Vergleich von in aufeinanderfolgenden Jahren bearbeiteten Probeflächen, wobei die Summe der Beobachtungen aller Flächen in einem Jahr eine Aussage über die Bestandsveränderungen zum Vorjahr erlauben soll. Bei einem Wechsel des Bearbeiters oder einer methodischen Abweichung wird die entsprechende Fläche nicht für den Jahresvergleich herangezogen. Der Index eines Jahres wird schließlich aus der prozentualen Abweichung zum Vorjahresindexwert berechnet. Dabei wurde für alle Arten ein willkürlicher Indexwert 100 in einem bestimmten Jahr als Ausgangswert genommen (derzeit das Jahr 1980). Auf lange Sicht ergeben diese Indexwerte Muster der Bestandsveränderungen über die Zeit.

Abb. 3.11 Bestandsindizes
für Singdrossel und
Mönchsgrasmücke aus dem
CBC-Programm für Wald-
und Feldflächen
Großbritanniens.

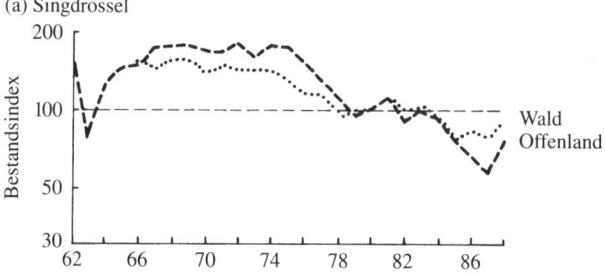

(a) Singdrossel

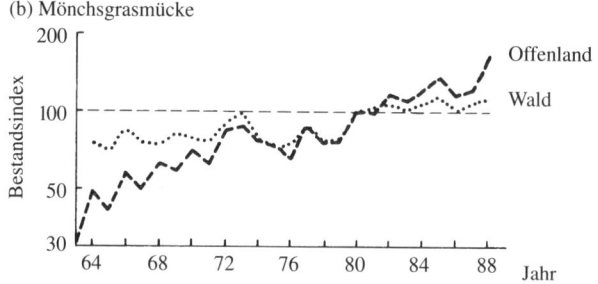

(b) Mönchsgrasmücke

(a) Singdrossel. Die Abbildung zeigt Bestandstrends, die sowohl vom Wetter als auch von anderen Faktoren beeinflußt wurden. Die harten Winter 1961/62 und 1962/63 bewirkten eine starke Bestandsabnahme dieses Standvogels in Großbritannien. Seit den 70er Jahren ist zudem ein langfristiger Rückgang zu erkennen, der teilweise auf kalte Winter (1978/79 und 1981/82), aber auch auf weitere unbekannte Faktoren zurückzuführen ist (aus MARCHANT et al. 1990).
(b) Mönchsgrasmücke. Der CBC-Index zeigt für diese Zugvogelart eine langfristige Bestandszunahme während des gesamten Zeitraumes von 1963 bis 1988. Die verschiedenen Erklärungsmöglichkeiten für diese Zunahme sind in MARCHANT et al. (1990) aufgeführt. Die Autoren merken jedoch an, daß keiner der Gründe für sich alleine ausreicht, die Zunahme zu erklären.

Der Versuchsaufbau des CBC eliminiert einen Großteil der möglichen systematischen Fehler dadurch, daß standardisierte Methoden vom selben Bearbeiter von Jahr zu Jahr angewendet werden. Dabei kommt es nicht darauf an, ob ein Bearbeiter mehr oder weniger Vögel findet als ein anderer, solange immer nur seine eigenen Daten miteinander verglichen werden. Bei der Methode entsteht ein hohes Maß an Übereinstimmung zwischen den Bearbeitern in bezug auf die ermittelten Bestandsveränderungen von Jahr zu Jahr. Die Revierkartierung wird weniger als Punkt-Stopp-Zählungen und Linientaxierungen von Witterungseinflüssen während der Begehungen beeinträchtigt.

Die Methode hat insoweit ihre Schwächen, als sie keine Aussage darüber zuläßt, wie genau die vorliegenden Daten mit tatsächlichen Bestandsveränderungen der Vögel im Untersuchungsgebiet übereinstimmen. Zudem ist nicht bekannt, ob die Entscheidung eines Bearbeiters, eine Untersuchung zu beginnen, und insbesondere, eine Fläche wieder aufzugeben, die resultierenden

Bestandsveränderungen nachhaltig beeinflussen. Werden beispielsweise Probeflächen mit größeren Biotopveränderungen aufgegeben, geben die resultierenden Indexwerte nicht den Einfluß der Biotopverluste auf die Artenzahlen wieder. Ein weiterer Nachteil des CBC-Programmes ist die große Zeitbelastung für die freiwilligen Mitarbeiter im Feld und für die hauptamtlichen Mitarbeiter bei der Auswertung. In dieser Beziehung sind Punkt-Stopp-Zählungen und Linientaxierungen anderer Länder wesentlich weniger aufwendig (Kapitel 4 und 5).

3.6.2 Verbreitung der Vögel in Niederwäldern verschiedener Altersstadien

Die Abhängigkeit der Vogelverbreitung vom Zeitpunkt des letzten Holzeinschlages wurde in zwei Wäldern der Grafschaft Kent untersucht (FULLER und MORETON 1987, FULLER et al. 1989). Da die Schlagflächen sehr klein sind – bei den zwei Untersuchungen traten Medianwerte von 1,2 (0,3 bis 2,7) bzw. 0,3 ha auf –, war es schwierig, Stichproben ausreichender Größe zu erhalten. Insgesamt waren die Probeflächen 22,3 und 30 ha groß und wurden über zehn bzw. fünf Jahre untersucht. Um eine Zuordnung der Einzelbeobachtungen auf Flächen bestimmter Altersstruktur zu ermöglichen, wurde die Revierkartierungs-Methode angewendet. Jede andere Methode wäre schon aufgrund der geringen Größe der Probeflächen sehr schwierig durchzuführen gewesen.

In der ersten Studie wurden die Dichtewerte berechnet, indem jedes Revier der Waldfläche zugeordnet wurde, die den Hauptteil des Revieres aufwies. Anschließend wurden alle Reviere innerhalb einer Altersklasse über die Jahre summiert. Die gute Übereinstimmung der Altersklassenstruktur des Niederwaldes mit der bevorzugten Territorieneinteilung der Vogel war einigermaßen überraschend. In der zweiten Arbeit wurden die Beobachtungen nur nach Altersklassen und Jahren summiert. Hierdurch entfällt die zeitaufwendige Prozedur des Kartierens und genauen Eintragens von Revieren. Zudem wurden die Stichproben dadurch vergrößert, daß abweichend zur herkömmlichen Kartierungsmethode 23 bis 25 Begehungen in einer Brutsaison durchgeführt wurden. Durch zusätzliche Begehungen wird zwar die Stichprobenzahl vergrößert, aber viele der zusätzlichen Beobachtungen kommen durch Mehrfacherfassung derselben Individuen zustande. Eine Verallgemeinerung der Daten der Untersuchungsfläche auf andere Gebiete ist daher ausgeschlossen.

Beide Studien zeigten, daß die Arten sich deutlich in ihrer Bevorzugung bestimmter Altersklassen unterschieden. Es gab eine generelle Tendenz, wonach Zugvögel die jüngeren Altersstadien des Waldes bevorzugten und Standvögel die älteren. Genauere Ergebnisse für einige Arten sind in Kapitel 10 aufgeführt.

3.7 Zusammenfassung

Revierkartierungen sind zeitaufwendig, sowohl im Feld als auch bei der Auswertung.

Ihr Hauptvorteil liegt darin, daß im Gegensatz zu anderen Erfassungsmethoden eine Karte der Verbreitung der Vögel erstellt wird. Wird dieser Vorteil bei einer geplanten Untersuchung überhaupt genutzt?

Wenn nicht, wären Punkt-Stopp-Zählungen oder Linientaxierungen dann nicht effizienter?

Zusammen mit Farbmarkierungen und Nestersuche lassen sich durch Revierkartierungen recht genaue Absolutzahlen der Brutpaare ermitteln.

Es gibt feste Regeln für die Revierkartierung. Müssen sie alle angewendet werden? Wenn sie Verwendung finden, müssen sie auch strikt eingehalten werden.

Gleichzeitige Registrierungen benachbarter Revierinhaber sind die wichtigste Voraussetzung guter Kartierungsergebnisse.

Ist es möglich, die Untersuchung auf
eine kleinere Zahl von Vogelarten zu beschränken? Wenn ja, so gibt es verschiedene methodische Abweichungen, für
die man sich entscheiden kann:

Vorspielversuche/Anlockung mit dem
Tonband,
Nestersuche,
Farbmarkierung etc.

Die Richtlinien zur Auswertung der Tageskarten müssen sorgfältig befolgt werden
(der DDA wird neue, allgemeingültige
Richtlinien demnächst veröffentlichen).

4 Linientaxierungen (Transektzählungen)

4.1 Einführung

Die Idee, ein Gebiet abzuschreiten und alle Vögel zu zählen, die dabei entdeckt werden, besticht durch ihre Einfachheit. Es ist zu erwarten, daß man in dem von einer bestimmten Art bevorzugten Habitat mehr Individuen dieser Art findet als in einem anderen, ebenso wird man wahrscheinlich bei großer Bestandsdichte mehr Vögel entdecken als bei kleiner. Durch gleichmäßiges Gehen kann pro Zeiteinheit ein größeres Gebiet abgedeckt werden als mit jeder anderen aufwendigeren Feldmethode. Auf effiziente Weise lassen sich so große Stichproben ermitteln. Lange Strecken können in kleinere Abschnitte unterteilt werden, für die jeweils die wesentlichen bestimmt werden.

Dieses Kapitel beschreibt die Feldmethoden der Linientaxierung (engl.: line transect) und die Möglichkeit der Berechnung relativer Dichtewerte aus den vorliegenden Daten. Es werden die entscheidenden Bedingungen für Linientaxierungen beschrieben sowie Hinweise zur Einhaltung dieser gegeben. Drei Beispiele derzeit laufender Linientaxierungsprogramme werden vorgestellt. Die erste dieser Untersuchungen ist das großräumige Monitoringprogramm, mit dem die Vogelbestände Finnlands erfaßt werden. Ein zweites Beispiel zeigt den Einsatz von Linientaxierungen bei der Ermittlung des Brutstatus von Seevogelarten entlang der Nordseeküste Großbritanniens und schließlich beschreibt das dritte den Einfluß von Biotopveränderungen auf Vogelgemeinschaften der nordamerikanischen Buschsteppe. Weitere Anwendungen der Linientaxierungs-Methode, z. B. bei der halbquantitativen Rasterkartierung, finden sich in Kapitel 9.

Es wäre verwegen zu behaupten, daß einfache Linientaxierungsdaten mehr sind als ein Index relativer Häufigkeitswerte. Allerdings gibt es inzwischen Möglichkeiten, relative Dichtewerte aus bestimmten Linientaxierungsdaten zu berechnen.

Zum Auffinden von Vögeln können mehrere Voraussagen getroffen werden, die nach Beseitigung systematischer Fehler einen Vergleich von Dichtewerten verschiedener Arten in verschiedenen Biotopen erlauben. All diese Bedingungen setzen irgendeine Form der Entfernungsmessung zwischen Beobachter und Vogel voraus. Wie immer gilt es, zwischen dem Aufwand der jeweiligen Feldmethode und der Qualität der damit möglichen Ergebnisse abzuwägen: Jede Untersuchung verlangt Methoden, die der Zielsetzung angepaßt sind.

Keine der Linientaxierungsmethoden wurde über die Erfordernisse bestimmter nationaler Programme hinaus standardisiert. Eine solche Standardisierung wäre sehr wahrscheinlich auch unmöglich bzw. nicht wünschenswert, da unterschiedliche Biotope, Vogelarten und Untersuchungsziele auch methodische Abweichungen erfordern. Das Fehlen einer Standardisierung macht andererseits Vergleiche zwischen den Untersuchungen sehr schwer.

Linientaxierungen eignen sich besonders gut für große Gebiete mit relativ einheitlichen Lebensräumen über Streckenlängen von mehreren hundert Metern und darüber. Um Doppelzählungen leicht zu entdeckender Vögel zu vermeiden, sollten die Streckenteile weit genug auseinanderliegen. Aufgrund dieser beiden Forderungen ist die Methode weniger gut auf kleinen Flächen oder zur Ermittlung des Einflusses von kleinräumigen Biotopunterschieden geeignet. So erschwert das Gehen in dichter Vegetation oftmals das Entdecken von Vögeln. Punkt-Stopp-Zählungen wären hier besser geeignet (vgl. Kapitel 5).

Die theoretischen Grundregeln der Linientaxierung können auch zur Erfassung von Vogelspuren, wie z. B. Kot, Gewöllen, Rupfungen oder Mauserfedern genutzt werden. Außerdem ist die Linientaxierung auch mit technischen Fortbewegungsmitteln durchführbar, beispielsweise bei Zählungen vom Flugzeug oder Schiff.

Das Entdecken und Bestimmen von Vögeln während des Gehens stellt große Anforderungen an den Feldornithologen. Qualität und Erfahrung des Beobachters haben daher bei dieser Methode einen relativ großen Einfluß auf die Ergebnisse. Aber auch andere Faktoren, die sich auf die Entdeckbarkeit von Vogelarten auswirken, beeinflussen die Ergebnisse. Alle diese Faktoren müssen daher beachtet bzw. wenn dies nicht möglich ist, bei der Interpretation der Ergebnisse erkannt und berücksichtigt werden.

Transektmethoden können während des ganzen Jahres durchgeführt werden. Die Auswertung ist dann jeweils abhängig von saisonalen Unterschieden in der Entdeckbarkeit der Vögel aufgrund ihrer Verhaltensänderungen, Veränderungen der Vegetation und Witterungseinflüssen.

Linientaxierungen liefern wahrscheinlich genauere Ergebnisse als Punkt-Stopp-Zählungen. Das hängt damit zusammen, daß bei der Entfernungsabschätzung zwischen Vogel und Beobachter die häufigsten Fehler vorkommen, die sich aber bei Linientaxierungen im Gegensatz zu Punkt-Stopp-Zählungen lediglich linear (und nicht quadratisch) auswirken.

4.2 Freilandmethoden

4.2.1 Route, Anzahl und Geschwindigkeit der Begehungen

Die Transektrouten werden in Abhängigkeit von der Zielsetzung der Untersuchung ausgewählt, sind aber normalerweise durch die Zugänglichkeit der Gebiete eingeschränkt. Somit besteht die Gefahr eines systematischen Fehlers durch bevorzugtes Auswählen von Strecken mit leichter Zugänglichkeit. In Feld- und Ackerbereichen ist es beispielsweise wesentlich einfacher, an Feldwegen oder Feldrändern entlangzugehen. Dadurch wird aber keine gute Erfassung der Gesamtdichte erreicht, weil die meisten Vogelarten Feldränder (Raine, Hecken) meiden oder bevorzugen. Um Doppelzählungen zu vermeiden, sollten die einzelnen Streckenabschnitte genügend weit voneinander entfernt sein. In geschlossenen Habitaten sollte der Mindestabstand daher 150 bis 200 m, in offenen Lebensräumen hingegen mindestens 250 bis 500 m betragen. Ist das Untersuchungsgebiet groß genug, sollten die Streckenabschnitte mehrere hundert Meter Abstand voneinander haben, um ein Höchstmaß an 'unabhängigen' Daten zu erhalten.

Die Länge der Strecke ist beliebig. Im Idealfall hängen die Teilabschnitte nicht direkt zusammen, sondern sind durch kurze Entfernungen getrennt und dadurch unabhängig. In der Praxis ist es jedoch selten vorteilhaft, viel Zeit und Energie für den Wechsel von einem Abschnitt zum nächsten einzusetzen. Deshalb sollten die Routen von vorgegebener Länge sein, die alle während einer einzigen Exkursion begangen werden können. Die Gesamtlänge einer Route hängt vom Untersuchungsziel und den zeitlichen Möglichkeiten ab. Nach groben Schätzwerten sind mindestens 40 Registrierungen einer Vogelart nötig, um einen einigermaßen genauen Dichtewert berechnen zu können. Das heißt aller-

(a)

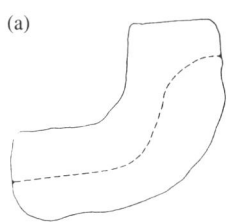

(b)

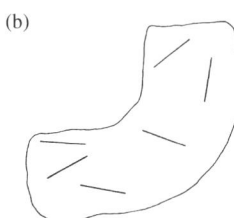

(c)

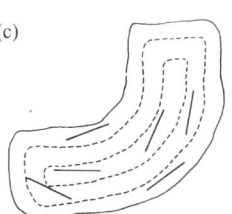

(a) Die einfachste Möglichkeit, ein Gebiet zu bearbeiten, bietet eine durchgehende Strecke, z.B. entlang eines schon bestehenden Weges. Sie hat den Vorteil, daß die Begehung sehr schnell und unproblematisch erfolgen kann und stellt bei eingeschränktem Zugang des Gebietes oder bei Zeitmangel die einzig mögliche Variante dar. Der Nachteil liegt darin, daß die Strecke nicht unbedingt typisch für das Gesamtgebiet ist, beispielsweise weil der Weg durch eine bestimmte Landschaftsstruktur verläuft, oder einem Fluß oder einer Höhenlinie folgt, was sich auf die Anzahl und Verteilung der Vögel und die Artenzusammensetzung auswirkt.

(b) Dieselbe Streckenlänge wird in sechs zufallsverteilte Wegstrecken aufgeteilt. Mit dieser Methode wird die Vogelwelt des Untersuchungsgebietes repräsentativer erfaßt, wenn dies das ursprüngliche Ziel der Untersuchung sein sollte. Da die sechs Teilstrecken unabhängig sind, läßt sich die Genauigkeit der resultierenden Mittelwerte bzw. der relativen Dichtewerte für die einzelnen Arten abschätzen. Der Nachteil dieses Ansatzes besteht darin, daß die Begehung aufwendiger ist und mehr Zeit in Anspruch nimmt, da auch noch Wege zwischen den Teilstrecken zurückzulegen sind.

(c) Die sechs Wegstrecken werden willkürlich, ausgehend von den Grenzen des Untersuchungsgebietes, auf drei Entfernungszonen verteilt, um den Einfluß von Randbereichen und zentralen Bereichen eines Biotopes zu untersuchen. Diese 'geschichtete Zufallsauswahl' ist häufig dann am besten, wenn man schon vorher über diejenigen Faktoren Kenntnis hat, die Bestandsvariationen hervorrufen, und sie vorher in der Landschaft lokalisieren kann.

Abb. 4.1 Wahl der Transektstrecke

dings, daß der Feldaufwand für die meisten Arten mit Ausnahme der häufigsten ziemlich hoch ist.

Für viele statistische Anwendungen kann es von Vorteil sein, die Route in Unterabschnitte von vorgegebener Länge zu unterteilen. Diese Unterabschnitte sollten in einheitlichen, artenarmen Biotopen wie z. B. Heideland, etwa einen Kilometer lang sein. In vogelreichen bzw. abwechslungsreicheren Biotopen kann die Länge auch nur 100 m betragen. Sind die Beobachtungen auf Unterabschnitte bezogen, lassen sich Variabilitätswerte berechnen. Wurden gleichzeitig Habitatparameter für die Abschnitte ermittelt, ist eine habitatspezifische Auswertung zusätzlich möglich.

Die Strecken werden generell einmal oder höchstens wenige Male begangen. Bei Brutbestandsaufnahmen ist es günstig, zwei Kartierungen durchzuführen, um die Hauptaktivitätsperioden sowohl der Stand- als auch der Zugvögel zu erfassen. Eine Wiederholung der Kartierungen erlaubt eine Einschätzung, ob und wieviel weitere Informationen durch zusätzliche Kartierungen erbracht werden. Generell werden bei Wiederholungen viele bereits erfaßte Vögel erneut gezählt, das heißt, obwohl die Stichprobenzahl scheinbar zunimmt, erhöht sich die Genauigkeit der Daten nicht, da die Zählungen nicht unabhängig sind. Anstatt also dieselben Vögel mehrmals zu zählen, ist es häufig vorzuziehen, die Zeit zum Kartieren weiterer Strecken zu nutzen.

Die Kartierungsgeschwindigkeit hängt zum einen von der Anzahl der angetroffenen Vögel ab, zum anderen von eventuellen Problemen, die die gleichzeitige Erfassung aller Vögel bereiten. In offenen Biotopen erscheint eine Geschwindigkeit von zwei Kilometern pro Stunde sinnvoll, in dichteren Biotopen, wo die Erfassung der Vögel größere Schwierigkeiten bereitet, wird man sich im Normalfall mit einem Kilometer pro Stunde abfinden. Die Kartierungsgeschwindigkeit sollte im Rahmen des Programmes standardisiert sein, um eine Vergleich-

barkeit der Daten bezüglich Jahre, Gebiete, Beobachter etc. zu gewährleisten.

4.2.2 Datenaufnahme im Feld

Für den letztendlich zu verwendenden Häufigkeitswert einer Art kann die Summe oder der Mittelwert aller Beobachtungen einer Art herangezogen werden. Er kann auch der höchste Zahlenwert sein, der auf einer Zählstrecke ermittelt wurde. Da bei einem bestimmten Besuch aus den verschiedensten Gründen eine niedrige Anzahl Vögel einer Art ermittelt werden kann, nimmt man häufig den höchsten festgestellten Zahlenwert. Zudem ist es unwahrscheinlich, daß bei einer Linientaxierung zur Brutzeit mehr Vögel gezählt werden, als tatsächlich im Gebiet vorkommen. So ist es wenig sinnvoll, den Durchschnittswert aus zwei Begehungen für eine Zugvogelart zu berechnen, die bei der ersten Begehung noch gar nicht im Gebiet eingetroffen war. Schließlich hat die Verwendung des Maximalwertes anstatt der Summe aller Beobachtungen den Vorteil, daß nicht fälschlicherweise eine Zunahme der Genauigkeit durch die größere Stichprobe vorgetäuscht wird, die auch meist nur aus der Doppelzählung derselben Individuen resultierte.

Es gibt zwei Möglichkeiten der Datenaufnahme: Die Zählung aller Vögel innerhalb der Abschnitte oder die Eintragung der Beobachtungen in Karten. Letzteres ist in solchen Fällen nötig, in denen über die weitere Analyse der Daten noch keine Entscheidung getroffen wurde, also beispielsweise weil die Einteilung in Abschnitte nachträglich erfolgen soll, da über das Ausmaß der Dichteunterschiede nichts bekannt ist. Bei kartierten Daten besteht die Möglichkeit, die Analysemethode nachträglich zu verändern. Dies erfordert andererseits einen weiteren Arbeitsgang, der bei einer Aufsummierung beobachteter Individuen auf einem Formblatt im Feld nicht anfällt. Andererseits lassen sich Entfernungen leichter aus einer Karte bestimmen als im Feld. Bei Schätzungen im Feld besteht häufig die Tendenz, daß Entfernungen auf 5 oder 0 gerundet sind. Derartige Ungenauigkeiten können allerdings vermieden werden, indem man von vornherein die Entfernungsmessung auf eine Genauigkeit von fünf Meter beschränkt.

Auch die Auswahl der Aktivitäten der Vögel, die erfaßt werden sollen, hat einen Einfluß auf die Datenaufnahme. In einigen Programmen zur Brutbestandserfassung wurde versucht, durch Registrierung von Geschlecht und Aktivität sowie unterschiedliche Behandlung der Daten, genauere Schätzungen der Brutpaarzahl bzw. der Anzahl singender Männchen zu erhalten. Jede dieser methodischen Verfeinerungen erhöht jedoch den Feldaufwand und erfordert die Erfüllung weiterer Bedingungen bei der Datenanalyse. Liegen keine gewichtigen Gründe (z. B. besondere Kenntnisse über eine Art) zugrunde, sollte von derartigen Komplikationen abgesehen werden.

4.2.3 Entfernungsschätzungen

Es gibt viele verschiedene Möglichkeiten, relative Dichtewerte aus Ergebnissen von Linientaxierungen zu berechnen; alle beruhen auf einer Messung der Entfernung zwischen Vogel und der 'Grundlinie' der begangenen Strecke (vgl. Abbildungen 4.2 und 4.3). Die Entfernungen können innerhalb bestimmter Bereiche (Zonen von z. B. 0 bis 10 m, 10 bis 20 m etc.) geschätzt oder in jedem einzelnen Fall gemessen werden. In jedem Falle ist das entscheidende Entfernungsmaß die lotrechte Entfernung zwischen Grundlinie und Vogel und nicht die direkte Entfernung zwischen Beobachter und Vogel. Ein Vogel, der 200 m vom Beobachter entfernt von der Grundlinie auffliegt, hat folglich die Entfernung 0 m. Allgemein gebräuchlich ist die Benutzung zweier Entfernungsbereiche (engl.: belts), einem inneren und einem äußeren, wobei die Analyse anhand zweier unterschiedlicher

Methoden erfolgen kann (Abb. 4.2 u. 4.3 S. 84/85). Eine weitere Möglichkeit besteht darin, mehrere (bis zu 5) Entfernungszonen zu unterscheiden. Am anspruchsvollsten ist die Methode, die Entfernungen exakt zu bestimmen (was einer Vielzahl von Zonen entspricht). Je mehr Entfernungszonen unterschieden werden, desto schwieriger wird die Arbeit im Gelände und desto aufwendiger der analytische Ansatz. Die Benutzung von zwei Bereichen ist daher ein guter Kompromiß. Die Breite des inneren Bereiches sollte so gewählt werden, daß etwa die Hälfte der Beobachtungen innerhalb, die andere Hälfte außerhalb liegt. In Busch- und Waldvegetation können dies etwa 50 m sein, jeweils die Hälfte links und rechts der Strecke. In offenem Gelände sollte die Breite des inneren Bereiches eher 200 m betragen.

4.2.4 Besondere Anwendungsformen

Die Erfassungsrate von Vögeln auf Transektlinien kann durch Anwendung unterschiedlicher Methoden erhöht werden. In angelsächsischen Ländern werden in offenem Gelände zuweilen Hunde benutzt, um brütende Vögel aufzuspüren. Der gleiche Effekt wird auch durch Ziehen eines gespannten Seiles über das Gebiet erzielt. Das verursacht aber zum einen eine erhebliche Störung der Vögel (und sollte daher nur mit behördlicher Genehmigung durchgeführt werden) und zum anderen einen erheblichen Aufwand, der sich nur bei relativ hoher Nestdichte lohnt. In manchen Fällen (vgl. Kapitel 7 und 8) mag es sinnvoll sein, statt der Vögel selbst deren Spuren zu registrieren, so z. B. den Kot von Hühnervögeln oder Nester bzw. Baue von Seevögeln.

Neben einer Begehung zu Fuß können Linientaxierungen auch vom Boot oder Flugzeug aus durchgeführt werden. Für derartige Zählungen gelten die gleichen allgemeinen Grundregeln. Zählungen vom Auto aus eignen sich besonders gut für große und auffällige Vogelarten

Abb. 4.2 Methoden zur Entfernungsberechnung auf Zählstrecken

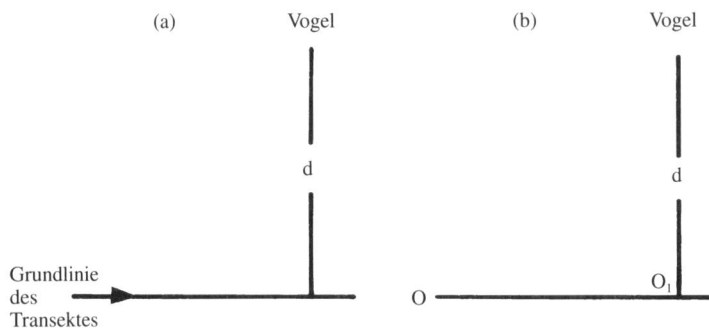

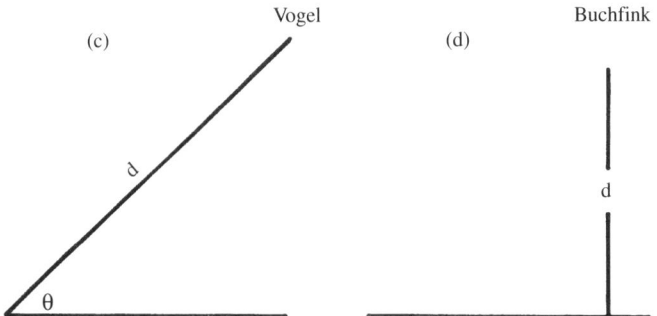

Gleichgültig, ob die Entfernungen exakt gemessen oder bestimmten Bereichen (Zonen) zugeordnet werden, die Messung erfolgt immer lotrecht zur Grundlinie, das heißt, es wird die Entfernung zwischen Vogel und dem senkrecht dazu liegenden Punkt auf der Grundlinie des Transektes bestimmt. Folgende Möglichkeiten stehen zur Verfügung:

(a) Die Entfernung d wird grob geschätzt, wobei sich der Beobachter in regelmäßigen Abständen anhand gemessener Distanzen überprüfen sollte. Zu diesem Zweck können auch Markierungspfosten aufgebaut werden.

(b) Der Bearbeiter (O) prägt sich ein, wo der Vogel war und mißt die lotrechte Entfernung (d) mit einem Entfernungsmesser oder einem Meterband, wenn er sich auf der entsprechenden Höhe (O_1) befindet.

(c) Entfernung d und Winkel θ zwischen Grundlinie und Vogel werden mit einem Entfernungsmesser und einem Kompaß bestimmt und daraus die lotrechte Entfernung berechnet ($d \cos \theta$). Dieser Ansatz eignet sich besser für weiter entfernte Vögel.

(d) Die Beobachtungen werden auf einer Karte eingetragen und die Entfernungen d danach ausgemessen. Dazu ist eine sehr exakte Karteneintragung nötig, die durch Markierungspfosten erleichtert werden kann.

Bei Linientaxierungen ergeben sich verschiedene Möglichkeiten, die Entfernungen der Vögel von der Transektlinie zu bestimmen und Bereichen zuzuordnen.

(a) Es werden keine Entfernungen gemessen; alle Vögel werden registriert. Die Methode ist einfach, aber die einzelnen Arten werden aufgrund ihrer unterschiedlichen Entdeckbarkeit verschieden gut erfaßt. Es wurden fünf Vögel (x) festgestellt.

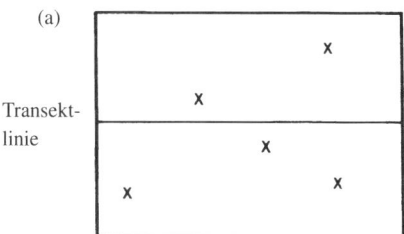

(b) Einer oder zwei Erfassungsbereiche. Bei nur einem festgelegten Erfassungsbereich werden ausschließlich die Vögel innerhalb einer vorher bestimmten Entfernungszone registriert. Dies verringert die Zahl der erfaßten Vögel, da es die Registrierung von Individuen auffälliger Arten in größerer Entfernung ausschließt. Bei zwei Erfassungsbereichen werden alle Vögel erfaßt und einer der beiden Entfernungszonen zugeordnet.

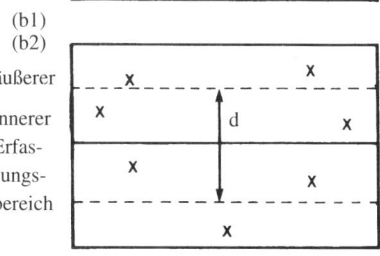

Nur wenige Argumente sprechen für den ersten Ansatz, vor allem da es sehr unwahrscheinlich ist, daß sich Erfaßbarkeitsunterschiede nicht auch schon auf den inneren Erfassungsbereich auswirken. Wird z. B. ein sehr schmaler Bereich gewählt, um eine gleich große Erfaßbarkeit für alle Arten und Individuen zu gewährleisten, befinden sich die meisten Beobachtungen außerhalb dieser Erfassungszone. Die zweite Methode ist dagegen sehr einfach anzuwenden und dennoch sehr effektiv, da sie auch die Berechnung relativer Dichtewerte ermöglicht. In dem Beispiel wurden vier Vögel im inneren Erfassungsbereich registriert, drei im äußeren.

(c) Mehrere Erfassungsbereiche. Die Vögel werden einem von mehreren Entfernungszonen festgelegter Breite zugeordnet (d1–d3 . .). Dies ist im Gelände wesentlich schwerer durchzuführen, da die Entfernungen ziemlich genau abgeschätzt werden müssen. Die in b und d beschriebenen Methoden sind daher meist besser geeignet. Im vorliegenden Beispiel wurden in den einzelnen Zonen 1, 3, 2, sowie 1 Vogel registriert.

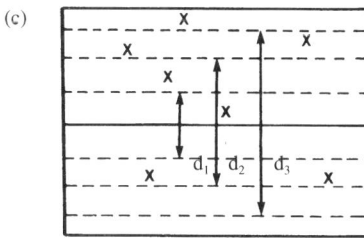

(d) Die Entfernungen einzelner Individuen werden genau bestimmt. Hierbei wird die lotrechte Entfernung der Vögel von der Grundlinie gemessen, auch wenn sich der Vogel bei der Registrierung ein Stück weit vor dem Beobachter befand. Dies ist zwar die schwierigste Feldmethode, ergibt jedoch die genauesten Werte für die Berechnung von Dichtewerten. Die beiden registrierten Vögel hatten die Entfernungen d1 und d2.

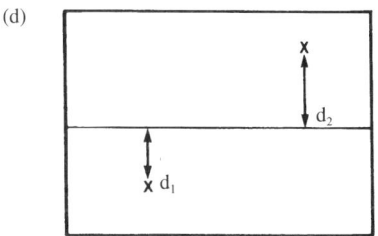

mit geringer Bestandsdichte, wie z. B. Greifvögel.

Zählungen aus dem Flugzeug werden meist bei Wasservögeln in Gebieten durchgeführt, in denen der Zugang schwierig ist oder anders gar undurchführbar wäre. Ist der Einsatz von Flugzeug und Boot möglich, ist das Flugzeug vorzuziehen, da eine Doppelzählung aufgeflogener und an anderer Stelle niedergegangener Vögel vom Flugzeug aus eher vermieden werden kann. Mit dem Flugzeug werden zudem die Vögel (z. B. Enten) eher aufgebracht, die ansonsten in dichter Vegetation schwer zu entdecken wären. Zählungen aus der Luft werden üblicherweise von zwei Bearbeitern durchgeführt, so daß jeder eine Seite erfassen kann. Eine Mitarbeit des Piloten ist wichtig, um die Beobachtungen dem richtigen Gebiet zuordnen zu können. Meist wird so verfahren, daß eine vorher festgelegte Route geflogen wird und die Zeitpunkte, an denen bestimmte Landmarken oder Vögel passiert wurden bzw. Richtungsänderungen erfolgten, genau notiert werden. Bei moderner Ausrüstung lassen sich die Endpunkte des Transektes ins Navigationssystem des Flugzeuges einprogrammieren. Häufig werden die Beobachtungen auf Band gesprochen, weil die Registrierungen sehr schnell aufeinanderfolgen können und keine Zeit verbleibt, um „auf's Blatt zu schauen" und die Beobachtung einzutragen. Die Flüge werden üblicherweise in einer Höhe von 50 bis 100 m und bei einer Geschwindigkeit von ca. 150 km pro Stunde durchgeführt. Bei konstanter Flughöhe können Markierungen an den Fenstern und Streben genutzt werden, um Entfernungen am Boden abzuschätzen.

Seevögel können vom Boot oder Schiff aus gezählt werden. Dazu sollte der höchste nach vorn gerichtete Beobachtungspunkt eingenommen werden. Manche Vögel werden von Schiffen angelockt und müssen gegebenenfalls getrennt erfaßt werden. Wie bei Zählungen aus der Luft werden die Vögel am besten pro Zeiteinheit gezählt und ihre genauen Standorte zu jedem gegebenen Zeitpunkt aus dem Zeitverlauf der Bootsfahrt ermittelt. Bei den meisten Zählungen von Schiffen aus wurden noch nicht die komplexeren für Landvögel entwickelten Linientaxierungs-Methoden benutzt. Seevögel werden überwiegend aufgrund ihrer Flugbewegungen entdeckt. Das birgt jedoch insofern Schwierigkeiten in sich, weil ihre Fluggeschwindigkeit und -richtung in bezug zum Boot (Schiff) die Ergebnisse beeinflußt. GASTON et al. (1987) liefern ausgefeilte Möglichkeiten, diese Probleme zu überwinden. Die Vorschläge von TASKER et al. (1984) sind einfacher (s. u.).

BRIGGS et al. (1985) verglichen Seevogelzählungen aus der Luft mit denen von Schiffen. Es stellte sich heraus, daß vom Schiff aus mehr Bestimmungen bis zum Artniveau möglich waren, während vom Flugzeug aus meist nur grobe Zuordnungen erfolgen konnten. Andererseits ergaben Zählungen vom Flugzeug generell höhere Dichtewerte. Dies lag hauptsächlich daran, daß die Zählungen aus der Luft einen 50 m breiten Streifen abdeckten, während bei Zählungen vom Schiff Vögel bis zu einer Entfernung von 400 m mitregistriert wurden (150 m bei kleineren Arten). Kleinere Alkenarten werden möglicherweise auch bei guten Sichtbedingungen auf solchen Distanzen häufig übersehen. Trotz des schmalen Erfassungsbereiches ist die Anzahl der Beobachtungen pro Zeiteinheit vom Flugzeug aus wesentlich größer. Daher folgerten BRIGGS et al. (1985), daß für die meisten rein beschreibenden Untersuchungen Zählungen aus der Luft effektiver sind. Für viele Forscher sind die damit verbundenen Kosten allerdings zu hoch. Zählungen vom Schiff aus sind andererseits dann von Vorteil, wenn Daten zum Verhalten, zur Hydrographie und zu biologischen Parametern gesammelt werden sollen. Eine detaillierte Zusammenstellung der unterschiedlichen Erfassungsmethoden und eine Diskussion ihrer Vor- und Nachteile liefern KOMDEUR et al. (1992).

4.3 Interpretation von Zählungen mit geschätzten Entfernungen

4.3.1 Einzelzählungen

Einzelzählungen können entweder innerhalb fest umrissener Bereiche oder ohne Entfernungsbegrenzung durchgeführt werden, wobei nur bei letzterer alle beobachteten Vögel in den Datensatz eingehen. Ein Nachteil könnte darin bestehen, daß sich weiter entfernte Vögel in einem anderen, von dem der Transektroute abweichenden Lebensraum aufhielten. Zudem werden die Arten bei diesem Ansatz in ganz offensichtlich völlig unterschiedlichen Geltungsbereichen erfaßt. Ob sich der Ansatz dennoch als sinnvoll erweist,

hängt vom Untersuchungszweck und von den Charakteristika des Bearbeitungsgebietes ab.

Einzelzählungen innerhalb eines bestimmten Erfassungsbereiches liefern zwar kleinere Beobachtungszahlen, haben jedoch bei entsprechendem Versuchsansatz den Vorteil, daß die Vögel im vorher beschriebenen Lebensraum erfaßt wurden. Obwohl der Effekt weniger groß ist als bei obiger Vorgehensweise, werden die verschiedenen Arten auch hier in unterschiedlichen Geltungsbereichen erfaßt. Eine Dichteberechnung etwa durch Division der Anzahl beobachteter Vögel durch die Fläche (Streckenlänge × Erfassungsbereich) ist aus methodischen Gründen nicht zulässig, obwohl dies manchmal gemacht wird. Denn in einem solchen Fall müßte vorausgesetzt werden, daß weder ein

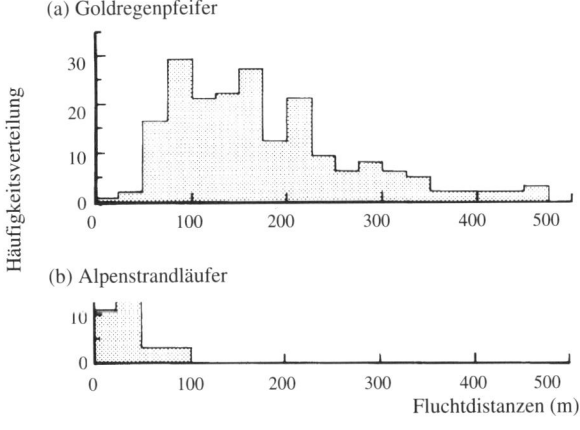

(a) Goldregenpfeifer

(b) Alpenstrandläufer

Fluchtdistanzen (m)

Abb. 4.4 Unterschiede in der Wahrnehmbarkeit von Vögeln

Die Abbildungen zeigen die Häufigkeiten von (a) Goldregenpfeifer und (b) Alpenstrandläufer, die in unterschiedlicher Entfernung von der Transektlinie auf Heideflächen Nordenglands erfaßt wurden (aus YALDEN und YALDEN 1989).

Goldregenpfeifer sind laut und auffällig, insbesondere wenn sie auf den Bearbeiter reagieren. Die geringe Zahl an Beobachtungen bei Entfernungen unter 75 m deutet darauf hin, daß Vögel unentdeckt aus dem Nahbereich der Grundlinie abgeflogen waren.

Alpenstrandläufer sind kryptisch gefärbt und bleiben unbeweglich sitzen, daher werden sie in Entfernungen über 100 m nicht mehr registriert. Auch hier deuten die Daten aber darauf hin, daß Vögel unentdeckt aus der Nähe der Grundlinie abgeflogen waren.

Vogel vor dem Beobachter geflohen noch von ihm angelockt wurde, was allerdings beim Zählen von Nestern bei Koloniebrütern in einem engen Erfassungsbereich (Kapitel 8) gegeben sein mag. Doch auch in diesem Fall nimmt die Entdeckbarkeit sehr rasch mit der Entfernung vom Beobachter ab. So wurden z. B. 13 % der Nester von Enten in einem Erfassungsbereich von 2,46 m beiderseits des Beobachters übersehen. Um eine 100 %ige Erfassung der Nester zu erreichen, hätte der Bereich nur 1,54 m auf jeder Seite betragen dürfen (BURNHAM und ANDERSON 1984). Für die meisten freilebenden Vogelarten kann man deshalb nicht davon ausgehen, daß sie vollständig über alle möglichen Entfernungen hinweg entdeckt werden können.

4.3.2 Zwei Erfassungsbereiche

Wenn Vögel in zwei Entfernungszonen erfaßt werden, ist es für jede Vogelart möglich, das Verhältnis zwischen Ent-

fernung und Erfaßbarkeit graphisch darzustellen und zur Berechnung relativer Dichtewerte zu verwenden. Der Zusammenhang könnte drei verschiedenen allgemeinen Funktionen entsprechen: Zum einen könnte die Erfaßbarkeit **linear** von 1 (bei Beobachtungen auf der Grundlinie des Transektes) bis 0 (bei Vögeln in sehr großer Entfernung) abfallen. Zum zweiten könnte der Zusammenhang einer **halbnormalen** Funktion entsprechen, bei der die Erfaßbarkeit zuerst sehr langsam, mit größerer Distanz aber schneller und bei großen Distanzen wieder langsamer abfällt. Eine dritte Möglichkeit wäre ein **negativ exponentieller** Zusammenhang mit konkavem Kurvenverlauf.

Bei allen drei Möglichkeiten läßt sich, wie im nachfolgenden Schema dargestellt, die relative Dichte mit einfacher Algebra bestimmen; so wird im Prinzip eine Rangfolge der Häufigkeiten verschiedener Arten auf der Basis aller insgesamt beobachteten Individuen festgelegt. Auf diese Weise wandert eine unauffällige Art, von der die meisten

Abb. 4.5 Einfache Zusammenhänge zwischen Wahrnehmbarkeit und Entfernung

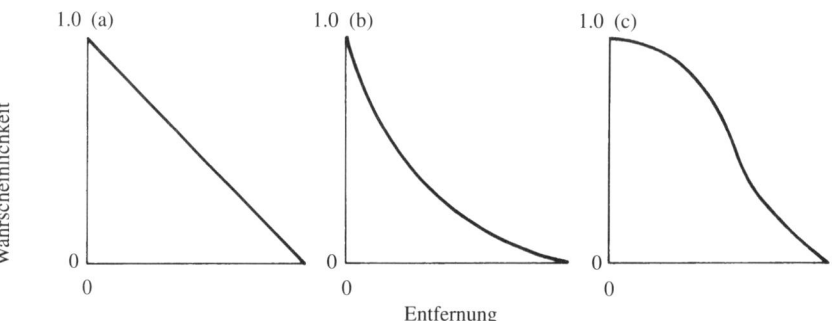

Die Zahl erfaßter Vögel nimmt mit der Entfernung vom Beobachter ab. Das kann als Abnahme der Wahrscheinlichkeit ausgedrückt werden, mit der ein anwesender Vogel entdeckt wird. Die mathematische Funkion dieses Zusammenhanges ist unbekannt, es können drei Modelle als plausibel angesehen werden: (a) ein lineares Modell, (b) ein exponentielles und (c) ein halbnormales. Werden die Beobachtungen in zwei Erfassungsbereichen gemacht, können jedem dieser allgemeinen Modelle tatsächliche Kurven zugeordnet werden.
In Wirklichkeit ergeben alle drei Modelle sehr ähnliche Dichteschätzungen, die zugrundeliegende Berechnung ist für die Modelle (a) und (b) wesentlich einfacher. Für alle Modelle gilt, daß ein Vogel auf der Grundlinie in allen Fällen entdeckt wird (Wahrscheinlichkeit = 1).

Definitionen

Länge der Transektstrecke (km)	L
Breite des inneren Erfassungsbereiches (m)	w
Gesamtzahl Vögel	N
Zahl innerhalb von w	N1
Anteil innerhalb von w	$p = N1/N$
Vogeldichte pro ha	D

Lineares Modell

Die Wahrscheinlichkeit, einen Vogel in x Metern Entfernung zu entdecken ist $p = 1-Kx$, wobei K eine unbekannte Konstante ist. Zu beachten ist, daß ein Vogel in einer Entfernung 1/K nicht entdeckt wird.

Es kann gezeigt werden, daß $\qquad p = Kw\,(\overline{2-Kw})$

und daher $\qquad K = (1 - \sqrt{(1-p)})/w$

und die Dichte $\qquad D = 10\,NK/L$ ist.

Exponentielles Modell

Die Wahrscheinlichkeit, einen Vogel in x Metern Entfernung zu entdecken, ist $p = e^{-ax}$, wobei a eine unbekannte Konstante ist.

Es kann gezeigt werden, daß $\qquad p = 1 - e^{-aw}$

und daher $\qquad a = (-\log_e (1-p))/w$

und die Dichte $\qquad D = 5a\,N/L$ ist.

Beispiel

Streckenlänge L = 150 km; innerer Erfassungsbereich w = 25 m; Gesamtzahl erfaßter Vögel N = 119; Zahl innerhalb 25 M N1 = 17; daraus folgt: p = 0,1428

nach dem linearen Modell $\qquad\qquad$ K = 0,00297

$\qquad\qquad$ Dichte $\qquad\qquad$ D = 2,35 Vögel/km^2

nach dem exponentiellen Modell $\qquad$ a = 0,00616

$\qquad\qquad$ Dichte $\qquad\qquad$ D = 2,45 Vögel/km^2

Beachte: auf die Größeneinheiten muß unbedingt geachtet werden. Wenn die Streckenlänge und die Hörbereiche in Metern angegeben sind, erfolgt das Ergebnis in 'Vögel/m^2' und wird einem sehr kleinen Wert entsprechen. Dieser muß mit 10 000 multipliziert werden, um 'Vögel/ha' zu berechnen (bzw. mit 100 000 für 'Vögel/10 ha').

Beobachtungen nahe der Grundlinie stammen, in der Häufigkeitsrangfolge nach oben, da bei ihnen ein kleinerer Erfassungsbereich zugrundeliegt als bei leichter wahrzunehmenden Arten.

Diese Methode wird in Finnland schon seit langem angewendet (vgl. JÄRVINEN und VÄISÄNEN 1975) und wurde sehr ausgiebig erprobt. JÄRVINEN und VÄISÄNEN (1983 a) lieferten eine Tabelle mit Beobachtungszahlen innerhalb und außerhalb eines 25-m-Erfassungsbereiches auf der Basis von Daten einer Vielzahl von Beobachtern und Biotopen. Die Zahlenangaben könnten zur Korrektur von Dichteschätzungen bei kleineren Untersuchungen mit einer unzureichenden Anzahl von Beobachtungen zur Ermittlung von Erfaßbarkeits-Funktionen herangezogen werden. Dabei werden für verschiedene geographische Regionen unterschiedliche Zahlenangaben geliefert, wodurch sich die Möglichkeit ergibt, die geeignetsten Korrekturfaktoren auszuwählen. Vorher sollte man sich jedoch vergewissern, daß die Daten aus Finnland für derartige Korrekturen auch geeignet sind, beispielsweise, indem man für häufige Arten die eigenen Werte beider Erfassungsbereiche mit jenen der finnischen Untersuchungen vergleicht.

Werden bei Zählungen zwei Erfassungsbereiche verwendet, ist auch die Berechnung von Standardabweichungen der Schätzwerte möglich. Eine vereinfachte Lösung bieten Järvinen und Väisänen (1983 b) in einer weiteren sehr nützlichen Arbeit an, in der gezeigt wird, daß der Standardfehler erstaunlich genau aus der Dichteschätzung, der Zahl der zugrundeliegenden Transektrouten und dem Korrekturfaktor (wie oben beschrieben) vorausgesagt werden kann, wobei letzterer sich nur geringfügig auswirkt. Die Standardabweichung verhält sich ungefähr proportional zur Quadratwurzel aus der Dichte und umgekehrt proportional zur Anzahl der Transektrouten; auch sie wird nur geringfügig vom Korrekturfaktor beeinflußt. Eine unabhängige Überprüfung im Norden Finnlands unter geänderten Bedingungen bestätigte die Folgerungen der beiden Autoren. Die von ihnen entwickelten Gleichungen können daher auch bei der Planung zukünftiger Projekte in anderen Teilen Europas angewendet werden.

4.3.3 Mehrere Entfernungszonen

Wenn Vögel in mehreren Entfernungszonen erfaßt werden, lassen sich die Zählergebnisse in einem Koordinatensystem auftragen (Emlen 1977), wobei eine Abnahme der Zähldaten mit der Entfernung zu erwarten ist. Der Punkt, an dem eine solche Abnahme einsetzt, kann mit dem Auge oder statistisch bestimmt werden und variiert von Art zu Art. Relative Dichtewerte werden schließlich dadurch ermittelt, daß die Anzahl der Beobachtungen innerhalb der kritischen Entfernung für jede Art durch die Gesamtzahl der Beobachtungen geteilt wird. Im Ergebnis ähnelt das Verfahren also dem bei einem Erfassungsbereich angewendeten Verfahren, mit dem Unterschied, daß die Erfassungsbreite von Art zu Art variieren kann und für unauffällige Arten geringer ist als für auffällige. In der Praxis entstehen Probleme dadurch, daß die Zahl der Beobachtungen nicht gleichmäßig mit der Entfernung abnimmt. In vielen Fällen werden die meisten Beobachtungen nicht im unmittelbaren Nahbereich gemacht, sondern in einer etwas größeren Entfernung vom Beobachter, was wahrscheinlich auf Vögel zurückzuführen ist, die vom Beobachter vertrieben und dabei nicht bemerkt wurden. Aus diesem Grunde ist es manchmal schwierig, den Punkt zu ermitteln, an dem die gemessene Dichte abfällt.

4.3.4 Exakte Entfernungsmessung

Exakte Entfernungsbestimmungen ermöglichen eine genauere Darstellung des Verhältnisses von Erfaßbarkeit und Entfernung vom Beobachter (siehe nachfolgendes Schema), auf die dann Fourier-Analysen, Potenz- oder Polynomial-Funktionen angewendet werden können. Hierfür ist jedoch ein Computer notwendig. Einzelheiten dieser Methoden liefern mit einem entsprechenden Computerprogramm Laake et al. (1979) und Burnham et al. (1980).

Als Mindestanforderungen für eine zufriedenstellende Beschreibung der Erfaßbarkeitskurven gelten etwa 100 Beobachtungen. Bei vielen Arten mit geringer Häufigkeit würde dies einen wesentlich höheren Feldaufwand bedeuten als er normalerweise für solche Un-

Schema 4.2 Dichteberechnung aus genauer Entfernungsmessung

Für die statistische Berechnung von Dichtewerten aus den Beobachtungen sind Einzelmessungen der lotrechten Entfernung der Vögel von der Grundlinie der günstigste Ansatz. Die Methode wird von BURNHAM et al. (1980) ausführlich beschrieben, ein Computer-Programm wurde von LAAKE et al. (1979) entwickelt.

Die Methode kann anhand eines einfachen Beispieles dargestellt werden. Auf einer Strecke von 1000 m Länge (L) wurden 40 Vögel registriert (n) und deren lotrechte Entfernung in Metern gemessen wurde. Vögel in Entfernungen über 65 m von der Grundlinie wurden nicht mit einbezogen (dieser Entfernungs-Grenzwert (w) ist willkürlich gewählt; am besten wird w so gewählt, daß der entstehende Erfassungsbereich 97–99 % der Beobachtungen einschließt).

a1 und a2 werden nach folgender Gleichung berechnet:

$$a_k = (2/nw) \{\Sigma \cos (\pi Kx/w)\} \text{ für } k = 1,2,3 \text{ etc.}$$

(Zu beachten ist, daß der Cosinus nicht in Graden, sondern im Radianten geteilt ist).

Die Berechnungen können in einer Tabelle zusammengefaßt werden.

Vogel		K = 1		K = 2	
	x	$\pi kx/w$	$\cos(\pi kx/10)$	$\pi kx/w$	$\cos(\pi kx/w)$
1	24,10	1,165	0,395	2,330	−0,688
2	32,92	1,591	−0,020	3,182	−0,999
3	8,53	0,412	0,916	0,825	0,679
.					
.					
.					
40	7,95	0,384	0,927	0,768	0,719
Total			10,586		−2,888
a_k			0,00814		−0,00222

Anschließend wird ein kritischer Wert berechnet,
$1/w(2/n+1)^{1/2} \geq abs(a_{m+1})$. Im vorliegenden Beispiel: 0,003398 > abs(a2) = 0,00222. Da der Absolutwert von a2 niedriger ist als der kritische Wert, gilt:

$$f – a1+1/w – 0,00814 + 1/65 = 0,023.$$

Ist der Absolutwert von a2 größer als der kritische Wert, muß a3, a4, a5 etc. berechnet werden, bis sich ein Absolutwert ergibt, der unterhalb des kritischen Wertes liegt. In diesem Fall wird anstatt a1 die Summe aller a-Werte mit Ausnahme des letzten genommen, um f zu berechnen.

Die Dichte kann schließlich berechnet werden nach:

$$D = nf/2L = (40 \times 0,023)/(2 \times 1000) = 0,00046 \text{ pro m}^2 = 4,6 \text{ pro ha.}$$

Es ist auch möglich, Vertrauensbereiche zu berechnen.
In der Praxis sollten die Berechnungen mit dem Computer durchgeführt werden, da Berechnungen von Hand zu erheblichen Rundungsfehlern führen können.

tersuchungen zur Verfügung steht. Dem Problem kann dadurch begegnet werden, daß Daten zu diesen Arten aus anderen Gebieten oder solche von anderen Arten, für die eine vergleichbare Erfaßbarkeit angenommen wird, herangezogen werden.

4.4 Bedingungen

4.4.1 Alle Vögel auf der Transektroute werden erfaßt

Auch die ausgefeilteste Methode, die Beobachtungsentfernungen einer Funktion anzupassen, kann nicht eingesetzt werden, wenn Vögel direkt auf der Grundlinie übersehen werden können, beispielsweise wenn sie sehr versteckt in Bäumen über dem Beobachter sitzen oder vom Beobachter unbemerkt wegfliegen (dies verletzt zudem Bedingung 2). Werden Dichtewerte ohne Berichtigung durch Ergebnisse aus dem inneren Erfassungsbereich bestimmt, ist die Wahrscheinlichkeit einer Verletzung der Bedingung groß. Im inneren Erfassungsbereich müssen alle Vögel entdeckt werden. Da diese Vorgabe so schwer zu erfüllen ist, ist es bei nur einem Erfassungsbereich selten möglich, wahre Dichtewerte zu bestimmen.

4.4.2 Vögel fliegen nicht vor der Erfassung weg

Sämtliche Methoden zur Dichtebestimmung setzen voraus, daß Vögel bezüglich der Entfernung von der Grundlinie zufallsverteilt sind. Das ist jedoch nicht mehr der Fall, wenn sie sich bei Annäherung des Bearbeiters entfernen. Zwar könnten sich manche Vögel auch annähern, Flucht ist jedoch die wahrscheinlichere Reaktion. Folglich wird der Bearbeiter Häufungen von Beobachtungen meist nicht in seiner unmittelbaren Nähe, sondern in gewisser Entfernung feststellen. Bei der Feldarbeit ist deshalb insbesondere auf die unmittelbare Umgebung zu achten, da hier Fluchtreaktionen am ehesten zu erwarten sind. Wird mit zwei oder mehreren Erfassungsbereichen gearbeitet, muß dagegen nur darauf geachtet werden, daß kein Wechsel zwischen den Bereichen erfolgt, das heißt, in diesem Fall sind die Bedingungen weniger strikt.

Eine weitere Schwierigkeit besteht bei Arten, die stetige Ortswechsel vornehmen und nur dann festgestellt werden, wenn sie sich der Streifenlinie annähern. Es ist offensichtlich, daß man umso mehr solcher Vögel entdeckt, je langsamer man die Strecke begeht, da dann die Antreffwahrscheinlichkeit ansteigt.

4.4.3 Exakte Entfernungsbestimmungen

Diese Bedingung versteht sich von selbst, ist allerdings im Freiland nicht leicht zu bewerkstelligen. Bei Vögeln in einiger Entfernung vor dem Beobachter wird es zuweilen nötig sein, sich ein markantes Objekt der Umgebung des Vogels einzuprägen und die lotrechte Entfernung zur Route zu bestimmen, wenn dieser Punkt erreicht ist. Ein Maßband könnte benutzt werden, kostet aber meist zuviel Zeit. Dagegen ist ein optischer Entfernungsmesser sehr hilfreich, allerdings auch teurer. Müssen Entfernungen genau geschätzt werden, sind gründliches Training und wiederholte Überprüfung der Schätzleistung an ausgemessenen Strecken nötig. Bei Hörbereichsmethoden muß ein Vogel dagegen nur dem richtigen Bereich zugeordnet werden. Für diese Methode sind die Erfordernisse an den Feldornithologen wesentlich geringer.

4.4.4 Jeder Vogel wird nur einmal registriert

Auch diese Bedingung ist eigentlich trivial, kann jedoch zu Problemen bei der Kartierung führen. Bei häufigen Arten erhöht sich die Gefahr einer Doppelzählung aufgrund der großen Zahl von Individuen dieser Art im Nahbereich des Beobachters. Dasselbe Problem kann bei Arten entstehen, die unauffällig von einer Singwarte zur nächsten wechseln. Als einzige Empfehlung für die Feldarbeit kann gesagt werden, auf die Indivi-

duen schwer kartierbarer Arten besonders zu achten. Dazu müßte eine Strecke
eher schneller als langsamer abgegangen
werden, was jedoch dadurch eingeschränkt wird, daß andere Bedingungen
eher ein langsameres Gehen erfordern.

4.4.5 Die einzelnen Vögel werden unabhängig voneinander entdeckt

Die Hauptschwierigkeiten bei dieser Bedingung entstehen dadurch, daß Vögel
bei hoher Dichte einfacher zu entdecken
sind als bei niedriger. Ein singender oder
warnender Vogel kann beispielsweise
andere Vögel ebenfalls zu Lautäußerungen anregen. Das ist bei geringen Dichten weniger wahrscheinlich. Daher werden sich in diesen Fällen Individuen
weniger häufig zu erkennen geben.

4.4.6 Berücksichtigung des Einflusses von Beobachterqualität, Jahreszeit und Witterung

Linientaxierungen sind in höherem Maße
von der Qualität des Beobachters abhängig als Revierkartierungen. Bei letzteren
wird durch die große Zahl an Besuchen
die Chance größer, ein Brutpaar zu entdecken, und ein Territorium kann auch
dann noch erfaßt werden, wenn der Revierinhaber bei vorherigen Besuchen
übersehen wurde. Die Beobachterqualität
kann durch Schulung oder durch eine Zuteilung der Strecken an die Beobachter
entsprechend ihres Kenntnisstandes verbessert werden. Saisonale Einflüsse können von Jahr zu Jahr sehr groß sein, deshalb sollten die Strecken zur gleichen Jahreszeit begangen werden; im Idealfall sogar während des gleichen Entwicklungsstandes der Vegetation. Wenn jedoch beispielsweise über die Brutzeit nichts bekannt ist, muß man u. U. auf das Kalenderdatum zurückgreifen. Witterungseinflüsse lassen sich ausklammern, wenn
z. B. Zählungen bei ungünstigen Bedingungen untersagt werden.

4.5 Beispiele für die Anwendung der Linientaxierungs-Methode

4.5.1 Winterbestands-Monitoring in Finnland

In Finnland wurden sowohl Winter- als
auch Sommerbestände mit der Linientaxierungs-Methode bestimmt. Das Winterprojekt, dessen Methode und Ergebnisse in HILDÉN (1986, 1987) beschrieben werden, wurde 1956 ins Leben
gerufen und ist das einzige langfristige
Bestandsmonitoring dieser Art in Europa. Ziel des Projektes ist sowohl die
Dokumentation von Bestandsveränderungen als auch die Zuordnung von
Winterbeständen und Winterverbreitung
zu bestimmten Biotopstrukturen.

Die Feldmethode ist sehr einfach. Bearbeiter wählen ihre Transektrouten
nach allgemeiner Anleitung selbst. Dort
werden in jedem Winter drei Zählungen
innerhalb festgelegter zweiwöchiger Perioden durchgeführt. Alle Vögel werden
unabhängig von ihrer Entfernung registriert. An dem Projekt nehmen alljährlich etwa 600 Mitarbeiter teil. Die mittlere Streckenlänge beträgt 11 km, wobei
für die häufigsten Arten über 10 000 Individuen ermittelt werden (für den dort
seltenen Schwarzspecht 91 pro Jahr).
Die hohe Popularität des Programms
und infolgedessen auch die große Zahl
von Beobachtungsdaten läßt sich überwiegend auf die Einfachheit der Methode zurückführen. Die Ergebnisse werden
als 'Individuen pro Kilometer' angegeben und lassen eine getrennte Betrachtung verschiedener Regionen zu.

Obwohl keine Vertrauensbereiche für
die einzelnen Dichteschätzungen angegeben werden, ist ihre Berechnung aus
den Daten durchaus möglich. Eine nähere Betrachtung der Ergebnisse zeigt,
daß die Veränderungen bei Nicht-Invasionsvögeln wie etwa der Weidenmeise
von Jahr zu Jahr sehr gering sind. Daraus kann geschlossen werden, daß die

Abb. 4.6 Bestandstrends
von Weidenmeise und Auer-
huhn in Finnland im Winter
anhand von Linientaxierungen (nach HILDEN 1987)

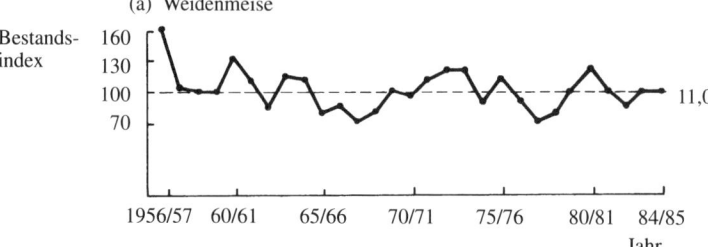

(a) Weidenmeise

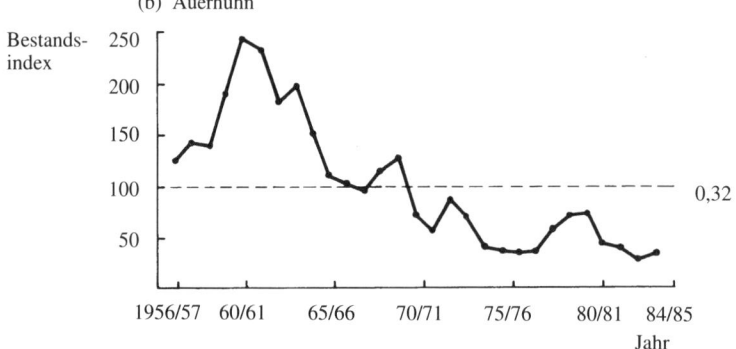

(b) Auerhuhn

(a) Der Weidenmeisen-Bestand ist seit Mitte der 50er Jahre stabil.
(b) Der Bestand des Auerhuhns nimmt seit Anfang der 60er Jahre ab.

relativen Dichtewerte recht genau bestimmt wurden. Andere Arten zeigen
wiederum langfristige Bestandsveränderungen oder unregelmäßige Fluktuationen in Abhängigkeit von der Nahrungs-
verfügbarkeit.

Es handelt sich folglich um einen einfachen Versuchsansatz, der den Erfordernissen genügt. Offene Winterbiotope
mit niedrigen Vogeldichten eignen sich
sehr gut für Linientaxierungen. Da keine
Entfernungsmessung durchgeführt wird,
sind die Daten verschiedener Arten
jedoch nicht miteinander vergleichbar.
Auch Vergleiche zwischen verschiedenen Biotopen sind fehlerbehaftet, da in
offeneren Landschaftstypen ein größeres
Gebiet abgedeckt wird. Auf ein Bestandsmonitoring wirkt sich dies nicht
entscheidend aus. Ein Problem könnte
allerdings dadurch entstehen, daß die
Bearbeiter ihre Routen selbst auswählen.
Bestandsveränderungen werden nicht

wie im britischen Common Bird Census
auf identischen Probeflächen von Jahr
zu Jahr berechnet (vgl. Kapitel 3). Veränderungen durch großflächige Habitat-
verluste könnten bei diesem Ansatz
verschleiert werden, da Bearbeiter vielleicht auf interessantere Flächen über-
wechseln.

4.5.2 Verbreitung der Vögel an der Nordsee

Die Bedeutung von Erfassungen der
Verbreitung und Häufigkeit von Meeresvögeln auf See hat sich insbesondere im
Hinblick auf die Erkennung von Gefähr-
dungszentren und -zeiträumen für Vögel
bei Ölunfällen erheblich verstärkt. Vögel können durch Transektzählungen
vom Schiff aus erfaßt werden, allerdings
ist dies nicht einfach, da sie sowohl von
Schiffen angelockt als auch vertrieben

werden können. Zudem 'verletzen' fliegende Vögel oft eine der Grundbedingungen, da Zählungen aller überfliegenden Vögel einen überhöhten Dichtewert ergeben. Auch sind kleine, dunkel gefärbte Arten wesentlich schwerer zu entdecken als größere, heller gefärbte; und Arten wie etwa Alken, die auf der Wasseroberfläche sitzen, bereiten mehr Schwierigkeiten als solche, die ständig in der Luft sind, wie Sturmtaucher.

TASKER et al. (1984) schlugen eine standardisierte Zählmethode vor, die seither breite Anwendung an der britischen Küste gefunden hat. Bei dieser Methode werden Vögel während eines zehnminütigen Abschnittes in einem 300 m breiten Bereich auf einer Seite des Schiffes gezählt und in 'Vögel pro km^2' umgerechnet. Es sollte möglich

sein, Korrekturfaktoren zur Erfaßbarkeit zu entwickeln, um bei den verschiedenen Arten eine genauere Umrechnung auf die absolute Dichte zu ermöglichen. Fliegende Vögel werden im Moment der Beobachtung einem von mehreren gedachten 300 m breiten Bereichen zugeordnet, die das Schiff passiert. Der Erfassungsbereich richtet sich dabei nach den zu zählenden Arten und den vorherrschenden Bedingungen. In Abhängigkeit von der Geschwindigkeit des Schiffes erfolgen weitere Zählungen in bestimmten Zeitintervallen. Die Daten können anschließend in Dichtewerte transformiert werden. Fliegen alle Vögel in die gleiche Richtung, kann die Methode abgewandelt werden. Dann wird während einer einminütigen Zählung jeder Vogel in einem angenommenen

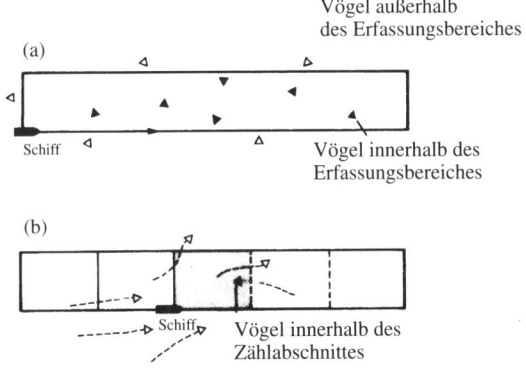

Abb. 4.7 Eine Erfassungsmethode zur Registrierung von Meeresvögeln auf See (nach TASKER et al. 1984)

(a) Auf dem Wasser ruhende Vögel werden in 10-Minuten-Intervallen gezählt, während das Schiff mit einer bekannten Geschwindigkeit fährt. Die Vögel werden nur auf einer Seite des Bootes gezählt; dabei wird ein 90°-Winkel bis in 300 m Entfernung erfaßt. Im Beispiel (a) wurden sechs Vögel ermittelt, fünf weitere gesehen, aber nicht registriert.

(b) Fliegende Vögel werden in 300 m breiten Zählabschnitten (= Sichtfeldern) bis zur Horizontlinie am jeweiligen Standort der (ersten) Beobachtung registriert. Die Anzahl derartiger Sichtfeld-Beobachtungen pro 10-Minuten-Intervall wird so gewählt, daß etwa dieselbe Fläche abgedeckt wird wie bei der Beobachtung ruhender Vögel (a). Im Beispiel flogen fünf Vögel in Schiffsnähe, aber nur einer befand sich im Moment der Beobachtung innerhalb des Sichtfeldes. Während jedes 10-Minuten-Intervalls sind etwa fünf derartige Beobachtungen durchzuführen.

Bereich gezählt und die Zeit gemessen, die er zur Durchquerung benötigte. Diese Daten lassen sich in 'Vögel pro Flächeneinheit' umrechnen; dazu können auch Dichtewerte anderer Vögel (z. B. auf dem Wasser sitzende) hinzugenommen werden. Schiffsfolger können zwar notiert werden, sollten aber nicht in die Schätzung des Dichtewertes eingehen.

Dieser Ansatz, Seevögel zu zählen, mag zwar von der Ermittlung absoluter Dichtewerte abweichen, die Ermittlung exakterer Daten ist jedoch um vieles schwerer und erfordert eine wesentlich höhere Standardisierung der Beobachtungsbedingungen als praktikabel erscheint. Die große Bedeutung des Versuchsdesigns liegt in der weitestgehenden Standardisierung der Methoden. Bei exakter Einhaltung der Voraussetzungen wären Seevogelzählungen auf See bei weitem vergleichbarer als es derzeit der Fall ist (vgl. Angaben in KOMDEUR et al. 1992).

Eine vergleichbare, in Kanada genutzte Methode wird in DIAMOND et al. (1986) beschrieben.

4.5.3 Habitatansprüche von Vogelarten nordamerikanischer Buschsteppen

Vogelgemeinschaften der Buschsteppen wurden mit Hilfe der Linientaxierungs-Methode untersucht (ROTENBERRY und WIENS 1980, WIENS 1985). Die einzelnen Strecken wurden viermal im Juni, wenn die Erfaßbarkeit der Vögel am höchsten ist, begangen. Dabei wurden die Daten in mehreren Bereichen rechts und links der Streifenlinie bis zu einer Entfernung von 244 m aufgenommen und die Dichtewerte nach der oben diskutierten Methode von EMLEN (1977) berechnet: Biotopdaten wurden jeweils an zehn in regelmäßigem Abstand aufeinanderfolgenden und senkrecht zur Grundlinie gelegenen Streifen ermittelt, wobei die genauen Meßpunkte zufällig innerhalb jedes 10 m langen Bereiches ausgewählt wurden. Die Hauptuntersu-

chungen basierten auf der Erfassung einer größeren Zahl von Probeflächen mit gleicher Methode. Der ziemlich offene Lebensraum eignete sich gut für Linientaxierungen, während Revierkartierungen wesentlich zeitaufwendiger gewesen wären.

In einer der Untersuchungen wurde die Wirkung einer Herbizidbehandlung bei anschließender Neuansaat beschrieben (WIENS und ROTENBERRY 1985). Die betroffenen Probeflächen wurden in den drei Jahren vor und nach der Behandlung kartiert, weitere Flächen im Gebiet dienten als Kontrolle. Es handelte sich nicht um eine vorher geplante Untersuchung, denn die Autoren wußten ursprünglich nichts von einer bevorstehenden „Verbesserung" der Flächen; sie nutzten lediglich die Gelegenheit, die Auswirkungen der Herbizidbehandlung zu dokumentieren.

Häufigkeitsänderungen von vier Arten werden in Abbildung 4.8 dargestellt. Bei den Untersuchungen wurden zwei analytische Verfahren getestet. Zum einen versuchten die Autoren, den zu erwartenden Effekt anhand der Veränderung der Vegetation sowie aufgrund vorliegender Ergebnisse zum Zusammenhang zwischen Häufigkeitsdaten und Habitatparametern von anderen Untersuchungsflächen vorauszusagen. Die Autoren stellten fest, daß ihre Vorhersagen zu Bestandsveränderungen kaum zutrafen. Trotz unmittelbarer Auswirkungen auf die Vegetation waren die Veränderungen der Vogelbestände geringer als erwartet. Vergleiche der Ergebnisse der Untersuchungsfläche vor und nach der Behandlung mit denen auf den Kontrollflächen machten zudem eine sehr geringe Übereinstimmung in den Veränderungen verschiedener Gebiete deutlich. Daher war es schwer zu unterscheiden, ob die Veränderungen aufgrund der Behandlung eintraten oder auch ohne sie stattgefunden hätten.

Aus diesem Beispiel geht klar hervor: Eine kurzfristige „Davor-und-Danach"-Studie auf einer einzelnen Versuchsfläche kann zu völlig falschen Schlüssen

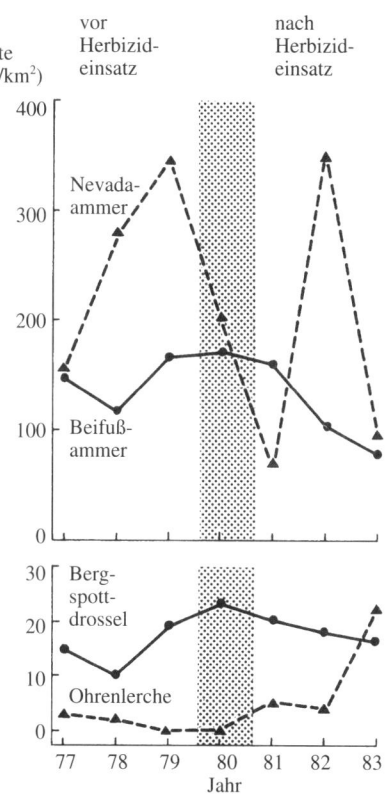

hochgerechnete
Dichte (Indiv./km²)

vor
Herbizid-
einsatz

nach
Herbizid-
einsatz

Nevada-
ammer

Beifuß-
ammer

Berg-
spott-
drossel

Ohrenlerche

77 78 79 80 81 82 83
Jahr

Abb. 4.8 Bestandsverände-
rung nordamerikanischer
Buschsteppen-Vögel auf-
grund von Biotopverände-
rungen (aus WIENS UND
ROTENBERRY 1985)

Darstellung hochgerechnete Populationsdichten für vier dominante Brutvogelarten des Guano Valley vor und nach Herbizideinsatz (schattierter Bereich). Es wird klar ersichtlich, daß Biotopveränderungen einen Effekt auf den Bestand der Arten hatten. Der Herbizideinsatz hatte unmittelbar nach der Spritzung einen negativen Einfluß auf die Population der Nevadaammer; jedoch erholte sich die Population sehr schnell auf ihren Ausgangsbestand. Die Population der Beifußammer nahm nach der Behandlung leicht ab, die Bergspottdrossel hielt ihren Bestand aufrecht und die Ohrenlerche nahm im Bestand etwas zu.

führen. Wäre die Untersuchung jeweils nur in einem Jahr vor und nach der Behandlung durchgeführt worden, wäre der Einfluß auf Nevada- und Beifußammer völlig falsch eingeschätzt worden (Abbildung 4.8). Die erwartete Wirkung trat zwar ein, jedoch mit Verzögerung; zudem überdeckt durch große Bestandsvariationen zwischen den Untersuchungsjahren. Die Autoren vermuten, daß viele der Vögel ortstreu waren, obwohl der Lebensraum für sie ungeeignet wurde.

Derartige Studien müssen sicher wiederholt durchgeführt werden und sollten über mehrere Jahre laufen. Die Autoren weisen jedoch darauf hin, daß politische Fragen und die Beschaffung von Finanzierungsmitteln oft schnellere Lösungen erfordern.

Wie aus dem angeführten Beispiel deutlich wird, können aufgrund eines zu kurzen Zeitrahmens völlig falsche Folgerungen aus Untersuchungsergebnissen gezogen werden.

4.6 Zusammenfassung

Linientaxierungen sind besonders geeignet in extensiven, offenen, einheitlichen
und artenarmen Biotopen.

Sie erfordern ein hohes Maß an feldornithologischen Kenntnissen.

Die Linientaxierung ist die effektivste
aller Allgemein-Methoden in bezug auf
die Datenmenge pro Arbeitsaufwand.

Wo ihre Anwendung sinnvoll ist, liefern Linientaxierungen genauere Daten
als Punkt-Stopp-Zählungen.

Linientaxierungen liefern weniger genaue Daten als Revierkartierungen.

Neben Begehungen zu Fuß lassen
sich Linientaxierungen unter geeigneten
Bedingungen auch per Flugzeug, Schiff
oder Auto durchführen.

Die Erfassung der Biotopstrukturen
läßt sich in einzelnen Teilbereichen der
Transektstrecke vornehmen, die mit der
Verteilung der Vogeldaten übereinstimmen sollten.

Die Entfernung zu den Vögeln kann
mit vier verschiedenen Methoden ermittelt werden: durch direkte Entfernungsmessung oder durch eine, zwei oder
mehrere Hörbereiche.

Exaktere Entfernungsmessungen sind
sehr viel aufwendiger, ermöglichen aber
wesentlich genauere Analysen.

Häufig ist ein Kompromiß zwischen
geeigneten Entfernungsmessungen und
der Zielsetzung der Untersuchung erforderlich.

Es gibt keine festgelegten Regeln für
Linientaxierungs-Zählungen, aber folgende Faktoren müssen sorgfältig bedacht werden:

Wahl und Ort der Zählstrecken

Anzahl der Begehungen

Begehungsgeschwindigkeit

Sollen Vögel in bezug auf Aktivität,
Alter und Geschlecht registriert werden oder nicht

Entfernungsmessung

Fehlereinfluß durch den Bearbeiter
und/oder durch andere Faktoren

5 Punkt-Stopp-Zählungen (Punkttaxierungen)

5.1 Einführung

Es ist möglich, von einem Punkt aus alle visuell und akustisch wahrnehmbaren Vögel zu erfassen. Bei Wiederholung an mehreren Stellen läßt sich so auf einfachste Art und Weise eine Liste der in einem bestimmten Gebiet vorkommenden Arten erstellen. Bestehen einige Kenntnisse darüber, wie sich die Entdeckbarkeit der Vögel mit der Entfernung vom Beobachter ändert, lassen sich so außerdem relative Häufigkeiten wirkungsvoll bestimmen (REYNOLDS et al. 1980). Die Methode wird inzwischen vielfach zur Erfassung von Singvögeln genutzt, insbesondere in den USA und – in der abgewandelten Form des I.P.A. (Indice Ponctuel d'Abondance) in Frankreich (BLONDEL et al. 1970, vgl. ergänzend Kritik dieser Methode in LUDER 1981). Weiterhin besteht die Möglichkeit, sie in vielfältiger Weise zu variieren, beispielsweise wenn die Habitatstrukturen im Umkreis der Zählpunkte bestimmt werden. Dieses Vorgehen erlaubt Aussagen über die Habitatwahl und -bevorzugung einzelner Vogelarten oder Artengemeinschaften (Kapitel 10).

Das vorliegende Kapitel beschreibt die Einsatzmöglichkeiten der Methode im Feld und Möglichkeiten der Berechnung relativer Dichtewerte aus den Daten. Die Voraussetzungen hierzu werden aufgeführt sowie Hinweise darauf gegeben, wie diese weitestgehend eingehalten werden können. Schließlich werden drei Beispiele für Anwendungsbereiche der Punkt-Stopp-Zählung beschrieben. Die erste Studie beschäftigt sich mit dem großflächigen Bestandsmonitoring und der biogeographischen Beschreibung der Vögel Nordamerikas. Am Beispiel einer naturschutzrelevanten Anwendung wird zweitens gezeigt, wie der Status einer seltenen Vogelart eingeschätzt werden kann, und das dritte Beispiel untersucht den Einfluß der Habitatsukzession auf Vogelgemeinschaften.

Ihrer Konzeption und theoretischen Grundlage nach sind Punkt-Stopp-Zählungen Linientaxierungen (vgl. Kapitel 4) mit einer Transektlänge von Null Metern und einer Begehungsgeschwindigkeit von Null Metern/Minute. Gegenüber Linientaxierungen besteht der Vorteil, daß sie leichter in groß angelegte Studien integriert werden können. Es ist einfacher, zufallsgemäß oder systematisch Zählpunkte auszuwählen als Transektrouten, da letztere einen besseren Gebietszugang erfordern, was die Biotopauswahl einschränken kann. Durch eine Anzahl weit in einem Gebiet verstreuter Zählpunkte lassen sich häufig aussagekräftigere Daten gewinnen als durch die Begehung einiger weniger Transekte. Punkt-Stopp-Zählungen werden Linientaxierungen in kleinstrukturierten Biotopen oft vorgezogen, wenn die Bestimmung der wichtigen Biotopfaktoren für die Vogelgemeinschaften ein Ziel der Untersuchung ist; und zwar deswegen, weil die Biotopdaten bei Punkt-Stopp-Zählungen dem Vorkommen einzelner Vögel leichter zuzuordnen sind.

Punkt-Stopp-Zählungen ähneln Linientaxierungen darin, daß sie ein hohes Maß an Bearbeiterqualität erfordern. In einigen Biotoptypen fällt es bei stationären Zählungen leichter, sich auf die Vögel zu konzentrieren, weil man nicht

Abb. 5.1 Die Auswahl von Transektrouten bzw. Zählpunkten

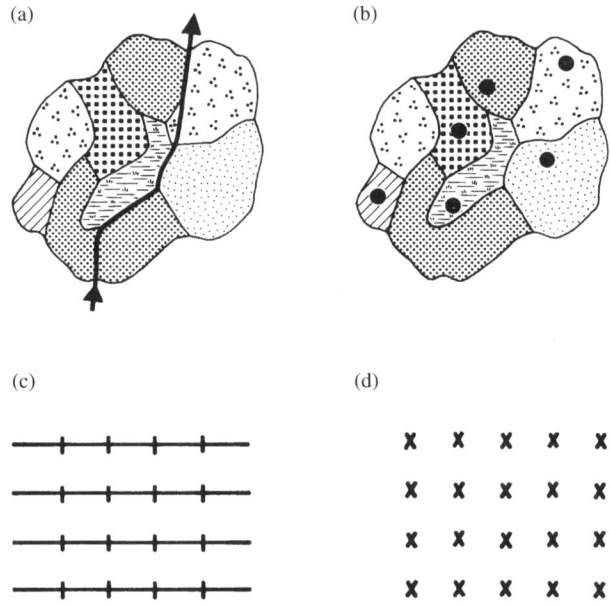

(a) In kleinstrukturierten Biotopen (z. B. Wald) wird eine Transektroute, die entlang einer Zugangsstraße verläuft, kaum biotoptypisch sein. Zudem wäre es nicht leicht, die Vogelbeobachtungen bestimmten Biotopen zuzuordnen. Im hier angeführten Beispiel wurden zwei Biotopstrukturen aufgrund des Transektverlaufes sogar überhaupt nicht erfaßt.

(b) Stattdessen könnten Zählpunkte entweder zufallsgemäß ausgewählt werden oder auch systematisch, um alle auftretenden Biotope eines Waldes abzudecken. Von jedem Punkt aus kann auch das Biotop genau bestimmt werden.

(c) In offenem Gelände könnten Transektrouten so verteilt werden, daß möglichst ein hoher Flächenanteil abgedeckt wird, wobei eine Aufteilung in Teilbereiche zur Registrierung der Vögel und der Biotope möglich ist.

(d) Die entsprechende Anordnung bei Punkt-Stopp-Zählungen liefert bei etwa gleichem Zeitaufwand theoretisch weniger Beobachtungen. Wenn, wie häufig in offenen Flächen, Vögel vom Beobachter aufgescheucht werden, ist die Wahl der Punkt-Stopp-Methode ungünstig, da der Bearbeiter einen Teil der Vögel schon verscheucht hat, bevor er am jeweiligen Zählpunkt angelangt ist.

durch die beim Gehen verursachten Geräusche oder durch das Ausweichen vor Hindernissen abgelenkt wird. In undurchdringlichem Gelände (z. B. Macchie, Garrigue) oder unterholzreichem Wald können daher stationäre Zählungen von einigem Vorteil sein (auch gegenüber Revierkartierungen). Andererseits können bei Linientaxierungen alle vor dem Beobachter auffliegenden Vögel registriert werden, während sie bei Punkt-Stopp-Zählungen nicht notiert werden dürfen, wenn sie wieder verschwunden sind, bevor der Bearbeiter seinen Zählpunkt erreicht und mit der eigentlichen Zählung begonnen hat. Aus diesem Grunde werden Punkt-Stopp-Zählungen in offenen Biotopen oder zur Erfassung größerer Vögel, wo die Wahrscheinlichkeit einer Flucht vor dem Beobachter sehr groß ist, eher selten eingesetzt.

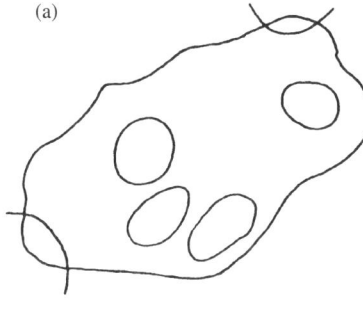

(a)

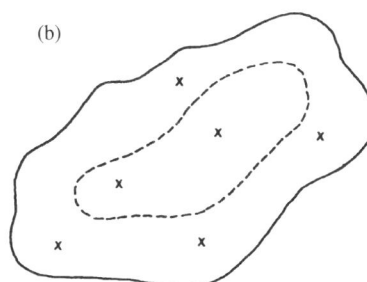

(b)

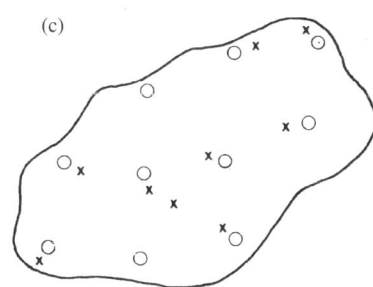

(c)

(a) **Revierkartierung**. Insgesamt werden für alle Arten etwa 150 Territorien ermittelt. Für die zehn Begehungen benötigt man zehn Vormittage. Ein Bearbeiter kann bis zu vier solcher Flächen kartieren. Die erhobenen Vogeldaten sind die genauesten, die man für das Gebiet mit einer der drei Methoden erhalten kann, wobei wohl für jede der vorkommenden Arten zumindest einige Beobachtungsdaten vorliegen. Die Reviere wurden auf einer Karte eingezeichnet, was den Vergleich mit ebenfalls kartierten Biotopen bzw. Biotopeingriffen ermöglicht.

(b) **Linientaxierungen**. Eine Strecke von einem Kilometer Länge, die bereits bestehenden Wegen folgt, nimmt pro Begehung etwa eine Stunde in Anspruch. Bei zwei Begehungen pro Strecke kann ein Bearbeiter etwa 40 Transektrouten in einer Brutsaison bearbeiten, sofern die einzelnen Strecken nahe genug beieinanderliegen, um die Begehung von zwei Strecken an einem Morgen zu ermöglichen. In jedem Wald erhält man etwa 150 Vogelbeobachtungen (×). Eine längere Gesamtstrecke läßt sich durch gerade verlaufende Transektstrecken erreichen, die über den Wald verteilt sind. Wenn die Bodenvegetation sehr dicht ist, kann dies jedoch schwierig sein. Theoretisch sind dann zwar etwa doppelt soviele Beobachtungen möglich, aber der zusätzliche Zeitaufwand macht die Bearbeitung einer zweiten Probefläche am selben Morgen unmöglich. Eine Aufnahme der jeweiligen Biotopstruktur ist zwar durchführbar, es ist jedoch eine sehr feine Auftrennung der Transektroute bzw. der beobachteten Vögel in Unterabschnitte nötig, um einen Einfluß kleinförmiger Biotopelemente auf die Arten erkennbar zu machen.

(c) **Punkt-Stopp-Zählungen**. Zehn Zählpunkte (O) werden willkürlich in das Waldstück gelegt, wobei keiner näher als 150 m zum nächsten liegen darf. Alle Punkte können an einem Vormittag gezählt und ihre Biotopstruktur in 25 m Umkreis aufgenommen werden. Wird jeder Zählpunkt zweimal besucht, kann ein Mitarbeiter 20 derartige Waldprobeflächen in einer Brutsaison bearbeiten, wobei auf jeder Fläche etwa 120 Vogelbeobachtungen zu erwarten sind. Die Vogeldaten einer Probefläche sind zwar weniger vollständig als die von Revierkartierungen, aber auch mit weniger Zeitaufwand verbunden.

Verlangt der Versuchsansatz Beobachtungsdaten aus vielen Wäldern, wäre die Revierkartierung zu zeitaufwendig. Obwohl bei den Punkt-Stopp-Zählungen die Datenmenge etwas geringer ist als bei Linientaxierungen, sind erstere vorzuziehen, wenn gleichzeitig die Untersuchung von Habitatpräferenzen nötig ist oder wenn es Probleme mit der Begehung des Gebietes gibt, die die Durchführung von Linientaxierungen erschweren.

Abb. 5.2 Drei verschiedene Methoden zur Erfassung des Brutbestandes in einigen (hypothetischen) 20 ha großen Eichenwäldern Englands.

Entfernungsschätzungen können bei Punkt-Stopp-Zählungen in der gleichen Weise durchgeführt werden wie bei Linientaxierungen. Die bearbeitete Fläche entspricht dabei dem Quadrat der Entfernung vom Beobachter zur Grenze des Erfassungsbereiches, während bei Linientaxierungen nur ein linearer Zusammenhang besteht und sich die Fläche aus der Entfernung zur Grenze des Erfassungsbereiches und der Länge des Transektes ergibt. Relative Dichtewerte aus Punkt-Stopp-Zählungen sind daher besonders anfällig gegenüber ungenauen Entfernungsabschätzungen und verlangen eine striktere Einhaltung der Bedingungen in bezug auf die Ortsbewegungen von Vögeln.

Ein großer Vorteil der Punkt-Stopp-Zählungen liegt in ihrer großen Zeitersparnis. Ein einziger Beobachter kann bis zu 10 Punkte an einem Morgen bearbeiten. Bei einer Brutsaison von etwa 50 Tagen und zweimaligem Besuch jedes Zählpunktes können so etwa 200 Punkte bearbeitet werden (wenn man etwa zehn Tage mit ungeeigneten Wetterbedingungen veranschlagt und subtrahiert). In den im Vergleich zu Mitteleuropa etwas artenärmeren britischen Wäldern ergäbe dies etwa 2 500 Vogelbeobachtungen pro Saison. Während der gleichen Zeit wäre es theoretisch möglich, vier Revierkartierungsflächen jeweils zehnmal zu kartieren. Im selben Biotop würde man demzufolge etwa 500 Papierreviere erhalten. Bei gleich großem Aufwand liefert die Punkt-Stopp-Zählung also eine etwa fünffache Menge unabhängiger Beobachtungsdaten.

Ein möglicher Nachteil der Punkt-Stopp-Zählungen ergibt sich aus dem derzeitigen Fehlen allgemein gebräuchlicher standardisierter Methoden. Andererseits ist die Einführung standardisierter Methoden vielleicht nicht unbedingt wünschenswert, da unterschiedliche Bedingungen u. U. besser mit verschiedenen Versuchsansätzen bearbeitet werden sollten. Die wichtigsten Aspekte dieser Methode, die im Anschluß besprochen werden, sind die Zahl der Besuche pro Zählpunkt, die Entfernungsbestimmung und die Dauer der Zählungen. Als Folge fehlender Standardisierungen liegen derzeit jedoch kaum veröffentlichte Daten vor, die miteinander vergleichbar wären.

5.2 Was bedeuten aus Punkt-Stopp-Zählungen ermittelte Dichtewerte?

Es gibt nur sehr wenige Untersuchungen, in denen der Versuch unternommen wurde, Ergebnisse verschiedener Erfassungsmethoden mit den Absolutzahlen eines Vogelbestandes zu vergleichen (vgl. dazu KAISER und BAUER 1994). Das liegt vor allem daran, daß Absolutzahlen extrem schwer oder nur mit hohem Kostenaufwand zu ermitteln sind. Viele Vergleichsstudien gingen auch von der zweifelhaften Annahme aus, daß die Revierkartierungsmethode genauer wäre als jede andere und sich daher gut als Referenzmethode eignen würde.

DESANTE (1981) führte in der kalifornischen Buschsteppe eine Untersuchung durch, in der er Dichtewerte aus Punkt-Stopp-Zählungen auf der Basis verschieden großer Hörbereiche mit den Daten einer vollständigen Erfassung mittels Revierkartierungen, Farbberingung und Nestersuche verglich. Bei Punkt-Stopp-Zählungen wurde der Gesamtbestand unterschätzt, lag aber meist nur bis 30 % unter dem Absolutwert. Bei seltenen Arten ergab sich im Vergleich zur Revierkartierung eher eine Überschätzung des Bestandes, bei häufigeren überwiegend eine Unterschätzung. Die Ursache besteht möglicherweise darin, daß Vögel in dünn besiedelten Gebieten wahrscheinlich größere Aktionsräume haben und durch häufigere und weitere Flugbewegungen leichter zu entdecken sind. Eine ähnliche Studie führte DESANTE (1986) in subalpinen Wäldern der Sierra in den USA durch.

5.3 Feldmethoden

5.3.1 Auswahl der Zählpunkte

Die einzelnen Zählpunkte in einer Probefläche können systematisch oder zufällig ausgewählt werden. Eine zufällige Auswahl auf der Basis tabellarischer oder vom Computer erzeugter Zufallszahlen läßt Folgerungen über das betrachtete Untersuchungsgebiet zu. Dabei kann die Stichprobenwahl in 'Schichten' aufgeteilt (stratifiziert) sein. Will man z. B. den Einfluß der Pflanzensukzession

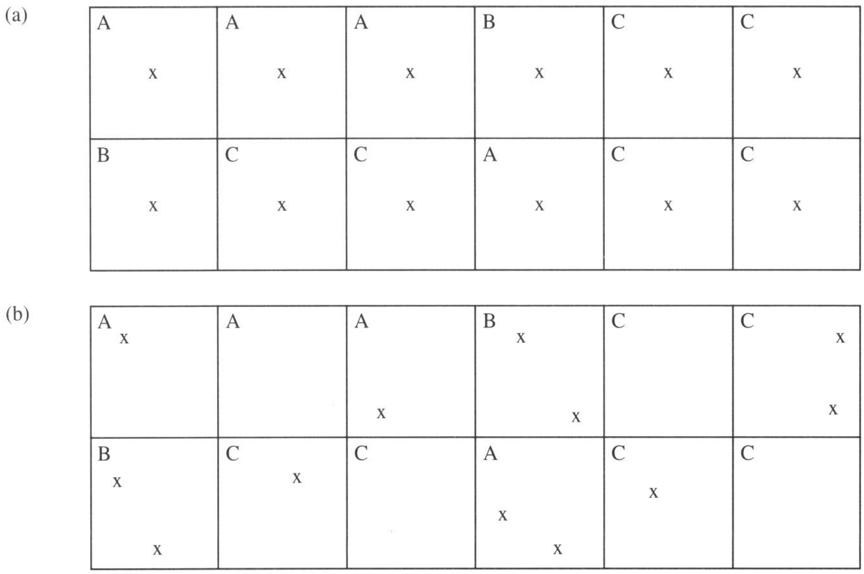

(a)

A	A	A	B	C	C
x	x	x	x	x	x
B	C	C	A	C	C
x	x	x	x	x	x

(b)

A x	A	A	B x	C	C x
		x	x		x
B x	C x	C	A	C x	C
x			x		
			x		

Abb. 5.3 Repräsentative zufällige und geschichtete Anordnung der Zählpunkte

Die Vogelbestände dieser rechteckigen Probeflächen werden am besten mit einer zufallsgemäßen oder repräsentativen Anordnung von Zählpunkten erfaßt.
(a) Bei systematischer Anordnung fallen drei Zählpunkte in Biotop A, zwei in B und sieben in C, welches auch am häufigsten vorkommt. Bei zufälliger Anordnung besteht die Wahrscheinlichkeit, daß ebenfalls die meisten Punkte im häufigsten Biotop liegen würden, aber die Zahlenverteilung wäre sehr wahrscheinlich nicht exakt die gleiche.
(b) Eine geschichtete (stratifizierte) Zufallsverteilung der Punkte beschreibt dagegen den Einfluß der drei Biotoptypen am besten. Jeder Biotoptyp wird jetzt mit gleich großem Bearbeitungsaufwand erfaßt (hier werden jeweils vier Zählpunkte aufgeführt). Die Zählpunkte erhält man unter Beachtung folgender Regeln: Zum einen besteht eine Beschränkung auf vier Zählpunkte pro Biotoptyp, zum anderen darf kein Punkt weniger als 50 m vom nächsten entfernt sein. Die anhand von Zufallszahlen ausgewählten Probeflächen werden entsprechend verworfen, wenn sie diese Bedingungen verletzen. Im vorliegenden Beispiel mußten mehrere für Biotop C ausgewählte Punkte verworfen werden, bis für Biotop A genügend Punkte erreicht waren.
Zufallszahlen mögen seltsam wirken, sie sind aber die sicherste Möglichkeit, unbeeinflußte Aussagen zu den Vogelgemeinschaften der drei Biotoptypen zu machen. Im vorliegenden Beispiel sieht man beispielsweise, daß durch die Zufallswahl ein C-Gebiet zwei Zählpunkte aufweist, vier weitere aber keinen.

auf die Artengemeinschaft in einem bestimmten Waldgebiet untersuchen, bestünde ein geeigneter Ansatz darin, jedem von fünf Waldbereichen unterschiedlicher Sukzessionsstadien zufallsgemäß 20 Zählpunkte zuzuordnen. Dieser 'geschichtete Ansatz' wäre für die Fragestellung effizienter als die Zählpunkte zufallsgemäß über die gesamte Fläche zu verteilen, weil dann ein seltener vorkommender Biotoptyp möglicherweise unterrepräsentiert wäre.

In Waldbiotopen sollten die einzelnen Zählpunkte mindestens 200 m auseinanderliegen. Liegen sie näher beieinander, besteht die Gefahr einer Doppelregistrierung einzelner Individuen an verschiedenen Zählpunkten, was eine auf Fehlern beruhende Zunahme der Stichprobenzahl und nur eine oberflächlich gesehen größere Datengenauigkeit zur Folge hätte. Bei Fragen der Habitatwahl wird man häufig feststellen, daß seltene Arten einer Vogelgemeinschaft nur an wenigen Zählstellen registriert werden. Ist speziell die Habitatwahl dieser Arten von Interesse, hilft das Sammeln von Strukturdaten aus dem Umgebungsbereich der jeweiligen Beobachtungsorte (vgl. Kapitel 10). Solche Daten lassen natürlich keine Schlüsse über die Dichte dieser Arten zu (die wiederum aus zufallsgemäß verteilten Zählpunkten ermittelt werden müßten). Sie können jedoch mit Strukturdaten der Punkte verglichen werden, an denen andere Arten auftraten. Mit anderen Worten, es werden Biotopstrukturen mit und ohne die jeweilige Vogelart miteinander verglichen.

Da Doppelzählungen aufgrund nahe beieinanderliegender Zählpunkte vermieden werden müssen, ist es oft schwierig, mehrere 'Stopps' über eine kleine Untersuchungsfläche zu verteilen. Aus diesem Grunde sind Punkt-Stopp-Zählungen in kleinflächigen Arealen wenig geeignet, den Vogelbestand bzw. Bestandsveränderungen über die Jahre zu beschreiben. In einem 20 ha großen Waldstück können beispielsweise alle Vögel durch eine Revierkartierung erfaßt werden, dort wäre aber, je nach er-

forderlichem Mindestabstand und der Beschaffenheit der Waldfläche, nur Platz für fünf bis zehn Zählpunkte. Dadurch würden u. U. mehrere Arten, die nur in einem Brutpaar vorkommen, gar nicht registriert, und auch die Dichtewerte der häufigeren Arten wären nur annähernd realistisch. Handelt es sich bei diesem Waldstück um ein Naturschutzgebiet, bietet sich die Revierkartierung auch aus anderen Gründen an. Wenn das Ziel der Studie andererseits ein großflächiger Vergleich eines möglichen Einflusses von Biotopvariablen auf die Waldvogelarten ist, sind Punkt-Stopp-Zählungen vielleicht besser geeignet, da sich so mehrere verschiedene Waldtypen wesentlich ökonomischer bearbeiten lassen (Kapitel 10).

In kleinstrukturierten Biotopen stellt sich häufig die Frage, ob auch Randbereiche in die Erfassung mit einzubeziehen sind. Dadurch werden Vogelarten erfaßt, die Übergangsbereiche besiedeln, so daß bei einer Untersuchung der Waldvögel auch Offenlandarten erfaßt werden. Je nach der Zielsetzung der Untersuchung ist dies vielleicht wünschenswert oder auch nicht.

5.3.2 Dauer der Zählungen

Die Zählung kann entweder sofort beginnen, nachdem der Bearbeiter den Zählpunkt erreicht hat, oder erst dann, wenn eine eventuelle Beunruhigung der Vögel durch die Ankunft des Bearbeiters wieder abgeklungen ist. Auch die Biotopkartierung sollte, insbesondere wenn sie im Vorfeld der Vogelerfassung durchgeführt wird, so behutsam wie möglich erfolgen, um eine Beunruhigung der Vögel zu vermeiden.

Punkt-Stopp-Zählungen wurden mit verschiedenen Zeitvorgaben durchgeführt (2 min bis 20 min). Je länger man an einem bestimmten Punkt verweilt, desto mehr Vögel werden erfaßt (Abbildung 5.4). Normalerweise erfolgt jedoch die Mehrzahl der Registrierungen sehr rasch, und in den nachfolgenden Zeit-

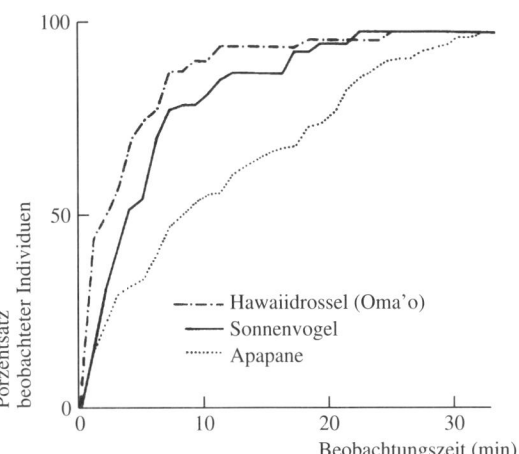

Der Apapane ist die beweglichste der drei Arten, während der Oma'o wenig mobil ist. Die Hälfte aller Oma'o-Beobachtungen erfolgte in einer Minute, die Hälfte aller Apapane-Beobachtungen erst nach sieben Minuten. Infolge der längeren Zähldauer wurden auch solche Individuen des Apapane beobachtet, die während der Zählung ihre Position gewechselt hatten. Dadurch ist eine Grundbedingung nicht erfüllt und die entsprechende Vogeldichte wird überschätzt.

Grundsätzlich ist wenig über die Erfaßbarkeit einzelner Arten bekannt; demzufolge auch wenig über die Folgen derartiger systematischer Fehler.

intervallen werden immer weniger zusätzliche Vögel entdeckt. Bei sehr langen Zählperioden erhöht sich daher die Gefahr der Mehrfachzählungen. Lange Zählperioden führen zudem häufiger dazu, daß Vögel erfaßt werden, die sich aus größeren Entfernungen angenähert haben, wodurch eine Grundbedingung verletzt wird (siehe nachfolgend).

In den meisten Gebieten der gemäßigten Zone sind kürzere Zählperioden von fünf oder vielleicht zehn Minuten vorzuziehen (FULLER und LANGSLOW 1984). Das französische I. P. A.-Programm sieht allerdings 20 Minuten vor, und übersteigt damit wahrscheinlich das im Normalfall nötige Maß. Längere Zählperioden sind in Gebieten mit einer vielfältigen Vogelfauna erforderlich oder in solchen, in denen Vögel sehr schwer zu entdecken sind, wie z. B. in tropischen Wäldern. Die Zeit, die durch kürzere Zählperioden eingespart wird, kann durch die Bearbeitung einer größeren Zahl von Zählpunkten genutzt werden.

5.3.3 Art der Datenaufnahme

Oberstes Ziel bei Punkt-Stopp-Zählungen muß es sein, jeden einzelnen Vogel lediglich einmal zu erfassen. Dazu ist es möglich, die Vögel in verschiedene Wahrnehmungskategorien einzuteilen. Manche Beobachter erfassen beispielsweise die Vögel nach Geschlechtern getrennt und fassen die Zahlen anschließend in Paar- oder Revierzahlen zusammen. So sind Brutpaare die Zähleinheiten in Finnland, wobei sich ein 'Brutpaar' aus der Beobachtung eines einzelnen Männchens oder Weibchens, eines tatsächlichen Paares, eines Jungvogeltrupps oder eines Nestes ergeben kann. Werden mehrere Individuen entdeckt, muß durch 2 dividiert werden, um die Anzahl der 'Brutpaare' zu erhalten; ungerade Zahlen werden aufgerundet. Eine andere Möglichkeit besteht darin, alle Einzelbeobachtungen aufzusummieren. In Waldgebieten werden unter den meisten Bedingungen mehr Vögel akustisch als optisch wahrgenommen. Während der Brutsaison singt der größte Teil der Vögel; zu anderen Jahreszeiten ist dies nicht der Fall. Für viele Zwecke erscheint es ziemlich willkürlich, exakte Regelungen darüber aufzustellen, wie die einzelnen Beobachtungen aufsummiert werden können. Es kommt eher darauf an, den bestmöglichen Weg für einzelne Arten zu finden, je nachdem, ob eine Geschlechtsunterscheidung möglich ist und ob sie häufig singen oder nicht.

5.3.4 Entfernungsschätzungen

Unter bestimmten Voraussetzungen ist die Berechnung von Dichtewerten aus den geschätzten Entfernungen der einzelnen Vögel möglich (SCOTT et al. 1981). Es wird sich in jedem Fall lohnen, Entfernungsschätzungen anzugeben; die einfachsten Methoden dafür sind relativ leicht im Feld anzuwenden. Die ausgeklügelteren Methoden sind allerdings sehr viel schwieriger durchzuführen und benötigen zudem erheblichen Computeraufwand. Man sollte deshalb den Nutzen in Form verbesserter Datenqualität und die Kosten aufgrund des hohen Zeitaufwandes und der schwierigeren Feldmethoden gegeneinander abwägen.

Bei den einfachsten Vogelzählungen ohne Entfernungsschätzungen überwiegen die Registrierungen der auffälligeren Arten. Es ist ganz offensichtlich, daß bei zwei gleich häufigen Arten, die eine (A) mit sehr lautem und weitreichendem Gesang, wie die Singdrossel, die andere (B) mit sehr leisem Gesang, wie das Wintergoldhähnchen oder der Waldbaumläufer, von Art A mehr Vögel erfaßt werden als von Art B. Der Grund liegt darin, daß in geschlossenen Wäldern Art A auch noch in Entfernungen bis zu 100 m wahrgenommen werden kann, während der Gesang von Art B nur in Entfernungen bis zu 30 bzw. 40 m zu hören ist.

Die aufwendigste Methode der Entfernungsmessung ist die direkte Bestimmung der Entfernung jedes einzelnen Vogels vom Beobachter. Bewegt sich der Vogel, wird die Entfernung zum Punkt der ersten Beobachtung gemessen. In der Praxis ist die direkte Entfernungsmessung extrem schwierig, insbesondere in geschlossener Vegetation. Es ist schon schwer genug, seine eigene Entfernung zu einem Markierungspunkt zu bestimmen. Handelt es sich jedoch um einen Vogel irgendwo in der Vegetation, den man vielleicht nur gehört hat, ist die Bestimmung der Entfernung noch wesentlich komplizierter.

Es gibt jedoch eine Kompromißlösung. Die einzelnen Beobachtungen können z. B. einem von zwei oder mehreren Erfassungsbereichen in bestimmten Entfernungen vom Beobachter zugeordnet werden. Bei zwei Erfassungsbereichen wählt man am besten eine Entfernung von 25 bis 30 m als Grenzbereich. Bei mehreren Erfassungsbereichen sollte jeder eine Breite von 10 bis 20 m haben.

5.4 Die Interpretation von Zählungen mit Entfernungsschätzungen

Die meisten der für Linientaxierungen geltenden Überlegungen lassen sich auch auf Punkt-Stopp-Zählungen übertragen. Allerdings wirken sich bei letzteren Verletzungen der Grundbedingungen oder Fehler bei Messungen wesentlich stärker aus. Die notwendigen mathematischen Formeln weichen z. T. ebenfalls leicht voneinander ab.

5.4.1 Einfachzählungen

Einfachzählungen mit unbegrenztem Erfassungsbereich oder mit einem willkürlich gewählten Erfassungsbereich von beispielsweise 25 m liefern nicht mehr als einen Index relativer Häufigkeiten.

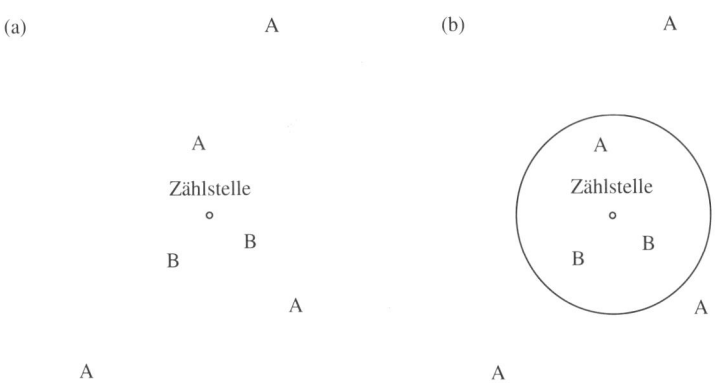

Abb. 5.5 Punkt-Stopp-Zählungen (nur) innerhalb eines festgelegten Erfassungsbereiches sind nicht sehr befriedigend

(a) **Zählungen ohne Entfernungsbegrenzung**. Obwohl zwei Arten in gleicher Dichte auftreten, werden von Art A mehr Vögel gezählt als von Art B, da erstere durch lauteren Gesang oder auffälligere Bewegungen leichter zu entdecken ist. Folglich gibt es von Art A Beobachtungen in größerer Entfernung, während die Art B nur in der Nähe des Beobachters entdeckt wurde.

(b) **Zählungen innerhalb eines festgelegten Erfassungsbereiches**. Das Häufigkeitsverhältnis der beiden Arten hat sich offenbar verändert, denn die meisten Beobachtungen der Art A lagen außerhalb des Zählbereiches. Das könnte auch daran liegen, daß die Art A eine größere Scheu zeigt als B und deshalb aus der unmittelbaren Umgebung des Beobachters geflohen war.

Die verschiedenen Arten werden in unterschiedlichen Geltungsbereichen erfaßt und lassen daher keinen Vergleich untereinander zu. Große und auffällige Arten sind gegenüber versteckt lebenden und leiseren Arten überrepräsentiert. Andererseits sind derartige Zählungen sehr leicht und schnell durchführbar. Bei einem festgelegten Erfassungsbereich mag der Fehler nicht allzu groß sein, die dabei bearbeitete Probefläche ist aber sehr klein. Bei einem Erfassungsbereich von 25 m ergeben zehn Punkt-Stopp-Zählungen in einer Brutsaison eine Fläche von nur zwei Hektar Größe. Zum Vergleich: eine acht Kilometer lange Transektstrecke deckt bei selbem Erfassungsbereich eine Fläche von 40 ha ab. Ein weiteres Problem besteht darin, daß viele knapp außerhalb des festgelegten Erfassungsbereiches befindliche Vögel nicht registriert werden dürfen. Demgegenüber können bei Linientaxierungen auch die vor dem Bearbeiter wegfliegenden Vögel noch erfaßt werden.

5.4.2 Zwei Erfassungsbereiche

Bei zwei Erfassungsbereichen (0 bis r und r bis unendlich) können die relativen Dichtewerte anhand der Unterschiede in der Wahrnehmbarkeit der Arten korrigiert werden. Dazu ist eine Grundannahme über den Zusammenhang zwischen Entfernung und Wahrscheinlichkeit der Entdeckung notwendig. Eine einleuchtende Annahme und die notwendigen Berechnungen, die sich daraus ergeben, sind in Abbildung 5.6 aufgeführt.

5.4.3 Mehrere Erfassungsbereiche

Die Dichte der Registrierungen sollte mit zunehmender Entfernung vom Bearbeiter geringer werden, da Vögel auf größere Entfernung schwieriger zu entdecken sind. Es gilt zu beachten, daß hier 'Dichte' und nicht 'Anzahl der Be-

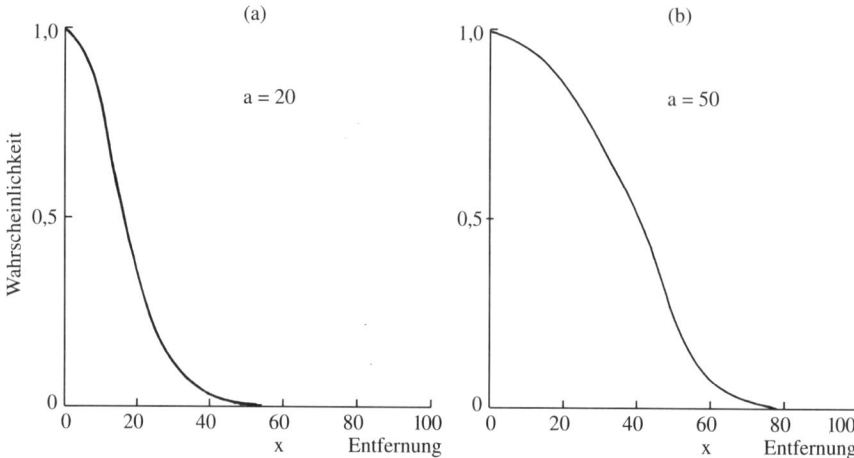

Die Wahrscheinlichkeit, einen anwesenden Vogel zu entdecken, nimmt mit der Entfernung vom Beobachter entsprechend einer Kurve unbekannten Verlaufs ab. Eine plausible allgemeine Kurvengleichung wäre:

$p = \exp(-(x/a)^2)$, wobei x die Entfernung vom Beobachter und a eine unbekannte Konstante sind.

Die Funktionen der Entdeckbarkeit bei $a = 20$ und $a = 50$ sind abgebildet. Vogelart (a) lebt sehr versteckt und die Wahrscheinlichkeit, sie zu entdecken, liegt bei einer Entfernung von 20 m zum Beobachter lediglich bei 40 %. Vogelart (b) ist wesentlich auffälliger: Es besteht eine 85 %ige Wahrscheinlichkeit, daß sie in einem Entfernungsbereich bis 20 m entdeckt wird, und auch in Entfernungen bis 50 m besteht noch eine 25 %ige Chance.

Die Kurve ist weiterhin dadurch charakterisiert, daß eine Wahrscheinlichkeit von 1 (= 100 %) besteht, den Vogel in einer Entfernung von null Metern zu entdecken. Dabei handelt es sich um eine Grundbedingung der Methode. Die Entdeckbarkeit fällt zuerst langsam mit der Entfernung ab; danach immer schneller, ohne daß sie gegen Unendlich ausläuft.

Angenommen, die Funktion der Entdeckbarkeit habe diese allgemeine Form und weitere Voraussetzungen der Methode (s. Text) sind ebenfalls erfüllt, dann kann a aus den erfaßten Daten einer Art berechnet werden. Im Prinzip ist dies aber gar nicht notwendig, weil die Vogeldichte direkt berechnet werden kann aus:

$$\text{Dichte} = \log_e(n/n_2) \times n_1/m(\pi r^2) \qquad \text{wobei}$$

n　die Gesamtzahl der gezählten Vögel ist,
n_2　die Zahl der Vögel außerhalb des festgelegten Erfassungsbereiches (r),
n_1　die Zahl der Vögel innerhalb des Erfassungsbereiches (r),
　　　so daß $n = n_1 + n_2$,
m　die Gesamtzahl der Zählungen/Zählpunkte und
r　der festgelegte Hörbereich.

Beispiel: Bei 326 Zählpunkten (m) wurden 421 Fitislaubsänger innerhalb 30 m (n_1) und 925 in der gesamten Untersuchungsfläche (n) gezählt. Die Dichte betrug daher 6,09 Vögel/ha. Man beachte die Einheiten: wenn r in Metern angegeben wird, errechnet sich eine Vogeldichte pro Quadratmeter, die erst mit 10 000 multipliziert werden muß, um die Dichte in 'Vögel pro ha' anzugeben.

obachtungen' gemeint ist, weil die festgelegten Erfassungsbereiche mit zunehmender Entfernung vom Beobachter wesentlich größere Flächen umfassen. Die Entfernung (R), bei der eine ausge- prägte Abnahme an Registrierungen auftritt, kann für jede Art individuell bestimmt werden. Relative Dichtewerte werden berechnet, indem die Zahl der Registrierungen innerhalb R durch die

Fläche, die vom Radius R abgegrenzt wird, geteilt wird. Dies ist allerdings nicht immer leicht zu berechnen, da die größte Dichte bei Punkt-Stopp-Zählungen meist nicht mit dem innersten Erfassungsbereich zusammenfällt.

5.4.4 Exakte Entfernungsmessung

Wird die Entfernung zu einzelnen Vögeln exakt gemessen, dann läßt sich die Form der Erfaßbarkeitskurve für jede einzelne Art bestimmen. Daraus können relative Dichtewerte berechnet werden. Dies erfordert allerdings eine aufwendige statistische Bearbeitung, die nur am Computer durchgeführt werden kann. Über Details, die hier nicht dargestellt werden sollen, unterrichtet BUCKLAND (1987).

5.5 Bedingungen

Wie bei allen anderen Methoden ist es wichtig, die zugrundeliegenden Bedingungen zu kennen. Dadurch wird gewährleistet, daß die richtigen Schritte unternommen werden und diese bei der Freilandarbeit auch beachtet werden, bzw. daß keine unberechtigten Schlußfolgerungen aus Ergebnissen gezogen werden, für die diese Bedingungen nicht erfüllt waren. Folgende Voraussetzungen müssen bei Punkt-Stopp-Zählungen erfüllt sein.

5.5.1 Die Vögel nähern sich dem Bearbeiter weder an noch fliehen sie

Diese Bedingung wird in offenem Gelände ganz offensichtlich nicht erfüllt, weil im Normalfall nur sehr wenige Vögel in einem Umkreis von 10 bis 20 m um den Beobachter verbleiben. Dies gilt auch für größere Vogelarten, die häufig große Scheu gegenüber dem

Menschen zeigen. Wird mit Entfernungsschätzungen gearbeitet, gilt als entscheidende Voraussetzung, daß davonfliegende Vögel nicht aus einem Erfassungsbereich in einen anderen wechseln. Wird die Anzahl registrierter Vögel eines Erfassungsbereiches mit deren Entfernung vom Beobachter korreliert, tritt in vielen Fällen eine Häufung der Registrierungen in mehreren Metern Entfernung auf, während im Umkreis des Beobachters nur sehr wenige Individuen festgestellt werden. Deshalb sollte der innere Erfassungsbereich für die Auswertung groß genug sein, um ein Verbleiben der großen Zahl von Vögeln, die eine kurze Distanz vom Beobachter geflohen sind, zu gewährleisten. In offeneren Biotopen ist generell ein größerer Erfassungsbereich notwendig als in geschlossenen. Nichtbeachten dieser Bedingung führt im allgemeinen zur Unterschätzung des Vogelbestandes. Nähern sich die Vögel hingegen dem Beobachter, können auch Überschätzungen auftreten.

5.5.2 Vollständige Erfassung aller in direkter Nähe des Beobachters befindlichen Vögel

Es gibt viele mögliche Annahmen für die Rate, mit der sich die Wahrnehmbarkeit der Arten bei zunehmender Distanz zum Beobachter verändert. Allen methodischen Überlegungen ist jedoch gemeinsam, daß ein Vogel in direkter Nähe des Beobachters grundsätzlich entdeckt wird, was jedoch bei versteckt lebenden oder sehr unauffälligen Vögeln nicht immer der Fall ist. So werden die meisten nachtaktiven Arten wie Eulen durch Punkt-Stopp-Zählungen (oder andere Erfassungsmethoden) nur selten erfaßt. Es ist außerdem wahrscheinlich, daß Vögel in den höchsten Kronenschichten direkt über dem Beobachter nicht entdeckt werden, insbesondere, wenn sie durch das Laubwerk verdeckt sind. In solchen Fallen wird der Bestand unterschätzt. Demzufolge eignet sich diese Methode für manche Vogelarten nicht.

5.5.3 Vögel zeigen während der Zählung keine häufigen Ortswechsel

Wenn sich die Vögel konstant von Ort zu Ort bewegen würden, wäre es möglich, eine große Zahl von Individuen einer Art von einem einzigen Punkt aus zu registrieren. Die Mobilität der Vögel ist zumindest einer der Gründe, warum sich die Zahl der erfaßten Vögel erhöht, je länger von einem Punkt aus gezählt wird. Man stelle sich einen Vogel vor, der aus einer Richtung ruft, dann schweigt, dabei seine Position verändert, und schließlich von einem anderen Punkt aus erneut ruft. Es wird sehr schwierig sein, eine Doppelzählung dieses Vogels zu vermeiden. Wegen der Mobilität der Vögel sollte man deshalb grundsätzlich kurze Zählperioden wählen. Sind diese Perioden allerdings zu kurz, können leise und unauffällige Arten leicht übersehen werden. Eine Nichtbeachtung dieser Bedingung macht daher Datenvergleiche von Greifvögeln, Rabenvögeln und Tauben mit solchen von Singvögeln schwierig, weil die Dichtewerte der mobileren Arten überschätzt werden. Punkt-Stopp-Zählungen können auch im Winter durchgeführt werden. Da Vögel in dieser Zeit oft mobiler sind als zur Brutzeit, kann es auch hier leicht zu einer Überschätzung der Dichte kommen. Ähnliche Schwierigkeiten bereiten auch wandernde Vogeltrupps in den Tropen.

5.5.4 Vögel verhalten sich unabhängig voneinander

In manchen Fällen wird ein Vogel erst entdeckt, wenn er auf den Gesang oder auf Rufe eines anderen Individuums reagiert. Aus diesem Verhalten könnte resultieren, daß Arten bei hoher Dichte genauer zu erfassen sind als bei niedri-

ger. Es könnte zudem ein Zusammenhang zwischen der Dichte und der Mobilität einer Art bestehen. Bei geringer Dichte haben die Vögel größere Territorien und daher auch größere Aktionsradien – obige Bedingung ist nicht mehr erfüllt. Mit anderen Worten, es wäre möglich, daß die Zahl der entdeckten Vögel in einem nicht-linearen Zusammenhang zur tatsächlichen Individuenzahl steht. Derzeit gibt es keine bekannte Lösung für dieses Problem, das allgemein noch sehr wenig untersucht und verstanden wird.

5.5.5 Keine negativen Auswirkungen durch Biotoptyp oder Versuchsanordnung

Es ist durchaus möglich, daß Fluchtverhalten, Erfaßbarkeit und Positionswechsel der Vögel von der Biotopstruktur oder der Tageszeit abhängig sind. Demzufolge würden die Daten unter verschiedenen Bedingungen unterschiedlichen Einflüssen unterliegen. Tageszeitliche oder witterungsbedingte Einflüsse können durch eine Standardisierung der Methode auf einen engen Bereich zulässiger Bedingungen beschränkt werden. Außerdem sollten bei der Auswertung nur die Daten miteinander verglichen werden, die mit genau derselben Methode erhoben wurden. Biotopeinflüsse sind dagegen potentiell viel bedenklicher, weil in vielen Fällen die Ermittlung des Einflusses von Biotopunterschieden selbst ein Ziel der Untersuchung ist. Offenkundig ist, daß sich Fluchtverhalten und Erfaßbarkeit mit dem Grad der Offenheit einer Landschaft verändern können. Ohne Entfernungsmessung stehen Zählungen in verschiedenen Biotopen offensichtlich in keinem direkten und einfachen Zusammenhang zu tatsächlichen Dichtewerten. Wurden bei den Zählungen jedoch geeignete Entfernungsmessungen durchgeführt (s. o.), dann ist eine Korrektur aufgrund verschiedener Erfassungswahrscheinlichkeiten in den

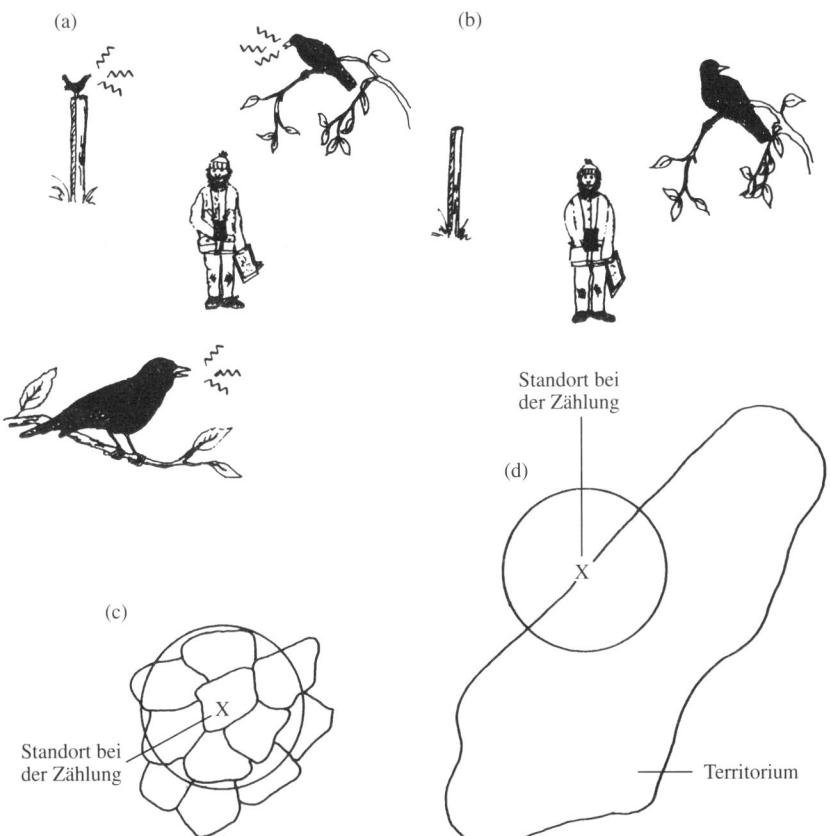

(a)   (b)

Abb. 5.7 Es wird vorausgesetzt, daß sich die Vögel
unabhängig voneinander
verhalten. Das muß aber
nicht der Fall sein

Standort bei
der Zählung

(d)

X

(c)

Standort bei
der Zählung

X

Territorium

(a) Bei hohen Dichten sind die Arten häufiger zu hören, weil sie vermehrt Reviere anzeigen bzw. gegeneinander verteidigen. Zudem sind die Reviere vergleichsweise klein (b), und die Vögel weisen während der Zählperiode keine größeren Ortswechsel auf.
(c) Bei geringen Dichten haben manche Individuen eventuell keinen direkten Nachbarn und singen daher viel weniger. Inhaber großer Reviere (d) können während der Zählung sehr flugaktiv sein, was zu einer Überschätzung der Dichte führen könnte.

einzelnen Vegetationsstrukturen möglich.

5.5.6 Die Entfernungsschätzungen sind genau

Eine genaue Entfernungsschätzung ist besonders bei Punkt-Stopp-Zählungen von Bedeutung, da Fehler bei Dichtebe-rechnungen mit dem Quadrieren zunehmen. Aus diesem Grunde sollten die Beobachter in der Entfernungsschätzung geschult werden, und es hat sich gezeigt, daß eine Unterweisung eine erhebliche Verbesserung der Ergebnisse bewirkt. Werden bestimmte Zählpunkte über längere Zeiträume besucht, lohnt es sich, in bestimmten Entfernungen Markierungen als Referenzpunkte anzubringen. In einigen Untersuchungen wurden auch optische Entfernungsmesser eingesetzt. Diese haben sich bei gut sichtbaren Vögeln auch sehr bewährt; kein positiver Effekt war zu verzeichnen, wenn die Registrierung nur akustisch erfolgt. Manchmal wurde auch empfohlen, die Beobachtungsposition zu wechseln, um einen rufenden Vogel besser lokalisieren zu können. Das hat jedoch den Nachteil, daß die Vögel erneut gestört werden und sich das Problem durch wegfliegende bzw. fliehende Vögel noch vergrößert.

Wenn die Zählungen in unterschiedlichen Erfassungsbereichen erfolgen, genügt es, die Vögel dem richtigen Bereich zuzuordnen. Dies ist offensichtlich weit weniger schwierig als eine genaue Messung. Im Falle zweier Erfassungsbereiche muß der Beobachter nur eine genaue Vorstellung von der Begrenzung (dem Radius) des inneren Bereiches haben und dann bei jedem Vogel überprüfen, ob er sich innerhalb oder außerhalb davon aufhält.

5.5.7 Die Vögel werden vollständig und richtig bestimmt

Weil die meisten Registrierungen akustisch erfolgen, ist für Punkt-Stopp-Zählungen eine besonders gute Kenntnis der Lautäußerungen erforderlich. Positionsänderungen, um einen Vogel sehen und bestimmen zu können, sind meist nicht möglich. Die Beobachter müssen sämtliche potentiell vorkommenden Arten eines Gebietes gut kennen und alle verwechselbaren Arten unterscheiden können. Auf Sicherheit und Beständigkeit der Artbestimmung sollte geachtet werden, besonders in Gebieten, die dem Beobachter unbekannt sind. Sowohl zur Einschätzung der Beobachterqualität als auch zum Üben können Tonbänder bzw. Kassetten mit Vogelstimmen benutzt werden. Benötigt man sehr viele Beobachter bei einer Untersuchung, ist zu vermeiden, daß z. B. ein in der Bestimmungsqualität stark abweichender Beobachter stets dieselben Zählpunkte (eines

Lebensraumtyps) bearbeitet. Werden die Zählpunkte mehr als einmal besucht, sollten die weiteren Zählungen jeweils von anderen Bearbeitern durchgeführt werden. Auf diese Weise kann der Grad der Einheitlichkeit überprüft werden. Punkt-Stopp-Zählungen eignen sich überdies wenig für Menschen mit schwächer werdendem Gehör.

5.6 Beispiele für den Gebrauch von Punkt-Stopp-Zählungen

5.6.1 Brutbestandsmonitoring in den USA

Das nordamerikanische Brutbestandsmonitoring (BBS) ist ein umfangreiches Programm, das seit 1965 in den USA und Kanada durchgeführt wird. Es wird zwar vom amerikanischen 'Fish and Wildlife Service' und dem kanadischen 'Wildlife Service' finanziell unterstützt, ist aber überwiegend auf ein organisiertes Netz freiwilliger Mitarbeiter angewiesen. Ziel des BBS ist, die Bestandsentwicklung einer großen Zahl von Brutvogelarten (etwa 230) zu überwachen. Die erhobenen Daten dienen zur Beantwortung einer Vielzahl unterschiedlicher Fragestellungen.

(1) Dokumentation natürlicher Bestandsveränderungen der einzelnen Arten von Jahr zu Jahr.
(2) Untersuchung des Einflusses von Witterungsfaktoren einschließlich Wetterkatastrophen.
(3) Ermittlung von Langzeittrends der Vogelbestände.
(4) Beschreibungen bzw. Untersuchung der Bestandsveränderungen und Trends auf der Basis von geographischen oder Biotop-Unterschieden.
(5) Beschreibung regionaler bzw. biotopbedingter relativer Dichteunterschiede bei den verschiedenen Arten.

Die Datenaufnahme erfolgt durch Punkt-Stopp-Zählungen. Die jeweils insgesamt 50 Zählpunkte eines jeden Bearbeiters sind entlang eines Straßenabschnittes verteilt und liegen etwa 800 m (d. h. 0,5 Meilen) auseinander. Die Zählungen erfolgen jeweils zur Brutzeit an einem Tag im Juni, wobei für höhere geographische Breiten Zugeständnisse gemacht werden. Die Zählperiode beginnt eine halbe Stunde vor Sonnenaufgang, und an jedem Punkt wird genau drei Minuten gezählt. Alle Individuen jeder Art werden bis zu einer Entfernung von ca. 400 m ($^1/_4$ Meile) registriert. Die Ergebnisse werden auf vorgedruckten Formularen, die eine komplette Artenliste und Spalten für jeden einzelnen Zählpunkt enthalten, eingetragen. Um den Verwaltungsaufwand gering zu halten, fassen die Bearbeiter schließlich die Ergebnisse für die einzelnen Arten selbst auf einem Summenblatt zusammen, das dann zusammen mit dem im Gelände benutzten Formblatt bei den Organisatoren archiviert wird.

Die Strecke ist jedes Jahr in derselben Richtung abzufahren. Die einzelnen Stopps werden in eine Karte eingetragen und genau beschrieben, damit ihr exakter Standort stets wiedergefunden werden kann. Es ist nicht gestattet, die Vögel auf irgendeine Weise anzulocken oder sonstwie zu beeinflussen. Aus den Instruktionen geht zudem klar hervor, daß die Zählungen keinesfalls eine vollständige Registrierung aller anwesenden Arten zum Ziel haben. Das heißt, es wird größter Wert auf Standardisierung gelegt und nicht auf Vollständigkeit. Die Bearbeiter werden dazu angehalten, die Zähldauer an jedem Punkt strikt einzuhalten und nicht in der Hoffnung auf die Erfassung seltener Arten, die sie aus dem Gebiet kennen, an einer Stelle länger zu verweilen.

Die Formblätter werden bis Ende Juli an die Organisation zurückgeschickt, dort von einem der Koordinatoren des Fish and Wildlife Service überprüft, eingegeben und mit Computerprogrammen auf weitere Fehler untersucht. Anschließend erhalten die einzelnen Bearbeiter einen Computerausdruck, den sie anhand ihrer Originaldaten noch einmal auf Eingabefehler überprüfen. Jährlich werden dann für verschiedene Zwecke Zusammenfassungen der Ergebnisse erstellt.

Jedes Jahr werden im BBS-Programm etwa 2 000 Strecken erfaßt, wobei ein Datensatz von etwa 1 500 000 Meldungen von ca. 500 Arten entsteht. Ein bemerkenswerter Bestandteil des BBS ist die Zufallsauswahl der Zählstrecken, von denen jede innerhalb eines Gebietes von 1 × 1 Grad geographischer Länge und Breite und vollständig innerhalb eines Bundesstaates liegt. Die Mehrzahl der Strecken führt zudem durch eine einzige biogeographische Einheit, die einer Karte der Lebensräume der USA entnommen ist. Im Gegensatz zu Großbritannien, wo die Bearbeiter ihre Probeflächen nach eigenem Gutdünken wählen und wieder aufgeben, müssen bei diesem Programm die Mitarbeiter vorher festgelegte Strecken bearbeiten (Kapitel 3). Der Erfassungsgrad variiert natürlich in Abhängigkeit von der menschlichen Siedlungsdichte, aber dies kann durch das geschichtete Auswahlverfahren ausgeglichen werden. Der Vorteil dieser Methode besteht darin, daß die Ergebnisse recht verläßlich verallgemeinert werden können, weil die verschiedenen Strecken jeweils gewichtet werden. Es entstanden allerdings in mehreren Ländern Zweifel, ob ein System, das überwiegend auf der Feldarbeit von Freiwilligen beruht, so stark in den Dienst statistisch sinnvoller Datenaufnahme gestellt werden kann.

Ursprünglich wurden die langfristigen Bestandstrends auf der Basis der jährlichen Veränderungen einer Art im selben Zählabschnitt berechnet. Aus verschiedenen Gründen wurde diese Methode inzwischen zugunsten einer statistisch strengeren Prozedur aufgegeben. Für jede Strecke werden jetzt Trends nach einem log-linearen Regressionsmodell berechnet, so daß alle Daten jeder einzelnen Zählstrecke genutzt werden können. Dabei besteht auch die Möglichkeit, einzelne fehlende Daten zu inte-

Abb. 5.8 Bestandstrends
beim Hausgimpel aus dem
Brutvogel-Monitoringpro-
gramm der USA (aus
ROBBINS et al. 1986)

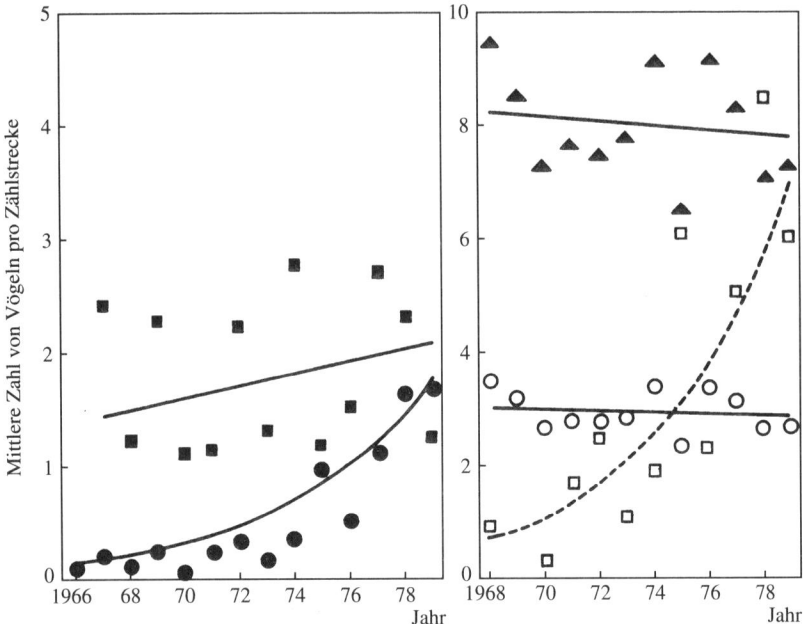

Die einzelnen Punkte stellen die mittlere Zahl beobachteter Vögel pro Zählstrecke
dar. Die Berechnung der Trendlinien ist sehr aufwendig und kann hier nicht detailliert geschildert werden.
Bedeutende Zunahmen konnten im Osten der USA (●) und Süd-Neuengland (□)
festgestellt werden, während die Bestandszahlen für die zentralen Staaten (■), den
Westen (▲) und die Kontinentalregion (○) unverändert geblieben waren.

grieren. Der nationale Bestandstrend
wird schließlich aus den gewichteten
Mittelwerten aller Strecken-Trends berechnet. Bei der Wichtung wird sichergestellt, daß (a) jede Region anhand ihrer Flächengröße einfließt, unabhängig
von der Zahl der Zählstrecken, daß (b)
vogelreiche Strecken stärker in die Berechnung eingehen und daß (c) Strecken
mit mehr Zählpunkten, und demzufolge
besseren Trendschätzungen, höheres Gewicht haben. Ein Beispiel ist in Abbildung 5.8 aufgeführt. Eine ausführlichere
Darstellung der Statistik einschließlich
einer Beschreibung zur Berechnung des
Streuungsbereiches liefern GEISSLER und
NOON (1981).

Alle Zählergebnisse aus dem BBS-
Programm basieren auf Relativ- und
nicht auf Absolutzahlen. Die verschiedenen Arten werden in unterschiedlichen
Geltungsbereichen erfaßt; daher ist ein
direkter Vergleich der Häufigkeiten verschiedener Arten nicht möglich. Innerhalb einer Art ist es jedoch gerechtfertigt, direkte Schlußfolgerungen über Bestandsveränderungen und -trends sowie
über Unterschiede in der relativen Häufigkeit in Abhängigkeit von groben Biotoptypen und geographischen Räumen
zu ziehen. Der Versuchsansatz ist so
angelegt, daß die Ergebnisse auf das
Gesamtgebiet verallgemeinert und Vertrauensbereiche angegeben werden können. Es handelt sich sicherlich nicht um
die perfekte Bestandsaufnahme (wenn
es denn diese überhaupt gibt), aber die
Vielzahl der Informationen, die durch
diesen so einfachen methodischen Ansatz gewonnen werden können, ist be-

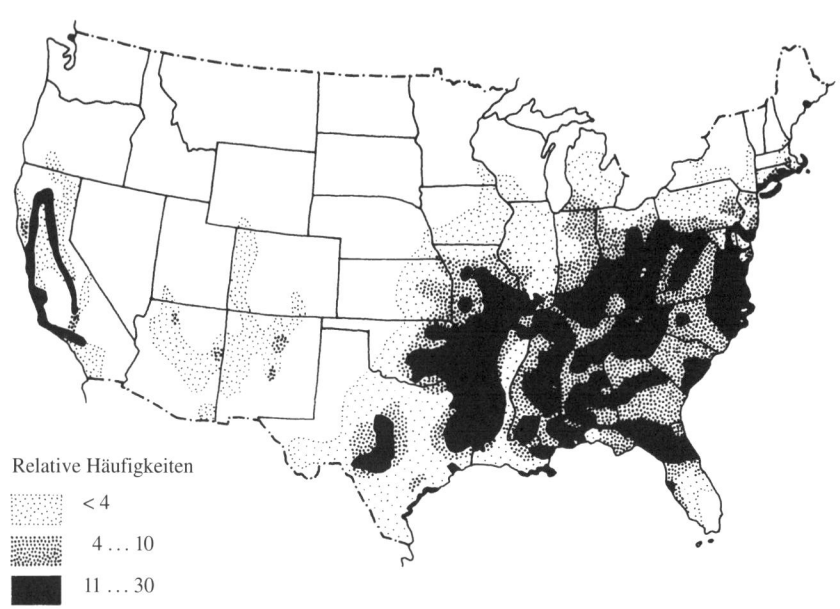

Abb. 5.9 Mittlere, relative
Häufigkeit der Schlichtmei-
se und der Indianermeise in
den USA (aus ROBBINS et al.
1986)

Relative Häufigkeiten

- < 4
- 4 ... 10
- 11 ... 30

Beim Brutvogel-Monitoringprogramm der USA erlaubt die Verteilung der Zählstrecken über den Kontinent und die Standardisierung der Methode generelle Folgerungen zur geographischen Variation der Bestandshäufigkeiten der einzelnen Arten. Diese Aussagen werden auch nicht dadurch beeinträchtigt, daß die Häufigkeitswerte keine Absolutwerte darstellen. Auffallend ist bei vielen Arten die Tendenz zur Häufigkeitszunahme in den Verbreitungszentren.

wundernswert. Für weitere Informationen siehe ENGSTROM und JAMES (1984)
sowie ROBBINS et al. (1981).

5.6.2 Bestandserfassung und
Verbreitung des Azorengimpels

Der Azorengimpel ist eine sehr seltene
Vogelart, die über 40 Jahre lang ver-
schollen war und erst kürzlich wieder-
entdeckt wurde. Er kommt lediglich in
einem kleinen Gebiet auf einer der Azo-
reninseln vor. Das Brutgebiet selbst ist
steil abfallend, anfällig für Erdrutsche
und mit undurchdringbarem Gebüsch
bewachsen. Das Ziel einer 20tägigen
Untersuchung war, das Verbreitungsgebiet und den Bestand des Gimpels zu
bestimmen, um erste Schritte im Hin-

blick auf ein Managementkonzept zu
entwickeln. Die knappe Zeit, die zur
Verfügung stand, fehlende Kenntnisse
über die Art und die vollständige Unzu-
gänglichkeit einiger Teilgebiete machten
eine ausgefeilte Versuchsplanung unmöglich.

Wir entschieden uns für Punkt-Stopp-
Zählungen, da eine Revierkartierung
aufgrund der oben angeführten Gründe
völlig ausgeschlossen war. Wegen der
geringen Zugänglichkeit schieden auch
Transektzählungen aus. Wir nahmen an,
daß der Azorengimpel etwa so unauffällig wie der europäische Gimpel ist und
befürchteten, daß sogar die Geräusche
bei der Begehung des schwierigen Ter-
rains unsere Chancen verringern könnten, die Vögel zu entdecken. Die über
Zugangsstraßen erreichbaren Zählpunk-

te wurden im Abstand von 200 m auf alle möglichen Stellen des angenommenen Verbreitungsgebietes verteilt. Die Zähldauer wurde auf zehn Minuten festgelegt, da wir einen wenig auffälligen, heimlichen Vogel erwarteten, der möglicherweise mehrere Minuten lang in der Nähe des Beobachters sitzen konnte, ohne entdeckt zu werden. Um dies zu überprüfen, wurde die Zählperiode in zwei Fünf-Minutenintervalle aufgeteilt. Die einzelnen Beobachtungen wurden einem Erfassungsbereich innerhalb bzw. außerhalb von 30 m Entfernung zum Beobachter zugeordnet. Zudem wurde an jedem Zählpunkt eine Biotopaufnahme durchgeführt, so daß anschließend Gebiete mit und ohne Registrierungen des Azorengimpels verglichen werden konnten.

Die Methode wurde ausführlich beschrieben in bezug auf die Zahl der Zählpunkte und ihre genaue Position, die Zähldauer (zehn Minuten) und den Erfassungsbereich für nahe und entfernte Beobachtungen (30 Meter). Daher ist es auch anderen Bearbeitern jederzeit möglich, die Zählungen zu wiederholen und festzustellen, ob diese seltene und sehr lokal verbreitete Art eine Zu- oder Abnahme im Bestand zeigt.

Die Ergebnisse der Untersuchung wurden an anderer Stelle publiziert (BIBBY und CHARLTON 1991). Durch Markieren der Stellen, an denen die Art gefunden wurde und weiterer Stellen, an denen bei gleichem Aufwand keine Beobachtungen gelangen, konnten wir das wahrscheinliche Verbreitungsareal der Art eingrenzen. Gleichzeitig ergaben sich aus der Anwesenheit bzw. dem Fehlen der Gimpel einige allgemeine Ergebnisse zur Habitatbevorzugung. Unter der Annahme eines exponentiellen Zusammenhanges zwischen der Wahrnehmbarkeit und der Entfernung vom Beobachter konnten die Daten in relative Dichtewerte umgerechnet werden. Werden diese Werte auf das wahrscheinliche Verbreitungsareal (s. o.) hochgerechnet, ergibt sich der mögliche Gesamtbestand auf der Insel. Der ermittelte Wert von etwa

100 Brutpaaren sollte dabei lediglich als ein Näherungswert von richtiger Größenordnung betrachtet werden. Da für die unerreichbaren Flächen keine Aussagen zum möglichen Vorkommen der Gimpel gemacht werden können, besteht keine Sicherheit darüber, ob die Stichprobe für die Dichte der Art im gesamten Verbreitungsareal von nur 500 ha repräsentativ ist. Weil die Zählmethode jedoch standardisiert war, können wir behaupten, daß sich eventuelle Bestandsveränderungen durch eine zukünftige Wiederholung mit derselben Methode herausfinden lassen.

Obwohl der Versuchsansatz wegen der eingeschränkten Zugangsmöglichkeiten keinesfalls optimal war, zeigt das Fallbeispiel, daß einige Überlegungen hinsichtlich der günstigsten Methode dennoch sinnvoll sind. Eine Vielzahl der mittlerweile 1111 gefährdeten Arten der Welt (vgl. COLLAR et al. 1994) ist noch nie in ihrem Bestand erfaßt worden und kann deshalb bislang kaum ausreichende Schutzmaßnahmen erfahren (GREEN und HIRONS 1988). Aus diesem Grunde sind für die Ermittlung von Bestandsveränderungen oder des Gefährdungsstatus sogar nur grob geplante und allgemein gehaltene Erfassungsmethoden sinnvoller als Zufallsbeobachtungen.

5.6.3 Untersuchung des Einflusses der Vegetationsstruktur in Jungbeständen

Das Ziel dieser Untersuchung (BIBBY et al. 1985) war die Analyse der Faktoren, die das Vorkommen der Vögel in Jungforsten nach Beginn des zweiten Holzeinschlages bestimmen. Für die Untersuchung standen während einer Brutzeit zwei Bearbeiter zur Verfügung. Da die Ergebnisse Allgemeingültigkeit besitzen sollten, wurden alle Wälder in Nordwales in die Untersuchung einbezogen. Auf Grundkarten waren alle potentiellen Probeflächen mit einem Vegetationsalter unter zehn Jahren ersichtlich. Die einzige anwendbare Methode bestand in

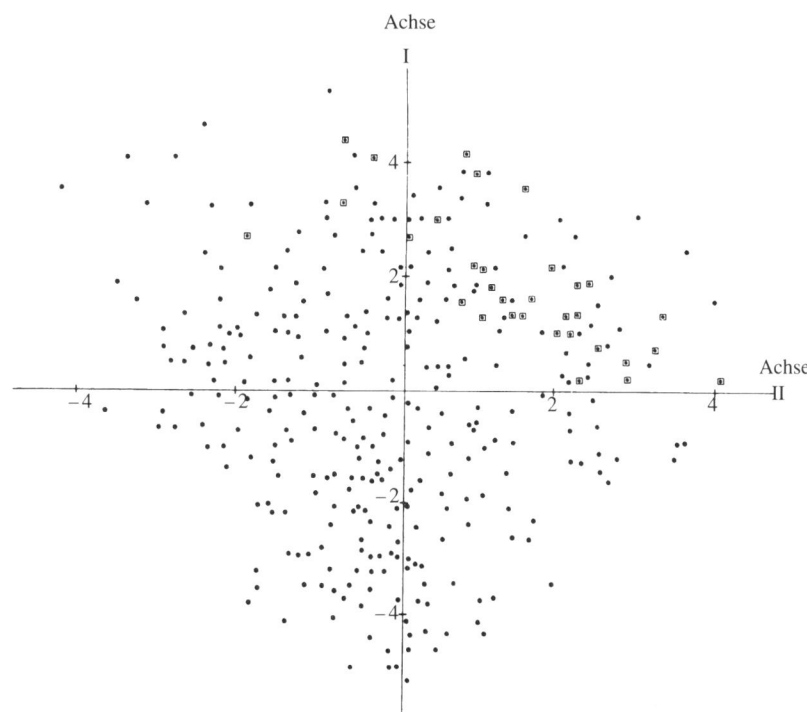

Achse
I

Achse
II

Abb. 5.10 Habitatwahl des
Zilpzalps in Nadelwald-Auf-
forstungsflächen in Wales
(aus Bibby et al. 1985)

Insgesamt wurden 326 Punkt-Stopp-Zählungen mit Biotopkartierungen durchgeführt. Damit war der Einsatz mehrerer analytischer Ansätze zur Beschreibung der
Habitatwahl einzelner Arten der Vogelartengemeinschaft möglich.
Im vorliegenden Beispiel sind alle Zählpunkte in bezug auf ihren Standort in einem
zweidimensionalen Bild der Biotopstruktur dargestellt. Die beiden Achsen (als Ergebnis einer Hauptkomponentenanalyse) beschreiben überwiegend deren Altersstruktur (Achse I) bzw. den Mischwaldcharakter (Achse II). Die Vögel (als Quadrate eingezeichnet) kamen ausschließlich in älteren Beständen mit einem hohen
Laubwaldanteil vor.

Punkt-Stopp-Zählungen. Weil die Größe
der Schlagflächen möglicherweise von
entscheidender Bedeutung war, wurden
die Versuchsflächen so ausgewählt, daß
die verschiedenen Flächengrößen in den
sechs Hauptforstbereichen repräsentativ
vertreten waren (geschichtete Zufallsauswahl). Die Anzahl der Zählpunkte
in den einzelnen Probeflächen war proportional der Flächengröße. Die Zähl-
orte wurden zufällig ausgewählt, mit
der Einschränkung, daß zwei Zählpunkte mindestens 60 m auseinanderliegen
mußten.

Jeder Zählpunkt wurde zweimal besucht, mit einer Pause von etwa 30 Tagen zwischen den Zählungen, da mit
vielen spät ankommenden Zugvögeln zu
rechnen war. Die beiden Beobachter
wurden mit der Entfernungsschätzung
vertraut gemacht und auf umfassende
Artenkenntnisse überprüft. Um weitere Be-
einflussungsmöglichkeiten auszuschließen, führte jeder der Bearbeiter nur eine
der beiden Zählungen an einem Zählpunkt durch. Bei den Zählungen wurden
auch Aufnahmen der Vegetationsstruktur durchgeführt. Viele Zählpunkte wa-

ren aufgrund des dichten Bewuchses nur schwer zugänglich. Trotzdem gelang während der zwei Monate die Bearbeitung von 326 Punkten; daraus resultierten 3 200 Beobachtungen von 31 Arten.

Die Untersuchung wäre wohl mit keiner anderen Methode derart einfach zu bewältigen gewesen. Ein weiterer Vorteil der Punkt-Stopp-Methode liegt darin, daß Vegetationsstrukturen mit und ohne Beobachtungen einer bestimmten Art verglichen werden können. Berechnungen zur relativen Dichte können allerdings kaum mit vorhandenen Literaturdaten verglichen werden, weil bisher vor allem Daten aus Revierkartierungen veröffentlicht wurden.

Zu einer entsprechenden Anwendung der Punkt-Stopp-Methode in unserem Raum s. JEDICKE (1994).

5.7 Zusammenfassung

Punkt-Stopp-Zählungen eignen sich besonders für auffällige Vogelarten in Busch- und Waldbiotopen.

Sie sind für Untersuchungen sehr großer Flächen gut geeignet, erreichen aber nie die Ergebnisqualität von Revierkartierungen.

Hinsichtlich der Datenmenge pro Zeiteinheit sind sie wesentlich effizienter als Revierkartierungen aber weniger effizient als Linientaxierungen.

Für Gebiete mit sehr schwierigem Zugang oder sehr kleinstrukturierten Biotopen sind Punkt-Stopp-Zählungen wahrscheinlich besser geeignet als Linientaxierungen.

In offenem Gelände oder großräumigen Biotopen mit guten Zugangsmöglichkeiten sind dagegen Linientaxierungen meist günstiger.

Punkt-Stopp-Zählungen haben ihren besonderen Wert bei Biotopuntersuchungen, wenn an den einzelnen Zählpunkten auch Biotopparameter aufgenommen werden.

Es gibt noch keine allgemeingültigen Regeln für Punkt-Stopp-Zählungen; es sollte aber vor allem auf folgende Punkte geachtet werden:
– Wahl und Standort der Zählpunkte,
– Anzahl der Besuche pro Zählpunkt,
– Dauer der Zählung,
– Entfernungsschätzung der registrierten Vögel und
– Beeinflussung der Daten durch den Bearbeiter.

6 Fangen und Markieren

6.1 Einführung

Das Fangen und individuelle Markieren einzelner Vögel kann dazu genutzt werden, Populationsgrößen zu bestimmen, Habitatwahl und andere Verteilungen zu untersuchen, Überlebensraten zu berechnen, Dispersion und weitere Bewegungen zu erfassen und schließlich den Reproduktionserfolg der Vögel zu ermitteln. Dieses Kapitel konzentriert sich auf den Gebrauch von Fang und Markierung als Hilfsmittel bei Vogelzählungen und bei Schätzungen der Populationsgröße. Die Methoden können eingeteilt werden in „Fang-Wiederfang-Methoden" (es werden Vögel gefangen, markiert, freigelassen und ein Anteil davon wiedergefangen) und in „Fang pro Einheitsfangmaß" (es wird entweder der Fangaufwand standardisiert oder die Fangrate jeder Art in Beziehung zur Gesamtzahl aller gefangenen Vögel zur Berechnung des Populationsindex verwendet). Einige Weiterentwicklungen von Fangstudien, wie die Verwendung von Matrixmodellen, werden ebenfalls vorgestellt.

Fang und Markierung von Vögeln beinhalten viele Schwierigkeiten und Bedingungen und erfordern neben einer gründlichen Einarbeitung den Besitz einer Fanglizenz, Erfahrungen in der Anwendung von Markierungen sowie bei der Versuchsplanung. Gut durchdachte und organisierte Beringungsexperimente erbringen Informationen von sehr hohem Wert, wie sie mit anderen Methoden nicht möglich wären.

Dieser Abschnitt gibt einige Anhaltspunkte darüber, wann Vögel markiert werden sollten und wie man dabei vorgeht. Für Fang und Markierungen sind in Deutschland Fanglizenzen und Erlaubnisscheine notwendig. Ähnliche, aber sicherlich nicht identische Anforderungen an die Beringer gelten auch in den meisten anderen Ländern. Für viele mobile Arten werden Farbmarkierungssysteme durch internationale Vereinbarungen geregelt, um identische Markierungen verschiedener Untersucher auszuschließen und um den Austausch von Beobachtungen zu erleichtern. In einigen Ländern – einschließlich Deutschlands – sind die internationalen Richtlinien für jeden lizenzierten Beringer verbindlich. Diese sollten auch von jedem wissenschaftlich tätigen Biologen beachtet werden, der Beringungen ins Auge faßt.

6.2 Hauptgesichtspunkte beim Fang und Markieren

Zunächst müssen einige Bedingungen erfüllt sein. Dabei wird nicht bei allen Methoden ein Wiederfang der Individuen vorausgesetzt, in einigen Fällen reichen auch Feldbeobachtungen aus.

(1) Können genügend Individuen gefangen werden, um aussagekräftige Ergebnisse zu erhalten? Einige Arten sind weitaus einfacher zu fangen als andere.
(2) Kann die Markierung den Vogel schädigen oder sein Verhalten (z.B. Paarbildung) beeinflussen? Wird der markierte Vogel anfälliger gegenüber Prädatoren, ändert sich sein Platz in der Rangordnung (z. B. bei der Nahrungssuche).

(3) Wenn die Ablesung eines Ringes nur in der Hand erfolgen kann: Wie leicht kann derselbe Vogel wiedergefangen werden? Wird die Wiederfangwahrscheinlichkeit durch die Tatsache beeinflußt, daß er schon einmal gefangen wurde?

(4) Wenn der Vogel im Feld beobachtet werden soll: Sind die verwendeten Markierungen leicht unterscheidbar? Sie können verblassen oder abfallen, ihre Mitarbeiter (oder Sie selbst) könnten farbenblind sein. Ist das gewählte System ohne Probleme von jedem Mitarbeiter anwendbar? Sind die Markierungen wirklich brauchbar, das heißt, sind sie auch aus größerer Entfernung noch zu unterscheiden?

6.3 Markierungsmethoden

Die verschiedenen Methoden werden im folgenden kurz vorgestellt und einschließlich ihrer Vor- und Nachteile beschrieben. Details zu Richtlinien für die Geländearbeit, Gesetzesregelungen, genauen Fangmethoden und zur Registrierung der Fänge werden in Deutschland in den Anleitungen für Beringer der einzelnen Vogelwarten aufgeführt (z. B. Vogelwarte Radolfzell 1970). Die dort enthaltenen Informationen lassen sich durchaus auf andere Länder übertragen, in denen z. T. ebenfalls detaillierte Anleitungen veröffentlicht wurden (in Großbritannien z. B. durch den BTO 1984). Eine wichtige, ausführlichere Übersicht der vielfältigen Markierungsmethoden liefern BUB und OELKE (1980).

Metallring
Die offenen Metallringe sind mit einer Rücksendeadresse versehen und durch eine einmalige Seriennummer gekennzeichnet. Der Vogel wird zwar individuell markiert (am Bein), muß aber zur Bestimmung seiner Identität erneut gefangen werden.

Farbring
Für kleinere Vögel werden elastische Zelluloidfarbringe benutzt; für größere Vögel verwendet man meist moderneres Material (z. B. 'Darvic'). Am häufigsten wird ein spiralförmiges, flaches Beringungsband verwendet. Bei Limikolen können Ringe auch oberhalb des Intertarsalgelenks angebracht werden, um eine größere Anzahl von Farbkombinationen zu ermöglichen. Zelluloidringe (es ist nur Material für kleine Vögel mit einem Gewicht unter etwa 30 g erhältlich) können verblassen. Größere Zelluloidringe sind verleimt oder vernietet, kleinere jedoch nicht. Taubenzüchter verwenden auch Gummiringe.

Beinwimpel und farbige Klebestreifen
Ober- oder unterhalb der Metallringe können farbige Beinwimpel bzw. Klebestreifen angebracht werden, beispielsweise zur Verstärkung der Wirkung von Farbringen (vgl. BUB und OELKE 1980). Breite und Länge der Plastikstreifen richten sich meist nach der Lauflänge der Vögel. Es werden meist Klebestreifen verwendet, die etwa so breit wie die Farbringe sind. Das Problem der kurzen Lebensdauer solcher Markierungen ist jedoch noch nicht zufriedenstellend gelöst.

Flügelmarken
Eine kleine Plastikklappe wird mit Hilfe einer durch die Spannhaut am Vogelflügel gesteckten rostfreien Stahlniete auf die Oberfläche des Flügels gesteckt und mit einer Nylon-Öse fixiert. Diese Marken können durch ihre Farbe bzw. durch auf ihre Oberfläche geklebte oder gezeichnete Buchstaben, Zahlen oder Symbole unterschieden werden. Für viele große Arten wie Gründelenten sind sie gut geeignet, nicht aber für tauchende Vögel. Für Kleinvögel unterhalb Starengröße sind derartige Markierungen meist nicht zugelassen.

Die Markierungen können beim Flügelputzen in die Flügeldecken 'eingearbeitet' werden und sind dann oft schwer zu sehen. Obwohl direkte Belege meist fehlen, können besonders leuchtstarke Farben die markierten Vögel erheblich anfälliger gegenüber Greifvögeln machen.

Halsmanschette
Dabei handelt es sich um große 'Farbringe', die um den Hals des Vogels gelegt werden. Derartige Farbmanschetten wurden angeblich erfolgreich bei Gänsen und Schwänen benutzt, führten jedoch auch schon zu erheblichen Problemen, da sie u. a. die Paarbildung beeinflussen oder physischen Streß und Einschnürungen verursachen können.

Gefiederfärbung
Federn sind nicht einfach zu färben. Als bestes Färbemittel erwies sich Pikrinsäure, die helle Federn orangegelb färbt. Solche Einfärbungen halten jedoch nur kurze Zeit (höchstens bis zur nächsten Mauser).

Radiotelemetrie
Die Radiotelemetrie ist das am besten geeignete Verfahren um z. B. Standort, Aufenthaltsbereich, Zeitbudgets und Habitatwahl einzelner Vögel zu bestimmen

(s. Kapitel 9). Die notwendige Ausstattung ist im Handel erhältlich. Weitere Details, die bei Radiotelemetriestudien berücksichtigt werden müssen, werden später im Kapitel aufgeführt. Die Methode hat den Nachteil, daß beispielsweise ein Untersucher nur eine kleine Anzahl von Individuen gleichzeitig verfolgen kann, es sei denn, daß kostenaufwendige automatische Überwachungssysteme eingesetzt werden.

Natürliche Individualkennzeichen
Einige Vogelarten besitzen variable Kennzeichen, welche eine Erkennung ohne künstliche Markierungen ermöglichen. Das Schnabelmuster der Zwergschwäne ist ein klassisches Beispiel.

Andere Verfahren
Vielfach werden Schnabelmarkierungen, Rückenmarken, angeklebte Federn etc. zur Kennzeichnung benutzt oder Zahlen auf die Stirn von Schwänen bzw. auf das Kopfschild von Bläßhühnern aufgetragen. Diese sehr speziellen Markierungsmethoden werden in diesem Buch nicht weiter behandelt (vgl. dazu BUB und OELKE 1980).

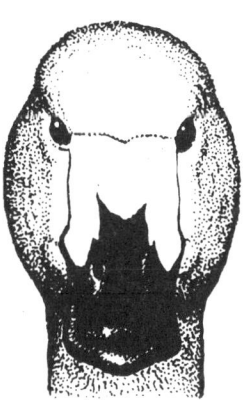 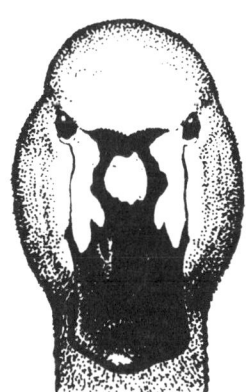 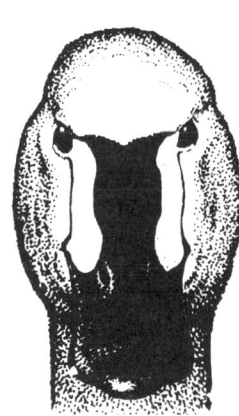

Abb. 6.1 Vögel mit natürlicher individueller Kennzeichnung

Sir Peter Scott vom 'Wildfowl and Wetlands Trust' in Slimbridge konnte zeigen, daß Individuen des Zwergschwans anhand der Variation schwarzer und gelber Farbanteile am Oberschnabel, die gewöhnlich den drei hier abgebildeten Hauptkategorien zuzuordnen sind, unterschieden werden können (aus SCOTT 1981, mit freundlicher Erlaubnis von Lady P. Scott).

6.4 Fang-Wiederfang-Methoden

Es gibt zwei wesentliche Gründe für das Fangen und Kennzeichnen von Individuen einer Population: (1) die Bestimmung der Populationsgröße und/oder der Zugrouten und (2) die Berechnung der Überlebensrate. Für beide Zielsetzungen wurden Analysemethoden für die Wiederfangdaten entwickelt. Die grundsätzlichen Prinzipien, die im wesentlichen für Populationsschätzungen gelten, werden in diesem Abschnitt herausgearbeitet. Für weitere Anwendungsmöglichkeiten sei z. B. auf KAISER (1994) verwiesen.

Die Schätzung der Populationsgröße basiert auf der Annahme, daß sich der markierte Anteil der Population nach dem Freilassen wieder vollständig mit der Restpopulation vermischt. Anschließend wird eine zweite Stichprobe gefangen und markiert. Das Zahlenverhältnis von markierten zu unmarkierten Vögeln in dieser zweiten Stichprobe sollte dabei dem Zahlenverhältnis entsprechen, das nach der ersten Stichprobennahme in der Gesamtpopulation entstand. Da sowohl die ursprüngliche Anzahl gefangener und markierter Vögel als auch die Anzahl markierter Individuen in der zweiten Probe bekannt ist, kann auf einfache Weise eine Bestandsgröße für die gesamte Population berechnet werden.

Populationsberechnungen auf der Basis von Beringung und Wiederfang sind besonders nützlich, wenn Absolutwerte der Populationsgröße benötigt werden. Dies gilt besonders für Arten, die im Feld nur schwierig zu erfassen sind.

Bisher wurden Fang-Wiederfang-Methoden in der Ornithologie nur selten zur Ermittlung von Populationsgrößen verwendet (z. B. JOLLY 1965), obgleich Übersichtsarbeiten von CORMACK (1968, 1979), SEBER (1973) und NICHOLS et al. (1981) vorliegen (vgl. auch KAISER und BAUER 1994). Es gibt unterschiedliche Markierungs-Wiederfang-Modelle,

je nachdem, ob es sich um eine geschlossene Population handelt (d. h. keine Beeinflussung durch Mortalität, Geburt sowie Ein- oder Auswanderung) oder nicht. Die Modelle bzw. mathematischen Formeln werden daher in zwei unterschiedliche Hauptklassen eingeteilt, solche für geschlossene und solche für offene Populationen. Bestimmte Modelle, wie der Lincoln-Index oder das JOLLY-SEBER-Modell, werden dazu benutzt, um Fang-Wiederfangdaten zu analysieren. Dieser Abschnitt behandelt jedoch vornehmlich die Anwendung und die Voraussetzungen der Modelle und keine mathematischen Details. Quellenangaben zu weiteren Einzelheiten dieser Modelle werden später in diesem Kapitel gegeben.

Es gibt vier Klassen von Markierungs-Wiederfang-Modellen:

(1) Geschlossene Populationen:
 a) Zwei-Stichproben-Experiment (z. B. nach Art des LINCOLN-Index-Modells mit zwei Fangereignissen)
 b) K-Stichproben-Modell (viele Fangereignisse)

(2) Offene Populationen:
 c) Vollkommen offene Populationen (sowohl Abnahme als auch Zuwachs, z. B. JOLLY-SEBER-Modell)
 d) Teilweise offene Populationen (meistens Abnahme und kein Zuwachs, aber auch Zuwachs und keine Abnahme).

Um den Anforderungen der verschiedenen Methoden bei der Analyse von Wiederfangdaten zur Berechnung von Vogelbeständen Rechnung zu tragen, müssen einige Bedingungen für diese Methoden erfüllt sein. Die Kennzahl jeder der Bedingungen in Tabelle 6.1 steht in Beziehung zu den vier oben beschriebenen Modelltypen. Im folgenden werden methodische Fehler aufgeführt, die häufig gemacht werden und erläutert, wie diese Probleme verringert werden können.

Tab. 6.1 Bedingungen für die vier Klassen (a–d) von Markierungs-Wiederfang-Modellen.

Die Modelle a und b setzen z. B. jeweils voraus, daß die untersuchte Population „geschlossen" ist, das heißt, daß es weder Zu- noch Abnahme infolge Einwanderung/Geburten bzw. Auswanderung/Tod gibt.

Bedingungen	a	b	c	d
(1) Geschlossene Population	x	x		
(2) Gleiche Fangwahrscheinlichkeit	x	x		
(3) Die Markierung hat keinen Einfluß auf die Fangbarkeit	x	x		
(4) Die zweite (weiteren) Stichprobe(n) ist (sind) zufallsverteilt	x			
(5) Markierungen sind dauerhaft	x		x	x
(6) Alle markierten Vögel der zweiten Stichprobe werden notiert	x	x	x	x
(7) Die Fangwahrscheinlichkeit ist für alle Zeitperioden konstant		x		
(8) Gleiche Wiederfangwahrscheinlichkeit für alle Fangereignisse			x	x
(9) Gleiche Überlebenswahrscheinlichkeit aller Individuen			x	x
(10) Gefangene Vögel haben die gleiche Wahrscheinlichkeit in die Population zurückzukehren			x	x
(11) Der Fangaufwand kann vernachlässigt werden			x	x
(12) Verluste durch Auswanderung und Tod sind dauerhaft			x	
(13) Die Population ist nur gegenüber reproduktionsbedingten Zunahmen geschlossen				x

Erläuterung: a = Zwei-Stichproben-Modell – geschlossene Population
b = K-Stichproben-Modell – geschlossene Population
c = vollständig offene Population
d = teilweise offene Population

6.5 Bedingungen

Die Population ist geschlossen oder Ein- und Auswanderung können bestimmt bzw. berechnet werden
In einer geschlossenen Population erfolgen während der Periode der Bestandsermittlung weder Ein- noch Auswanderungen. Auch sollte es in der Untersuchungsperiode keine Geburten und Todesfälle geben, es sei denn, es lassen sich hierüber genaue Angaben machen.

Mögliche Ursachen einer Nichterfüllung: Sowohl Einwanderungs- und Auswanderungsraten als auch Geburts- und Sterberaten können durch Fangtätigkeiten über eine lange Untersuchungsperiode erhöht sein.

Verringerung des Problems: Beschränkung der Fänge auf eine kleine Zahl von Fangintervallen. Außerdem sollte nur zu Jahreszeiten gefangen werden, in denen weder ein Zuzug erfolgt noch Jungvögel in die Population einwandern. Die Datensammlung sollte in einzelnen, voneinander getrennten Zeitabschnitten erfolgen, und der hierfür benötigte Zeitaufwand sollte im Verhältnis zur gesamten Erfassungsperiode gering sein.

Die Fangwahrscheinlichkeit beim ersten Fangereignis ist für alle Vögel gleich
Die Individuen der verschiedenen Altersgruppen beider Geschlechter einer Art sollten entsprechend der Haufigkeit, mit der sie im Fanggebiet vorkommen,

gefangen werden. Daher sollten alle Individuen der verschiedenen Altersgruppen unabhängig vom jeweiligen Aufenthaltsort gleichermaßen fangbar sein.

Mögliche Ursachen einer Nichterfüllung: Unter Umständen wird ein Teil der Population nie erfaßt, weil die betreffenden Individuen entweder 'fangscheu' (engl.: trap-shy) sind oder bestimmte, für den Fang ungeeignete Habitatstrukturen bevorzugen. Andererseits können einige Vogelindividuen besonders 'fangfreudig' (engl.: trap-happy) sein.

Verringerung des Problems: Wenn die Fangwahrscheinlichkeit zwischen Geschlechtern oder zwischen anderen „Untergruppen" variiert, sollten Bestandsschätzungen unabhängig voneinander erfolgen. Beispielsweise sind weibliche Fasane vor der Eiablage, wenn sie in Harems leben, fangfreudig und mit größerer Wahrscheinlichkeit zu fangen als Männchen. Durch regelmäßiges Umstellen der Fallen innerhalb des Untersuchungsgebietes kann ein überproportionaler Fang der Weibchen verhindert werden. Manchmal genügt es auch, nur die erste Stichprobe tatsächlich zu fangen. Nach Anbringen gut sichtbarer Markierungen läßt sich die zweite Stichprobe dann durch Beobachtung ermitteln. Diese Methode wurde bei Stockenten (USA), Fasanen (England) und Kranichen (Skandinavien) erfolgreich angewendet.

Gekennzeichnete Vögel dürfen durch die Markierung nicht beeinträchtigt werden

Mögliche Ursachen einer Nichterfüllung: Die Markierungen können das Verhalten erheblich beeinflussen. So wird beispielsweise berichtet, daß Halsringe bei Schneegänsen zum Verhungern führten. Studien in den USA legen nahe, daß Vögel mit Flügelmarken, Rückenmarkierungen und künstlichen Gefiederfärbungen eine höhere Wiederbeobachtungs-Wahrscheinlichkeit aufweisen als unmarkierte Vögel. Es wurde allerdings auch ein erhöhtes Prädationsrisiko von Vögeln mit Flügelmarken festgestellt.

Verringerung des Problems: Kenntnis derartiger Einwirkungen und Abhilfe durch Wechseln des Markierungssystems.

Die Stichprobennahme sollte in zeitlich zufallsverteilten Fangereignissen erfolgen

Mögliche Ursache einer Nichterfüllung: Die Individuen vermischen sich nicht zufällig und wechseln vielleicht ihr Aufenthaltsgebiet, wodurch spätere Fänge beeinflußt werden.

Verringerung des Problems: Dieses Problem ist schwierig zu meistern. Mehr Fänge und zusätzliche Feldbeobachtungen sind wünschenswert.

Die Markierungen sollten unbegrenzt haltbar sein

Mögliche Ursache einer Nichterfüllung: Die Markierungen fallen ab oder werden auf größere Entfernungen unlesbar.

Verringerung des Problems: Kenntnis ungeeigneter Markierungsmethoden mit höheren Verlustraten. Wenn notwendig, doppelte Markierung (z. B. sowohl einen Fußring als auch eine Rückenmarkierung) verwenden. Bei zukünftigen Fängen sollten abgetragene oder verlorengegangene Markierungen ersetzt werden.

Alle markierten Individuen, die in späteren Stichproben auftreten, werden notiert

Mögliche Ursache einer Nichterfüllung: Ein Problem tritt in der Regel dann auf, wenn die zweite Stichprobe auf Wiederfunden von Ringen durch 'Außenstehende' basiert (z. B. Rückmeldungen durch Jäger).

Verringerung des Problems: Bei der Anwendung von LINCOLN-Index-Modellen wird neben der Summe der Wiederfunde auch ein Schätzwert für die Rückmelderate benötigt, das heißt der Anteil eingesandter an der Gesamtzahl gefundener Ringe. Rückmelderaten können zum einen mittels zusätzlicher Informationen über Wiederfundzahlen aus Fragebogenaktionen mit Jägern bestimmt werden, zum anderen 'Belohnungsaktionen', in denen z. B. einige Ringe mit dem Hinweis versehen sind, daß bei Rückgabe (Rückmeldung) eine Belohnung erfolgt.

Die Fangwahrscheinlichkeit ist für alle Perioden konstant

Mögliche Ursache einer Nichterfüllung: Die Fangwahrscheinlichkeit wird meist bedingt durch Witterungseinflüsse, saisonale Aktivitätsänderungen der Vögel sowie mögliche Änderungen in der Arbeitsintensität zwischen den Fangereignissen bzw. Stichprobennahmen.

Verringerung des Problems: Die Datenerhebung sollte möglichst bei gleichen Witterungsbedingungen und mit gleich hohem Einsatz durchgeführt werden (Länge der Fangnetze, Anzahl der Fallen usw.).

Jeder Vogel einer Population hat dieselbe Wahrscheinlichkeit in Stichprobe i gefangen zu werden

Dies setzt voraus, daß sich der Vogel bei der Stichprobennahme i in der Population befindet.

Mögliche Ursache einer Nichterfüllung: Alters- und geschlechtsabhängige Änderungen in der Fängigkeit bzw. der Habitatwahl.

Verringerung des Problems: Unabhängige Erfassung der verschiedenen Alters-, Geschlechts- und weiterer „Untergruppen".

Jeder markierte Vogel in der Population hat dieselbe Wahrscheinlichkeit, von Stichprobennahme i zu i + 1 zu überleben

Dies setzt wiederum voraus, daß sich der Vogel bei der Stichprobennahme i in der Population befindet.

Mögliche Ursache einer Nichterfüllung: Alters- und geschlechtsabhängige Unterschiede in der Überlebensrate (z. B. höhere Mortalität bei weiblichen Entenvögeln wie es Studien in Amerika gezeigt haben, verursacht durch unterschiedlichen Räuberdruck).

Verringerung des Problems: Unabhängige Erfassung verschiedener Al-ters-, Geschlechts- und weiterer „Untergruppen".

Jeder in Stichprobe i gefangene Vogel hat dieselbe Wahrscheinlichkeit, in die Population zurückzukehren

Mögliche Ursache einer Nichterfüllung: Die durch Streß beim Hantieren während der Untersuchung verursachte Mortalität kann bei beiden Geschlechtern bzw. bei verschiedenen Altersgruppen und Individuen unterschiedlich hoch sein.

Verringerung des Problems: Berücksichtigung von Erfahrungswerten und Reduzierung der Untersuchungszeit auf ein Minimum.

Die Stichproben werden vor Ort bearbeitet, so daß die Bearbeitungszeit keine Auswirkung hat

Mögliche Ursache einer Nichterfüllung: Diese Bedingung wird nie strikt erfüllt.

Verringerung des Problems: Wie bei 10., Reduzierung der Untersuchungszeit auf ein Minimum.

Verluste der Population durch Auswanderung und Tod sind dauerhaft

Mögliche Ursache einer Nichterfüllung: Abgewanderte Vögel kehren an ihren Geburtsort zurück und zeigen hohe Ortstreue (dies tritt bei Vogelarten häufig auf).

Verringerung des Problems: Neben Fangdaten auch Wiederbeobachtungen berücksichtigen. Radiotelemetrie ist eine nützliche Methode, um zwischen Dispersionsbewegungen und Abwanderung bzw. tatsächlicher Mortalität zu unterscheiden.

Die Population ist nur gegenüber Zuwachs geschlossen

Mögliche Ursache einer Nichterfüllung: Zuwanderung oder Zuwachs erfolgen unbemerkt.

Verringerung des Problems: Wahl solcher Jahreszeiten für die Untersuchung, in der kein Zuwachs der Population stattfindet. So wurde z. B. bei der Kanadaschnepfe ein Modell erfolgreich verwendet, in dem Mortalität, nicht aber Einwanderung berücksichtigt wird.

6.6 Bestimmung der Populationsgröße

Es gibt viele Methoden, Populationsgrößen zu bestimmen, von denen hier nur wenige vorgestellt werden können, und zwar (1) der einfache LINCOLN-Index, (2) die DU FEU-Methode und (3) andere Methoden, die auf mehr als zwei Stichprobennahmen beruhen.

6.6.1 Der einfache LINCOLN-Index

Das einfachste LINCOLN-Index-Modell basiert auf einem Fangereignis und einem Wiederfang, d. h. auf zwei Stichproben. Allerdings werden im folgenden auch Computerberechnungen für mehrere Stichproben beschrieben, wobei eine Anzahl von Teilstichproben ge-

nommen wird. Die Methoden wurden weiterentwickelt, damit Verluste (Abwanderung und Tod) oder Zunahmen (Einwanderung und Geburt) in der Population berücksichtigt werden können. Sind die unter Klasse a in Tabelle 6.1 aufgelisteten Bedingungen erfüllt, kann die Gesamtpopulationsgröße P mit dem einfachen LINCOLN-Index berechnet werden (siehe Schema). Die Methode ist besonders für Studien von koloniebrütenden Vogelarten geeignet, bei denen eine direkte Erfassung der Gesamtpopulation nicht möglich ist (z. B. die Größe der Kolonien der Sturmschwalbe oder der Bestände von Rohrsängern in Schilfgebieten). In beiden Fällen sind die Habitatgrenzen bekannt und können genau abgegrenzt werden. Für Populationen, deren Bestände sich ständig ändern, oder für Vögel in sehr komplexen Biotopen (z. B. Gärten), ist die Methode wahrscheinlich am wenigsten geeignet.

Schema 6.1 Berechnung des einfachen LINCOLN-Index

Der einfache Lincoln-Index dient hier zur Berechnung der Populationsgröße *P* aus einem auf zwei Stichproben basierenden Fang-Wiederfang-Datensatz, wobei auch die Berechnung des Standardfehlers angegeben wird. Es gilt die allgemeine Beziehung: Anzahl in der Population/Anzahl markierter Erstfänge = Anzahl in der zweiten Stichprobe/Anzahl wiedergefangener Individuen bzw.

$$P = \frac{a \times n}{r}$$

wobei n die Anzahl der Individuen in der zweiten Stichprobe, a = Anzahl markierter und r = Anzahl wiedergefangener Individuen bedeuten.
Wenn die zweite Stichprobe (n) aus einer Serie von Teilstichproben besteht und ein großer Teil der Population markiert worden ist, können Wiederfanganteile (= r/n) zur Berechnung des Standardfehlers (der Varianz) des berechneten Bestandes benutzt werden, wobei gilt:

$$P = \frac{a}{R_T}$$

dabei entspricht R_T dem Anteil an Wiederfängen (r/n), basierend auf der Gesamtzahl Vögel in allen Stichproben; die Varianz ist näherungsweise:

$$\text{var P'} = (a/R_T^2)^2 \times R_T \, \frac{(1-R_T)}{y}$$

wobei y = Anzahl der Vögel in der Teilstichprobe. Der Standardfehler des berechneten Wertes entspricht der Quadratwurzel der Varianz.
Die Methode basiert auf **direkter Stichprobennahme**, bei der die Größe der zweiten Stichprobe vorgegeben ist. Demgegenüber hat die **inverse Stichprobenentnahme**, bei der die Zahl der erforderlichen Wiederfänge markierter Vögel vor-

gegeben ist, den Vorteil, daß eine kleine Zahl an Wiederfängen zu fehlerfreien Bestandsschätzungs- und Streuungswerten führt:

$$P = \frac{n \times (a + 1)}{r} - 1$$

Daraus läßt sich näherungsweise die Varianz berechnen durch:

$$P = \frac{(a - r + 1) \times (a + 1) \times n \times (n - r)}{r^2 \times (r + 1)}$$

Weitere Einzelheiten zu diesen Methoden werden in SOUTHWOOD (1978) gegeben.

Beispiel einer Bestandsberechnung beim Fasan mit Hilfe des einfachen LINCOLN-Index

Es soll ein einfaches Beispiel betrachtet werden, bei dem 27 männliche und 70 weibliche Fasanen im Winter 1984/85 mittels auf dem Rücken angebrachter Plastiketiketten mit individueller Numerierung markiert wurden. An jedem Tag wurde durchgehend gefangen, und mit zunehmender Anzahl markierter Vögel erhöhte sich die Zahl der Wiederfänge. Die Fallen wurden nicht umgestellt und enthielten Körnerfutter, um die Vögel anzulocken. Obwohl das Hauptziel des Versuchsansatzes nicht in der Bestimmung der Populationsgröße sondern in der Untersuchung von Verhaltenstrends im Frühjahr bestand, läßt sich an diesem Beispiel recht gut die Anwendung der LINCOLN-Index-Methode bei der Bestandsgrößenermittlung erläutern. Im Anschluß wird ein Vergleich mit dem Frühjahrsbestand durchgeführt, wobei die markierten Tiere von einem Fahrzeug aus bei täglichen Morgen- und Abendzählungen beobachtet werden.

Nach der Markierung von 70 Weibchen ließen sich bei anschließenden Fängen von 66 Vögeln 62 markierte ermitteln:

$$P = \frac{70 \times 66}{62} = 74 \text{ Weibchen}$$

= Größe des Winterbestandes.

Entsprechend erhielt man bei den Männchen, nachdem 27 Individuen markiert waren, unter 24 Fängen 21 markierte Vögel.

$$P = \frac{27 \times 24}{21} = 31 \text{ Männchen}$$

= Größe des Winterbestandes.

Das ergibt einen Gesamtwinterbestand von 105 Vögeln.

Die wesentlichen Beschränkungen dieser Methode ergeben sich aus den Voraussetzungen 1 bis 6 in Tabelle 6.1. Darunter sind die Bedingungen 'geschlossene Population', 'keine Mortalität' und 'gleiche Fangwahrscheinlichkeit' besonders wichtig. Fasanen sind während des Winters relativ standorttreu, obwohl Ein- und Auswanderung im Spätwinter und zeitigen Frühjahr (in einigen Fällen auch während des gesamten Winters) auftreten können. Allerdings war die Fangperiode zu lang, und es wurden Verluste aufgrund von Fuchsprädation festgestellt. Einige Individuen, besonders Hennen desselben Harems, waren besonders 'fangfreudig'. Daher wurden häufig mehr Hennen desselben Harems gefangen als durch Zufall zu erwarten gewesen wäre, weil auch dadurch begründet ist, daß sie im Winter und zeitigen Frühjahr meist zusammen Nahrung suchen. Aus diesen angeführten Gründen kann im speziellen Fall die Anwendung des LINCOLN-Index nicht empfohlen werden.

Frühjahrszählungen von Fasanen wurden im Untersuchungsgebiet durchgeführt, um die Bestandsgröße während einer etwa einmonatigen Zeitspanne im Frühjahr zu ermitteln, wobei alle bei aufeinanderfolgenden Morgen- und Abendkontrollen von Mitte April bis

Mitte Mai beobachteten Vögel kartiert wurden. Der Standort aller markierten und unmarkierten Männchen und Weibchen (mit dem individuellen Zeichencode für die markierten) wurde in die Kartei eingetragen. Der Anteil an markierten Männchen und Weibchen, die bei den Kartierungen während der gesamten Frühjahrsperiode beobachtet werden konnten (CT), ist unten aufgeführt. Daneben wird auch die Gesamtzahl aller insgesamt in dieser Periode markierten Männchen und Weibchen (TT) aufgeführt. Einfache LINCOLN-Index-Berechnungen erlauben eine getrennte Schätzung der Bestandsgröße für beide Geschlechter. In diesem Fall erfolgen sie jedoch auf der Basis von Wiederbeobachtungen.

Erläuterungen der Anwendung der LINCOLN-Index-Methode auf der Basis von Wiederbeobachtungsdaten des Fasans:

Bei den Zählungen erfaßte markierte Vögel (CT in Prozent)
50 Männchen,   59 Weibchen

Gesamtzahl aller markierten Vögel (TT)
27 Männchen,   70 Weibchen

Ermittelter Bestand $\dfrac{100}{\text{CT}} \times \text{TT}$
54 Männchen,   119 Weibchen

Daraus kann geschlossen werden (unter dem Vorbehalt der Geschlossenheit der Population ohne Mortalität und gleicher Fangwahrscheinlichkeit), daß sowohl der Bestand der Weibchen als auch der Männchen vom späten Winter bis zum zeitigen Frühjahr zugenommen hat.

Hiermit wird einer der Vorteile von Markierungen deutlich – „Stichprobennahmen" sind nur durch Beobachtung und ohne Fänge möglich.

Um das Fasanenbeispiel zusammenzufassen: Die Methode erfordert die Erfüllung mehrerer Bedingungen. Die wichtigsten davon sind: (1) Die markierten Vögel vermischen sich mit der vorhandenen Population frei, (2) alle Vögel können mit der gleichen Wahrscheinlichkeit entdeckt werden, (3) die Markierungen sind dauerhaft und dürfen nicht abfallen und (4) vom Zeitpunkt des Fangs und der Markierung bis zur Wiederbeobachtung sollte keine Mortalität auftreten. Diese Bedingungen stimmen mit den jeweiligen Bedingungen (4), (2), (5) bzw. (1) in Tabelle 6.1 überein.

6.6.2 Die Methode nach DU FEU

Die Standardmethode bei Fang-Wiederfang-Untersuchungen, wie die von JOLLY (1965), erfordert wiederholte, in festgelegten Intervallen erhobene Stichproben, aus denen die Ein- und Auswanderungsraten bestimmt werden können. Die DU FEU-Methode (DU FEU et al. 1983) eignet sich beispielsweise besonders gut zur Bestimmung des Bestandes einer Waldsingvogelart, die in einer einzigen Fangaktion, d. h. während eines Tages, einer Woche oder einer Saison (je nach Mobilität der Art), beringt wurde. Bei einer Standvogelart kann der Untersuchungszeitraum auch einen Winter umfassen. Details der Methode werden im nachstehenden Schema und in Abbildung 6.2 gegeben.

Schema 6.2 Die DU FEU-Methode zur Analyse von Fang-Wiederfangdaten

DU FEU et al. (1983) stellen eine Methode der „Direktermittlung" von Bestandsgrößen vor, bei der die Anzahl neuer Vögel (N) und die Zahl der Wiederfangereignisse (R) aus S Fängen berücksichtigt werden. Die Anzahl neuer Vögel (N) entspricht der Zahl an Erstfängen in der Fangperiode. Wird ein Vogel in der Fangperiode viermal gefangen, geht er einmal in N ein und dreimal in R. Die Gleichung lautet:

$$< = 1 - \frac{N}{P} = \left(1 - \frac{1}{P}\right)^{S}$$

wobei S zugleich N + R entspricht. Da die Gleichung keine eindeutige Lösung hat, muß P nach mehrmaligem Durchlaufen der Berechnungen (iterativ) gefunden werden.

Man beginnt mit einem sinnvollen Schätzwert. Mit zunehmender Zahl der Fangtage und durch Einsetzen der sich daraus ergebenden Werte für N und R kann mit Hilfe eines Computerprogrammes die jeweils aktuelle Bestandsgröße ermittelt werden. Werden die aktualisierten Bestandswerte (P) gegen die Fangereignisse (N + R) in einer Grafik aufgetragen, kann abgeschätzt werden, ob der Bestandswert stabil ist und wann das Fangen eingestellt werden sollte, weil weitere Fänge den Wert nicht mehr verändern würden. Eine solche Graphik liefert außerdem einen Hinweis darauf, ob die Population geschlossen ist, da beispielsweise Einwanderung von Individuen zu einer Abnahme an Wiederfängen und einer Zunahme an Erstfängen führen würde. Abbildung 6.2 gibt ein Beispiel dafür, wie die ermittelten Bestandsgrößen mit zunehmender Zahl von Wiederfängen immer genauer werden.

Der Standardfehler von P ist:

$$SE_P = \sqrt{\dfrac{P}{e\left(\dfrac{d+R}{P}\right) - 1 - \dfrac{N+R}{P}}}$$

Beispiel für die Anwendung der DU FEU-Methode auf die bei Fasanen ermittelten Daten

Die Werte für N (Anzahl der Erstfänge) und R (Zahl der Wiederfänge) innerhalb einer Fangperiode im Winter ergaben einen Bestand nach DU FEU von 51 ± 12 Männchen und 89 ± 6,6 Weibchen, bei einer Gesamtpopulation von 132 ± 9,7 Vögeln. Die DU FEU-Methode erlaubt auch aktualisierte Bestandswerte für aufeinanderfolgende Fangereignisse über die Fangperiode hinweg. Während der Gesamtbestand nach der LINCOLN-Index-Methode bei 105 Vögeln lag, ergab die DU FEU-Methode einen Wert von 132 Vögeln.

Graphische Darstellungen von Änderungen der Populationsgröße nach DU FEU-Schätzungen werden in Abbildung 6.3 für vier Szenarien gezeigt: a) Bei einer geschlossenen Population nähern sich große Schwankungen schnell einem relativ stabilen Wert; b) bei abnehmenden Populationen nehmen die berechneten Bestandswerte langsam ab, sie liegen aber immer über dem wahren Bestand – der berechnete Wert kann nie die Anzahl gefangener Vögel (N) unterschreiten, obwohl in einer schnell abnehmenden Population am Ende der Saison weniger Vögel anwesend sein können als ursprünglich beringt wurden; c) für leicht ansteigende Populationen nimmt der Schätzwert leicht zu; d) bei einer schrittweisen Zunahme der Population besteht die Schätzung aus einer Serie von Schritten.

Die Bedingungen und Einschränkungen der DU FEU-Methode beziehen sich auf die Bedingungen unter Klasse b in Tabelle 6.1. Wesentliche Voraussetzungen der Methode sind: Geschlossenheit der Population, gleiche Fangwahrscheinlichkeit, keine durch Fang verursachte Verhaltensänderung sowie (Bedingung 11 in Tabelle 6.1) vernachlässigbar kurze Hantierungszeit bezogen auf den Untersuchungszeitraum. Da es sich um geschlossene Populationen handelt, muß die Fangperiode einerseits lange genug andauern, um eine ausreichende Anzahl von Wiederfängen zu erhalten, andererseits aber nicht zu lange, um Ein- und Auswanderung auszuschließen. In kleinen isolierten Habitaten kann möglicherweise die gesamte Population untersucht werden, wogegen in großen einheitlichen Habitaten die ermittelte Populationsgröße ein genaues Maß für den Bestand im Einzugsbereich sein kann, dessen Fläche selbst nicht

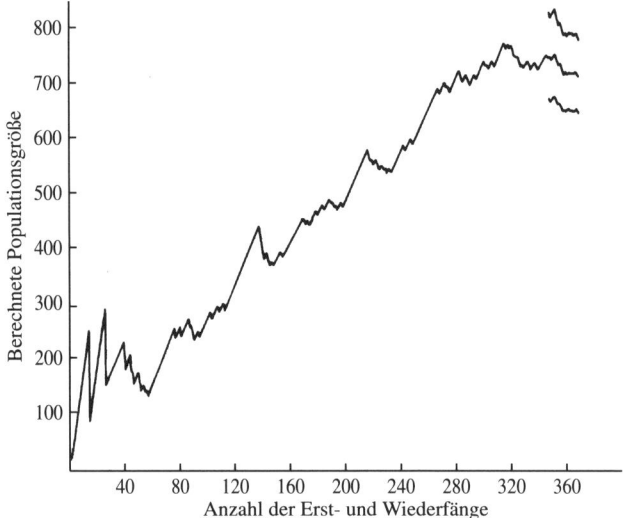

Bei dieser Methode erfolgt nach jedem Erst- oder Wiederfang eine neue Bestandsberechnung. Wird jede aktualisierte Berechnung gegen die Fangereignisse aufgetragen, erlaubt der Verlauf der Bestandsschwankungen die Ermittlung des Punktes, an dem sich die Bestandszahl stabilisiert. Die Grenzen der Vertrauensbereiche wurden ebenfalls berechnet und eingetragen (DU FEU et al. 1983).

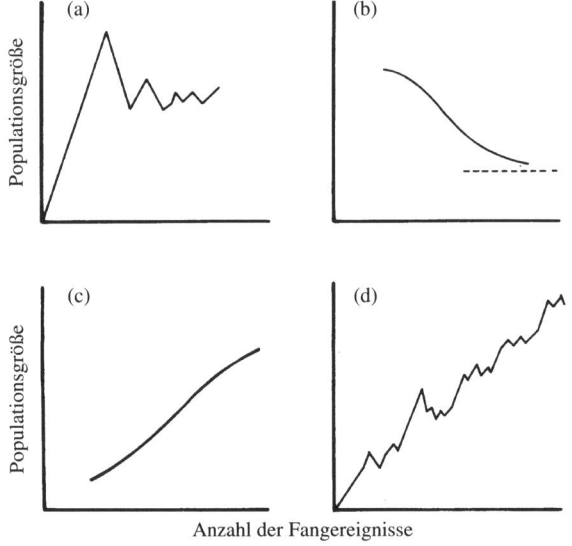

a) Geschlossene Population, b) Population mit Auswanderung, c) Population mit stetiger Einwanderung, d) Population mit schrittweiser Einwanderung (nach DU FEU et al. 1983).

genau bekannt zu sein braucht. Werden Individuen bei der Nutzung einer Ressource gefangen, z. B. an einer Wasserquelle, läßt dies nur Aussagen über die Nutzung zu, nicht aber über eine Population.

UNDERHILL und FRASER (1989) entwickelten ein Bayessches Analogverfahren der DU FEU-Schätzung und benutzten dieses zur Bestimmung der Anzahl von Malachitnektarvögeln an einer Blumennahrungsquelle in Südafrika. Die Bedingungen sind identisch mit denen der DU FEU-Methode, jedoch ist die UNDERHILL und FRASER-Methode einfacher zu berechnen.

Das Bayessche Verfahren erfordert Kenntnisse über die maximale Größe der untersuchten Population. Bei der DU FEU-Methode sind dagegen weder vorherige Kenntnisse noch Annahmen über die maximale Populationsgröße erforderlich. Werden neue Vögel gefangen, berechnet die Methode neue Wahrscheinlichkeiten auf Basis von x anwesenden Vögeln in der Population. Jeder unberingt gefangene Vogel verändert die Wahrscheinlichkeitsverteilung nach rechts, die geschätzte Populationsgröße nimmt zu; andererseits verlagert jeder wiedergefangene Vogel die Wahrscheinlichkeitsverteilung nach links, was zu einer Abnahme in der geschätzten Populationsgröße führt.

Die Bayessche Methode hat eine Anzahl von Vorteilen gegenüber der von DU FEU entwickelten und wird wahrscheinlich in Zukunft weitaus häufiger als jene benutzt werden. Erstens bietet sie realistischere Vertrauensbereiche, weil sie auf einer exakten Wahrscheinlichkeitsverteilung beruht, und zweitens ist sie für kleine Populationen (< 100 Vögel) genauer als die DU FEU-Methode. Der Hauptnachteil der Bayesschen Methode besteht darin, daß sich nach einer anfänglich zu geringen Schätzung des Maximalbestandes einer Population die Wachstumskurve dem asymptotischen Wert erst weit rechts in der graphischen Darstellung annähert. Daher darf der Bestand zu Beginn nicht allzu stark

unterschätzt werden. Wenn die Maximalgröße der Population zu Beginn jedoch überschätzt wird, hat dies keine entsprechend nachteiligen Folgen.

6.6.3 Andere Methoden mit mehr als zwei Fangereignissen

An dieser Stelle sei vor allem auf die nützlichen Übersichtsarbeiten von NICHOLS et al. (1981) und POLLOCK (1981) verwiesen. Diese Methoden entsprechen im allgemeinen Mehrfach-Stichproben-Modellen vom „LINCOLN-Index-Typ", wobei die Stichproben nach gleichem Muster gesammelt werden, d. h. die Vögel werden in einer ersten Periode gefangen und markiert und wieder in die Population entlassen. Dann wird eine zweite Stichprobe entnommen (z. B. am folgenden Tag) und die Wiederfänge markierter Vögel werden notiert. Erstfänge erhalten ebenfalls Markierungen, und alle Vögel werden der Population wieder zugeführt. Dieser Vorgang wird für eine Anzahl (K) Sammelperioden wiederholt. Der Hauptunterschied zur LINCOLN-Methode besteht darin, daß jeder Vogel eine individuelle Markierung erhalten muß, beispielsweise einen serienmäßig durchnumerierten Beinring, denn die Modelle zur Berechnung der Wiederfangdaten von K Stichproben setzen vollständige 'Fanggeschichten' (engl.: capture histories) voraus. Die Wahrscheinlichkeitsverteilung für die Gruppe möglicher Fanggeschichten wird schließlich in einem multinominalen Modell ausgedrückt, in das Populationsgröße und Fangwahrscheinlichkeit als Parameter eingehen. Modellbeispiele für geschlossene Populationen werden in OTIS et al. (1978) beschrieben. Die erforderlichen Bedingungen dieser Modelltypen stimmen mit denen in Klasse b (Tabelle 6.1) überein. Bei Kurzzeitstudien wird in diesen Modellen keine gleiche Fängigkeit von Individuen vorausgesetzt (siehe POLLOCK 1981).

JOLLY (1965) und SEBER (1965) haben Modelle entwickelt, in denen Populationszunahmen und -abnahmen berücksichtigt werden (vgl. auch CORMACK 1964). Diese werden als 'JOLLY-SEBER-Stochastikmodelle für vollständig offene Populationen' bezeichnet. Mit ihnen können sowohl Populationsgrößen als auch die Überlebensraten berechnet werden. Da für die Modelle sehr strenge Voraussetzungen gelten (Klasse c in Tabelle 6.1), wurden sie bisher nicht sehr häufig angewendet. Zudem entwickelten CLOBERT et al. (1987) ein besseres Modell zur Berechnung von Überlebensraten; die Autoren vernachlässigen jedoch die Bestimmung der Populationsgröße. Für Langzeitstudien werden Modelle für offene Populationen benutzt, die gleiche Fängigkeit voraussetzen (siehe POLLOCK 1981). Diese erlauben die Berechnung von Überlebens- und Geburtenraten sowie von Populationsgrößen.

Markierungs-Wiederfang-Modelle für offene Populationen mit Zu- und Abnahmen sind für Untersuchungen zur Populationsdynamik von Vögeln besonders geeignet. Es gibt auch Modelle für Populationen, die nur Abnahmen zeigen. Für diese gelten die Voraussetzungen in Klasse d (Tabelle 6.1). Für eine genauere Beschreibung siehe NICHOLS et al. (1981).

6.7 Methoden auf der Basis von Fängen pro 'Einheitsfangmaß'

Für Methoden, die auf Fängen pro Einheitsfangmaß beruhen, sind Standardisierungen des Fangaufwandes bzw. der Beobachtungszeit entscheidend. Das Ziel ist, die relative Abundanz einer Art unter Konstanthaltung des Fangaufwandes zu bestimmen. Dabei wird grundsätzlich angenommen, daß die standardisierte Versuchsanordnung Daten liefert, die frei von systematischen Fehlern sind und sich als Eichgröße für die Populationsgröße eignen bzw. einen Indexwert ergeben. SEBER (1973) liefert

eine Zusammenstellung der Methoden für geschlossene und offene Populationen.

6.7.1 Untersuchungen mit standardisiertem Beringungsaufwand

Die Kontrolle bzw. Standardisierung des Aufwands für Fang und Markierung von Vögeln ermöglichen detaillierte Untersuchungen (1) der Populationsgröße, (2) der Reproduktionsrate und (3) der Überlebensrate. Im Rahmen eines BTO-Projektes, bei dem die Untersuchungsflächen mit konstantem Aufwand bearbeitet werden ('constant effort sites', CES), werden diese drei Variablen untersucht. Dazu wird eine Reihe von konstanten Fanganlagen benutzt, die an jeweils 12 festgelegten Fangtagen zwischen Mai und August betrieben werden. Folgende Populationsparameter werden dabei untersucht:

1. Index der Bestandsveränderungen – Änderungen in der Anzahl gefangener Altvögel zwischen aufeinanderfolgenden Jahren.
2. Produktivität – das Verhältnis von Jung- zu Altvögeln bei spät in der Brutsaison gefangenen Vögeln.
3. Überlebensrate – Wiederfänge von beringten Vögeln in aufeinanderfolgenden Jahren.

Jedes Jahr werden stets dieselben Beringungs- und Fanganlagen mit derselben Länge und Netzart benutzt. In einem Umkreis von 400 m um die Fanganlagen dürfen keine anderen Netzfänge durchgeführt werden. Wo das möglich ist, werden Standorte in einem einzigen gebietstypischen Lebensraum bevorzugt ausgewählt. Die Kontinuität einer Untersuchung ist deshalb wichtig, um Schwankungen der Bestandsindizes aufgrund von Biotopänderungen oder Änderungen in der geographischen Zusammensetzung der Stichproben so gering wie möglich zu halten, und um umfassende Berechnungen von Überlebensraten zu ermöglichen.

Pro Besuch wird für die Dauer von sechs Stunden gefangen; dabei dürfen nicht – wie bei anderen Untersuchungen – Lockbänder oder Köder zur Anlockung der Vögel verwendet werden. Biotopdaten werden auf Karten im Maßstab 1 : 2 500 eingetragen. Um die Aussagekraft der Fangergebnisse zu überprüfen, werden sie mit Ergebnissen von Punkt-Stopp-Zählungen (s. Kapitel 5) verglichen, die am selben Standort in der Zeit zwischen den einzelnen Netzbesuchen durchgeführt werden.

Anhand der Fangdaten sind folgende Auswertungen möglich: (1) Als Maß für die Änderung der Altvogelbestände dient die unterschiedliche Anzahl der am selben Standort über mehrere Jahre gefangenen Altvögel. (2) Der am jeweiligen Standort in der Nachbrutzeit gefangene Jungvogelanteil liefert ein Maß der Produktivität. Schließlich können (3) Überlebensraten mit Hilfe der SURGE-Routinen, wie sie in CLOBERT et al. (1987) beschrieben wurden, berechnet werden.

Abbildung 6.4 zeigt ein Beispiel für einen CES-Populationsindex, bei dem für das Jahr 1986 der Basiswert 100 eingesetzt wurde. In Abbildung 6.5 wird ein Beispiel für die Überwachung der Produktivität an CES-Standorten dargestellt, wobei der Jungvogelanteil in den verschiedenen Jahren aufgetragen wurde. Dadurch wird die Berechnung signifikanter Veränderungen des Populationsindex und des Jungvogelanteils ermöglicht.

Ein weiteres Beispiel für ein Programm mit standardisiertem Beringungsaufwand und unveränderter Biotopstruktur ist das in (BERTHOLD et al. 1986) dargestellte „Mettnau-Reit-Illmitz"-Programm (MRI). Die drei Untersuchungsgebiete liegen in Süd- und Norddeutschland sowie im östlichen Teil Österreichs. Der Fang durchziehender Zugvögel findet seit 1974 von Ende Juni bis Anfang November statt. Die Fänge erfolgen täglich mit derselben Fangdauer, Fangmethode, Netzlänge und Anzahl von Netzstandorten. Die Vegetation wird regelmäßig zurückgeschnitten, um übereinstimmende Strukturen über die Jahre aufrechtzuerhalten und den Einfluß von Veränderungen der Pflanzengesellschaften so gering wie möglich zu halten. Zur Analyse der Korrelationskoeffizienten der Regressionen über die Gesamtzahl gefangener Vögel pro Art

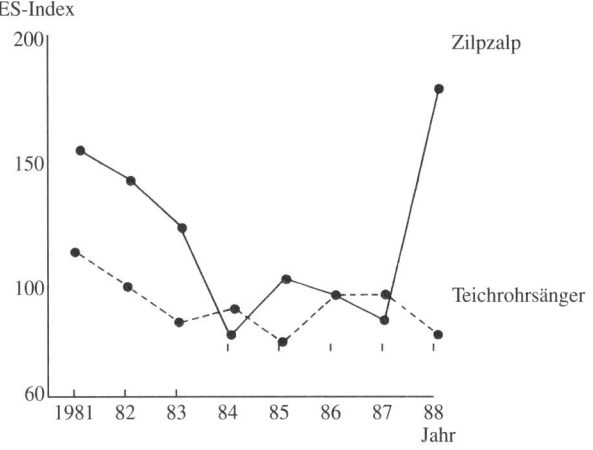

Abb. 6.4 Bestandsindizes aus dem 'Constant Effort Sites-Programm' (CES) des BTO in Großbritannien

Das Basisjahr für den Index ist 1986; die Indizes für Zilpzalp und Teichrohrsänger werden für die Jahre 1981 bis 1988 dargestellt (aus PEACH und BAILLIE 1989). Aus nicht geklärten Gründen blieben die Teichrohrsängerbestände stabil, während die des Zilpzalps zunahmen.

**Abb. 6.5 Langjährige Erfas-
sung der Produktivität auf
der Basis des 'Constant
Effort Sites-Programmes'
des BTO**

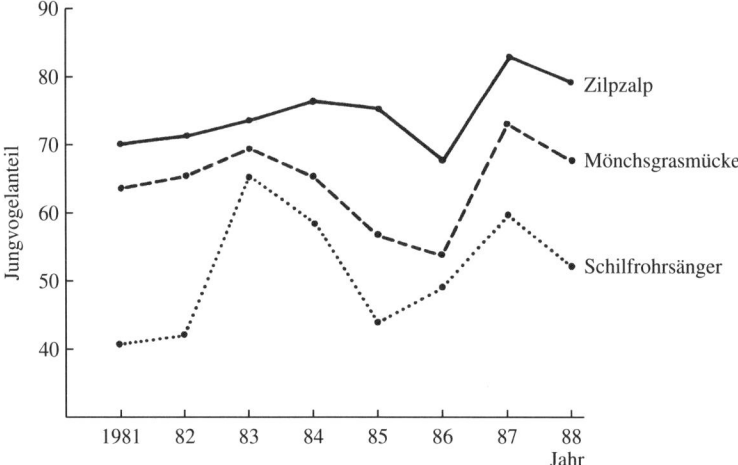

Änderungen des Jungvogelanteils bei konstantem Fangaufwand an festgelegten
Standorten gefangenen Exemplaren von Zilpzalp, Mönchsgrasmücke und Schilfrohrsänger von 1981 bis 1988 (aus PEACH und BAILLIE 1989). Ganz deutlich zeigen
die drei Arten ähnliche Trends.

und Jahr wurden fünf Regressionsmo-
delle verwendet; 64% der Koeffizienten
hatten ein negatives Vorzeichen, was auf
Populationsabnahmen schließen läßt (für
neuere Daten zur Mettnau vgl. auch
BERTHOLD et al. 1993).

Abbildung 6.6 zeigt die Ergebnisse
zweier hypothetischer Fangstudien in
Gebüschbiotopen. An dem einen Standort wird eine konstante Netzlänge
benutzt; die Kontrollen erfolgen regelmäßig jede Woche bei gleichem Zeitaufwand pro Tag und bei ähnlichen Witterungsbedingungen. Zusätzlich wird die
Vegetation zurückgeschnitten, um das
Biotop in derselben Sukzessionsstufe zu
halten. An dem anderen Standort werden variable Netzlängen benutzt und
verschiedene Bearbeiter eingesetzt. Der
Arbeitsaufwand pro Tag ist unterschiedlich, und auch die Anzahl der Kontrollen
während einer Saison ist verschieden.
Das Biotop entwickelt sich langsam zu
einem Wald. Populationsindizes für die
Dorngrasmücke, die aus den Fängen an
beiden Standorten berechnet wurden,
unterscheiden sich deutlich. Ganz offen-

sichtlich sind die unter standardisierten
Bedingungen gesammelten Daten zuver-
lässiger.

ORMEROD et al. (1988) fingen Wasseramseln, Eisvögel und Gebirgsstelzen
entlang eines Flußsystems in Wales bei
konstanter Netzlänge und konstantem
Fangaufwand. Dabei wurde auch die
effektive Breite der untersuchten Flüsse
ermittelt. Die bei Wasseramseln ermittelten Ergebnisse wurden mit den aus
Bestandserfassungen bekannten Abundanzwerten geeicht. Die mittlere Fang-
zahl pro Stunde korrelierte sowohl mit
der Anzahl Vögel pro zehn Kilometer
Flußabschnitt (r = 0,99), als auch mit der
auf zehn Meter standardisierten Netzlänge (r = 0,96). Die Autoren schlußfol-
gern, daß standardisierte Beringungspro-
gramme entlang den Flüssen für ein Po-
pulationsmonitoring verwendet werden
können, und empfehlen die Fang-Wiederfang-Methode auch zur Bestimmung
der Änderungen des jährlichen Bruterfolges, der nachbrutzeitlichen Überlebensrate und der Überlebensrate im
Winter.

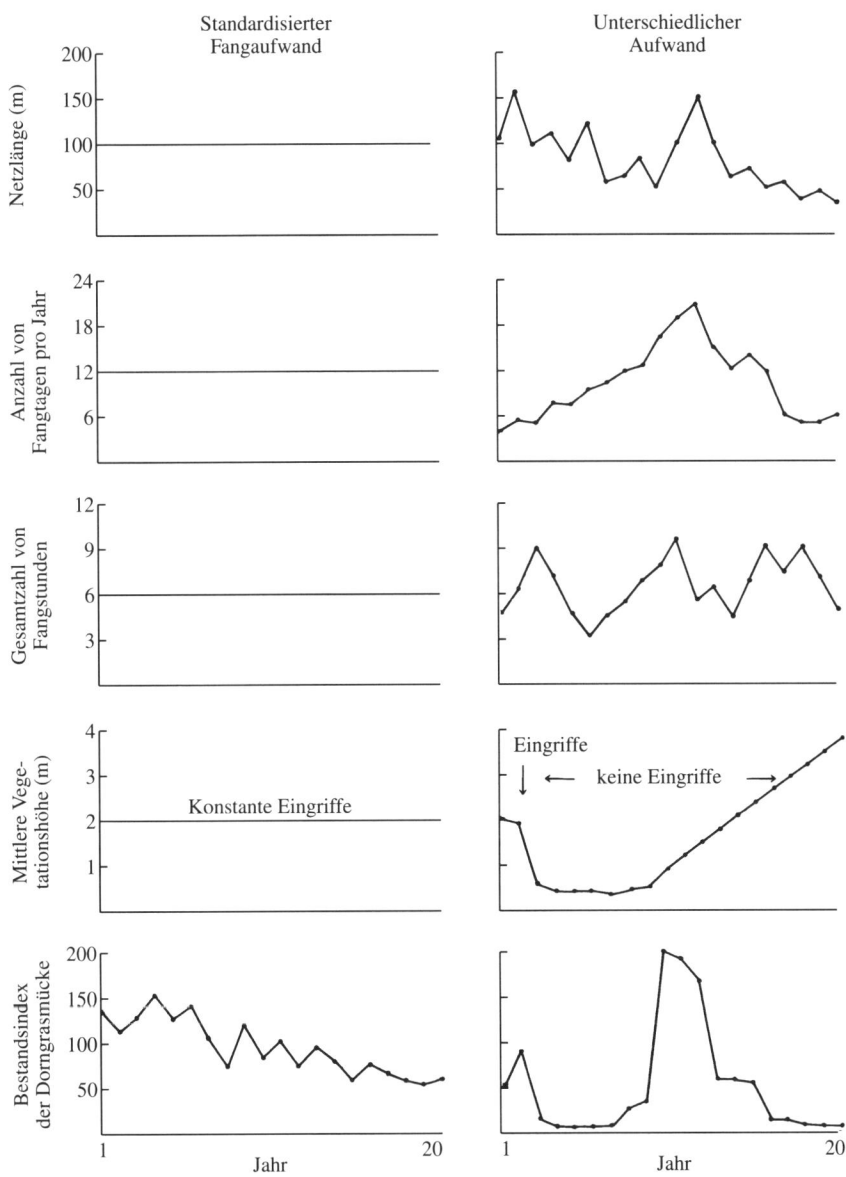

Abb. 6.6 Bedeutung der Standardisierung von Netzfangprojekten

Das Diagramm zeigt zwei hypothetische Netzfangprojekte in Gebüschbiotopen – eines mit standardisiertem Fangaufwand und das andere mit unterschiedlichem Aufwand – beide bezogen auf die letzten 20 Jahre. Die aus den Fangergebnissen berechneten Bestandsindizes für die Dorngrasmücke unterscheiden sich deutlich, obwohl der Index des zweiten Ansatzes (unterschiedlicher Fangaufwand) aus den Indexwerten des anderen Ansatzes berechnet wurde. Unter standardisierten Bedingungen zeigt sich eine Abnahme des Bestandes, im anderen System wird dies nicht deutlich. Indextrends aus standardisierten Programmen sind sehr viel verläßlicher als solche aus nichtstandardisierten Programmen. Es gibt daher kein Argument, das den Einsatz nichtstandardisierter Programme bei der Ermittlung von Bestandstrends stützen könnte.

6.7.2 Untersuchungen mit unbekanntem Beringungsaufwand

Die Gesamtzahl der Beringungen eines Jahres kann zur Analyse von Populationstrends verwendet werden. Dabei wird die Annahme zugrundegelegt, daß Änderungen in der Gesamtzahl jährlich beringter Vögel in Beziehung zur Abundanz einer Art stehen, wenn Unterschiede im Beringungsaufwand entsprechend berücksichtigt werden. Das folgende Schema zeigt, wie jährliche Unterschiede des Beringungsaufwandes bei einzelnen Arten korrigiert werden können und welche Zusammenhänge zu den Abundanzveränderungen einer Art bestehen.

Schema 6.3 Fang pro Einheitsfangmaß bei unbekanntem Fangaufwand – unter Berücksichtigung jährlicher Unterschiede im Gesamt-Beringungsaufwand

Um jährliche Variationen im Beringungsaufwand zu berücksichtigen, kann die Zahl der in einem Jahr beringten Vögel einer Art auf ihren prozentualen Anteil unter 100 000 beringten Vögeln aller Arten bezogen werden, d. h. auf die standardisierte jährliche Gesamtzahl der Beringungen gemäß der Formel:

$$Y'_n = \frac{Y_{n-2} + 2Y_{n-2} + 4Y_n + 2Y_{n+1} + Y_{n+2}}{10}$$

wobei Y_n der Gesamtzahl beringter Vögel des Jahres n und Y'_n dem gewichteten aktualisierten Mittelwert des Jahres n entsprechen.
Unterschiede im Beringungsaufwand von Jahr zu Jahr sind schwer zu erfassen, da nur wenige Beringer oder Beobachter die Gesamtlänge der benutzten Netze, die Gesamtzahl der Fangstunden oder Witterungsunterschiede bei der Beringung notieren. Um derartige Unterschiede auszugleichen, wird die Gesamtzahl beringter Vögeln aller Arten in einem Jahr verwendet. Die Zahlen der einzelnen Arten werden entsprechend angepaßt, um solche Zu- oder Abnahmetrends in der Zahl beringter Vögel zu eliminieren, die vermutlich nicht auf Zunahmen der Vogelpopulationen sondern auf eine Zunahme im Beringungsaufwand zurückzuführen sind. Ein Beispiel dafür, wie mit dieser Methode aus schwedischen Beringungsdaten Bestandstrends ermittelt werden, geben ÖSTERLOFF und STOLT (1982).

Ein ähnlicher Ansatz wurde für Untersuchungen an Hohltauben in Großbritannien benutzt (O'CONNOR und MEAD 1984). Es wurde der prozentuale Anteil beringter Hohltaubennestlinge unter jeweils 1 000 jährlich beringten Nestlingen aller Arten in den Jahren 1931 bis 1980 berechnet. Die Gesamtzahl der Beringungen für alle Arten verändert sich mit dem Beringungsaufwand, aufgrund der großen Anzahl von Arten sollten sich aber artspezifische Schwankungen herausmitteln. Die Daten wurden auch mit den jährlichen Angaben auf den Nestkarten (zurückgehend bis ins Jahr 1930) und mit Zählungen des CBC-Monitoringprogrammes (1962 begonnen) verglichen. Abbildung 6.7 zeigt eine Übereinstimmung aller drei Erfassungsmethoden seit den frühen 60er Jahren. Es können sogar brauchbare Populationstrends für die Zeit vor den standardisierten Bestandsaufnahmen (d. h. vor 1962) bestimmt werden.

6.8 Weitere Entwicklungen bei Vogelfangstudien

Zwei weitere spezialisierte Verfahren, die Fang- und Markierungsmethoden beinhalten, lassen sich nicht in die Kate-

Abb. 6.7 Vergleich von
Bestandsindizes auf der
Basis verschiedener
methodischer Ansätze

Die Abbildung zeigt die Ergebnisse von drei Methoden zur Ermittlung von Bestandsindizes der Hohltaube in Großbritannien seit 1930.
a) Index der CBC-Bestandsaufnahmen, b) Index der Beringungssummen, c) Index aus der Summe der Nestkarten (aus O'CONNOR und MEAD 1984). Gestrichelte Linien stellen Zeiträume dar, in denen nur wenige Nestkarten eingingen.

gorien 'Fang-Wiederfang' bzw. 'Fang pro Einheitsfangmaß' einordnen. Dabei handelt es sich um (1) Matrixmodelle, die unter Berücksichtigung der Produktivität, der Populationsgröße und der Überlebensraten Voraussagen über künftige Bestandsentwicklungen einer Art erlauben und (2) den speziellen Einsatz der Radiotelemetrie zur Ermittlung von Ortswechseln einzelner Vögel, um auf diese Weise Richtgrößen für umfangreichere, weniger aufwendige Methoden zu erhalten.

6.8.1 Matrixmodell

Überlebensraten und Fruchtbarkeit bestimmen die Produktivität. Beide Faktoren sind bei bestimmten Arten häufig altersspezifisch. Im folgenden wird eine Methode zur Erstellung eines Modells aus Daten der Reproduktion und Überlebensrate anhand von Ringfunddaten vorgestellt, wobei die Fruchtbarkeit der einzelnen Altersklassen bekannt sein muß. Dieses Matrixmodell wurde 1945 von LESLEY entwickelt.

Für das Matrixmodell werden drei Angaben benötigt: (1) Die Anzahl Individuen jeder Altersklasse der untersuchten Population (P), (2) die altersspezifische Fruchtbarkeit (B) und (3) die altersspezifischen Überlebensraten (S), die man beispielsweise mit dem SURGE-Programm bestimmen kann (CLOBERT et al. 1987). Ein Beispiel für das Matrixmodell wird im folgenden Schema gegeben.

6.8.2 Radiotelemetrie

Dieser Abschnitt soll nur einen Überblick der wichtigsten Aspekte vermitteln, die bei der Planung von Radiotelemetriestudien berücksichtigt werden müssen. Für ausführlichere Beschreibungen der Technik und der Auswertungsverfahren siehe KENWARD (1987). Radiotelemetriesysteme bestehen gewöhnlich aus einem Sender, der am Vogel befestigt wird, einem Mehrkanalempfänger, der das ausgehende Signal empfängt, und einem oder zwei handlichen transportablen Richt- oder Fest-

Beispiel für die Anwendung des einfachen Matrixmodells.

Von einer hypothetischen Population, deren aktuellen Bestand wir durch genaue Erfassung der Anzahl Vögel jeder Altersgruppe kennen, liegen folgende Daten vor:

Alter (Jahre)	Fruchtbarkeit (produzierte Jungvögel)	Überlebensrate	Populationsgröße
0	0	0,2	650
1	6	0,5	320
2	10	0,8	65
3	5	0	30

Demzufolge hatten Vögel im Alter zwischen 0 und 1 Jahren keine Nachkommen, die 1- bis 2jährigen sechs Nachkommen usw. Die höchste Überlebensrate tritt in der Altersgruppe von 2 Jahren auf. Die Daten werden schließlich wie folgt zur Erstellung (1) einer Übergangsmatrix (T) und (2) eines Spaltenvektors mit den Zahlen jeder Alterskategorie (A) verwendet:

$$
\begin{bmatrix}
T & & & \\
0 & 6 & 10 & 5 \\
0,2 & 0 & 0 & 0 \\
0 & 0,5 & 0 & 0 \\
0 & 0 & 0,8 & 0
\end{bmatrix}
\times
\begin{bmatrix}
A \\
650 \\
320 \\
65 \\
30
\end{bmatrix}
$$

Durch Multiplikation der Übergangsmatrix (T) mit dem Spaltenvektor (A) erhalten wir:

$$
\begin{aligned}
& (0)\,(650) &+ (6)\,(320) &+ (10)\,(65) &+ (5)\,(30) &= 2720 \\
& (0{,}2)\,(650) &+ (0)\,(320) &+ (0)\,(65) &+ (0)\,(30) &= 130 \\
= \; & (0)\,(650) &+ (0{,}5)\,(320) &+ (0)\,(65) &+ (0)\,(30) &= 160 \\
& (0)\,(650) &+ (0)\,(320) &+ (0{,}8)\,(65) &+ (0)\,(30) &= 52
\end{aligned}
$$

Der entstehende Säulenvektor zeigt die berechnete Anzahl der Individuen in der nächsten Generation, verteilt auf die vier Alterskategorien. In derartigen Matrixmodellen lassen sich die komplizierten altersabhängigen Populationsentwicklungen in einer einfacheren Form zusammenfassen. Ein Nachteil des hier umrissenen Modells ist, daß die Dichteabhängigkeit von Überlebensrate und Fruchtbarkeit, die bei vielen Vogelarten besteht, nicht berücksichtigt wird. Aktuellere Weiterentwicklungen der Matrixmodelle haben dieses Problem aufgegriffen, deshalb wird für weitere Details des Matrixmodells auf BEGON und MORTIMER (1986) verwiesen.

antennen. In Tabelle 6.2 (S. 140) werden die wichtigsten Gesichtspunkte aufgelistet und erläutert. Abbildung 6.8 zeigt die Bedeutung der Radiotelemetrie für die Registrierung von Abwanderungen eines Vogels in neue Aufenthaltsgebiete. Herkömmlich markierte Fasanen sind dagegen von einem Fahrzeug aus wesentlich schlechter zu beobachten; befand sich der Vogel im Wald oder zur Nahrungsaufnahme an einer Fasanenschütte, konnte er schon wenige Meter vom Beobachter entfernt nicht mehr gesichtet werden. Die Anwendung der Radiotelemetrie zur Untersuchung der Verteilung der Vögel auf unterschiedliche Lebensraumtypen sowie ihrer Habitatwahl wird in Kapitel 9 beschrieben.

(a)

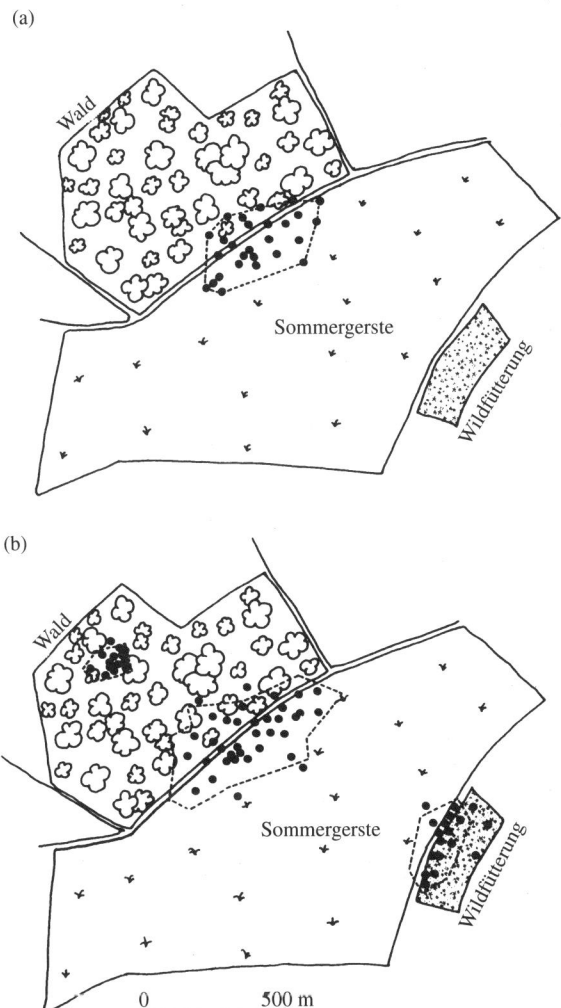

Abb. 6.8. Vergleich zwischen radiotelemetrisch erfaßten und optisch markierten Fasanen

(b)

Hypothetisches Beispiel der Bedeutung von Radiotelemetriedaten im Vergleich zu Beobachtungen desselben Vogels mit einer Rückenmarkierung. In (a) ist die Datenaufnahme von einem stationären Fahrzeug aus nur eingeschränkt möglich. Verschwindet der Fasan (•) im Wald oder bewegt er sich über eine lange Strecke, besteht die Gefahr, daß er nicht erfaßt werden kann. In (b) wurde derselbe Vogel radiotelemetriert. Dadurch wurde ein Gebiet um den Neststandort im Wald identifiziert, das vorher nicht registriert werden konnte, sowie ein Nahrungsgebiet an einer alten Wildtierschüttung in großer Entfernung vom Hauptaufenthaltsbereich des Vogels. Das heißt, durch die bloße Berücksichtigung der Daten aus (a) wäre ein verzerrtes Bild vom Aktionsraum dieses Vogels entstanden.

Tab. 6.2 Die wichtigsten Gesichtspunkte, die bei der Durchführung von Radiotelemetriestudien berücksichtigt werden müssen.

Gesichtspunkt	Bemerkungen
Aktivität des Vogels	Kann der Sender am Nest bzw. bei der Nahrungssuche beschädigt werden?
Größe	Wie groß ist der Vogel im Vergleich zu seinem möglichen Aufenthaltsbereich im Biotop?
Gewicht des Senders im Verhältnis zur Körpergröße	Es sollte weniger als etwa 5 % des Körpergewichts des Vogels betragen.
Art der Befestigung	Kann dadurch das Verhalten beeinflußt werden? Befestigung an den Schwanzfedern, auf dem Rücken, am Hals, am Bein?
Reichweite	Wie ist der Lebensraum charakterisiert; wird die Beschaffenheit des Habitats die erwartete Reichweite des Senders reduzieren oder verbessern?
Benötigte Anzahl besendeter Vögel	Ist ein ungehinderter Zugang zu den verschiedenen Ortungspunkten möglich? Wieviele Vögel können ohne Probleme gleichzeitig verfolgt werden?
Spezielle Sender	Für genauere Registrierungen der Aktivität der Vögel, z.B. Fliegen oder Rasten, Untertauchen bei Enten, Tiefenmessungen von Tauchvögeln, physiologische Messungen wie die Herzschlagrate etc.
Stichprobenumfang	Wieviele Ortungen pro Zeitspanne? Beispielsweise sind 30 Ortungen über zehn Tage ausreichend, um den Aufenthaltsbereich von Fasanen während dieses Zeitraumes zu ermitteln.
Datenerhebung unter Feldbedingungen	Dreiecksbildung von einem Fahrzeug aus oder zu Fuß; Anwendung eines mit einer Computerdatenbank verbundenen Datenaufzeichners; automatische Dreiecksbildung von einem Fixpunkt aus.
Analyse des Aufenthaltsbereichs aus Radio-Ortungen	Kleinste Polygonfläche; Methoden der Wahrscheinlichkeitsberechnung; harmonischer Mittelwert; 'Ranges'-Programmpaket von KENWARD (1987).

6.9 Zusammenfassung

Ist es zum Erreichen der Untersuchungsziele notwendig, die Individuen zu fangen und zu markieren? Welchen Bezug haben die Daten zu Bestandserfassungen?

Markierungsmethoden, Fangprotokolle und zeitliche Beschränkungen müssen berücksichtigt werden.

Gibt es Bedingungen der Auswertungsmethoden, die nicht erfüllt sind, wenn Populationsgrößen aus Fang- und Makierungsdaten ermittelt werden sollen? Bestehen eventuelle Korrekturmöglichkeiten?

Bei der Planung sollte eine Reihe verschiedener Methoden erwogen und diejenige gewählt werden, die die Beantwortung der Fragestellung mit dem geeigneten Aufwand ermöglicht. Dabei ist auch zu berücksichtigen, ob, wie im vorstehend geschilderten Hohltaubenbeispiel, bereits umfangreiches Datenmaterial vorliegt. Sind diese Ergebnisse ähnlich, d. h. liefern die Methoden eine

übereinstimmende Interpretation beispielsweise von Änderungen in der
Bestandsgröße?

Wenn möglich sollten standardisierte
Verfahren, die jederzeit wiederholt werden können, zur Erfassung markierter
Individuen angewendet werden. Hier sei
wiederum auf das MRI-Programm hingewiesen, dessen standardisierte Methoden auch in ein großräumiges internationales Fangprogramm Eingang gefunden
haben.

7 Erfassung einzelner Arten

7.1 Einleitung

Für einige Arten eignen sich die Standardmethoden zur Erfassung von Brutpopulationen, wie z. B. die Revierkartierung (Kapitel 3), die Punkt-Stopp-Zählung (Kapitel 5) oder die Linientaxierung (Kapitel 4) nicht besonders gut. Gründe hierfür können eine geringe Brutpaardichte (z. B. Greifvögel), versteckte Nistplätze (z. B. Enten, viele Watvögel), Dämmerungs- oder Nachtaktivität (z. B. Eulen, Nachtschwalben) oder halb-koloniales bzw. koloniales Brüten (z. B. Reiher, Saatkrähen) sein. Für solche Arten wurden andere Methoden zur Erstellung eines Populationsindex für Brutvögel bzw. Nichtbrüter entwickelt, die einen Vergleich von Populationen über die Jahre und zwischen einzelnen Gebieten ermöglichen. Manchmal stellen diese Methoden lediglich Modifikationen der Revierkartierungs- oder der Transektmethoden dar. Zusätzlich sind jedoch zwei weitere Methoden gebräuchlich: die direkte und indirekte Erfassung sowie die Überprüfung geeigneter Habitate. Beide werden im folgenden besprochen.

7.2 Direkte und indirekte Erfassung

Für die direkte Erfassung wählt man einen günstigen Aussichtspunkt und zählt alle sichtbaren Vögel. Diese Methode ist sehr brauchbar, wenn die Vögel leicht zu beobachten sind; das trifft z. B. an Konzentrationspunkten des Greifvogelzuges, an Brut- bzw. Rastplätzen von Limikolen in überschaubaren Bereichen (beispielsweise kleine Inseln, s. auch Kapitel 8) oder in kleineren Seevogelkolonien zu.

Beim direkten Zählen kann zuweilen ein hoher Genauigkeitsgrad erreicht werden; die Ergebnisse können jedoch durch verschiedene systematische Fehler beeinflußt werden. Der häufigste Fehler entsteht durch die Bearbeitung von verschieden großen Gebieten bzw. durch unterschiedlich großen Arbeitsaufwand in verschiedenen Jahren. Dadurch ist die Vergleichbarkeit der Daten nicht mehr gewährleistet. Auch andere Faktoren, wie Wetterbedingungen während der Zählung, die Qualität der jeweiligen Bearbeiter oder ob die Beobachtung mit bloßem Auge, Fernglas oder Spektiv gemacht wurde, beeinflussen die Genauigkeit und Vergleichbarkeit der einzelnen Erhebungen.

Bei der indirekten Erfassung werden mögliche Anzeichen für die Aktivität von Vögeln erfaßt (z. B. Kot, Bruthöhlen). Für besonders versteckt lebende Arten (z. B. Regenwaldfasanen) oder für Vögel, die sich der Beobachtung entziehen (z. B. in Bruthöhle verborgen, s. Kapitel 8), kann die indirekte Erfassung die einzig geeignete Erfassungsmethode sein. Theoretisch können indirekte Hinweise auf die Anwesenheit von Vögeln, beispielsweise die Erfassung von Nisthöhlen, zur Berechnung von Indexwerten der Brutpopulation herangezogen werden. Beim Zählen von Kotstellen wird die ermittelte Gesamtzahl jedoch sowohl von der Anzahl der Vögel als auch von ihrer Verweildauer im Gebiet beeinflußt. Daher ergibt die Anzahl Kotstellen einen Überblick darüber, wie stark ein Gebiet von der entsprechenden Art genutzt wird, jedoch nicht unbedingt einen Index der Populationsgröße (s. OWEN 1971).

7.3 Erfassung durch Überprüfung geeigneter Biotope

Viel stärker als bei den zuvor beschriebenen Methoden ist das Grundlagenwissen über Biologie und Ökologie der betreffenden Art (vor allem der Habitatpräferenzen) Voraussetzung für die Methode der Untersuchung geeigneter Biotopstrukturen (engl.: look-see). Potentiell geeignete Biotope für die untersuchte Art werden entweder anhand (1) einer Topographischen Karte des Gebietes mit kleinem Maßstab, (2) eines Luftbildes oder (3) durch Kontakt mit ortsansässigen Ornithologen ermittelt. Hat man geeignete Gebiete bestimmt, werden Begehungen im günstigsten Zeitraum geplant und die passende Methode zur Erfassung aller anwesenden Individuen ausgewählt. Auf der Basis dieser Erfahrungen kann schließlich auf den Gesamtbestand der Population hochgerechnet werden.

Systematische Fehler entstehen überwiegend durch Veränderungen im Arbeitsaufwand bei der Erfassung eines Gebietes über mehrere Jahre. Gewöhnlich nimmt mit der Zeit auch die Gebietskenntnis zu, wodurch mit zunehmender Untersuchungsdauer in vielen Fällen größere Zahlen der untersuchten Art gefunden werden.

Daten zu Habitatpräferenzen vieler Vogelarten, die als Basis dieser Erfassungsmethode dienen, können folgenden Werken entnommen werden: GLUTZ VON BLOTZHEIM et al. (Mitteleuropa, ab 1966), BEZZEL (Europa, 1985 und 1993), CRAMP und SIMMONS (Westliche Paläarktis 1977–1994), BROWN et al. (Afrika, ab 1982) und PALMER (Nordamerika, ab 1962).

7.4 Methoden zur Erfassung verschiedener Vogelgruppen

Dieser Abschnitt stellt Methoden zur Erfassung (überwiegend zur Brutzeit) solcher Vogelpopulationen einiger systematischer Gruppen vor, für die Standardmethoden schlecht geeignet sind. Die Beispiele sind entsprechend der taxonomischen Reihenfolge der vorgestellten Gruppen angeordnet. Die betrachteten Methoden sollten mit kleinen Abänderungen auch für ähnliche Arten anwendbar sein; es wird deshalb darauf verzichtet, alle in unserem Raum vorkommenden Arten getrennt zu besprechen (für weitere Arten bzw. -gruppen) siehe auch Kapitel 8). Aufgrund der großen Unterschiede zwischen den Avifaunen Großbritanniens und Mitteleuropas mußte der Originaltext dieses Kapitels erheblich verändert und ergänzt werden.

Die vorgestellten Erfassungsmethoden sind in allen Fällen recht spezifisch, was den Vergleich der Ergebnisse zwischen Arten erschwert. In Studien, die sich auf eine Art oder eine kleine Artenzahl beschränken, sind diese Methoden sehr nützlich. Weniger gut geeignet sind sie dagegen bei Untersuchungen ganzer Vogelgemeinschaften. Diese müßten dementsprechend mit mehreren Erfassungsmethoden gleichzeitig bearbeitet werden.

7.4.1 Seetaucher

Die beste Methode zur vollständigen Erfassung der in geringer Dichte und in abgelegenen Gebieten brütenden Seetaucher ist die Überprüfung aller in Frage kommenden Gewässer. Dazu müssen zuerst alle Seen im Untersuchungsgebiet verzeichnet und ein Zeitplan für die Abfolge der Begehungen erstellt werden. Zu beachten ist, daß auch die abgelegensten Seen mit gleicher Intensität und Arbeitsaufwand bearbeitet werden. Sonst lassen die Ergebnisse nur Aussagen zur Erfaßbarkeit der Gewässer und nicht zum Vogelbestand zu. Bei zu geringem Zählaufwand an einem See können die recht heimlichen Vögel leicht übersehen werden. An jedem See muß die gesamte Wasserfläche langsam und sorgfältig von einem Ufer zum anderen abgesucht werden. Zähleinheit ist die Anzahl Altvögel. Am günstigsten wird gegen Ende der Bebrütungsphase oder beim Flüggewerden der Jungvögel gezählt, da zu diesem Zeitpunkt alle Territorien und Niststandorte fest etabliert sind (frühestens ab Mitte Mai).

Die Lage geeigneter Gewässer im Erfassungsgebiet ist entsprechenden Karten zu entnehmen. Diese Flächen sollten zweimal während der Untersuchung aufgesucht werden, so erhöht sich die Chance, die unauffälligen Vögel zu entdecken. Zwischen den Besuchen sollten mindestens zwei Wochen liegen. Bei jedem Besuch ist der gesamte See von einem günstigen Aussichtspunkt aus systematisch nach den Altvögeln abzusuchen. Zudem müssen alle bekannten Niststandorte kontrolliert werden, wenn dies ohne erhebliche Störungen möglich ist. Langwieriges Absuchen der Uferbereiche und intensive Nestersuche sollten dagegen unbedingt vermieden werden. Zum einen, weil die Vögel bei längeren Störungen vertrieben werden, zum anderen wäre der Zeitaufwand auch viel zu hoch.

Ausführliche Studien in Nordschottland (BUNDY 1978, CAMPBELL und TALBOT 1987) berücksichtigten folgende Kriterien als Indikatoren eines Brutrevieres:

(1) Jungvögel gesehen
(2) Nester mit Eiern
(3) Beide Altvögel auf dem See bei beiden Besuchen
(4) Beide Altvögel auf dem See während eines Besuches, bei der zweiten Begehung nur ein Altvogel
(5) Einzelner Altvogel bei beiden Besuchen.

7.4.2 Lappentaucher

Lappentaucher sind oft weit über geeignete Feuchtgebiete verteilt. Im folgenden werden Methoden für auffällige und versteckt lebende Arten vorgestellt.

Auffällige Arten
Zähleinheit beim **Haubentaucher** ist der Altvogel. Eine neuere Studie aus Dänemark (WOOLHEAD 1987) zeigt, daß der Bestand bei mehrmaliger Erfassung adulter Haubentaucher auf einem Gewässer bis zu Beginn des ersten Nestbauversuches (ab April, z. B. HUGHES et al. 1979) sehr genau geschätzt werden kann. Bei den Erfassungen sollten die Einflüsse durch balzende Durchzügler (bis April), wechselnde Sichtbedingungen im Verlaufe der Saison (Vegetationswachstum) bzw. übersommernde Nichtbrüter oder zwischen den Seen wandernde erfolglose Brutvögel berücksichtigt werden.

Durch Halbieren der mittleren Anzahl erfaßter Altvögel bei mehreren Erhebungen konnte WOOLHEAD (1987) eine verläßliche Schätzung der Brutpaarzahl erhalten.

Jungeführende Altvögel kann man von Mitte Mai bis September (GNIELKA 1990) beobachten, an durch Badebetrieb gestörten und einigen höher gelegenen Seen sogar bis Oktober.

Für den **Schwarzhalstaucher** gelten im Prinzip dieselben Hinweise, Probleme entstehen bei dieser Art im Sommer vor allem durch Abwanderungen an andere Brutgewässer aufgrund von Störungen am Brutplatz bzw. durch ihre Konzentration an Mauserplätzen. Brutpflege betreibende Altvögel lassen sich von Mitte Mai bis August zählen.

Versteckt lebende Arten
Zwergtaucher leben sehr heimlich; außerdem machen viele Paare mehrere Brutversuche und wechseln dabei häufig das Brutgewässer. Brutpopulationen sind daher schwierig einzuschätzen. VINICOMBE (1982) empfiehlt, während

der Phase des ersten Brutversuches im Jahr (April) mehrere Erfassungen im Untersuchungsgebiet durchzuführen. Bei jedem Besuch werden alle visuellen und akustischen Nachweise auf einer Karte eingetragen. Die Trillerrufe des Zwergtauchers sind oft die einzigen Anzeichen für die Anwesenheit von Brutpaaren, hilfreich sind später auch die Bettelrufe der Jungvögel.

Eine Schätzung der Anzahl von Brutrevieren kann mit Hilfe der Revierkartierungsmethode (vgl. Kapitel 3) erfolgen. Alternativ führt eine einzige Erfassung während des ersten Brutversuches, bei der alle Individuen registriert werden, zu einem Populationsindex, der einen Vergleich des Brutvogelbestandes von Jahr zu Jahr erlaubt. Eine Nestersuche ist nicht vertretbar. Familienverbände können noch im September/Oktober beobachtet werden.

Rothalstaucher sind überwiegend durch ihre keckernden Rufe von April bis Juni zu erfassen. Jungeführende Altvögel treten von Juni bis etwa September auf. Auf übersommernde Nichtbrüter ist bei dieser Art besonders zu achten.

7.4.3 Schreitvögel

Auffällige Arten

Die in Bäumen brütenden **Graureiher** bilden teilweise größere Brutkolonien. Beim Besuch der Kolonien sollte man sehr vorsichtig sein, da bei größeren Störungen häufig die Horste verlassen werden.

Zähleinheit sind die offensichtlich besetzten Horste. Sie sollten während der späten Bebrütungs- oder frühen Nestlingsphase gezählt werden (ab April). Folgende Kriterien sind sichere Anzeichen für besetzte Horste: (1) Eier im Horst; (2) Eischalen unter dem Horst; (3) gesehene oder gehörte Jungvögel; (4) auf dem Horst sitzende Altvögel; (5) frisch eingetragenes Nistmaterial; (6) Kotspuren auf oder unter dem Horst.

In manchen Fällen, insbesondere bei Kolonien auf Nadelbäumen, ist die exakte Registrierung der einzelnen Horste vom Boden aus schwierig; die Zahl der besetzten Horste muß dann geschätzt werden. Genaue Erfassungen von Reiherkolonien in Schottland zeigten, daß mit dieser Methode etwa 70% der Paare einer Kolonie erfaßt werden (MARQUISS 1989). Solche Untersuchungen ermöglichen die Berechnung von Korrekturfaktoren für die Erfassung von Reiherkolonien.

Eine effektivere Methode besteht in Luftbilderfassungen, bei denen die Kolonien beispielsweise mit Motorseglern systematisch abgeflogen und fotografiert werden (HÖLZINGER 1987, KILIAN et al. 1993). Anschließend werden die Horstplätze anhand von Kotspuren ausgezählt. Durch das Miterfassen häufig beflogener Sitzwarten etc. kann allerdings die Koloniegröße überschätzt werden. Daher bietet sich auch hier der Einsatz von Korrekturfaktoren an.

Um ein exaktes Bild der Veränderungen der gesamten Brutpopulation zu erhalten, werden in großen Gebieten entweder alle Kolonien oder Zufallsstichproben genau gezählt. Gewöhnlich gibt es in jeder Brutkolonie nach einer Phase der Zunahme eine solche der Bestandsabnahme, während der meist kleinere Kolonien gebildet werden. Folglich müssen bei regionalen Langzeitstudien von Graureiherbeständen insbesondere die neuen Kolonien entdeckt werden, weil sonst bei den Zählungen der irreführende Eindruck abnehmender Gesamtpopulationen entstehen könnte.

- Die Erfassung von **Silber-, Seiden-** und **Purpurreihern** erfolgt ebenfalls am besten mit Kleinflugzeugen, wobei die Purpurreiher erst ab Ende Juni erfaßt werden, wenn sie im nachgewachsenen, grünen Schilf stärker auffallen.

Versteckt lebende Arten
Beim **Schwarzstorch** ist eine Kartierung der Horste im Winter und eine

möglichst störungsfreie Nachkontrolle der Horstbesetzung zur Brutzeit zu empfehlen. Sinnvoll ist die Einbeziehung von Gebiets- und Artkennern bei der Beurteilung unbekannter Gebiete. Eine optische Erfassung ist am ehesten Ende März/Anfang April durch die auffällige Flugbalz möglich (SACKL 1993, SCHNEIDER-JACOBY 1994).

Von einer Nestersuche ist bei den folgenden, sehr empfindlichen Feuchtgebietsbewohnern dringend abzuraten.

Die **Rohrdommel** lebt in ausgedehnten Riedlandschaften und ist zur Brutzeit schwer zu beobachten, was die Erfassung der Brutbestände erschwert.

Traditionell werden die weittragenden Rufe dieser Art während der Brutzeit erfaßt (von Ende März bis Anfang Juni). Zur quantitativen Erfassung rufender Individuen eignen sich besonders die beiden Stunden um die Morgen- bzw. Abenddämmerung. Es stehen drei Methoden zur Verfügung:

(1) Zähleinheit ist das rufende Männchen. Zur Bestandserfassung in übersichtlichen und kleineren Schilfgebieten sollten mindestens drei Begehungen durchgeführt werden; dadurch lassen sich auch rufende Durchzügler (sie treten meist im April – auch in ungeeigneten Gebieten – auf) von Brutvögeln trennen. Während der Erfassung wird die Position der rufenden Vögel auf einer Karte gekennzeichnet. Um das Problem umherwandernder Vögel zu minimieren, sollte das gesamte Gebiet gleichzeitig von mehreren Bearbeitern kartiert werden. Die Anzahl Reviere wird – wie in Kapitel 3 beschrieben – aus gruppierten Beobachtungen bestimmt.
(2) Durch sonografische Analyse der individuell kennzeichnenden Rufmuster aller in einem Gebiet vorkommenden Männchen ist es theoretisch möglich, eine etwas genauere Erfassung der Brutbestände der Rohrdommel zu erhalten (BOYD 1992).
(3) In schwer zugänglichen, großen Schilfgebieten besteht die beste Erfassungsmethode darin, den Standort der

rufenden Männchen von mehreren günstigen 'Aussichtspunkten' (Boote) aus gleichzeitig mit einem Kompaß zu bestimmen. Durch Notieren der exakten Zeit, der Anzahl Rufe und der registrierten Richtungsvektoren können die Standorte der Individuen anschließend durch Triangulation (ähnlich der Telemetrie) rekonstruiert werden (DVORAK et al., in Vorb.).

Auch die dämmerungsaktive **Zwergdommel** lebt sehr versteckt und ist in unserem Raum am ehesten durch ihre Rufaktivität im Mai/Juni bzw. durch Beobachtungen vom Boot aus zu erfassen. Sporadische Beobachtungen fliegender Vögel von Wegen aus eignen sich dagegen meist nicht zur Bestandserfassung. Durchzügler (bis Anfang Mai), übersommernde Nichtbrüter (meist Vorjahresvögel) und Zwischenzug (ab Juli) können das Bild verfälschen. In dichtbesiedelten Gebieten wie dem Ebrodelta lieferte die Zählung der Nahrungsflüge pro Zeiteinheit unter mehreren Methoden den besten Index für die Situation des Brutbestandes (FOUCES und ESTRADA 1992).

7.4.4 Entenvögel

Zur Erfassung auffälliger Arten, wie z. B. Schwänen und Gänsen, zur Brutzeit eignet sich die Überprüfung geeigneter Biotope am besten. Im Herbst und Winter ist eine quantitative Erfassung der Gänse häufig nur an Schlafplätzen möglich.

Populationen kleinerer und versteckt lebender Entenarten werden mit einer Auswahl spezieller Methoden gezählt. Für diese werden im folgenden Beispiele vorgestellt.

Auffällige Arten

Zähleinheit bei der Erfassung des Brutbestandes ist beim **Höckerschwan** der ortsgebundene Vogel mit Nest. Die Erfassungen sollten durchgeführt werden, wenn die Reviere fest etabliert und die

Nester gut zu sehen sind (April oder Mai). Männchen verteidigen ihre Brutreviere heftig gegenüber potentiellen Eindringlingen. Als Brutnachweis gilt der Standort eines aktiven Nestes oder die Beobachtung einer Schar von Jungschwänen.

Um die genaue Struktur einer Lokalpopulation, insbesondere den Anteil an Nichtbrütern bzw. unverpaarten Männchen zu bestimmen, sollten auch schon vor der Brutzeit Zählungen durchgeführt werden. Da auch kleinere Gewässer zur Brut angenommen werden, ist eine großflächige Bestandserfassung nur durch eine repräsentative Auswahl möglich. Der Höckerschwanbestand Großbritanniens wurde beispielsweise durch Zählung ortsgebundener Paare in 10-km-Quadraten im April und Mai erfaßt (OGILVIE 1986).

Versteckt lebende Arten
Viele **Gründel-** und **Tauchentenarten** sind schwer zu erfassen, weil sie in dichter Vegetation nisten und oft ihre Brut schon bald nach dem Schlüpfen in andere Gebiete führen. Drei Erfassungsmethoden werden häufig angewendet.

(1) Zählen brütender Weibchen (Brutbestandserfassung). Zähleinheit ist das Weibchen bzw. ein brutverdächtiges Paar. Die günstigsten Erfassungszeiten variieren von Art zu Art. In Mitteleuropa ist allerdings der Juni zur Erfassung der Mehrzahl der Arten geeignet (**Stock-** und **Krickente**: April). Bei einigen Arten wie **Schnatterente, Reiherente, Schellente** und **Gänsesäger** ist jedoch auf den sehr späten Brutbeginn in manchen Gebieten zu achten.

Eine Nestersuche ist nur in Ausnahmefällen sinnvoll, da sie sehr gründliches Suchen in geeigneten Bruthabitaten erfordert (z. B. HILL 1984 a, b) und deshalb extrem arbeitsintensiv ist. Zudem kann eine Störung des Nestbereiches zum Verlust der Brut führen. In Amerika wurden verschiedene Transektmethoden zur Erfassung der in der Prärie nistenden Weibchen entwickelt. So führt man bei einer Methode ein zwischen zwei Geländewagen aufgespanntes 50 m langes Seil entlang einer Transektstrecke bestimmter Länge. Die pro Streckeneinheit aufgescheuchte Anzahl Weibchen wird zur Bestimmung der Populationsdichte verwendet (DUEBBERT und LOKEMOEN 1976). Bei einer anderen Methode werden die Transekte mit einem Leichtflugzeug abgeflogen und die vom Nest gescheuchten Enten gezählt (BELLROSE 1976). Derartige Methoden sind in unserer Region jedoch weder vertretbar noch brauchbar.

(2) Erfassung der Entenbruten. Zähleinheit ist die weibliche Ente mit Jungen. Zählungen können anhand von Direktbeobachtungen in einem bestimmten Zeitraum durchgeführt werden; diese sind jedoch zeitaufwendig, liefern aufgrund der versteckten Aufenthaltsorte nur Mindestzahlen des Brutbestandes und sind zudem wenig standardisierbar. Eine Erfassung entlang der Uferlinie durch Aufscheuchen mit Hunden (RUMBLE und FLAKE 1982) wäre zwar im allgemeinen erfolgreicher und schneller, sie ist aber aus Naturschutzgründen abzulehnen. Da gebietsweise extrem hohe Verlustraten auftreten, erfaßt diese Methode nur die Zahl der erfolgreichen Bruten.

(3) Erfassung der auf den Brutgewässern befindlichen Männchen (indirekte Brutbestandserfassung). Zähleinheit sind die Erpel. Die Männchen werden, kurz nachdem die Weibchen mit dem Bebrüten der Eier begonnen haben, in kleinen Gruppen gezählt. Entsprechend den Witterungsbedingungen verschieben sich die günstigsten Zählperioden von Jahr zu Jahr. Um die optimale Zählperiode für jede Entenart herauszufinden, empfiehlt PÖISÄ (1984) eine Serie von Erfassungen während der gesamten potentiellen Brutzeit. Der optimale Zeitraum für die Erfassung wird durch die maximale Anzahl an Männchen an einem Gewässer charakterisiert, nachdem die überwinternden Vögel das Gebiet verlassen haben und bevor Vögel mit abgeschlossenem Brutgeschäft zurückgekehrt sind.

Zu beachten ist dabei, daß die Anwesenheit der Männchen mancher Arten (z. B. **Stockente**) sehr kurz ist. Zudem weisen Tauchenten meist einen Männchenüberschuß auf, so daß durch diese Zählungen der Brutbestand überschätzt werden kann.

(4) Erfassung des Sommerbestandes. Zähleinheit ist der Altvogel. Alle Vögel, einschließlich Floater, Paare ohne Brutrevier und unverpaarte Männchen, werden während der für ein Gebiet bekannten Brutzeit mehrfach gezählt. Der Vergleich der Sommerbestände verschiedener Jahre kann ebenfalls wichtige Erkenntnisse liefern.

Bei einigen höhlenbrütenden Entenarten ist die Überprüfung geeigneter Brutplätze ohne größere Störungen möglich. Nach HÄLTERLEIN et al. (1994) gibt die Anzahl balzender Paare der **Brandente** im Mai in der Nähe potentieller Brutplätze einen guten Anhaltspunkt der Brutpaarzahl.

7.4.5 Greifvögel

Da die meisten Greifvogelarten in geringen Dichten vorkommen und oft ein sehr spezielles Bruthabitat in abgelegenen bzw. schwer zugänglichen Gebieten besiedeln, stellt die Erfassung brütender und nichtbrütender Vögel ein besonderes Problem dar.

Brütende Greifvögel
Brutpopulationen von Greifvögeln, z. B. des **Steinadlers** (WATSON et al. 1989), werden gewöhnlich durch Überprüfung geeigneter Horststandorte erfaßt. Bei solchen Studien ist besonderer Wert darauf zu legen, daß der Arbeitsaufwand in den verschiedenen Gebieten gleich hoch ist.

Zähleinheit ist der offenbar besetzte Horst oder das Brutrevier (s. u.). Nachweis einer Besetzung durch ein Paar sind u.a. folgende Anzeichen: (1) Zwei Vögel werden zusammen in Horstnähe gesehen, (2) Mauserfedern, Kotspuren oder frisch eingetragenes Horstbaumate-

rial werden gefunden oder (3) ein Horst mit Eiern bzw. Jungen wird entdeckt, futtertragende Altvögel werden beobachtet oder bettelnde Jungvögel gehört.

Auffällige Arten
Zähleinheit beim **Mäusebussard** ist der kreisende Vogel. Die Revieranzeige findet unter günstigen Thermikbedingungen im zeitigen Frühjahr statt. Aufgrund der Gefahr, Durchzügler mit Brutpaaren zu verwechseln, sollten jedoch auch Horstkontrollen stattfinden. Horste sind vor der Belaubung wesentlich leichter zu finden und können zwischen Mai und Juli auf ihre Belegung überprüft werden (GNIELKA 1990); Probleme entstehen insbesondere in Nadelwäldern, in denen eine quantitative Erfassung der Horstplätze nicht möglich ist.

Die britische Brutpopulation wurde vor wenigen Jahren im Frühjahr in zufällig verteilten 10-km-Quadraten erfaßt (TAYLOR et al. 1988). Die Bestandsschätzungen erfolgten unter der Annahme, daß ein kreisender Vogel einem Revierpaar entspricht.

Für große Greifvogelarten, wie **Adler** mit traditionellen Horstrevieren, empfiehlt sich die Anlage einer Horstplatzkartei, bei der alle besetzten Felswände fotografiert werden und die bisher bekannten Horstplätze eingetragen werden. Im Frühjahr werden alle Horstplätze kontrolliert, wobei auch der Eintrag belaubter Zweige einen wichtigen Hinweis auf Belegung geben kann (BEZZEL 1985).

Bei vielen Adlerarten ist es möglich, einen Großteil der Population anhand individueller Kennzeichen zu unterscheiden. Es lohnt sich daher, auch eine Kartei über die Reviervögel anzulegen, in der die kennzeichnenden Merkmale (Feder-/Mauserlücken, charakteristische Flecken etc.) auf schematischen Flugsilhouetten vermerkt werden.

- **Schreiadler:** Auffällige Balzflüge; sonst wie Mäusebussard
- **Wanderfalke:** Ähnlich Steinadler; Schwierigkeiten ergeben sich in gro-

ßen Städten; hier ist auch auf An-sammlungen von Beuteresten an be-vorzugten Rupfungsplätzen zu achten.

Versteckt lebende Arten

Zähleinheit beim **Sperber** ist eine An-häufung von Horsten, die auch solche früherer Jahre mit einschließt. Gezählt wird im zeitigen Frühjahr, nachdem die Vögel ihre Brutreviere etabliert haben.

Eine Anhäufung von Horsten ist am ehesten durch die Beobachtung von Alt-vögeln in geeigneten Waldgebieten zu finden. Häufig ist es hilfreich, den Wald-boden nach Kotspuren, Rupfungen, Speiballen oder Mauserfedern zu unter-suchen (NEWTON 1986, GNIELKA 1990); in Horstnähe sind während der Brut-pflege häufig auch 'kickernde' Warnrufe der Altvögel zu hören.

Die Horstgruppen sind in unserem Raum über große Gebiete meist gleich-mäßig in 0,5 bis 2 km Abstand verteilt (NEWTON et al. 1986). Hat man einen Horst gefunden, können benachbarte Horstplätze dadurch entdeckt werden, daß Kreise mit entsprechendem Durch-messer auf einer Karte des Gebietes ein-getragen und die von diesen Kreisen eingeschlossenen Wälder nach weiteren Horsten abgesucht werden.

Weitere Arten (Auswahl):
- **Wespenbussard:** Ähnlich Mäusebus-sard. Rufe der Jungvögel sind erst im August auffällig. Hinweise auf einen Horstbaum liefern häufig Waben-stückchen, zerstörte Wespenbauten etc. (GNIELKA 1990).
- **Rohr-, Korn- und Wiesenweihe:** Bodenbrüter. Auf Balzflüge und Beu-teübergabe achten; in geeigneten Ge-bieten ansitzen.
- **Baumfalke:** Junge im Ästlingsalter sind sehr ruffreudig (August).

Verstreut vorkommende, nichtbrütende Greifvögel

Die Bestände nichtbrütender Greifvögel in großen Gebieten werden in Nordame-rika gewöhnlich mit Linientaxierungen erfaßt. Aufgrund der weiten Strecken

müssen die Transektrouten allerdings generell mit Autos abgefahren werden. Dabei wird die Strecke an ruhigen und klaren Tagen langsam befahren (20 bis 40 km/h) und alle Vögel notiert, die ein oder zwei Beobachter innerhalb einer vorher festgelegten Entfernung von 0,4 bis 1,6 km auf beiden Seiten der Straße entdecken (FULLER und MOSHER 1981: Kapitel 4). Die Methode eignet sich sehr gut für Offenlandarten im Gleit- oder Segelflug, ist aber wesentlich ungünsti-ger für heimlichere Waldarten. Bei Geländegängen sollte man die für Segel-flüge günstigste Tageszeit wählen. Die unterschiedliche Erfaßbarkeit der Greif-vogelarten und daraus resultierende Fehler bei der Berechnung der Dichte-werte werden ausführlich in MILLSAP und LEFRANC (1988) diskutiert.

Greifvögel an Schlafplätzen

Bei einigen Greifvogelarten lassen sich die Bestände auch über die Zählung an Schlafplätzen erfassen. Bei der letzten Bestandserfassung überwinternder **Kornweihen** in Großbritannien (CLAR-KE und WATSON 1990) wurde eine große Zahl von Fragebögen an lokale Natur-schützer und Amateurornithologen ver-teilt, in die bekannte bzw. vermutliche Schlafplätze einzutragen waren. An-schließend fand eine koordinierte Bege-hung und Zählung aller Schlafplätze statt, und aus diesen Daten wurde die Gesamtzahl der Kornweihen im Winter (Januar) berechnet.

- **Rotmilan:** Die Erfassung der Schlaf-plätze im Winter wurde z. B. bei HÖLZINGER et al. (1973) beschrieben.

Ziehende Greifvögel

Ziehende Greifvögel (und andere Großvögel) können an bestimmten Kon-zentrationspunkten entlang ihrer Zug-route erfaßt werden. Solche Punkte wären z. B. der Bosporus (Türkei), Eilat am Roten Meer oder die Straße von Gibraltar für den Greifvogelzug zwi-schen Afrika und Europa. Für vollstän-dige Zählungen der Zugvögel ist eine

Erfassung während der gesamten Zug-
periode notwendig. Ein zwei- bis drei-
wöchiger Erfassungszeitraum in der
Hauptzugperiode, die an den genannten
Orten aus früheren Zählungen bekannt
ist, kann allerdings schon zu einer 80-
bis 90%igen Erfassung der Vögel
führen.

Die Zählung erfolgt am besten durch
die Zusammenarbeit mehrerer Beobachtergruppen, die in sechs bis acht Kilometer Entfernung voneinander über die
Zugstraße verteilt sitzen. Ein 'Team'
sollte mindestens aus drei Zählern, einem Experten in der Artbestimmung
und einem Protokollanten bestehen.

Zur sicheren Bestimmung der Vögel
ist es sinnvoll, die Lage der Beobachtungspunkte so zu wählen, daß (1) bestmögliche Sicht auf das Zentrum der
Zugstraße besteht, und daß (2) die einzelnen Vögel sehr gut beobachtet werden können. Meist werden daher größere Anhöhen als Zählpunkte gewählt.
Wenn die Zugkorridore breit genug sind
und die Beobachter etwa sechs bis acht
Kilometer voneinander entfernt sitzen,
ist die Wahrscheinlichkeit von Doppelzählungen erheblich verringert,
während das Risiko bei kleineren Abständen recht hoch sein kann. Dabei
werden die Vögel ausschließlich
während des Segelfluges erfaßt und
nicht während sie in der Thermik an
Höhe gewinnen. Am günstigsten ist es,
wenn sich die Beobachter in verschiedene Richtungen orientieren, z. B. daß ein
Beobachter die Vögel im Norden, ein
anderer die im Süden und ein weiterer
die überfliegenden Vögel erfaßt.

Die Zählungen sollten in Stundenein-
heiten durchgeführt und protokolliert
werden (durchgezogene Vögel pro Stunde Beobachtungszeit) und jeweils zeitgleich beginnen, um Vergleiche mit den
Ergebnissen anderer Standorte und zwischen verschiedenen Jahren zu ermöglichen.

Weitere methodische Hinweise zur
Greifvogelerfassung geben u. a. PRILL
(1987), GNIELKA (1990) und FLADE
(1994).

7.4.6 Hühnervögel

Zur Erfassung dieser Arten stehen verschiedene Methoden zur Verfügung. Zur
Vereinfachung sind die Beispiele in Arten des Kulturlandes, des Waldes bzw.
der Moore und Gebirge gegliedert.

Moor- und Gebirgsarten
Für die Bestandserhebung des **Moor-
schneehuhns** sind in Großbritannien
drei Methoden gebräuchlich.

(1) Direktbeobachtungen territorialer
Auseinandersetzungen. Die Zähleinheit
ist das ortsgebundene Männchen. Die
Männchen können vom Spätherbst bis
zum Frühjahr gezählt werden, da sie
während dieser Zeit Reviere besetzen,
häufig balzen und ihr Revier gegen
Rivalen verteidigen (HUDSON und TANDS
1988). In geeigneten Habitaten können
Männchen von einem Aussichtspunkt
aus oder durch Ablaufen bzw. Befahren
der Transektrouten erfaßt werden.
(2) Einsatz von Spürhunden. Zähleinheit ist das Individuum (auch nicht-
territoriale werden erfaßt). Die in Großbritannien verwendete Methode erfaßt
den Gesamtbestand im Herbst (Oktober
bis Dezember) und Frühjahr (April und
Mai) am effektivsten (HUDSON 1986).
Für mitteleuropäische Arten und Landschaftsstrukturen ist diese Methode
nicht geeignet, für gefährdete Arten gar
verboten.
(3) Jagdstatistiken. Nützliche Informationen über Populationsschwankungen
können z. T. den Jagdstatistiken von Jagd-
pächtern entnommen werden (s. Abbildung 7.1; TAPPER 1989), die beispielsweise in Großbritannien für die letzten hundert Jahre vorliegen. Solche Statistiken
werden jedoch von vielen Faktoren beeinflußt, u. a. von der Jagdintensität, der Verteilung (und Veränderung) der Schuß-
und Schonzeiten etc. Daher sind sie nur
bei zusätzlichen Informationen für Langzeitstudien der Populationsdynamik geeignet (z. B. BARNES 1987).

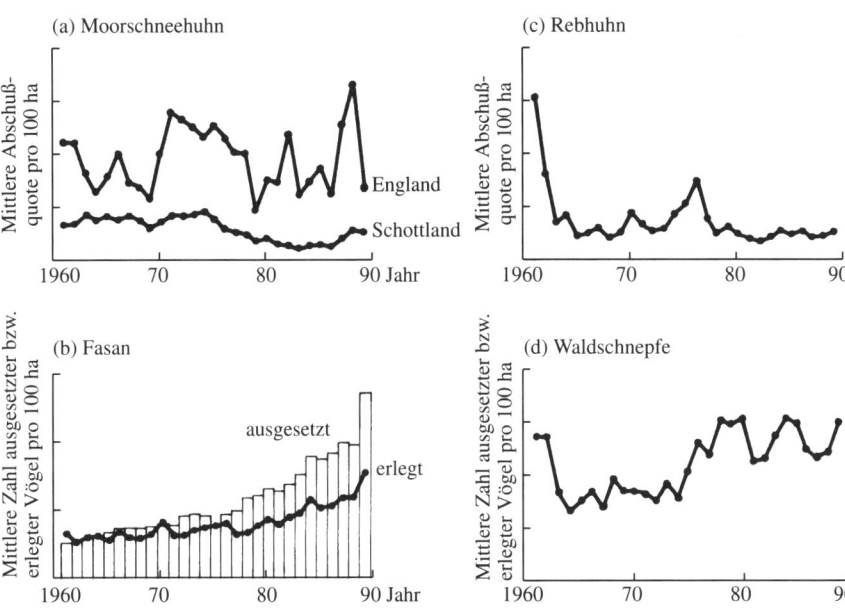

Abb. 7.1 Jagdstatistiken als
Maßeinheiten des Vogel-
bestandes

Historische Jagdstatistiken vom Schottischen Moorschneehuhn, Fasan, Rebhuhn und von der Waldschnepfe stehen für viele Gebiete Großbritanniens zur Verfügung (aus: TAPPER 1989). Sie bieten wertvolle Informationen über die Bestandstrends längerer Zeiträume. Bevor die wahre Bedeutung der Bestandsentwicklungen ersichtlich ist, müssen jedoch andere Faktoren für jede einzelne Art berücksichtigt werden.

(a) Durchschnittliche Abschußzahlen von Moorschneehühnern pro 100 ha Moorgebiet in verschiedenen Gebiete Englands und Schottlands. Die Abschußzahlen zeigen einen zyklischen Verlauf; auffallend ist das 'schlechte' Jahr 1989. Vor der abschließenden Bewertung der Grafik müssen jedoch weitere Faktoren berücksichtigt werden, die die Abschlußzahlen beeinflussen, z.B. die Anzahl der Jäger, Änderungen in der Jagdausrüstung, Schlechtwetterperioden, Änderungen der Jagdgesetze und Gesetze zur Haltung von Wildgeflügel etc.

(b) Durchschnittliche Abschußzahlen von Fasanen pro 100 ha. Bei alleiniger Betrachtung der Grafik könnte angenommen werden, der natürliche Bestand nehme zu. Die Balken in der Grafik repräsentieren jedoch die im gleichen Zeitraum ausgesetzten Jungfasanen. Werden die Aussetzungszahlen berücksichtigt, ist eine Zunahme der Zahl erlegter Tiere nicht mehr ersichtlich. Eine ansteigende Zahl von Aussetzungen impliziert jedoch auch zunehmendes Interesse an der Fasanenjagd und somit erhöhten Jagddruck. Um diese Grafik genauer interpretieren zu können, sind weitere Informationen hinsichtlich der Entwicklung in der Fasanenzucht, der Fasanenjagd und des Brutstatus der Wildpopulation erforderlich.

(c) Durchschnittliche Abschußzahlen von Rebhühnern pro 100 ha. Die Grafik zeigt einen dramatischen Rückgang der Abschußzahlen in den frühen 60er Jahren, gefolgt von einer langen Zeitspanne, während der die Zahlen auf konstant niedrigem, relativ stabilem Bestandsniveau blieben. Der Grund für den Bestandsrückgang in den 60er Jahren liegt vermutlich am starken Pestizideinsatz zu dieser Zeit, durch den es bei Rebhuhnküken zu großen Nahrungsengpässen kam (POTTS 1986). Um die Grafik besser interpretieren zu können, sollte neben dem Jagddruck während dieses Zeitraums auch die Zahl der ausgesetzten Vögel bekannt sein.

(d) Durchschnittliche Abschußzahlen von Waldschnepfen pro 100 ha. Die Anzahl pro Jahr erlegter Waldschnepfen stieg ab Mitte der 70er Jahre an. Dies spiegelt jedoch nicht notwendigerweise einen ansteigenden Waldschnepfenbestand wider. Eine Bestandszunahme ist zwar nicht auszuschließen, da aber die meisten Waldschnepfen während der Fasanenjagd geschossen werden, könnten die erhöhten Abschußzahlen der Waldschnepfe auch durch verstärkten Jagddruck entstanden sein.

Auer- und **Birkhuhn** können durch folgende spezielle Methoden erfaßt werden:

(1) Erfassung der Männchen und Weibchen am Balzplatz. Zähleinheit ist das Männchen und/oder das Weibchen am Balzplatz. Während der Dämmerung sollten diese von günstigen Aussichtspunkten aus im zeitigen Frühjahr (im Gebirge ab Mai) gezählt werden (Moss und Oswald 1985). Im Alpenraum empfiehlt es sich, mehrere Beobachter in 500 bis 800 m Abstand zu postieren, da die Balzplätze fast nie von allen Individuen gleichzeitig besucht werden (Marti und Pauli 1983). Die Beobachter müssen unbedingt vor Aktivitätsbeginn der Hähne im Gebiet sein, um Störungen zu vermeiden (Zbinden 1985). Balzplätze können durch systematisches Absuchen geeigneter Gebiete, Spurensuche im Schnee oder durch Überprüfen von Informationen lokaler Beobachter gefunden werden (Rolstad und Wegge 1987). Wenn alle Balzplätze entdeckt werden, kann die Größe der Brutpopulation genau abgeschätzt werden. Falls jedoch Zweifel an der Vollständigkeit bestehen, kann aus dem Durchschnitt der am Balzplatz festgestellten Maximalzahlen (Hähne und Hennen) ein Index der Brutpopulation berechnet werden.

(2) Erfassung von Auerhuhn-Weibchen mit Brut. Die Zähleinheit ist das jungeführende Weibchen. Die Erfassungen sollten durchgeführt werden, wenn die Weibchen mit ihren Jungen umherwandern (ab Ende Juni; Moss und Oswald 1985). Zwei Personen begehen Transektrouten, die 20 m auseinander liegen sollten, und zählen die Weibchen. Wurde die Anzahl Weibchen mit Brut in einer Auswahl kleinerer Zähleinheiten eines größeren Gebietes bestimmt, kann daraus die Dichte brütender Weibchen für das ganze Gebiet hochgerechnet werden.

Alpenschneehühner werden am besten folgendermaßen erfaßt:
Die Zähleinheit ist das rufende Männchen. Ab Mitte Mai werden während der Dämmerung die Männchen von günstigen Aussichtspunkten aus erfaßt und ihr Rufplatz kartiert (Bossert 1977). Es empfiehlt sich, mehrere Beobachter in etwa 700 m Abstand zu postieren, wobei Funkkontakt bestehen sollte. Nach Registrierung der Rufplätze kann durch systematisches Absuchen ihrer Umgebung (besonders an schneefreien Stellen) meist auch das Weibchen gefunden werden. Die Methode eignet sich auch für unbekannte Gebiete.

Eine indirekte Erfassung bei den Rauhfußhühnern anhand von Spuren im Schnee, Kotstellen etc. gibt ebenfalls Hinweise auf ein Vorkommen. Beim Alpenschneehuhn lohnt sich auch Nachsuchen im Winter, z. B. mit Hilfe von Infrarot.

Bei stärkerem Wind oder bei Nebel sind Zählungen im Alpenraum wenig sinnvoll.

Waldarten
Zwischen Mitte März und Ende April sowie im Herbst ist eine Anlockung des **Haselhuhns** mit Hilfe einer speziellen Lockpfeife sehr erfolgreich. Hinweise auf das Vorkommen der Art geben auch Fährten und Losung im Schnee sowie von Mitte Mai bis Juli Mauserfedern und Huderplätze an trockenen Wegrändern (Arbeitsgruppe 'Ornithologie und Naturraumplanung' der DOG 1993). Sehr aufschlußreich sind wie beim Fasan (s. Kapitel 6) radiotelemetrische Untersuchungen.

Offenlandarten
Für Zählungen des **Rebhuhns** werden zwei Methoden angewendet:

(1) Frühjahrszählung. Die Zähleinheit ist das Individuum. Man zählt im März, wenn die Tiere verpaart sind und die Vegetationshöhe noch gering ist. Die Erfassungen werden jeweils zwei Stunden nach Sonnenaufgang bzw. vor Sonnenuntergang durchgeführt, wenn die Vögel auf freien Feldern Nahrung suchen. Bei Regen und starkem Wind sind Bestandszählungen nicht zu emp-

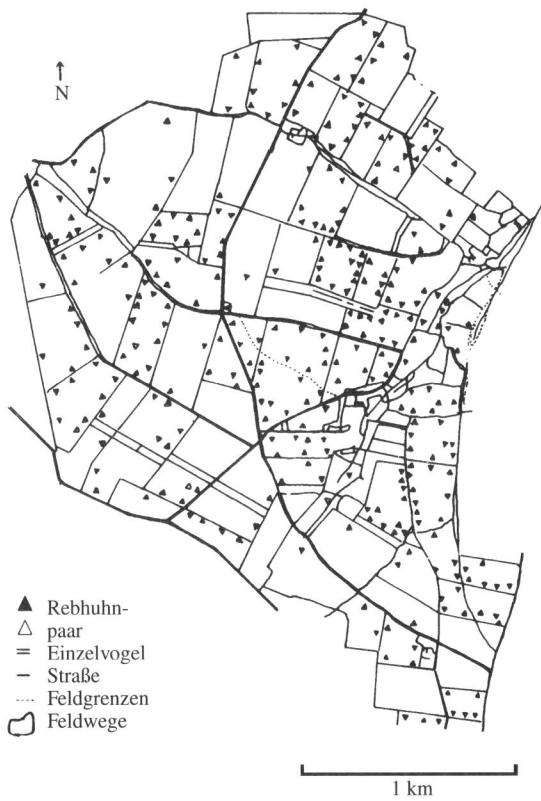

Abb. 7.2 Direkte Erfassung
des Rebhuhns

↑
N

▲ Rebhuhn-
△ paar
= Einzelvogel
— Straße
···· Feldgrenzen
⌂ Feldwege

1 km

Durch frühmorgendliche Kartierungen geeigneter Ackerflächen im April kann die
Zahl der Rebhühner auf der Probefläche ermittelt und ein Eindruck über Bestand
und Habitatpräferenzen dieser Vögel erhalten werden (aus HUDSON und RANDS
1988).
Aus der dargestellten Karte wird deutlich, daß die meisten Rebhühner an Feldrändern vorkommen und nur sehr wenige Rebhühner im Zentrum der Felder oder entlang der Straße, die etwa von Norden nach Süden verläuft. Außerdem scheinen
manche Felder für das Vorkommen von Rebhühnern geeigneter zu sein als andere.
Auf den einzelnen Felderflächen sind die Tiere scheinbar etwa gleichverteilt. Zur
Erklärung der Bestandsgröße und der Verteilung der Vögel im Untersuchungsgebiet können verschiedene Hypothesen aufgestellt werden, die dann vor Ort überprüft werden müssen. Werden die Zählungen nach der Brutzeit wiederholt, sind
Aussagen zum Reproduktionserfolg und zu eventuellen Ortsveränderungen der
Rebhühner möglich.

fehlen (POTTS 1986). Die Vögel sollten
mit dem Fernglas aus einem Auto heraus erfaßt werden. In etwa 2,5 h können
so bis zu 200 ha Landwirtschaftsfläche
abgedeckt werden. Die Vögel sind in der
jungen Saat gut zu erkennen und können
einfach vom Ackerrand aus gezählt wer-

den. Während jedes Besuches sollten
alle gesichteten Vögel in eine Karte eingetragen werden. Der Brutbestand wird
aus der Gesamtzahl kartierter Paare im
Untersuchungsgebiet ermittelt.
(2) Erfassung rufender Hähne. Für die
Erfassung der Revierrufe (im März) ist

die Stunde um Sonnenaufgang am günstigsten. Probleme entstehen beispielsweise durch unverpaarte, rufende Männchen bzw. durch die geringe Rufaktivität mancher Individuen. Der Einsatz von Klangattrappen ist empfehlenswert.
(3) Erfassungen auf Stoppelfeldern nach der Brutsaison. Als Zähleinheit sind der Einzelvogel oder Paare mit Jungvögeln zu nennen. Diese werden im August in den ersten beiden Stunden nach Sonnenaufgang gezählt. Nach der Brutsaison kann der Brutvogelbestand aus der Gesamtzahl beobachteter Tiere bestimmt werden, während der Bruterfolg aus der Zahl der Jungvögel und dem Anteil an Paaren ohne Nachwuchs ermittelt wird.

Die **Wachtel** sollte im Juni oder Juli in der Abenddämmerung bzw. nachts kartiert werden, weil zu diesem Zeitpunkt ihre Rufaktivität am höchsten ist. Auf bevorzugte Aufenthaltsorte wie Sommergerstenfelder (GNIELKA 1990) ist zu achten.

Beim **Fasan** liegt die Haupt-Rufaktivität im April. Zu beachten ist: es gibt nichtrufende (revierlose) Männchen, und auf ein Reviermännchen kommen im Durchschnitt etwa fünf Weibchen (GNIELKA 1990).

7.4.7 Rallen

Während der Brutzeit leben viele dieser Arten sehr versteckt. Die meisten kommen in Feuchtgebieten vor, in denen sie außerordentlich schwer zu sehen sind. Im folgenden werden sowohl Methoden zur Erfassung von auffälligen als auch von sehr versteckt lebenden Arten vorgestellt.

Auffällige Arten

Die Zähleinheit bei **Bläß-** und **Teichhuhn** ist das Brutrevier. Erfassungen sollten zu Beginn der Brutzeit durchgeführt werden (ab Anfang April). Für genaue Bestandsschätzungen sind mehrere Zählungen erforderlich.

Bei jedem Besuch werden alle Anzeichen für Bruten auf Karten des Untersuchungsgebietes festgehalten. Da Bläßhühner häufiger balzen bzw. Revierkämpfe zeigen als Teichhühner, sind Bläßhuhnreviere entsprechend leichter zu kartieren.

Zur Bestandsschätzung werden die in Kapitel 3 beschriebenen Methoden benutzt. Folgende Kriterien sind Anzeichen für ein Territorium: (1) Einzelvogel am Uferstreifen, (2) Paar am Uferstreifen, (3) Revierstreitigkeiten zweier Paare und (4) Rufe nicht sichtbarer Vögel (KOSKIMIES und VÄISÄNEN 1991).

Versteckt lebende Arten

Bei der bisher verwendeten Erfassungsmethode für den **Wachtelkönig** (z. B. CADBURY 1980; STOWE und HUDSON 1988) ist die Zähleinheit ein rufendes Männchen, wobei Bestandsschätzungen anhand der in Kapitel 3 beschriebenen Methoden ermittelt werden. Bei mehr als fünf Feststellungen eines rufenden Männchens über mindestens zwei Wochen wird ein Revier als besetzt angesehen (STOWE und HUDSON 1988). Aus der Anzahl rufender Männchen läßt sich jedoch keineswegs auf die Zahl der Brutpaare schließen, und zumindest für das mitteleuropäische Tiefland gilt, daß Flächen, in denen erst ab Mitte Juni Rufe registriert werden, kaum als Brutgebiete anzusehen sind (SCHÄFFER und MÜNCH 1993, SCHÄFFER 1994). Viel eher gibt dagegen die Anwesenheit von Weibchen Hinweise auf ein Brutvorkommen. So beschreibt SCHÄFFER (1994), wie sich durch Fang oder akustische Wahrnehmung von Weibchen oder Jungvögeln der Brutbestand ermitteln läßt.

Obwohl die Fangmethode mit Prielfallen sehr störintensiv ist, soll sie hier genauer vorgestellt werden, da sie derzeit auch für Kleinrallen (s. u.) wohl die einzige effiziente Geländemethode darstellt.

In kleineren Untersuchungsgebieten werden maximal 50 bis 60 beköderte Prielfallen in bis zu zehn Metern Abstand entlang eines Transektes oder eines Rundweges gestellt. Auf Flächen mit einer Größe von mehr als zehn Hektar sollte dagegen stichprobenartig an mehreren Stellen gefangen werden, wobei die Probeflächen durch natürliche Grenzen, wie trockene Dämme oder breite Gräben, getrennt sein sollten (sonst muß der Individuenaustausch zwischen den Probeflächen berechnet bzw. abgeschätzt werden). Stündliche Kontrollen an drei vollständigen Fangtagen in der ersten Julihälfte – wenn die Jungvögel größtenteils gerade geschlüpft sind – ergeben ein gutes Bild der Mindestzahl erfolgreicher Bruten im Fanggebiet. Weitere Details zum Rallenfang mit Prielfallen geben BUB (1978) und FLADE (1991).

• Die **kleineren Sumpfhühner** gehören mit zu den am schwierigsten zu erfassenden Arten unserer Avifauna. Es gibt mehrere Möglichkeiten, Hinweise auf ein Brutvorkommen zu erhalten: Verwendung von Klangattrappen, Fang mit Prielfallen (s. o.), Untersuchung der Spuren im Schlamm etc. (BECKER 1990). Alle Methoden sind mit mehr oder weniger großen Störungen verbunden. Die Registrierung der Rufaktivität in der Dämmerung bildet zwar eine Ausnahme, ist aber nur in der kurzen Zeit bis zur Eiablage sinnvoll und bei isolierten Paaren meist erfolglos. Genauere quantitative Aussagen zum gesamten Brutbestand sind nur selten möglich. So erwiesen sich beispielsweise ausdauernd rufende Individuen meist als unverpaarte Männchen. Bruthinweise können sowohl beim **Kleinen Sumpfhuhn** als auch beim **Zwergsumpfhuhn** die Rufreihen der Weibchen geben, die sich gut von denen des Männchens unterscheiden.

Wasserrallen sind zwar anhand von Revierkartierungen zu erfassen, der Bestand wird jedoch mit dieser Methode erheblich unterschätzt. Bei standardisiertem Aufwand ergeben sich aber zumindest statistisch robuste Relativzahlen.

Beim Einsatz von Klangattrappen ist auf eine kurze Abspieldauer zu achten, weil die Vögel mit ihrer Reaktion meist warten, bis eine Rufpause eintritt. Die Weibchen der Wasserralle reagieren ebenfalls auf Klangattrappen und sind an ihren schnelleren, elementreicheren Rufreihen zu erkennen. Da Wasserrallen 'Winterreviere' verteidigen, läßt sich auch der Winterbestand durch Abspielen von Klangattrappen näherungsweise bestimmen (HÖLZINGER 1972).

7.4.8 Kraniche und Trappen

Beim **Kranich** ist eine akustische Erfassung zur Balzzeit von Mitte März bis Mitte April möglich, nahrungssuchende Vögel können zudem durch Absuchen geeigneter Offenlandflächen erfaßt werden. Ein standardisierter Ansatz ist bei beiden Methoden empfehlenswert.

Von der **Großtrappe** sind alle Vorkommen in unserem Raum bekannt und werden überwacht. Die Zähleinheit ist der balzende Hahn; Weibchen und Jungvögel sind nicht genau erfaßbar.

7.4.9 Watvögel

Zwei Methoden zur Erfassung brütender Watvögel werden sehr häufig verwendet: (1) flächenhafte Erfassungen (FULLER et al. 1983, 1986; BARRETT und BARRETT 1984; GREEN 1985 a, b; BTO 1989) und (2) Streifenlinienmethoden (REED und FULLER 1983; REED et al. 1984, 1985; AVERY 1989). Einige Arten, z. B. die **Waldschnepfe**, erfordern jedoch spezielle Erfassungsmethoden. Für den Wattenmeerbereich wurden zudem spezifische Methoden entwickelt, die für die drei Anrainerstaaten verbindlich sind (FLEET et al. 1990, HÄLTERLEIN et al. 1994). Sie sind in einigen Fällen aufgeführt, wenn sie mit den in Großbritannien üblichen Methoden nicht übereinstimmen.

Flächenhafte Erfassungen

Diese sind am besten zur Bestandsermittlung in feinstrukturierten Biotopen geeignet und wurden z.B. in Großbritannien bei der Erfassung von Feuchtwiesenbrütern eingesetzt (BTO 1989). Alle Teilnehmer erhielten Karten in großem Maßstab, in denen die Grenzen der Untersuchungsgebiete und die jeweiligen Feldnummern eingetragen waren. Es wurden drei Begehungen zwischen Mitte April und Mitte Juni empfohlen. Nach Möglichkeit sollten die Kartierungen am Vormittag durchgeführt werden, jedoch nicht an naßkalten oder windigen Tagen. Die Besuche sollten im Abstand von mindestens einer Woche erfolgen. Es ist empfehlenswert, daß man sich bei den Begehungen jedem auf der Karte eingetragenen Punkt bis auf mindestens 100 m annähert. Zudem waren die Felder auf etwa 200 bis 400 m Entfernung nach balzenden Vögeln größerer Arten abzusuchen.

Streifenlinienmethode

Diese Methode ist am besten für offenes Gelände geeignet. REED und FULLER (1983) empfehlen, Vögel während mehrerer Begehungen (zwei bis vier) im Mai und Juni entlang von Streifenlinien zu zählen. Je nach 'angenommener' Brutdichte liegen die Streifen zwischen 50 und 200 m auseinander, wobei alle festgestellten Vögel auf einer Karte eingetragen werden. Die günstigste Kartierungszeit liegt zwischen 9.00 und 17.00 Uhr, während die Zeit maximaler Vogelaktivität am Morgen und Abend eher zu unklaren Ergebnissen führt. AVERY (1989) modifizierte diese Methode zur Erfassung größerer Gebiete, wobei dann ein einzelner Beobachter 200 m voneinander entfernte Streifenlinien abläuft und nur zwei Besuche zur Brutzeit (Mai und Juni) durchführt.

Nachfolgend werden Beispiele zur Erfassung des Brutbestandes einzelner Watvogelarten mit Hilfe der Streifenlinienmethode und einiger weiterer, speziellerer Methoden vorgestellt.

Versteckt lebende Wiesenbrüter

Die Zähleinheit für die **Bekassine** ist das balzende Männchen. Während der Balzzeit (April und Mai) sollten mindestens drei dreistündige Erfassungen während des Sonnenauf- bzw. -untergangs stattfinden (GREEN 1985 a). Durch eine genauere Bestimmung des Brutbestandes mit einem über den Boden gezogenen Seil zeigte sich, daß die tatsächliche Brutpopulation durch Verdoppeln der mittleren Zahl balzender Männchen bei den April- und Maizählungen ermittelt werden kann. Hinweise auf besetzte Reviere gibt auch die systematische Begehung von Gräben.

Brütende **Rotschenkel** werden am besten während der Aufzuchtphase im Juni erfaßt. Die Zähleinheit ist der warnende Vogel, weil in dieser Zeit die in ein Revier eindringenden Beobachter von beiden Brutvögeln angegriffen werden. Durch mehrere über einige Wochen verteilte Besuche wird die Erfassungsgenauigkeit gesteigert. GREEN (1985 b) zeigte, daß die mittlere Zahl der in diesem Zeitraum erfaßten Rotschenkel weitgehend mit der Gesamtzahl vorhandener Nester übereinstimmt. Die Revierpaarzahl dürfte jedoch meist höher liegen und kann in der Ansiedlungsphase ab Ende April ermittelt werden, wenn die Vögel sehr auffällig sind. Fehler können durch anwesende Durchzügler entstehen.

An der Nordseeküste bilden ins Vorland abwandernde Familien 'Aufzuchtreviere', die oft nicht gegeneinander abgrenzbar sind. In solchen Fällen wird die Summe aller anwesenden Altvögel erfaßt und die Revierzahl durch Multiplikation mit 0,7 ermittelt (HÄLTERLEIN et al. 1994).

Bei **Kampfläufern** ist die Zähleinheit das (verleitende) Weibchen, da sich unter den balzenden Männchen auch im günstigsten Erfassungszeitraum Ende Mai bis Mitte Juni noch immer Durchzügler befinden können.

- **Doppelschnepfe:** Ähnlich Bekassine, aber von Mitte Mai bis Anfang Juni.

(a) Rotschenkel

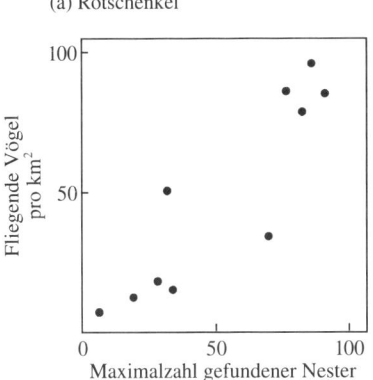

(b) Bekassine

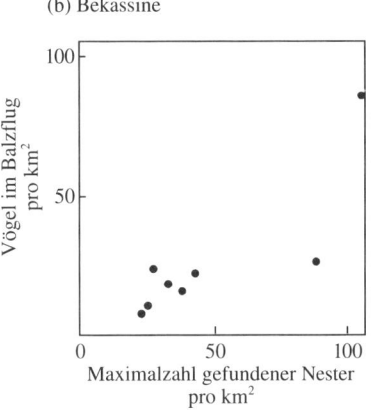

Abb. 7.3 Spezielle Erfassungsmethoden für brütende Watvögel

Die beiden Abbildungen zeigen die Beziehung zwischen erfaßten Beständen pro Quadratkilometer und der Höchstzahl aufgefundener Nester pro Quadratkilometer für (a) den Rotschenkel und (b) die Bekassine (GREEN 1985). Jeder Punkt stellt die Daten eines einzelnen Untersuchungsgebietes dar. Maximalzahlen von Nestern pro Quadratkilometer wurden mittels eines am Boden entlanggezogenen Seiles bestimmt. Die Maximalzahlen der Vögel pro Quadratkilometer wurden für die zwei Arten etwas unterschiedlich berechnet. Beim Rotschenkel wurde die mittlere Dichte der im April und Mai pro Begehung überhaupt festgestellten Vögel verwendet und bei der Bekassine die mittlere Dichte der im April und Mai bei Balzflügen beobachteten Vögel. Für jede Art wurden mindestens drei Zählungen durchgeführt, gewöhnlich aber fünf oder sechs. Regressionsgeraden (nicht abgebildet) machen deutlich, daß ein im April und Mai gezählter Rotschenkel etwa einem Nest zur Hauptbrutzeit entspricht. Bei der Bekassine entspricht ein balzender Vogel etwa zwei Nestern zur Hauptbrutzeit, auch wenn bisher relativ wenige Daten zur Erhärtung dieser Beziehung zur Verfügung stehen.

- **Wald- und Bruchwasserläufer, Flußuferläufer:** Kontrolle geeigneter Gebiete am Ende der Balzzeit (im Mai; vorher entstehen Probleme durch balzende Durchzügler) bzw. warnende Vögel während der Brutzeit (ab Ende Mai bis Juli).

Auffällige Wiesenbrüter
Es empfiehlt sich, die Erfassungen in der Brutphase durchzuführen (April/Mai). Zähleinheit beim **Kiebitz** ist der brütende Vogel. Fehlerquellen entstehen während dieser Phase vor allem durch die Anwesenheit von Nichtbrütern und durch Doppelzählungen nach Brutplatzwechseln (REED und FULLER 1983, BARRETT und BARRETT 1984, GNIELKA 1990). Ab Ende Mai tritt zudem Mauserzug auf.

Brütende Vögel werden durch sorgfältiges Absuchen des Untersuchungsgebietes mit einem Spektiv erfaßt. Es sollten mehrere Erfassungen zwischen 9.00 Uhr und 12.00 Uhr erfolgen, da die Aktivität der Vögel in diesen Stunden recht stabil ist. Detaillierte Untersuchungen zeigten, daß die ermittelte Maximalzahl brütender Vögel in dieser Phase gut mit dem tatsächlichen Brutbestand übereinstimmt (GREEN 1985 b). In unübersichtlicherem Gelände wird der Bestand mit dieser Methode jedoch eher unterschätzt.

Hinreichend genau ist auch die Erfassung aller auffliegenden Kiebitze nach einer Störung durch Greifvögel, Flugzeuge etc., wobei jeweils zwei erfaßte Vögel einem Brutpaar entsprechen (GNIELKA 1990).

Die Zähleinheit für den **Brachvogel** ist der balzende Vogel. Die Art wird während dreimaliger Besuche des Untersuchungsgebietes gegen Ende der Brutphase bzw. kurz nach dem Ausfliegen (Mai bis Mitte Juni) erfaßt. Der Beobachter zählt die Vögel von etwa 200 bis 400 m auseinanderliegenden Transektrouten oder von Feldrändern aus. Alle Vögel, die Anzeichen einer Revierbesetzung zeigen, werden während der Begehung auf einer Karte 1 : 2 500 festgehalten.

Beim Brachvogel sind folgende Kriterien Anzeichen einer Revierbesetzung und für Bestandserfassungen bedeutsam: (1) sehr intensive Alarmrufe, (2) beide Vögel eines Paares überfliegen den Beobachter mehrfach rufend oder führen Ablenkungsmanöver durch, (3) beide Vögel landen neben dem Beobachter und rufen sehr erregt (RICHARDSON 1990).

Bodenbrüter in vegetationsarmen Habitaten
Die Zähleinheit bei **Sand-** und **Flußregenpfeifern** ist der ortsgebundene Vogel, den man in der Bebrütungsphase im Mai zählen sollte (PARRINDER 1989, PRATER 1989). Die Registrierung von Flußregenpfeifern im Singflug (April) ergeben jedoch bereits erste Hinweise auf den Brutbestand.

Es wird empfohlen, jeweils einen Bereich von 50 bis 100 m nach Vögeln abzusuchen, dann schnell weiterzulaufen, und diesen Vorgang zu wiederholen. Die Vögel sind aufgrund ihrer Tarnung allerdings sehr schwer zu entdecken. Nester bzw. Bruten sollten nicht genau lokalisiert werden, da dies die Tiere erheblich stört und sehr zeitaufwendig ist. Es ist oft schwierig, die Vögel während der schnellen Verfolgungsflüge bei Revierstreitigkeiten im Auge zu behalten. Daher besteht die Gefahr von Doppelregistrierungen, die zur Überschätzung des tatsächlichen Bestandes führen können.

Beim Sandregenpfeifer führen die späten Durchzügler (bis Juni) zu Erfas-

sungsfehlern. Gruppen von mehr als zwei Exemplaren sollten deshalb nur bei deutlichem Warnverhalten berücksichtigt werden (HÄLTERLEIN 1994). Außerdem ist bei dieser Art auf Zweitbruten zu achten.

Die Zähleinheit für den **Goldregenpfeifer** ist der rufende Vogel. Goldregenpfeifer sollten nach Schlüpfen der Jungvögel gezählt werden, da mindestens ein Elternteil bei den Küken bleibt und bei Annäherung sehr laut und ausdauernd ruft. Vor dem Ausschlüpfen der Jungen führen die Goldregenpfeifer ein sehr verstecktes Leben. Die Erfassung in geeigneten Gebieten erfolgt daher am besten auf zwei parallelen Transektrouten in 100 m Abstand. Der Brutbestand ergibt sich direkt aus der Anzahl rufender Vögel. Linientransekte in Verbindung mit Nestersuche zeigten, daß auf diese Weise mindestens 80 % der Brutvögel entdeckt werden (YALDEN und YALDEN 1989).

Überwiegend nachtaktive Arten
Zähleinheit beim **Triel** ist der brütende Vogel. Triele werden in der Dämmerung und während der Nacht gezählt. Von einem langsam fahrenden Fahrzeug aus werden die Vögel durch Abspielen von Klangattrappen gelockt. Brütende Vögel (Mai/Juni) antworten auf die Klangattrappen bis zu Entfernungen von 500 m.

Die **Waldschnepfe** ist sehr schwierig zu erfassen, weil sie tagsüber versteckt in Wäldern lebt und nachts zur Nahrungssuche auf Felder wechselt. Im folgenden werden drei Zählmethoden vorgestellt:

(1) Erfassung der balzenden Männchen. Gezählt werden die Männchen von April bis Juni, wobei die höchste Balzaktivität Ende Mai erreicht wird (HIRONS 1980). Da einzelne Männchen unterschiedliche Balzaktivitäten zeigen und sich die Balzgebiete der Männchen überlappen können, ist eine genaue Bestandserfassung schwierig. Am exaktesten sind gleichzeitige Erfassungen aller Lichtungen und Waldränder in der Stunde nach

Sonnenuntergang durch eine große Zahl von Beobachtern. Diese tragen die Flugbahn und -richtung sowie die auf Sekunden genaue Zeit einer Beobachtung in Gebietskarten ein. Der Vergleich benachbarter Karten hilft bei der Ermittlung von Doppelregistrierungen, die Fehlerquellen sind jedoch vielfältig.

(2) Jagdstatistiken. Zähleinheit ist das Individuum (vgl. dazu die Angaben beim Moorschneehuhn S. 151).

(3) Nächtliche Erfassung bei der Nahrungssuche. Die Zähleinheit ist das Individuum. Die Vögel werden in der Abend- oder Morgendämmerung beim Flug von bzw. zu ihren Nahrungsplätzen erfaßt. Diese Zählungen können fast während des ganzen Jahres durchgeführt werden und ermöglichen die Berechnung eines Populationsindex.

Arten der Küstenregionen

Austernfischer werden am besten vom Deich aus mit dem Spektiv erfaßt. Nur in reicher strukturiertem Gelände ist ein Durchlaufen der Fläche notwendig. Nichtbrüter bilden oft große Trupps und sind daher von Brutvögeln gut zu unterscheiden. Dagegen gelten Paare sowie Kleingruppen von bis zu sechs Exemplaren als Brutvögel (HÄLTERLEIN et al. 1994) und werden von Mitte Mai bis Mitte Juni vollständig gezählt. Stichprobenerfassungen sind in gleichmäßig verteilten Beständen möglich und bei großräumigen Erfassungen sinnvoll.

Säbelschnäbler brüten meist kolonieartig und sind durch koordinierte Zählung mehrerer Bearbeiter an einem Tag zu erfassen. Zähleinheit ist der in der Kolonie anwesende Altvogel, bei Einzelpaaren jedoch der warnende Altvogel. Die günstigste Erfassungszeit liegt zwischen Anfang und Ende Mai und ist aufgrund der vielen Umsiedlungen während der Brutzeit genau einzuhalten (HÄLTERLEIN et al. 1994).

Eine genaue Erfassung von **Alpenstrandläufern** ist extrem schwierig, weil sie halbkolonial brüten, kleine Territorien besitzen, die sie zur Verteidigung des Neststandortes kaum verlassen und insgesamt sehr unauffällig sind (REED und FULLER 1983, REED et al. 1984). Die Zähleinheit ist das warnende Individuum im Mai und Anfang Juni. Die Vögel sollten tagsüber zwischen 9.00 und 17.00 Uhr entlang von Transekten erfaßt werden. Fehler entstehen durch nichtbrütende Übersommerer.

7.4.10 Eulen und Nachtschwalben

Diese Arten sind meist nacht- oder dämmerungsaktiv. Daher müssen die Methoden zur Erfassung der Brutbestände modifiziert werden.

Transektmethoden

Einige Eulenarten können dadurch erfaßt werden, daß sie auf ihre vom Tonband abgespielten Rufe reagieren (z. B. SCHUSTER 1971). In den USA werden die Rufe mehrerer verschiedener Eulenarten (beginnend mit der kleinsten Art) an Transektstrecken in festgelegten Abständen (0,4 bis 1,6 km) abgespielt und die Antwortrufe registriert. Die Rufe werden mehrere Male vorgespielt, da viele Individuen erst nach einiger Zeit auf die Klangattrappe reagieren. Alle Anwortrufe werden registriert und zur Bestandsschätzung verwendet (FULLER und MOSHER 1981).

Revierkartierungsmethoden

Die Zähleinheit beim **Waldkauz** ist das ortsgebundene Männchen. Erfassungen werden im Spätherbst und Winter (November bis Januar), zur Zeit der höchsten territorialen Aktivität durchgeführt (SOUTHERN und LOWE 1968, MEAD 1987). Bei zwei Begehungen des Untersuchungsgebietes in einer Woche werden die rufenden Vögel ähnlich einer Revierkartierung erfaßt. Durch diese Methode kann der Brutbestand jedoch erheblich unterschätzt werden. Als wesentlich effektiver erwies sich der Einsatz von Klangattrappen nach Sonnenuntergang in windstillen, klaren Nächten zwischen Ende Januar und April (SCHUSTER 1971).

Abb 7.4 Spezielle Kartie-
rungsmethoden für Wald-
kauzreviere

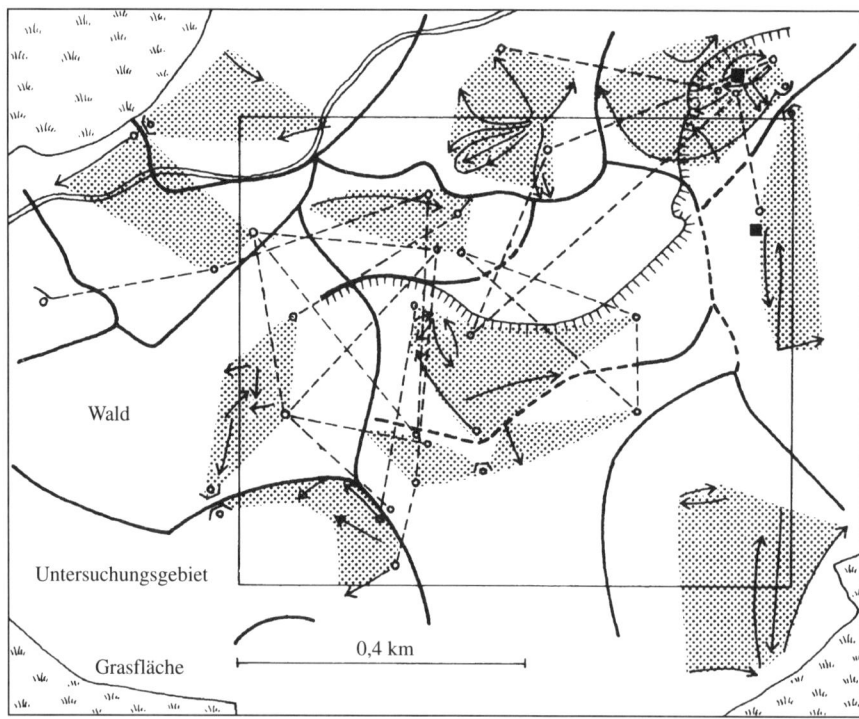

Wald

Untersuchungsgebiet

0,4 km

Grasfläche

Die Abbildung zeigt die durch Beobachtung ermittelten Reviere des Waldkauzes in
Wytham Great Wood in den Jahren 1954 und 1955 (aus SOUTHERN und LOWE
1968). Das große Quadrat gibt das genaue Untersuchungsgebiet an. Kleine, durch
gestrichelte Linien verbundene Kreise zeigen Positionen gleichzeitig revieranzeigender Vögel (verschiedene Individuen). Klammern kennzeichnen Orte territorialer Auseinandersetzungen und die schattierten Bereiche das daraus ermittelte Min-
destareal eines Revieres. Schwarze Linien mit Pfeilen stellen beobachtete Ortsbewegungen mit Richtungsangabe dar. Dicke schwarze Linien zeigen die wahr-
scheinlichen Territoriumsgrenzen, die anhand von Beobachtungen sowie von markierten, in Gewöllen wiedergefundenen Beutestücken bestimmt wurden. Unterbre-
chungen dieser dicken schwarzen Linien deuten auf Änderungen der Reviergrenzen, die vor 1955/56 stattfanden. Schwarze Quadrate symbolisieren Nistkästen, die
zum Brüten benützt wurden, und das Dreieck in der Mitte stellt das Fanggebiet dar.
Die Vorgehensweise ist der CBC-Methode ähnlich (vgl. S. 75); bei letzterer können
jedoch nur territoriale Auseinandersetzungen zur Abgrenzung von Revieren verwendet werden. Die Ergebnisse eignen sich für Dichteschätzungen, für die
langjährige Überwachung der Revierstandorte, die Bestimmung von Mortalität
bzw. Lebensdauer der Art und zur Untersuchung der Habitatbeziehungen der Vögel.
Abgedruckt mit Erlaubnis des Institute of Terrestrial Ecology.

Überprüfung geeigneter Habitate

Zähleinheit bei der **Schleiereule** ist der Reviervogel. In Großbritannien wurde die Brutpopulation durch Fragebogenaktionen verbunden mit Öffentlichkeitsarbeit und Befragungen von Ortskennern bzw. Bauern erfaßt (BUNN et al. 1982, SHAWYER 1987). Zur Definition eines Brutpaares war lediglich der Nachweis eines Vogels in seinem Territorium erforderlich.

Bei detaillierteren Populationsstudien werden Schleiereulen mittels sorgfältiger Nestersuche erfaßt. Dabei werden alle für Schleiereulen geeigneten Gebäude, Baumgruppen etc. auf einer Karte eingetragen und von Mai bis September systematisch auf Brutvorkommen kontrolliert. Die Methode ist in Gebieten mit nur wenigen potentiell geeigneten Nistplätzen sehr gut anzuwenden; in anderen Gebieten kann sie dagegen sehr zeitaufwendig sein. Auch Verkehrsopfer können Hinweise auf Bruten sein.

- **Sumpfohreule:** Bodenbrüter. Erfassung durch Ansitzen ähnlich wie bei Weihen.
- **Waldohreule:** Auch diese Art ist nur sehr unzureichend aufgrund von Revierrufen zu kartieren, auch der Einsatz von Klangattrappen ist wenig hilfreich (SCHUSTER 1971). Bettelnde Jungvögel sind jedoch ab Ende Mai sehr auffällig und leichter zu erfassen.
- **Sperlingskauz:** Diese Art ist bei der Revierabgrenzung im September/Oktober und vor allem im April am ruffreudigsten. Eine Erfassung ist nur während der Dämmerungsphase sinnvoll. Hinweise auf besetzte Bruthöhlen geben Gewöll-Ansammlungen. Durch die Reaktion von Kleinvögeln auf Klangattrappen oder Lockpfeifen läßt sich ebenfalls auf die Anwesenheit des Sperlingskauzes schließen. Allerdings ist die Reaktion auf Weibchenrufe ein besserer Indikator für ein Brutrevier, da umherstreifende revierlose Männchen ebenfalls rufen.
- **Uhu:** Neben der Erfassung von Rufen im Februar und März erscheint es

sinnvoll, für bekannte Brutplätze Horstplatzkarteien anzulegen (vgl. Adlerarten S. 148) und die entsprechenden Brutplätze und deren Umgebung alljährlich zwischen August und Oktober zu kontrollieren, weil in dieser Zeit die Störungen am geringsten sind und Mauserfedern die Anwesenheit des Uhus am ehesten verraten (SCHERZINGER 1987).

- **Rauhfußkauz:** Durch Einsatz von Klangattrappen sind Reviervögel gut erfaßbar, vor allem im Februar und März nach Einbruch der Dunkelheit. Hilfreich ist auch die Suche nach Schwarzspechthöhlen und das 'Herauslocken' des Altvogels (z. B. durch Kratzen am Stamm).

Zähleinheit beim **Ziegenmelker** ist das rufende („schnurrende") Männchen. Die Männchen sollten während der Brutzeit (Mitte Mai bis August) an ruhigen Tagen (Windstärke 0 bis 4 auf der Beaufort-Skala) in der Stunde nach Sonnenuntergang gezählt werden. Die Anzahl „schnurrender" Männchen wird aus der Maximalzahl der Vögel ermittelt, die an verschiedenen Stellen für mindestens eine halbe Stunde rufen. Gewöhnlich werden Standorte als getrennt angesehen, wenn sie mehr als 500 m voneinander entfernt sind und wenn die jeweiligen Rufe in weniger als 30 Sekunden Abstand erfolgen (CADBURY 1981, GRIBBLE 1983). Für genaue Standortbestimmungen individueller Rufer auf einer größeren Probefläche ist eine große Anzahl von Mitarbeitern erforderlich. Fehlerquellen ergeben sich durch rufende Durchzügler (bis Anfang Juni).

7.4.11 Segler

Gebäudebrütende **Mauer-** und **Alpensegler** sind durch gezieltes Aufsuchen bekannter und potentieller Brutplätze am besten erfaßbar. Zähleinheit ist das Individuum. Genauere Kontrollen sollten die Einflugstellen an Gebäuden oder (falls möglich) die Brutplätze innerhalb der Gebäude umfassen. Der Sommerbestand kleinerer Ortschaften läßt sich auch durch Zählung der abendlichen Gemeinschaftsflüge Ende Mai recht genau bestimmen. Sehr viel schwieriger ist die Erfassung von baumbrütenden Mauerseglern in höhlenreichen Althölzern.

7.4.12 Rackenvögel

Der **Bienenfresser** brütet in kleinen Kolonien in Abbruchkanten, Sandgruben etc., die in manchen Gebieten leicht zu finden und daher gut kontrollierbar sind. Gibt es jedoch eine Vielzahl potentieller Brutplätze, ist der gleichzeitige Einsatz einer großen Zahl von Mitarbeitern notwendig, die sich (im Mai) an Aussichtspunkten postieren und die überfliegenden Vögel notieren (Flugrufe sehr auffällig); dabei empfiehlt sich Funkkontakt. Trotzdem ist es auf größeren Flächen kaum vermeidbar, daß Einzelbrüter übersehen werden.

- **Wiedehopf, Eisvogel und Blauracke:** Aufsuchen geeigneter Biotope. Bruthinweise geben beim Eisvogel fischtragende (mit Kopf voran) Altvögel.

7.4.13 Spechte

Einige Spechtarten sind bei Revierkartierungen gut erfaßbar, insbesondere auch die bettelnden Jungvögel (meist im Juni). Probleme können bei den weniger rufaktiven Arten, wie z. B. **Mittel-** und **Grauspecht** entstehen. Diese können vor allem durch Klangattrappen gelockt werden (u. a. FLADE und MIECH 1986), wobei sehr genau auf die Anflugrichtungen geachtet werden muß, um Mehrfachregistrierungen einzelner Vögel zu vermeiden. Klangattrappen lösen bei manchen Individuen ein 'Höhlenzeigen' aus. Bei **Weißrücken-, Klein-** und **Dreizehenspecht** (auch **Wendehals**) ist ein Nachsuchen in geeigneten Habitaten erforderlich. Aufgrund der Standorttreue

der Spechte ergeben auch Funde alter Höhlen bzw. Beobachtungen außerhalb der Brutzeit, z. B. auch von Hack- und Fraßspuren ('geringelte' Bäume beim Dreizehenspecht) gute Hinweise auf Brutgebiete. Eine Suche der Nisthöhlen hat den Vorteil, daß damit gleichzeitig weitere schwierige Höhlenbrüterarten wie **Eulen, Hohltaube, Dohle** etc. erfaßt werden können (z. B. LANG und SIKORA 1981).

7.4.14 Rabenvögel

Die Erfassung kolonial und nicht-kolonial brütender Arten dieser Familie kann auf verschiedene Weise erfolgen. Im folgenden werden einige der häufig verwendeten Methoden vorgestellt.

Koloniebrütende Arten
Die Zähleinheit bei der Saatkrähe ist das offenbar besetzte Nest. Saatkrähen sollten im Frühling vor der vollständigen Belaubung (April) gezählt werden, da die Baumkolonien in dieser Zeit leichter auffindbar sind (SAGE und VERNON 1978). Kriterien für offenbar besetzte Nester sind (1) Nistmaterial eintragende Vögel, (2) auf dem Nest sitzende Vögel, (3) auf einem Nest landende Vögel.

Nicht-koloniale Arten
Die Zähleinheit bei der **Rabenkrähe** ist das offenbar besetzte Nest. Brütende Vögel sollten im Frühling vor der vollständigen Belaubung (April) gezählt werden. Da die Nester einzeln in Bäumen stehen, muß das gesamte geeignete Bruthabitat im Untersuchungsgebiet sorgfältig abgesucht werden. Die Besetzung eines Nestes wird ersichtlich durch (1) Nistmaterial eintragende Vögel, (2) schwarze Federn und Kot unter dem Nest, (3) die Beobachtung an- oder abfliegender Vögel und (4) auf dem Nest sitzende Vögel.

Beim **Eichelhäher** ist noch im Mai mit Durchzüglern östlicher Populationen zu rechnen.

Zähleinheit beim **Kolkraben** ist das besetzte Revier. Eine Besetzung kann schon im Februar/März durch Erfassen der Vögel in der Nähe potentieller Nistplätze festgestellt werden. Kolkraben sind sehr auffällig. Ihre Nester befinden sich an leicht einsehbaren Stellen, sind recht sperrig und werden meist über mehrere Jahre benutzt. In einer Studie von MARQUISS et al. (1979) wurde die Zahl der Kolkraben im Untersuchungsgebiet durch eine Kombination lokaler Hinweise und aktiver Nestersuche ermittelt. Gewöhnlich sind Paare in einheitlichen Habitaten gleichmäßig verteilt. Durch Erstellen einer Horstkartei lassen sich Verbreitungslücken leicht feststellen, die dann im Feld überprüft werden können. Über einen Zeitraum von mehreren Jahren kann so die genaue Zahl von Kolkraben eines Gebietes bestimmt werden.

7.4.15 Weitere Singvogelarten

Die Mehrzahl der Brutvogelbestände von Singvogelarten wird mittels Revierkartierungen, Punkt-Stopp-Zählungen oder Linientaxierungen ermittelt (siehe Kapitel 3 bis 5). Es gibt jedoch Arten, z. B. Brutvögel ausgedehnter Feuchtgebiete oder Arten mit außergewöhnlichen Zeiten der Gesangsaktivität, für die o. g. Erfassungsmethoden nur bedingt geeignet sind. Für manche Arten existieren auch derzeit keine zuverlässigen Erfassungsmethoden. Im folgenden sollen zumindest für einige Singvogelarten Hinweise gegeben werden, mit welcher Methode gearbeitet werden sollte.

- **Heidelerche, Schwirle, Blaukehlchen etc.:** Gesang überwiegend in der Dämmerung oder nachts; tagsüber sind die Gesänge dieser Arten vor allem zu Beginn der Brutsaison gut zu erfassen, bei der Heidelerche im März oder Anfang April; Klangattrappen sind hilfreich.
- **Wasseramsel und Gebirgsstelze** können durch systematisches Ablau-

fen der Gewässer von der Quelle zur Mündung und Überprüfung aller als Nestplatz geeigneter Strukturen weitgehend vollständig erfaßt werden (z. B. KAISER 1990). Viele Neststandorte werden über Jahre genutzt und geben auch außerhalb der Brutzeit gute Hinweise (SCHNEIDER 1985). Zu beachten ist, daß die Wasseramsel ihre Brutreviere häufig schon sehr zeitig (Februar) besetzt (BIEBACH et al. 1985).

- Der **Brutbestand schilfbewohnender Singvogelarten,** z. B. des Drosselrohrsängers, läßt sich am ehesten mit Hilfe von Klangattrappen und (wo möglich) durch Fang und Farbberingung ermitteln, da eine Kartierung singender Männchen den Bestand meist erheblich unterschätzt. In schwer zugänglichem Gelände, wie z. B. dem Neusiedler See, wurden zur Erfassung des Vogelbestandes und der Vegetationsstruktur große, über das Schilf ragende Leitern eingesetzt (GRÜLL und ZWICKER 1993). Probleme ergeben sich vor allem beim Eintragen der Beobachtungen in Karten, wobei der Einsatz von Markierungspfosten und anderen Geländemarken zu empfehlen ist.
- **Seggenrohrsänger:** Erfassung ist fast nur in der Abenddämmerung sinnvoll, wenn die meisten Individuen singen.
- **Bartmeisen** können von geeigneten Aussichtspunkten bei ihren Nahrungsflügen registriert werden. Da die Neststandorte oft kolonieartig verdichtet sind, ist eine exakte Erfassung der Brutpaarzahlen ohne Lokalisation der Nester meist nicht möglich. Zur Ermittlung relativer Zahlen ist deshalb der Einsatz standardisierter Beobachtungsmethoden notwendig.
- **Beutelmeise:** Für den Brutbestand ist die Zahl kompletter Nester (mit Einflugröhre) ausschlaggebend. Klangattrappe oder Lockpfeife sind hilfreich. Nachsuchen nach Laubfall ist in unübersichtlichem Gelände angebracht.

- **Erlenzeisig und Fichtenkreuzschnabel** brüten z. T. weit außerhalb der 'normalen' Brutzeiten und werden bei Methoden mit vorgegebenem Bearbeitungszeitraum nicht richtig erfaßt. Zusätzliche Begehungen könnten daher notwendig sein.
- **Zaunammern** lassen sich am besten durch Klangattrappen erfassen.

Unter den Singvögeln weisen mehrere Arten sehr kurze Gesangsphasen auf; nach der Verpaarung werden beispielsweise Trauerschnäpper und Klappergrasmücke sehr unauffällig und sind kaum noch erfaßbar. In Randbereichen des Verbreitungsgebietes oder bei isolierten Vorkommen sind die Gesangsphasen häufig ebenfalls sehr kurz, z. B. beim Karmingimpel in Süddeutschland (auch Schilfrohrsänger). Bei der Bearbeitung größerer Flächen ist deshalb eine gleichzeitige Kartierung durch viele Mitarbeiter während der Hauptgesangsphase dieser Arten notwendig.

Wichtige Hinweise zur Erfassung weiterer Singvogelarten geben z. B. GNIELKA (1990), Arbeitsgruppe 'Ornithologie und Naturraumplanung' der DO-G (1993) und FLADE (1994).

7.5 Zusammenfassung

Bei vielen Arten wird der Bestand durch Überprüfung der jeweils geeigneten Lebensräume zur Brutzeit erfaßt. Es ist dabei von großem Vorteil, wenn man sowohl mit dem Untersuchungsgebiet als auch mit der Ökologie und dem Verhalten der entsprechenden Arten sehr gut vertraut ist. Die verschiedenen Gebiete sollten mit gleichem Aufwand erfaßt werden, um zu gewährleisten, daß die Daten nicht die Bearbeitungsintensität, sondern die tatsächlichen Bestandszahlen widerspiegeln.

Veränderte (vereinfachte) Revierkartierungsmethoden können bei solchen Arten angewendet werden, die häufige Revierauseinandersetzungen mit Artgenossen haben.

Modifizierte Linientransektmethoden können insbesondere bei größeren und auffälligeren Arten eingesetzt werden und daher leicht zu erfassen sind.

Jagdstatistiken ergeben einen Indexwert des Brutbestandes jagdbarer Vogelarten. Diese Statistiken spiegeln jedoch nicht nur den tatsächlichen Brutbestand wider, sondern auch andere Faktoren, wie z. B. den (variablen) Jagddruck.

Es gibt eine große Zahl weiterer Arten, die sich nicht mit Hilfe solcher Standardmethoden wie der Revierkartierung, der Linientaxierung oder der Punkt-Stopp-Zählung erfassen lassen und deren Bestände auch mit spezielleren Methoden nur unzureichend ermittelt werden können (z. B. Arten der Baumkronen tropischer Regenwälder und Arten der Feuchtgebiete). In diesen Fällen wird man deshalb auch in Zukunft häufig auf Relativzahlen bzw. auf An- und Abwesenheitsangaben zurückgreifen müssen.

8 Erfassung großer Vogelansammlungen

8.1 Einleitung

Die Zählung von koloniebrütenden Vogelarten und großen Schwärmen stellt besonders hohe Anforderungen an den Bearbeiter. Es sind daher gesonderte Hinweise zur exakten Erfassung erforderlich.

Hauptprobleme bei der Erfassung von Vogelkolonien entstehen bei der Einschätzung des Nichtbrüteranteiles, der Entdeckung und Erfassung von Brutkolonien in schwer zugänglichen Gebieten, der Bestimmung des auf Nahrungssuche befindlichen Anteiles einer Brutkolonie sowie der Effekte ungünstiger Witterungsbedingungen auf den Brutbestand.

Bei der Zählung von Vögelschwärmen ergeben sich Schwierigkeiten durch den begrenzten Erfassungsbereich von Ferngläsern und Spektiven sowie durch die unterschiedliche Beobachterqualität in bezug auf die Artbestimmung entfernt fliegender Vogeltrupps; das gilt ebenso für die Schätzung von Truppstärken, insbesondere wenn Vogelarten verschiedener Größe vermischt sind.

Trotz all dieser Schwierigkeiten wurden mehrere Methoden für die Erfassung von koloniebrütenden Vogelarten und von Vogelschwärmen entwickelt, die im folgenden vorgestellt werden.

8.2 Koloniebrütende Vogelarten

Zur Erfassung von Brutkolonien sind verschiedene Schritte nötig, die nachfolgend aufgeführt sind.

8.2.1 Beschreibung des Untersuchungsgebietes

Bei einer Begehung des Gebietes wird die genaue Lage aller Kolonien und weiterer isolierter Brutplätze auf einer Grundkarte mit einem Maßstab von 1 : 10 000 eingetragen. Falls die Kolonien sich über einen großen Raum erstrecken, schwer einzusehen oder sehr individuenreich sind, sollte das Untersuchungsgebiet in mehrere Zählabschnitte unterteilt werden, wobei die Wahl der Abschnitte vom Vorhandensein geeigneter Beobachtungspunkte abhängig ist.

8.2.2 Beschreibung der Brutkolonie

Eine Kolonie wird definiert als Ansammlung brütender Vögel, die von anderen durch ein Landschaftselement, wie z.B. eine große Wasserfläche, abgetrennt ist. Bestehen Zweifel über die Koloniezugehörigkeit einer kleinen Vogelansammlung, sollte man sich für eine Abtrennung entscheiden, wenn dies nach eindeutigen Kriterien möglich ist.

Eine Kolonie wird durch folgende Punkte charakterisiert (nach Seabird Group/NCC 1988, LLOYD et al. 1991):

(1) Name der Kolonie. Namen werden Grundkarten entnommen und sollten mit denen in der Landeskarte im Maßstab 1 : 50 000 übereinstimmen.
(2) Genauer Standort; z.B. „Nordostteil der Greifswalder Oie". Der Grundkarte sollten sechs Koordinatenpunkte entnommen werden, die Anfang und Ende eines Klippenabschnittes bzw. das ungefähre Zentrum einer Kolonie in flacherem Gelände kennzeichnen.

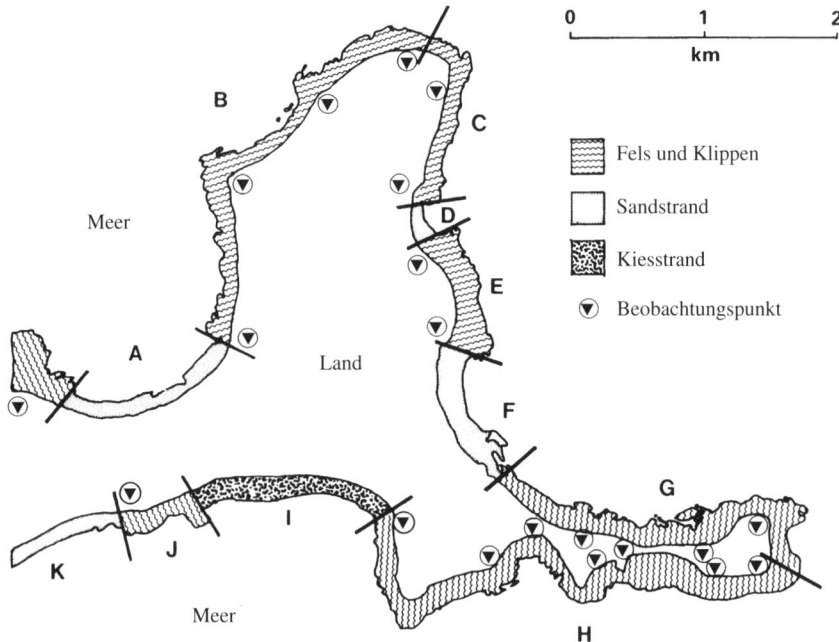

Falls Vogelkolonien entlang ausgedehnter Küstenlinien verteilt sind, empfiehlt es sich, die Küstenlinie in einfach zu zählende Abschnitte zu untergliedern. Dabei werden auffällige Geländemerkmale genutzt (z.B. steil aufragende Klippen, Kiesel- oder Sandstrand usw.) sowie darauf geachtet, daß geeignete Aussichtspunkte zur Zählung der Vögel verfügbar sind und die Abschnitte leicht in einem Durchgang gezählt werden können. Es ist wichtig, alle Abschnitte und Aussichtspunkte auf einer Grundkarte einzutragen und die Ergebnisse für die jeweiligen Abschnitte getrennt darzustellen. Man sollte zudem erwägen, die Abschnitte immer in derselben Reihenfolge oder nach dem Zufallsprinzip zu zählen, um Einflüsse durch unterschiedliche Anwesenheitszeiten in der Kolonie im Verlaufe der Erfassung auszuschließen.

(3) Schutzstatus; z.B. Landschaftsschutzgebiet, Naturschutzgebiet, Privateigentum (falls bekannt, sollte der Name des Besitzers aufgeführt werden).
(4) Beschreibung; z.B. Einzelheiten zu Felshöhe und -ausrichtung, Neigungswinkel, Gesteinstyp (einer geologischen Karte zu entnehmen), Deckungsgrad (Pflanzenarten und Häufigkeiten) bzw. wichtigste Biotoptypen, falls es sich um übersichtliches Gelände oder eine Insel handelt. Wenn möglich, sollten diese Details während einer Ortsbegehung skizziert werden. Polaroidaufnahmen können als langjährige Bilddokumente

verwendet werden (Datum und Besonderheiten der Kolonie sollten jeweils auf der Rückseite des Fotos vermerkt werden). Auch die Beobachtungspunkte und jeweilige Blickrichtung bei den Bestandserfassungen sollten dokumentiert werden (Abbildung 8.1). Für eine genaue Lokalisierung in späteren Jahren ist es sehr wichtig, einen deutlichen Bezug zwischen den Grenzen einer Kolonie oder Probefläche und wichtigen Geländemarken, wie z.B. Flüssen, Senken etc., herzustellen.
(5) Zugang. Angaben zur Logistik, d.h. Name und Adresse des Landeigentü-

mers oder eines Bootsbesitzers, Verkehrsmittel, Zugangsstraßen, die nächstgelegene Siedlung etc.

(6) Historisches. Was ist über frühere Erfassungen der Kolonie bekannt, falls möglich mit Angabe der entsprechenden Literatur.

(7) Erfassungsprobleme. Zu vermerken ist der ungefähre, vom Festland bzw. vom Wasser aus erfaßbare Anteil der Kolonie sowie weitere spezielle Erfassungsprobleme, wie z. B. Höhlenbrüter, Zählen im Gegenlicht, verdeckte Sicht, Störwirkung durch den Beobachter usw.

(8) Sonstiges. Hier werden alle zusätzlichen Informationen zur Kolonie vermerkt, beispielsweise genaue Lage eines eventuellen Zählpunktes der Internationalen Wasservogelzählung.

(9) Bibliographie. Jegliche Informationen zur Kolonie in Büchern, wissenschaftlichen Veröffentlichungen, Berichten usw.

8.2.3 Auswahl der Erfassungsmethode

Die jeweils anzuwendende Methode wird hauptsächlich durch die Zielsetzung bei der Erfassung sowie durch die zu untersuchende Vogelart festgelegt. In sehr großen Gebieten kann eine grobe Schätzung der Brutpopulation einiger Arten durch zeitsparende aber recht grobe Methoden erreicht werden, beispielsweise durch eine Zählung vom Flugzeug aus. Genauere Bestandserhebungen in einem bestimmten Untersuchungsgebiet erfordern jedoch detailliertere und zeitaufwendigere Methoden. Die Erfassung der Bestände bodenbrütender Küstenvogelarten (z. B. Silbermöwe) macht häufig das Zählen von Nestern in Zählquadraten innerhalb der Kolonie erforderlich. Für die Erfassung von felsenbrütenden Seevögeln (z. B. Trottellumme) sind häufig mehrere Zählungen der einzelnen Vögel in genau festgelegten Abschnitten eines Brutfelsens zu verschiedenen Zeiten während der Brutsaison nötig.

8.2.4 Zählen der Vögel

Optimale Bestandserfassungen einer Vogelkolonie sind stark vom Standort des Beobachters abhängig. Im Idealfall sollte sich der Beobachter auf gleicher Höhe oder etwas über den Vögeln befinden und direkt auf die Kolonie schauen. Der Schutz der Vögel und die Sicherheit des Beobachters haben in jedem Falle Vorrang bei der Wahl der Beobachtungspunkte und der Genauigkeit der Erfassung (HÄLTERLEIN et al. 1994).

8.2.5 Verwendung standardisierter Zählformulare

Wie bei den anderen Erfassungsmethoden ist auch bei der Zählung von Seevögeln die Standardisierung der gewählten Methode und der Datenaufzeichnung von entscheidender Bedeutung. In vielen Ländern wurden Standardformulare für die verschiedensten Zwecke entwickelt. Abbildung 8.2 (S. 168/169) zeigt ein ausgefülltes Standardformular des „Landesamtes für den Nationalpark Schleswig-Holsteinisches Wattenmeer". Dort wird zusammengefaßt, welche Informationen bei einer Seevogelzählung zur Brutzeit gesammelt werden sollten (aus HÄLTERLEIN et al. 1994).

Von großer Bedeutung sind die Angaben zu Jahr, Monat, Tag, Erfassungsmethode und zu Störeinflüssen. Die Standardisierung erlaubt einen Vergleich der Daten mit anderen Orten und über die Jahre.

8.3 Erfassungsmethoden für verschiedene Vogelarten der Meeresküste

Im folgenden werden genaue Beschreibungen zur Erfassung verschiedener Vogelgruppen gegeben. Ein Großteil der methodischen Ansätze stützt sich auf

Abb. 8.2 Beispiel eines ausgefüllten Zählformulares bei der Brutbestandserfassung von Küstenvögeln. Für den Wattenmeer-Nationalpark wurde ein standardisiertes Formular zur Erfassung brütender Küstenvögel entwickelt. Details zu den einzelnen Punkten sind in einer ausführlichen Anleitung mit Beispielen angeführt (HÄLTERLEIN et al. 1994; mit freundlicher Erlaubnis des Nationalparkamtes Schleswig-Holsteinisches Wattenmeer)

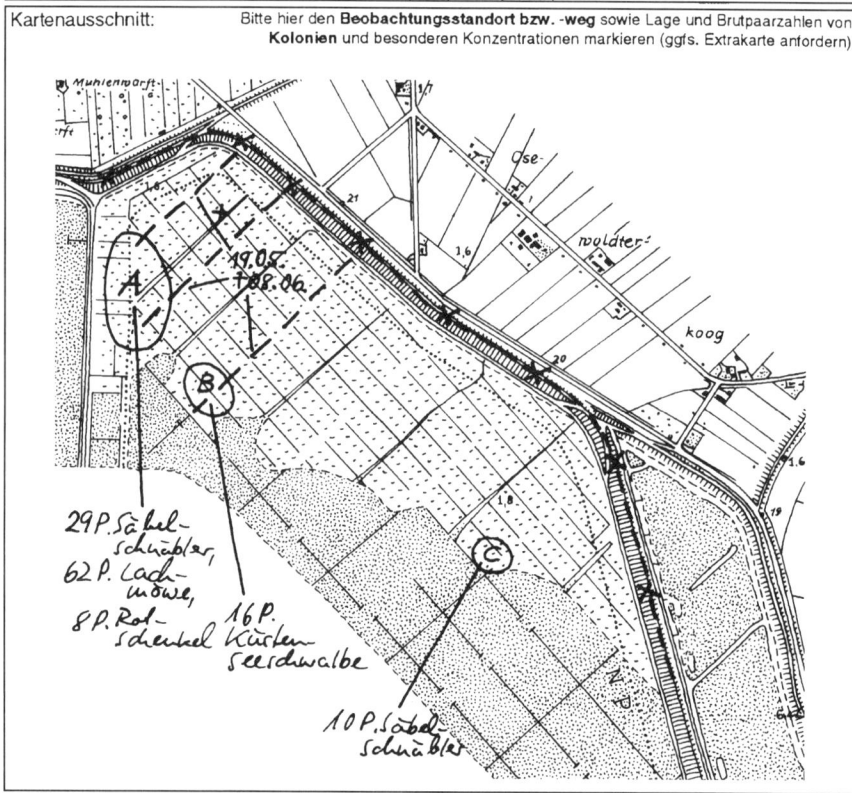

Die Zahlen der Brutvögel, anwesenden Altvögel und anwesenden Nichtbrütertrupps werden jeweils in getrennte Spalten eingetragen. Wenn sicher ist, daß eine Art im Gebiet nicht brütet, wird dies durch eine '0' gekennzeichnet.

Für die Zählmethoden wird folgender Schlüssel verwendet:

A = Vom Flugzeug aus   B = Zählung einzelner Paare

C = Zählung auffliegender Altvögel (Exemplare x 0,7 = Anzahl BP)

D = Gelegezählung

E = Revierkartierung

Parameter, die eine Zählung beeinflußt haben könnten, werden gesondert aufgeführt (Rubrik 'Bemerkungen').

Gebiet		Gebiets-Code		1995
Vorland Osewoldter Koog		**VN 32**		

Euring-Code, Art, Erfassungszeit		Erfassungstage	Paare	Methode	Exemplare	Nichtbrüter
01730 Brandgans	01.05.-20.05.	*10.05., 19.05*	4	E 4♂, 2♀	6	30 (08.06.)
04500 Austernfischer	06.05.-10.06.		ne			
04560 Säbelschnäbler	06.05.-25.05.	*10.05., 19.05., 25.05*	44	C (Kol. A)/B	63	
04700 Sandregenpfeifer	26.04.-31.05.	*27.04, 10., 19., 25.05.*	3 *	E		
04770 Seeregenpfeifer	21.05.-10.06.	*25.05., 08.06.*	4	E 4♂, 1♀		
04930 Kiebitz	11.04.-30.04.	*15.04., 27.04*	3	E	5	30 (25.05)
05460 Rotschenkel	21.04.-10.05.	*27.04., 10.05.*	12	E	14	
05820 Lachmöwe	01.05.-31.05.	*10.05., 19.05., 25.05*	67	C	96	
05900 Sturmmöwe	21.05.-10.06.	*08.06*	1 ?	E	1	
05910 Heringsmöwe	16.05.-10.06.		0			
05920 Silbermöwe	16.05.-10.06.		0			
06110 Brandseeschwalbe	16.05.-10.06.		0			
06150 Flußseeschwalbe	21.05.-10.06.		0			
06160 Küstenseeschwalbe	21.05.-10.06.	*25.05., 08.06.*	17	B	24	
06240 Zwergseeschwalbe	21.05.-10.06.		0			
Alpenstrandläufer		*08.06.*	0		4	

In der Spalte "Paare" sind nicht die paarweise angetroffenen Vögel, sondern die nach Methode B, C, D oder E ermittelten "Revierpaare" einzutragen! (unter "Exemplare" nicht nur die einzeln angetroffenen Vögel, sondern alle Exemplare inkl. Kleingruppen bis zu 6 Ex.)

Erläuterungen (bitte vor der Erfassung die Anleitung zur Brutbestandserfassung von Küstenvögeln genau lesen)
- nur absolute Werte eintragen; ne = nicht erfaßt, 0 = sicher nicht brütend, ? (+Zahl) = Brutvogelstatus unklar -
"Erfassungstage": bitte alle Kontrolldaten aus dem artspezifischen Erfassungszeitraum eintragen, Datum der gewerteten Maximalzahl unterstreichen
"Paare": Maximalzahl der Brut-/Revierpaare/Gelege von mind. 2 Kartierungen (Reference Areas genau 3)
"Methode": Kolonien
    A - Flugzeug-/ Luftbildzählung
    B - Paarzählung (1 Ex. brütend, 1 Ex. brütend + Partner, 2 Ex. oder 1 Ex. -auch in Gruppen bis 6 Ex.- ohne erkennbaren Partner stehend/ fliegend = jeweils 1 Paar)
    C - Paarzählung nach auffliegendem Altvogelschwarm (Exemplare x 0,7 = Paare; werden begründete andere Faktoren benutzt, sind diese hier unbedingt einzutragen)
    D - Gelegezählung (nur bei Möwen, kurz vor Schlupfbeginn, leere Nester mitzählen; nicht in Mischkolonien von Möwen und Seeschwalben/ Säbelschnäblern)
Einzelbruten/ Einzelvorkommen von Koloniebrütern
    E - Revierkartierung (mind. erforderliches Verhalten/ E.O.A.C.-Kriterium siehe Anleitung; wurden Männchen und Weibchen getrennt gezählt, Werte bitte hier eintragen)
"Exemplare": Summe aller anwesenden Altvögel (einzeln, paarweise + Kleingruppen bis 6 Ex./ Balzgr. Brandg. kpl.)
"Nichtbrüter": Summe aller Vögel in Trupps mit mehr als 6 Exemplaren

Bemerkungen (Nutzungen, Störungen, Vegetation, Bruterfolg etc.; bitte ggfs. Extrablatt beifügen)
* 2 Sandregenpfeiferpaare am 27.04., ein weiteres Junge führend am 08.06.
fliegender Altvogelschwarm Kolonie A (Lm + Ss) nach Foto vom 19.05. ausgezählt (liegt bei)
frische Fuchsspuren am 19.05., 1 Rohrweihen ♂ mehrfach im Gebiet
Schafauftrieb (33 Mutterschafe, 50 Lämmer) zwischen dem 15. + 27.04.
1 Sportflugzeug ("DLO-77") in ca. 200m Höhe überfliegend am 08.06.
4 Personen + Hund mit Windschutz am Ende des mittleren Schafdammes lagernd am 08.06
im Osten Lahnungsbau-Arbeiten am 27.04. + 10.05.

Überflutungen (bitte hier Datum ankreuzen und Anteil des überfluteten Brutgebietes in % angeben)
10. Mai 20.   10. Juni 20.   X 10. Juli 20.
07.07.: 10%, keine Verluste festgestellt

Abb. 8.3 Saisonale Veränderungen in der Nester- und Gelegezahl in Brutkolonien

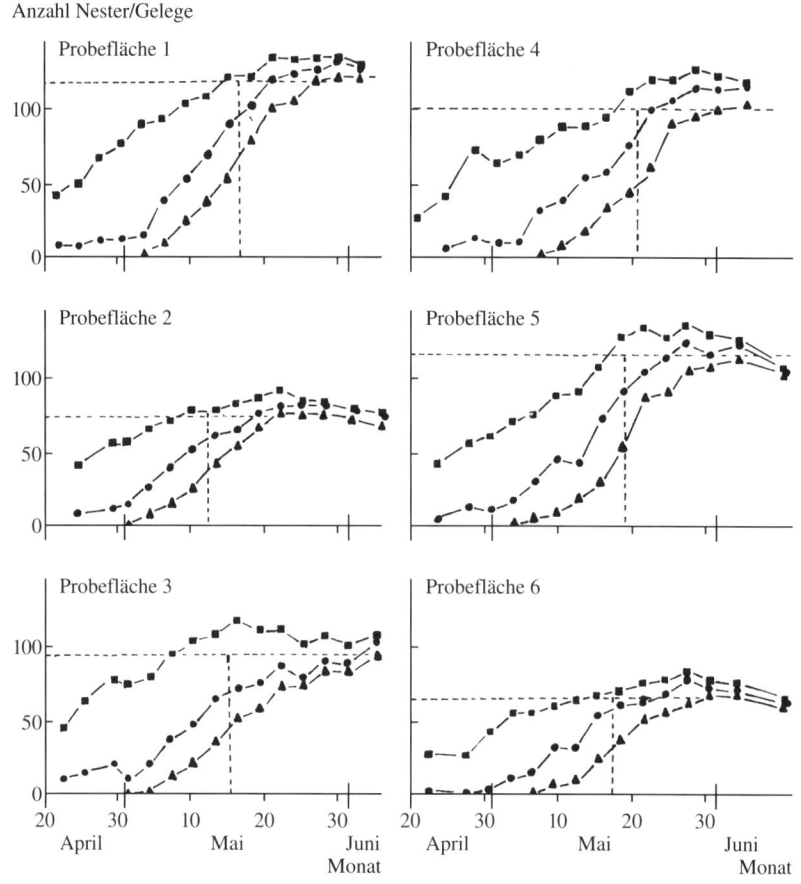

Diese Abbildung zeigt Veränderungen in der Gesamtzahl der Nester (■), vollständiger Nester (einschließlich solcher mit Eiern) (●) und Gelege (▲) von Möwen (*Larus*) auf sechs Probeflächen auf der Insel May in Schottland zwischen April und Juni 1983 (aus WANLESS und HARRIS 1984). Die horizontalen gestrichelten Linien kennzeichnen die Zahl der Brutpaare auf der Probefläche (ermittelt aus der Höchstzahl erfaßter Gelege zuzüglich der Nester mit Gelegeverlust während einer 12tägigen Periode vor der Zählung). Die vertikal gestrichelte Linie zeigt den Median der ersten Eiablage. Diese Abbildung deutet an, daß die Brutpopulation der Möwen Ende Mai einen Höchstwert erreichte und gegen Juni hin abzunehmen begann. Nesterzählungen sollten zur Hauptbrutzeit der Kolonie durchgeführt werden (Ende Mai), in späteren Jahren sollten die Zählungen ebenfalls im gleichen Zeitraum erfolgen.

die Veröffentlichungen von NETTLESHIP (1976), BIRKHEAD und NETTLESHIP (1980), EVANS (1980, 1986), Seabird Group/NCC (1988) und LLOYD et al. (1991). Da jedoch die Verhältnisse an der mitteleuropäischen Küste häufig anders sind, mußte der Text stark verändert und durch Beispiele aus mittel- europäischen Gebieten ergänzt werden. Diese Angaben basieren vor allem auf den Publikationen von BRUNCKHORST et al. (1988), RÖSNER (1992) und HÄLTERLEIN et al. (1994). Die methodischen Hinweise sind z. T. durchaus auch auf Koloniebrüter im Binnenland übertragbar.

8.3.1 Möwen

Zur Erfassung bodenbrütender Möwenarten (z. B. Silbermöwe, Heringsmöwe, Mantelmöwe, Lachmöwe und Sturmmöwe) stehen mehrere Methoden zur Verfügung.

(1) Vollständige Nesterzählung. Die Zähleinheit bei dieser Methode sind die offenbar besetzten Nester. Dabei wird die Summe aller besetzten und (bei der Zählung) unbesetzten Nester erfaßt, die im Verlaufe der jeweiligen Brutzeit verwendet wurden. Diese vorsichtige Definition ist aufgrund der kurzen Entwicklungszeit und der geringen Synchronisation der Bruten bei Möwen notwendig. Bei den Zählungen wird man daher neben flüggen Jungvögeln auch Nestlinge vorfinden oder sogar Nester, die noch keine Eier enthalten. Falls ein guter Beobachtungspunkt zur Verfügung steht und die Kolonie aus weniger als etwa 200 Paaren besteht, können alle offenbar besetzten Nester in der Hauptbrutzeit (Mitte Mai bis Mitte Juni) direkt erfaßt werden.

An der Küste empfiehlt es sich, Nestzählungen in Kolonien in einem Zeitraum von $1^{1}/_{2}$ Stunden vor bis $1^{1}/_{2}$ Stunden nach Hochwasser durchzuführen, da die Anwesenheit der Vögel in der Kolonie zu dieser Zeit am stabilsten ist. Bei Dauerregen, Nebel oder starkem Wind sollten dagegen keine Bestandserfassungen durchgeführt werden, weil die Genauigkeit der Erfassung meist darunter leidet (WANLESS und HARRIS 1984).

Wenn keine Gefährdung anderer Arten vorliegt, können in Möwenkolonien auch Gelegezählungen durchgeführt werden. Diese erfolgen durch einmalige Begehung vor Schlupfbeginn, wobei die während der Zählung erfaßten Nester jeweils durch kleine Muscheln oder andere Gegenstände markiert werden sollten. Als Alternative kann auch die 'Leinen-Methode' verwendet werden, bei der die Kolonie durch zwei an einen Pfosten gebundene Leinen in Zählabschnitte bestimmter Größe unterteilt wird, in denen nacheinander die Gelege ausgezählt werden (ausführliche Beschreibung in HÄLTERLEIN et al. 1994).

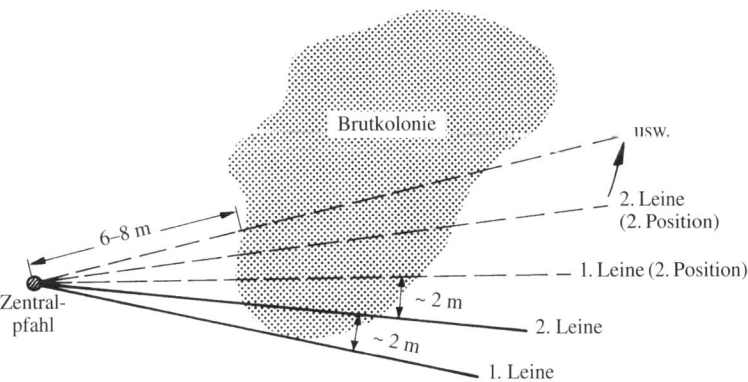

Abb. 8.4 Standardisierte Zählung von Nestern bzw. Gelegen in Kolonien mit der 'Leinen'-Methode

Zwei 30 m lange Leinen werden so am Boden ausgelegt, daß ihr Abstand am Kolonieende zwei Meter beträgt. Die durch die Leinen begrenzte Teilfläche wird ausgezählt. Anschließend wird die erste Leine angehoben und vorsichtig über die zweite Leine zur zweiten Position verlegt. Die sich ergebende Teilfläche wird ausgezählt etc.
Um die Störungen zu begrenzen, sollten bei dieser Methode zwei Personen zusammenarbeiten. Steht nur eine Person zur Verfügung, hat sich die Verwendung eines Zentralpfahles bewährt (aus HÄLTERLEIN et el. 1994).

(2) Transektzählungen zur Bestimmung der Nesterzahl. In schlecht einsehbaren oder größeren Kolonien kann die Zahl nach den oben definierten Kriterien für „offenbar besetzte Nester" mittels Transektzählungen bestimmt werden. In einem ersten Schritt werden dazu die Ausmaße der Kolonie entweder vom Boden aus, oder besser, aus einem Luftbild bestimmt und die Grenzen auf einer Grundkarte eingetragen.

Dann werden Transekte so durch die Kolonie gelegt, daß die Population repräsentativ erfaßt werden kann. Nach Möglichkeit sollten die Transekte mit einer farbigen Schnur markiert werden. Jeder Transekt wird von einem Beobachter abgelaufen, der alle offenbar besetzten Nester in 0,5 bis 1 m Entfernung beiderseits der Transektlinie zählt und mit kleinen Schildchen oder Farbe markiert, um Doppelzählungen zu vermeiden. Sind die Grundflächen der Kolonie und der ausgezählten Transekte genau bekannt, kann daraus die Brutpaarzahl in der Kolonie hochgerechnet werden (s. Kapitel 4).

(3) Zähl-Quadrate zur Bestimmung der Nesterzahl. Zur Populationsschätzung kann die Möwenkolonie auch in Probeflächen in Form von Zähl-Quadraten eingeteilt werden. Je nach Dichte der Kolonie sollten die Quadrate zwischen 5×5 m und 20×20 m groß sein. Sie können in gleichmäßigem Abstand entlang eines Transektes angeordnet oder zufällig in der Kolonie verteilt sein. Ein gutes Beispiel für den Einsatz von Zähl-Quadraten bei der Erfassung bodenbrütender Seevögel stellen THOMPSON und ROTHERY (1991) vor.

Abb. 8.5 Zufallsverteilte Quadrate zur Erfassung bodenbrütender Seevögel

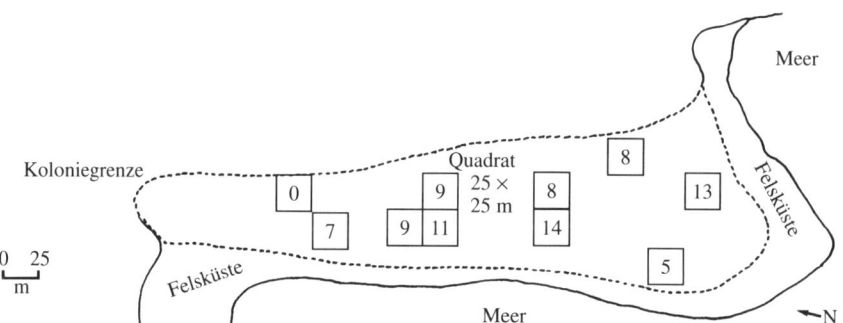

Im vorliegenden Beispiel wurde zunächst die Ausdehnung der Kolonie auf der Karte eingetragen. Anschließend wurde ein Gitternetz von 25×25 m über das Koloniegebiet gelegt und Quadrate, die vollständig in der Kolonie lagen, anhand von Zufallszahlen ausgewählt. In jedem der zehn Quadrate wurden die Vogelbestände gezählt und die Koloniegröße wie folgt berechnet:

Zahl der Nester in den Quadraten = 84
Gesamte Probefläche = 6250 m²
Brutareal = 39 550 m².
Anzahl aller Nester in der Kolonie = (Brutareal/Probefläche) × Nester in den Quadraten = 532.
Wenn die Nestdichten zwischen Kolonierändern und -zentrum unterschiedlich groß sind, führt diese Methode zu verfälschten Ergebnissen, da keine Randquadrate in der Stichprobe berücksichtigt wurden. Eine genauere Methode besteht darin, ein Gitternetz über die gesamte Kolonie zu legen und alle zufällig ausgewählten Quadrate zu zählen, unabhängig davon, ob sie gänzlich innerhalb der Kolonie liegen oder nicht.

Bei Transektzählungen oder der Zählung von Quadraten ist eine möglichst schnelle Bearbeitung der Probefläche erwünscht, um den Aufenthalt in der Kolonie so kurz wie möglich (höchstens 30 Minuten) zu halten. Falls die Vögel schon in den ersten Minuten erheblich gestört werden, müssen sich die Beobachter zurückziehen und warten, bis sich die Tiere wieder beruhigt haben. Langanhaltende Störungen können zum Verlust der Eier (z. B. durch Prädation) oder Verlust der Jungvögel (z. B. bei Verlassen des Nestbereiches) führen.

Zur Erfassung brütender Möwen gibt es noch zwei andere, weniger genaue, aber zeitsparende Methoden.

(4) Erfassungen durch Aufscheuchen. Die Zähleinheit bei dieser Methode ist der auffliegende Altvogel. Durch (einmalige) Begehung der Kolonie oder durch Heben und Senken der Arme (bzw. durch lautes Klatschen) von einem höher gelegenen Punkt aus werden alle Möwen von ihren Nestern aufgescheucht und dann möglichst rasch gezählt. Diese Methode ist vor allem in abgelegenen Regionen und besonders auf kleinen Inseln brauchbar (HAILA und KUUESLA 1982, HANSSEN 1982). Ein zweiter Beobachter, der die auffliegenden Vögel aus einiger Entfernung (mit besserem Überblick) ebenfalls zählt, erwies sich häufig als günstig. Es ist außerordentlich wichtig, die Störung zeitlich möglichst sehr begrenzt zu halten, da sonst die Gefahr sehr hoch ist, daß Prädatoren die Nestlinge und Eier rauben und die Vögel ihr Nest aufgeben. In der Abenddämmerung dürfen Kolonien in keinem Falle betreten werden. Die in dieser Zeit aber häufig auftretenden 'spontanen' Rundflüge der Altvögel können zusätzlich zur Erfassung des Bestandes genutzt werden (HÄLTERLEIN et al. 1994).

Sehr schwierig ist es, einen realistischen Schätzwert der Brutpaarzahl aus den Zählwerten zu erhalten. Meist wird dazu die Gesamtzahl fliegender Altvögel durch zwei geteilt, in anderen Fällen entspricht jeder fliegende Altvogel einem 'Brutpaar'. HÄLTERLEIN et al. (1994) empfehlen für das Wattenmeer, generell eine Multiplikation mit dem Faktor 0,7 durchzuführen, wenn keine konkreten Hinweise auf den tatsächlichen Anteil der erfaßten Brutvögel vorliegen.

(5) Erfassungen aus der Luft. Beim Überfliegen einer Kolonie kann die Größe der Brutpopulation durch Zählung der sitzenden Vögel grob abgeschätzt werden. Genauere Zahlen liefern dagegen Luftbilder der Brutkolonien. Durch diese Form der Erfassung lassen sich die Grenzen der Kolonie präzise bestimmen, und bei anschließenden Begehungen kann die Zahl der Nester überprüft werden. Hierzu werden meist Stichproben von 0,25 bis 1 ha Größe gewählt, die zusammen 15 % der Kolonie abdecken sollten (HÄLTERLEIN et al. 1994). Nachteile einer Erfassung aus der Luft sind die hohen Kosten, die starke Störung, die die Vögel zur Aufgabe ihrer Nester veranlassen kann, und die Schwierigkeit, brütende von nichtbrütenden Vögeln zu unterscheiden.

8.3.2 Seeschwalben

Bei Seeschwalben besteht die Tendenz, einen Koloniestandort nur über einige Jahre beizubehalten. Es ist daher sehr wichtig, das Untersuchungsgebiet genau abzusuchen, um die Verteilung der Kolonien vor den Begehungen zu kennen. Zur Erfassung der Brutvogelpopulation von Fluß-, Zwerg-, Küsten-, Brand- und Rosenseeschwalbe wurden drei Methoden entwickelt.

(1) Direkte Erfassung. Zähleinheit bei dieser Methode ist das offenbar besetzte Nest, das definiert ist durch einen fest sitzenden Vogel, der offensichtlich Eier bebrütet oder Junge hudert. Am besten werden offenbar besetzte Nester von einem erhöhten Aussichtspunkt gezählt. Probleme entstehen, wenn die Kolonie

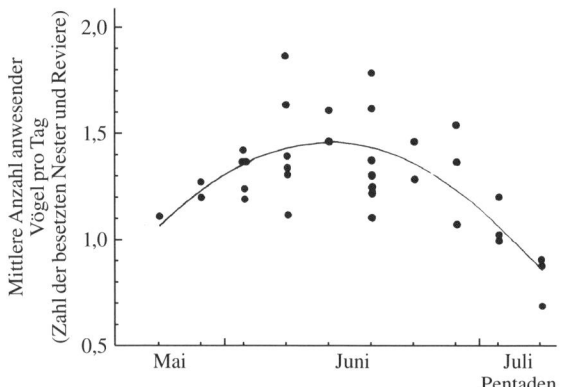

Die Abbildung zeigt die Anwesenheit von Küstenseeschwalben am Nest in Koloni-
en auf Orkney und Shetland im Jahre 1980 (aus BULLOCK und GOMERSALL 1981).
Regressionsberechnungen zeigen, daß die günstigste Erfassungszeit für diese Art in
Nordschottland um Mitte Juni liegt, da die Zahl anwesender Vögel bis zu dieser
Zeit ansteigt und danach wieder abfällt. Bei einer anderen Art oder in einer anderen
Region könnte die Grafik völlig anders aussehen und eine andere günstige Erfas-
sungszeit anzeigen. Die in der Grafik abgebildete Regressionskurve hat folgende
Gleichung: $y = 0{,}8496 + 0{,}2433x - 0{,}0242x^2$ ($p < 0.025$).

nicht vollständig einsehbar ist oder
wenn beide Altvögel eng beieinander
sitzen und darum als zwei Brutvögel
erfaßt werden. Bei sorgfältiger Anwendung sind dennoch genaue Ergebnisse
zu erzielen. Am brauchbarsten ist die
direkte Erfassung bei kleinen Kolonien.

(2) Erfassung durch Aufscheuchen.
Zähleinheit hierbei ist der fliegende
Vogel. Die Methode wurde bei der Zählung von Küstenseeschwalben auf Shetland und Orkney erprobt (BULLOCK und
GOMERSALL 1981) und in der Folge zur
Erfassung aller Seeschwalben in Irland
(WHILDE 1985) und von Fluß- und
Rosenseeschwalben auf den Azoren
angewendet.
   Durch laute Geräusche (z. B. Nebel-
horn) werden alle in der Kolonie anwesenden Vögel aufgescheucht und mehrere Male gezählt, solange sie sich in
der Luft befinden. Aus Mittelwerts-
berechnungen dieser Zählungen wird
schließlich die Koloniegröße bestimmt.

BULLOCK und GOMERSALL (1981) zeigten, daß der Zeitpunkt der Zählung
die Genauigkeit wesentlich beeinflußt.
Durchgehende Zählungen von der Bebrütungsphase von Ende Mai/Anfang
Juni bis zur Nestlingsphase Mitte Juli
ergaben Höchstzahlen in der zweiten
Juni-Dekade (frühe Nestlingsphase; Abbildung 8.6). BULLOCK und GOMERSALL
zählten Vögel auch im Tagesverlauf und
zeigten, daß die Anwesenheit in der Kolonie zwischen 8.00 Uhr und 22.00 Uhr
stabil ist. Zumindest für Shetland und
Orkney gilt daher, daß die Erfassung
während des gesamten Tagesverlaufes
gleich günstig ist. Ähnliche Untersuchungen zur tageszeitlichen und saisonalen Variation der Anwesenheit der
Brutvögel im Wattenmeer ergaben
übereinstimmende Ergebnisse (vgl. Hinweise und Zitate in HÄLTERLEIN et al.
1994). Die Autoren verweisen zudem
darauf, daß in der vorgeschlagenen Erfassungszeit auch die Störempfindlich-
keit der Seeschwalben am geringsten ist.

Tab. 8.1 Vergleich der Erwartungs- und Beobachtungswerte von Flußseeschwalbe und Rosenseeschwalbe auf den Azoren, wobei drei aufgescheuchte Vögel zwei Brutpaaren entsprechen (DEL NEVO, unveröffentlichte Daten).

Kolonie und Art	Zahl aufge- scheuchter Vögel	Anzahl- erwarteter Paare	Anzahl bekannter Paare	Unter- schied	Prozentualer Unterschied
(1) Flußseeschwalbe	70	47	45	2	4,4
(2) Flußseeschwalbe	14	9	8+	1	12,5
(3) Flußseeschwalbe	28	19	18	1	5,6
(4) Flußseeschwalbe	120	80	83	3	3,6
(5) Flußseeschwalbe	190	127	120	7	5,6
(6) Flußseeschwalbe	126	84	85	1	1,2
(7) Rosenseeschwalbe	32	21	21	0	0

Die Beziehung der Mittelwerte zur wahren Brutpaarzahl wurde von BULLOCK und GOMERSALL (1981) durch die Berechnung eines Indexwertes für die Anwesenheit am Nest ermittelt. Dieser Index wurde in einigen kleineren Kolonie-Probeflächen während der Brutzeit berechnet, indem alle fünf Tage in zweistündigen Intervallen zwischen 8.00 und 22.00 Uhr alle offenbar besetzten Nester und aufgescheuchten Vögel gezählt wurden. Dabei entsprachen drei fliegende Vögel einem Brutpaar. Unter Verwendung dieser Richtgröße (Faktor 0,33) wurde auf die Brutpopulation im gesamten Untersuchungsgebiet hochgerechnet. Bei internationalen Erfassungen der Brutplätze im Wattenmeer wird dagegen ein sehr viel höherer Umrechnungsfaktor (0,7) verwendet (FLEET et al. 1990). Für die Kolonien von Fluß- und Rosenseeschwalben auf den Azoren konnte ebenfalls eine enge Beziehung der Zählungen offenbar besetzter Nester und aufgescheuchter Vögel festgestellt werden (vgl. Tabelle 8.1).

(3) Transektzählungen. Die Zähleinheit bei dieser Methode ist das oben definierte offenbar besetzte Nest. Zuerst wird die Größe der Kolonie vom Boden aus oder aus einem Luftbild bestimmt. Dann werden Transekte durch die Kolonie gelegt, um den Brutvogelbestand repräsentativ zu erfassen. Am besten wählt man mehrere Transektlinien und zählt entlang dieser Transekte in ca. zehn Quadraten von 5 × 5 m die Zahl offenbar besetzter Nester. Diese Methode jedoch kann erhebliche Störungen in einer Kolonie verursachen.

Gleichgültig welche Methode zur Erfassung von Seeschwalben herangezogen wird, der Beobachter sollte sich nie länger als 20 min in der Kolonie aufhalten, da Seeschwalben sehr störungsanfällig sind und die Gefahr besteht, daß sie das Gebiet aufgeben oder die Eier Prädatoren zum Opfer fallen bzw. von einem unerfahrenen Beobachter zertreten werden. Es kommt tatsächlich häufig vor, daß die Seeschwalben in den ersten Minuten so aufgeregt umherfliegen, daß sich der Beobachter zurückziehen muß, damit sich die Tiere wieder beruhigen. Das Betreten (und Stören) von Brutkolonien gefährdeter Arten zu Erfassungszwecken ist in Deutschland nur nach Absprache mit den zuständigen Naturschutzbehörden (bzw. einer Sondergenehmigung) möglich.

8.3.3 Weitere Arten

Nachfolgend wird nur eine kleine Auswahl der Erfassungsmethoden für weitere Seevogelarten gegeben. Eine Liste am Ende dieses Abschnitts faßt die in der Originalfassung des Buches erwähn-

Abb. 8.7 Statistische Variation des Brutvogelbestandes felsbewohnender Koloniebrüter im Verlauf der Brutsaison

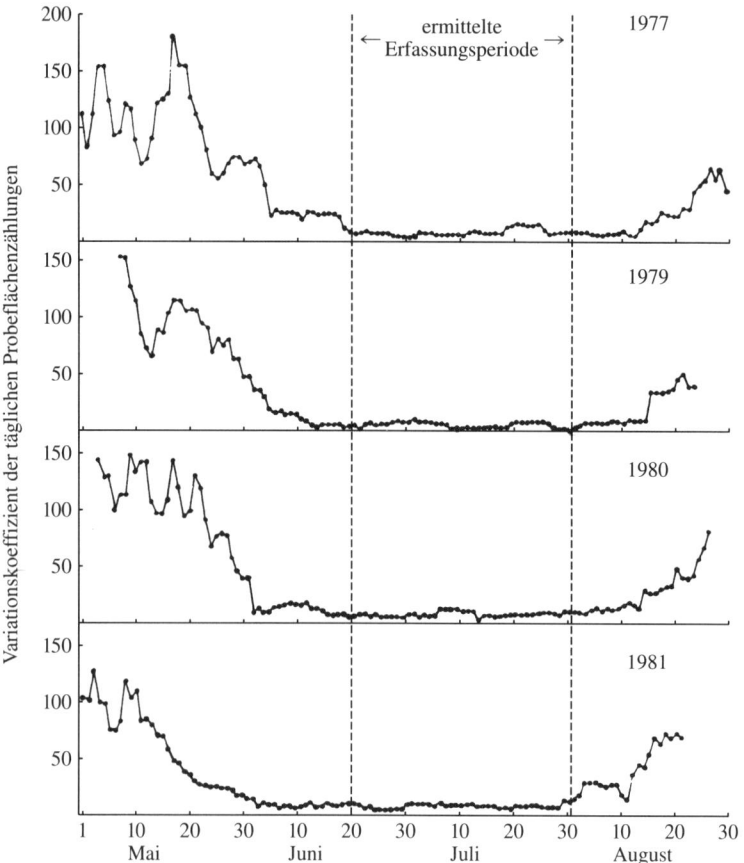

Die Abbildung zeigt die saisonalen Veränderungen des Variationskoeffizienten (CV) bei täglich durchgeführten Probeflächenzählungen an Trottellummen über vier Jahre auf den Semidi-Inseln, Alaska (aus HATCH und HATCH 1989). Jeder aufgetragene Wertepunkt stellt einen Koeffizienten für eine Sieben-Tageperiode dar, wobei das eingetragene Datum auf der x-Achse der Grafik jeweils dem mittleren Tag der Pentade entspricht. Demnach sind die Unterschiede zwischen den täglichen Probeflächenzählungen vom 20. Juni bis 30. Juli am geringsten. Die Zählungen sollten deshalb zu dieser Zeit durchgeführt werden, weil sie dann am zuverlässigsten sind. Bei anderen Vogelarten oder in anderen Regionen könnte der Verlauf der Kurve anders aussehen; vergleichbare Studien wären nötig, um die ideale Zählperiode für die Vögel zu bestimmen.

ten, für Mitteleuropa wenig relevanten, Seevogelarten zusammen. Leser, die an ausführlicheren Beschreibungen der entsprechenden Methoden interessiert sind, seien auf die jeweils zitierte Literatur verwiesen.

Die Zähleinheit bei der Trottellumme ist der einzelne Vogel in der Brutkolonie

(BIRKHEAD und NETTLESHIP 1980, EVANS 1980). Trottellummen werden am besten während der Phasen der Eiablage und der Jungenaufzucht erfaßt, da zu diesen Zeiten die Anwesenheit der Vögel in der Kolonie am stabilsten ist.

Bei den Erfassungen treten tageszeitliche Unterschiede auf (s. Kapitel 2).

Um derartige Effekte zu verringern, sollten nach Erfahrungen in Großbritannien die Zählungen bevorzugt zwischen 10.00 Uhr und 13.00 Uhr durchgeführt werden. Andere Studien geben jedoch abweichende tageszeitliche Anwesenheitsmuster an (EVANS 1986, DEL NEVO 1990), daher kann vor der genauen Zählung die Erhebung eines koloniespezifischen Anwesenheitsmusters erforderlich sein.

Zählungen sollten an fünf bis zehn über die Erfassungsperiode verteilten Tagen durchgeführt werden (Abbildung 8.7). Als Bestandszahl wird der Mittelwert der Zählungen verwendet, um Anwesenheitsunterschiede während verschiedener Tage auszugleichen.

Die Berechnung des Brutbestandes anhand der Zählung einzelner Individuen ist problematisch, da sich sowohl die Brutpaardichte als auch die Anzahl Nichtbrüter in einer Kolonie im Verlauf der Brutzeit verändern (HARRIS 1988). Deshalb wurden zur Berechnung der Anzahl der Brutpaare in einer Kolonie der Gryllteiste Korrekturfaktoren bzw. k-Werte entwickelt. Diese k-Werte werden an eigens dazu ausgesuchten „Kontroll"-Felsen berechnet. Dort wird die Zahl der auf Nestern sitzenden Vögel (N_p) und die mittlere Individuenzahl (N_i) durch mindestens zehn Zählungen im Zeitraum zwischen Ablage des letzten Eies und Schlupf des letzten Kükens bestimmt. Anschließend wird der k-Wert aus $k = N_p/N_i$ (BIRKHEAD und NETTLESHIP 1980) errechnet.

Die ermittelten Individuenzahlen müssen nun mit dem mittleren k-Wert der Kolonie multipliziert werden, um den Bestand an Brutpaaren zu erhalten. Da sich die Anwesenheitsmuster verschiedener Kolonien unterscheiden, sind die berechneten k-Werte koloniespezifisch und sollten nicht für andere Kolonien verwendet werden (vgl. aber HARRIS 1988).

Trottellummen können auch anhand von Fotografien der Kolonie gezählt werden. Diese Zählungen sind jedoch nicht sehr verläßlich, weil sich die Vögel auf den Bildern nicht immer eindeutig vom Hintergrund abheben. Außerdem kann die Zahl der Nichtbrüter aus den Bildern nicht ermittelt werden (BIRKHEAD und NETTLESHIP 1980).

- **Tordalk:** Ähnlich Trottellumme. Da Tordalke selten eigenständige Kolonien bilden und oft an schwer zugänglichen Orten brüten, ist es für sie meist unmöglich, k-Werte zu berechnen (BIRKHEAD und NETTLESHIP 1980, EVANS 1986).

- **Gryllteiste:** Ähnlich Trottellumme. Die direkte Erfassung ist aufgrund der versteckten Neststandorte und geringen Dichte erschwert. Zählungen sollten vom Boot aus am frühen Morgen erfolgen (BIRKHEAD und NETTLESHIP 1980, EWINS 1985). Der Nichtbrüteranteil ist sehr variabel, daher sind k-Werte für diese Art nicht sinnvoll.

- **Papageitaucher:** Erdhöhlenbrüter. In gemischten Kolonien sind genaue Beobachtungen am frühen Morgen (vor 7.00 Uhr) notwendig, ansonsten genügt die Feststellung der Besetzung von Bruthöhlen aufgrund frischer Grab- und Kotspuren bzw. zerbrochener Eischalen und Fischreste während der Nestlingszeit (HARRIS und MURRAY 1981, HARRIS 1983, JAMES und ROBERTSON 1985, HARRIS und ROTHERY 1988). Zur Ermittlung der Dichte wird eine repräsentative Stichprobe untersucht (Abbildung 8.8, S. 178).

Klippenbrüter. Extrem schwierig zu zählen. Die Erfassung aller Individuen an Land und auf dem Wasser in Küstennähe kurz vor der Abenddämmerung liefert einen sehr groben Index der Brutpopulation (NETTLESHIP 1976). Es ist wichtig, die Zählungen von Vögeln an Land und auf dem Meer getrennt von den Nisthöhlenzählungen aufzuzeichnen, und stets Tageszeit, Witterung und Dauer der Zählung festzuhalten.

- **Eissturmvogel:** Ähnlich Dreizehenmöwe, Zählungen von Individuen am Brutplatz, am besten von Ende

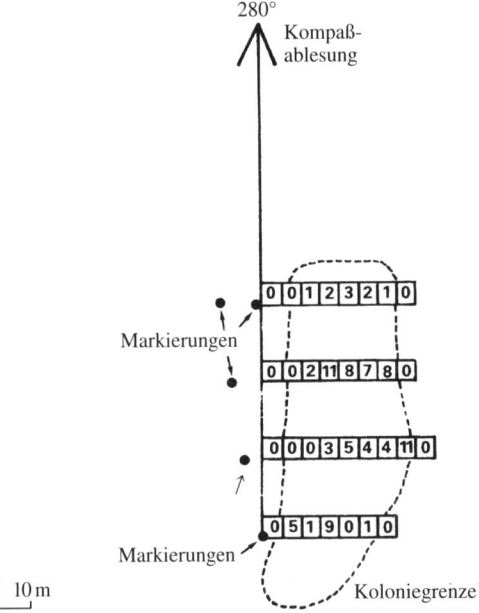

In diesem Beispiel wurden Transektstrecken bestehend aus 5 × 5 m großen Quadra-
ten quer durch das gesamte Bruthöhlenareal einer Seevogelart gelegt. Anhand der
folgenden Daten wurde eine Schätzung der Gesamtzahl der Bruthöhlen in der Ko-
lonie ermittelt (aus NETTLESHIP 1976).
Zahl der Quadrate in der Kolonie = 98
Zahl der bearbeiteten Probeflächen-Quadrate in der Kolonie = 24
Zahl aktiver Bruthöhlen in den bearbeiteten Quadraten = 88
Mittlere Anzahl aktiver Bruthöhlen pro Quadrat = 3,67
Gesamtzahl aktiver Bruthöhlen in der Kolonie = 3,67 × 98 = 359

Abgedruckt mit Erlaubnis des Minister of Supply and Services Canada, 1991.

Juni bis Anfang Juli um die Mittagszeit. Probleme entstehen durch die
große Anzahl Nichtbrüter (NETTLE-
SHIP 1976, DUNNET et al. 1979).

• **Schwarzschnabelsturmtaucher:**
Ähnlich Papageitaucher. (1) Indirekte Erfassung der Bruthöhlen anhand von Kotspuren und Futterresten
sowie Fischgeruch. (2) Direkte Erfassung durch Überprüfen der
Höhlen oder Vorspielen von Klangattrappen bei Nacht (JAMES und
ROBERTSON 1985). Zur Erfassung der
Anzahl Bruthöhlen einer Kolonie
werden ca. 30 kreisförmige Stich-
probenflächen empfohlen. Das Fest-

legen der Stichprobenfläche erfolgt
mittels einer an einen Pfosten gebundenen Schnur, mit der ein Kreis
beschrieben wird, der bei einer
Schnurlänge von 1,78 m eine Fläche
von 10 m², bei 2,25 m Länge eine
Fläche von 20 m² und bei 3,09 m
Länge eine Fläche von 30 m²
einnimmt. In sehr dichten Kolonien genügen kleine Probeflächen
(WORMELL 1976). (3) Auf der Insel
Skomer in Großbritannien wurde
versucht, den Bestand des Schwarz-
schnabelsturmtauchers anhand von
Fang-Wiederfang-Methoden zu erfassen (vgl. Kapitel 6).

- **Baßtölpel:** Ähnlich Möwen. (1) Direkte Erfassung offenbar besetzter Brutplätze von Booten oder vom Land aus. (2) Erfassungen anhand von Fotografien (vom Boot oder aus der Luft; HARRIS und LLOYD 1977). Der Zählfehler verschiedener Beobachter beim Auszählen von Fotografien liegt unter 15 %, bei geübten Beobachtern sogar unter 10 % (MURRAY und WANLESS 1986).
- **Skua und Schmarotzerraubmöwe:** Erfassung von Brutrevieren ca. Anfang Juni (EVERETT 1982, FURNESS 1982, MEEK et al. 1983). (1) Direkte Erfassung von einem günstigen Aussichtspunkt an drei verschiedenen Tagen. (2) Transektzählungen. Als Brutpaare werden Paare gezählt, die den Beobachter angreifen oder eine Verletzung vortäuschen. Fehlerquellen: (i) die Partner eines Paares werden jeweils als 'Brutpaar' erfaßt, (ii) Vögel werden übersehen, (iii) Auftrennung einer Kolonie in Territorien, und (iv) Zählungen gegen Ende der Brutzeit ergeben höhere Bestände als zu Anfang (Jungvögel können Territorien etablieren).
- **Krähenscharbe:** Ähnlich Möwen (EVANS 1986). Diese Art hat eine sehr ausgedehnte, unsynchronisierte Brutzeit. Zum Teil werden Brutplätze von mehr als einem Paar genutzt (HARRIS und FORBES 1987). Die direkte Erfassung besetzter Nester Anfang Juni ergibt einen verläßlichen Index des Gesamtbestandes (nach Ergebnissen auf der Insel May im Nordosten Schottlands; HARRIS und FORBES 1987).
- **Dreizehenmöve:** Zählungen von soliden und ausgebauten Nestbereichen mit Raum für zwei bis drei Eier, auf denen oder in deren Nähe sich mindestens ein Vogel aufhält (SEABIRD GROUP/NCC 1988). 'Aktive' Nester sind durch die weißen Kotspuren gewöhnlich recht auffällig. Sie werden von der späten Brutphase bis zur frühen Nestlingszeit, d. h. gewöhnlich von Anfang bis Mitte Juni,

gezählt (NETTLESHIP 1976, HEUBECK et al. 1986, HARRIS 1987). Bei Erfassung einer ganzen Kolonie sollte die Klippe in Abschnitte unterteilt werden, die getrennt gezählt werden. Einige Nichtbrüter bauen schlechter gebaute und weniger auffällige Nester. Wenn möglich, sollten sie bei den Zählungen ebenso unberücksichtigt bleiben wie kotbefleckte Ruheplätze. Die endgültigen Zahlen sollten im Idealfall dem Mittelwert aus drei am selben Tag durchgeführten Erfassungen desselben Kolonieabschnittes entsprechen. Die Anzahl Nester kann auch auf Basis von Fotografien der Kolonie erfaßt werden, allerdings ist die Interpretation des Status einiger Neststandorte von einer Fotografie aus sehr schwierig.

8.4 Das Brutbestands-monitoring von Vögeln an der Küste

Neben der vollständigen Brutbestandserfassung einzelner Kolonien ist es auch wichtig, den alljährlichen Bestand der Küstenvögel größerer Gebiete zu überwachen, um mögliche Veränderungen abschätzen zu können. Neben dem in den letzten 15 Jahren entwickelten, standardisierten Seevogelmonitoring-Programm auf den britischen Inseln (STOWE 1982, EVANS 1986, MUDGE 1988, HARRIS 1989, LLOYD et al. 1991) existiert seit mehreren Jahren ein internationales Monitoringprogramm der Brutvögel im Wattenmeer (z. B. FLEET et al. 1990).

Beim britischen Monitoringprogramm werden alljährlich Kolonieabschnitte erfaßt, in denen mindestens 50 bis 100 Paare einer Zielart brüten sollten.

Sehr wichtig ist die Lage der Probefläche innerhalb der Kolonie. Sie sollte repräsentativ für die gesamte Kolonie sein. Im Idealfall sollten die Probeflächen zufällig über die ganze Kolonie verteilt sein, in der Praxis erweisen sich zufallsverteilte Flächen für die Erfassung jedoch oft als unmöglich. Daher werden die meisten Probeflächen so ausgewählt, daß sie einfach zu erfassen sind und einen Großteil der in der Kolonie auftretenden Variation abdecken; dazu gehören einige Randbereiche, jedoch keine Gebiete besonders großer Brutpaardichte, die nur sehr schwer zu zählen sind.

Im folgenden werden Einzelheiten der zur Errichtung einer Monitoring-Probefläche notwendigen Methoden bei der Trottellumme geschildert (nach HARRIS 1989).

Der Bearbeiter wählt einige (z. B. fünf) zufällig über die Kolonie verteilte Probeflächen aus. In jeder Probefläche sollten sich 50 bis 100 Nester befinden, die von einem gleich hohen oder erhöhten Standpunkt aus eingesehen werden können. Die Kolonie kann in vier oder fünf annähernd gleichgroße Abschnitte aufgeteilt werden. In jedem Abschnitt wird eine repräsentative Probefläche ausgewählt, wobei weder zentrale noch randliche Flächen bevorzugt werden sollten.

Die Probefläche sollte von einem guten Aussichtspunkt aus während der Bebrütungsphase oder während des Huderns der Jungen (im Juni) fotografiert werden. Im ersten Jahr sind Großaufnahmen (20 × 20 cm) unerläßlich, in den Folgejahren können dann von diesen Originalen die Begrenzung der Kolonie, sowie Lage und wesentliche Merkmale der Probeflächen übernommen werden. Durch Aufkleben von Transparentfolien über die Originalfotos, können Veränderungen vor Ort leicht angepaßt werden.

Die Erfassung sollte ungefähr zur selben Jahreszeit vom selben Standort aus erfolgen, von dem auch die Fotos gemacht wurden. Folgende Merkmale werden auf der Transparentfolie eingetragen: (1) Vögel mit Ei, (2) Vögel mit Jungen, (3) offenbar brütende Vögel, (4) regelmäßig anwesende Paare auf einer für einen Neststandort ausreichend

großen Stelle (wobei zu beachten ist, daß manche Eier auch an ungeeigneten Orten abgelegt werden).

Um eine Erfassung aller Neststandorte zu ermöglichen, müssen mehrere Begehungen durchgeführt werden, wobei auch 'unbeaufsichtigte' Nestlinge registriert werden. 'Aktive' Nester werden numeriert. Zur Erfassung des Bruterfolges sollten die aktiven Nester alle ein bis zwei Tage überprüft werden. Alle Jungvögel, die das Nest im Alter von 15 Tagen oder mehr verlassen und/oder gut befiedert sind, werden als erfolgreiche Brut gewertet.

Falls der Bruterfolg ermittelt wird, sollten die Ergebnisse als x Junge aus y aktiven (s. 1–3 oben) und z inaktiven (s. 4 oben) Nestern dargestellt werden. Bei Nestern sind dabei die Ergebnisse der ersten Kontrollen ausschlaggebend.

Liegt die Vermutung nahe, die Brutsaison sei untypisch verlaufen oder die Ergebnisse in irgendeiner Weise außergewöhnlich, sollte dies ausführlich beschrieben werden. In jedem Jahr müssen die gleichen Probeflächen untersucht werden (bei der Brutvogelerfassung im Wattenmeer sind dies die 'Reference Areas', vgl. z. B. FLEET et al. 1990).

8.5 Die Erfassung von Vogelschwärmen außerhalb der Brutzeit

Viele Arten sammeln sich an Rast- und Schlafplätzen, zur Nahrungssuche und zur Verteidigung in Gruppen. Diese sind mit den in den Kapiteln 3 bis 5 geschilderten Standardmethoden jedoch kaum zu erfassen, und daher wurden spezielle Zählmethoden entwickelt.

8.5.1 Allgemeine Erfassungsmethoden

Bei einer Zählung müssen zunächst die Grenzen des Erfassungsgebietes auf einer Karte festgehalten werden. Dies ermöglicht die wiederholte Erfassung derselben Gebiete und dadurch die Dokumentation von Bestandsveränderungen.

Wenn irgend möglich, sollte der Beobachter mit dem Rücken zur Sonne in ausreichender Deckung stehen. Dadurch sind die Vögel einfacher zu sehen bzw. zu bestimmen und werden nicht so schnell aufgescheucht. Kleinere Gebiete sollten von einem einzigen Aussichtspunkt gezählt werden, um Störungen und Doppelzählungen so gering wie möglich zu halten. Größere Gebiete sollten in Zählabschnitte unterteilt werden, wobei sich die Begrenzung der einzelnen Abschnitte an der Biotopstruktur und Begehbarkeit orientiert. Zur Erfassung eines Rastgebietes von Watvögeln an der Küste sollte beispielsweise ein Abschnitt gewählt werden, den ein Beobachter bei Hochwasser in zwei Stunden bearbeiten kann. Als Begrenzung des Zählabschnittes sind auffällige Landmarken sehr hilfreich. Die eigentliche Zählung rastender, fliegender und nahrungssuchender Vogelschwärme erfolgt meist anhand der folgenden beiden Methoden.

(1) Direkte Zählungen. Falls die Gruppe wenige hundert Vögel umfaßt, sollte ein günstiger Aussichtspunkt ausgewählt und alle Individuen einzeln mittels Fernglas oder Spektiv gezählt werden. Dies ist besonders einfach bei großen Arten in geringer Entfernung, wird jedoch mit zunehmender Anzahl Vögel, kleineren Vogelarten und zunehmender Distanz immer schwieriger, bis grobere Methoden und schließlich sogar Schätzungen angewendet werden müssen.

(2) Blockzählungen und Schätzungen. Zur Zählung größerer und mobiler Vogelschwärme sollten spezielle Methoden angewendet werden. Bei Blockzählungen wird von einem guten Aussichtspunkt (der die Beobachtung von Schlafplatzflügen oder eines Nahrungshabitates ermöglicht) ein Schwarm vor dem geistigen Auge in Gruppen aufgeteilt und gruppenweise gezählt. Je nach Größe der Gruppe und Art umfaßt ein Block beispielsweise 5, 10, 20, 50, 100, 500 oder 1 000 Vögel (Abbildung 8.8). Um große Schwärme leichter zählen zu können, ist es möglich, die Zählgruppen auch anhand von Landmarken zu unterteilen. Nach Möglichkeit, sollte jede derartige Zählung mehrere Male wiederholt werden. Eine Zählung größerer Vogelmengen wird wesentlich durch die Benutzung von Handzählern ('Zähluhren') erleichtert. Es ist zudem meist hilfreich, eventuelle Werte eines weiteren Beobachters heranzuziehen, bevor das endgültige Ergebnis notiert wird.

Besondere Schwierigkeiten bereitet dagegen häufig die spontane Schätzung der Größe eines sich sehr schnell entfernenden, großen Schwarmes. Eine Registrierung sollte erfolgen nach der (Haupt-)Vogelart innerhalb des Schwarmes, der Gesamtzahl der Individuen und einer Schätzung des prozentualen Anteils der einzelnen Vogelarten bei einem gemischten Schwarm.

Es ist meist sinnvoll, eine Vogelmenge vor der eigentlichen Zählung grob zu schätzen, da es aufgrund von Störungen häufig zu weiträumigen Verlagerungen einer Vogelansammlung kommen kann, die eine Zählung erschweren oder vereiteln können.

8.5.2 Beispiel einer Rastplatzzählung

Die Methode soll anhand eines Beispieles rastender Watvögel veranschaulicht werden. Bei Hochwasser sind Watvögel gezwungen, sich auf höher gelegene Flächen zurückzuziehen. Bei solcher Gelegenheit hält sich der größte Teil der Watvogelpopulation, z. B. eines Mündungsgebietes, an einigen wenigen Rastplätzen auf, wo sie gezählt werden können. Die aus den verschiedenen Beobachtungsgebieten an den Koordinationsstellen eingehenden Daten der Rastvogelbestände erlauben eine Beurteilung des Gesamtbestandes einzelner Arten, der Bestandsänderungen und der saisonalen Ortsveränderungen (PRATER 1981, KIRBY 1987, 1990).

Rastplatzzählungen von Watvögeln werden z. B. zum Zeitpunkt der Springtiden in etwa zweiwöchigem Abstand drei (oder vier) Stunden um die Hochwasserzeit durchgeführt. Zähltag sollte ein Sonntag sein, da es sich meist um freiwillige Beobachter handelt, für die Wochenendtage günstiger sind. Die „Springtiden-Zählungen" konzentrieren sich auf überwinternde und auf dem Zug rastende Vögel, die die größten Schwärme bilden. Das Erfassungsgebiet ist in Abschnitte (Zählstrecken) eingeteilt, die jedes Jahr kontinuierlich erfaßt werden. Die Zählungen werden so koordiniert, daß alle Rastplätze eines Gebietes weitestgehend synchron erfaßt werden, wobei in großen Gebieten Bearbeitergruppen eingesetzt werden. Die ermittelten Bestandszahlen der einzelnen Gebiete werden in Sammelberichten veröffentlicht (z. B. KIRBY 1987, PROKOSCH 1988, SALMON 1989; vgl. RÖSNER 1992). Um einen Vergleich der Höchstzahlen über die Jahre zu ermöglichen, müssen aus den Erfassungszeiträumen jeweils mehrere Zählungen vorliegen, da mit Sicherheit einige Zählungen unbrauchbar sind (z. B. wegen unvollständiger Erfassung, schlechter Sicht, Störung usw.). Um eine Kontinuität über lange Zeiträume zu wahren, sollte jeder Zähler sehr gute Ortskenntnisse besitzen; ein Bearbeiterwechsel über die Jahre sollte auf ein Minimum reduziert werden.

Im Normalfall werden Watvogelrastplätze häufig wiederbenutzt – daher sollten die bekannten Rastplätze rechtzeitig vor Erfassungsbeginn genau lokalisiert werden. Zu diesem Zweck müssen alle geeigneten Biotope, wie z. B. Sande, Salzmarschen und Kiesstrände, auf Landzungen und Deichvorländern bei steigender Flut abgesucht werden, wenn die Vögel sich zu sammeln beginnen. Gelegentlich konzentrieren sich die Vögel auch auf kurzrasigen Wiesen, frisch bestellten oder gewalzten Äckern bzw. frisch abgeernteten Feldern, die bis zu einem Kilometer von der Küste entfernt sein können. Nach Möglichkeit sollten auch diese Flächen abgesucht und erfaßt werden.

Bei kleinen Rastplätzen von wenigen hundert Watvögeln können die einzelnen Vögel gewöhnlich von einem guten Aussichtspunkt aus bei Hochwasser gezählt werden. Bei größeren Ansammlungen am Rastplatz und insbesondere bei kleinen Vogelarten sind genaue Zählungen viel schwieriger. In diesem Fall ist bei der Ermittlung der Gesamtzahl größte Vorsicht geboten. Gewöhnlich ist eine einzelne oder eine Kombination der folgenden Techniken sehr hilfreich:

(1) Man zählt alle Vögel beim Flug von den Nahrungs- zu den Rastplätzen und wiederholt die Zählungen nach Möglichkeit. Die Zählungen sollten etwa zwei Stunden vor Hochwasser beginnen.
(2) Man zählt die ortsfesten, rastenden Vögel bei höchstem Wasserstand und wiederholt diese Zählungen mehrere Male. Solange die Vögel nicht zu dicht stehen, wie dies besonders bei kleinen Arten wie Alpenstrandläufer und Knutt häufig der Fall ist, ist diese Methode am besten geeignet.
(3) Zählung der Vögel bei abnehmender Tide, wenn sie den Rastplatz verlassen, und Wiederholung dieses Vorganges entsprechend der Möglichkeiten. Diese Methode ist besonders für Arten geeignet, die ihren Rastplatz zur Nahrungssuche recht schnell verlassen (z. B. Alpenstrandläufer und Rotschenkel).

An manchen Rastplätzen wird eine Kombination aller drei Methoden notwendig sein, um korrekte Gesamtbestände zu ermitteln. Besonders bei kleinen Arten können durch die Zählung fliegender Schwärme mit der in Abbildung 8.8 beschriebenen Methode die exaktesten Zahlen erhalten werden. Üblich ist es, Schätzwerte in Klammern anzugeben, beispielsweise (3 400).

Einige Watvogelarten werden mit Zählungen an Rastplätzen bei Hochwasser nur unzureichend erfaßt. Dazu gehören z. B. der Meerstrandläufer, der an felsigen Küsten rastet, sowie Kiebitz, Gold- und Kiebitzregenpfeifer und Bekassine, die sich überwiegend weiter landeinwärts aufhalten bzw. wenig konzentriert sind (z. B. PROKOSCH 1988). Andere Arten, z. B. der Knutt, sind bei Hochwasser teilweise sehr mobil. Eine genaue Erfassung des Bestandes ist daher nur bei guter Koordination benachbarter Beobachtergruppen und synchronen Zählungen möglich. Für die spätere Auswertung ist es sehr hilfreich, die Erfassungsgenauigkeit der Arten mit einem geeigneten Zahlen- oder Buchstabenschlüssel zu beschreiben. Im Wattenmeergebiet wird z. B. folgender Schlüssel verwendet: (1) vollständige Zählung aller Arten, (2) vollständige Zählung der Wat- und Wasservögel, Teilzählung der anderen Arten, (3) Teilzählung (Arten ohne Angaben wurden nicht erfaßt), (4) Vollständige Limikolenzählung, (5) Vollständige Gänsezählung (6) Nullwerte: bei Zählung nicht anwesend (für Details siehe RÖSNER 1992).

8.5.3 Beispiele für die Erfassung von Vogelschwärmen

Wat- und Wasservögel an Rastplätzen und im Überwinterungsgebiet

Zählungen von Wat- und Wasservögeln werden zum einen im Rahmen nationaler und internationaler Zählungen durchgeführt (HARENGERD et al. 1972, OWEN et al. 1980, Biologische Station 'Rieselfelder Münster' 1981, ROSE 1990, HARENGERD et al. 1990). Zum anderen gibt es in Deutschland bedeutende regionale Erfassungsprogramme auf Binnengewässern, in denen Wat- und Wasservogelbestände flächendeckend an bestimmten Zählterminen erfaßt werden (vgl. Ergebnisse der Schwimmvogelzählungen in Schleswig-Holstein in BERNDT und BUSCHE 1991, 1993 oder am Bodensee in SCHUSTER et al. 1983).

Für die Internationalen Wasservogelzählungen sind die Zähltermine für die Nationen der nördlichen Hemisphäre auf Mitte Januar (oft zusätzlich auf Mitte November) und für die Nationen der südlichen Hemisphäre auf Mitte Juli

festgelegt. Die Methoden zur Zählung größerer Ansammlungen werden in Abbildung 8.9 dargestellt.

Bei Wasservogelzählungen wird das Untersuchungsgebiet gewöhnlich in Zählstrecken unterteilt, die über die Jahre konstant bleiben sollten. Für Watvogelzählungen bei Ebbe wird die Gezeitenzone in Abschnitte unterteilt. Dies geschieht entweder anhand natürlicher Geländepunkte oder anhand von Markierungspflöcken in festgelegten Abständen. Zu den angegebenen Terminen werden die Abschnitte stets in der gleichen Reihenfolge erfaßt, wobei im Abstand von jeweils 30 min alle nahrungssuchenden und im Untersuchungsgebiet fliegenden Vögel gezählt werden. Die Zählungen sollten möglichst beginnen, sobald die ersten Schlickflächen sichtbar werden, und bei Niedrigwasser enden oder umgekehrt, bei Niedrigwasser beginnen und bis zur ersten Überflutung aller Schlickflächen durchgeführt werden.

Beobachtung des Tagzuges

Eine ausführliche Beschreibung der Erfassung des Tagzuges erfolgte in Kapitel 7 am Beispiel ziehender Greifvögel an besonders günstigen Zugstraßen. Prinzipiell können neben diesen sehr auffälligen und relativ leicht zu beobachtenden Arten auch die weitaus zahlreicheren tagziehenden Kleinvogelarten an Konzentrationspunkten systematisch erfaßt werden (z. B. HELBIG und LASKE 1986, GATTER 1978 und dortige Zitate). Das wichtigste langfristige Programm systematischer Planbeobachtungen des Tagzuges in Europa, das sich wegen seiner außergewöhnlichen Beobachtungsbedingungen besonders gut für derartige Untersuchungen eignet, wurde 1970 von W. GATTER am Randecker Maar ins Leben gerufen (GATTER 1978). Durch die Beibehaltung der standardisierten Erfassungsmethode über diesen langen Zeitraum erlaubt auch die reine Beobachtung ziehender Vogelschwärme konkrete Aussagen zu langfristigen Bestandsveränderungen einzelner Arten sowie zu

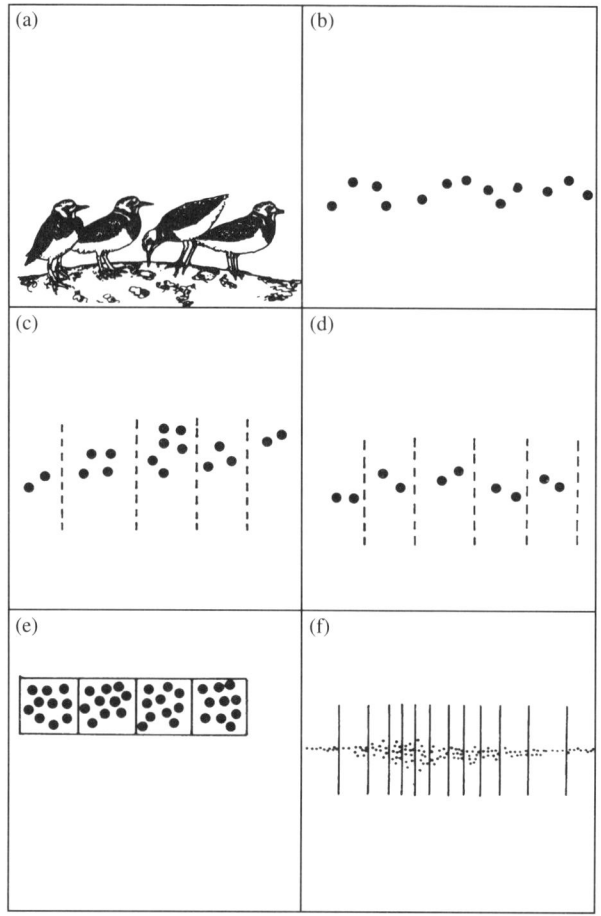

(a) Bei kleinen Truppgrößen kann die Anzahl rastender oder nahrungssuchender Vögel direkt erfaßt werden.

(b) In kleinen Schwärmen mit gleichmäßiger Dichte können die Vögel individuell gezählt (1,2,3,4,5 etc.) und aufsummiert werden. Ist eine geeignete Geländemarke vorhanden, kann diese bei der Zählung der Vögel genutzt werden.

(c) Bei Schwärmen, die aus mehreren kleineren Gruppen unterschiedlicher Größe bestehen, sollte zur Ermittlung des Gesamtbestandes jede Gruppe gesondert gezählt werden.

(d) In größeren, gleichmäßig verteilten Schwärmen sollten die Vögel in Gruppen gezählt werden (z.B. 2,4,6,8 oder 3,6,9,12 etc.). Wiederum können, sofern geeignete Geländemarken vorhanden sind, diese als Hilfe zur Unterteilung des Schwarms verwendet werden und so ein genaueres Erfassungsergebnis ermöglichen.

(e) Bei dicht gepackten Schwärmen im Flug oder am Rastplatz sollten die Vögel in geschätzten Blöcken erfaßt werden. Die verwendete Größenordnung der Blöcke (10, 100, 1000) hängt von der Schwarmgröße ab. Sehr große Vogelansammlungen von 10 000 Vögeln und mehr stellen die größten Probleme beim Zählen dar, insbesondere wenn die Vögel dicht beieinanderliegen. Hier liefert auch die Unterteilung in „Zählblöcke" nur einen groben Schätzwert.

(f) Fliegende Schwärme sind oft im Zentrum besonders stark konzentriert. In diesem Fall muß darauf geachtet werden, daß die „Zählblöcke" im Zentrum des Schwarms enger beieinanderliegen als außen. In der Praxis werden sich hier oft Schwierigkeiten ergeben.

Verschiebungen in der Phänologie (GATTER 1992). Im Gegensatz zu Radarerfassungen oder Beobachtungen vor der Mondscheibe ist die Artbestimmung durchziehender Vögel aufgrund der kurzen Beobachtungsentfernungen am Randecker Maar durchaus möglich (GATTER 1976).

Erfassung von Nachtziehern

Zur Erfassung nachtziehender Zugvogelarten werden neben der standardisierten Beringung (z. B. BERTHOLD et al. 1986, 1993) zwei weitere Methoden verwendet, die Beobachtung ziehender Vögel vor der Mondscheibe und die Erfassung des Vogelzuges mit Radar. Mit beiden Methoden lassen sich Zugrichtungen, Höhenverteilung und Zugdichte in einem bestimmten Gebietsausschnitt ermitteln, es ist jedoch nicht möglich, die ziehenden Arten genau zu bestimmen (sie werden vielmehr systematischen Gruppen zugeordnet). Mit entsprechenden Auswertungsmethoden können allerdings quantitative Angaben zum Ausmaß des nächtlichen Vogelzuges über einer Region gemacht werden (LIECHTI et al. 1994). Bei wiederholten Erfassungen sind dadurch teilweise wichtige Einblicke in die Bestandsentwicklung der Langstreckenzieher möglich (z. B. GAUTHREAUX 1992).

8.5.4 Fehler bei der Abschätzung von Schwarmgrößen

Es gibt viele Gründe für eine ungenaue Schätzung der Größe einer Vogelmenge: Schwärme können sehr individuenreich sein, sie können sehr schnell vorbeiziehen oder spiralförmige Wendemanöver vollführen, sie können aus Arten sehr unterschiedlicher Größe bestehen, zwischen verschiedenen Schwärmen kann ein Austausch stattfinden, ein Teil der Vögel im Schwarm könnte während der gesamten Beobachtungszeit verdeckt sein und schließlich können Probleme durch schlechte Sichtbedingungen (Nebel, Hitzeflimmern) oder aus zu großer

Entfernung für die genutzten optischen Hilfsmittel entstehen. Die Fehler, die beim Zählen größerer Vogelansammlungen entstehen können, wurden in einigen Arbeiten untersucht (SCHUSTER 1975 a, PRATER 1979, RAPOLD et al. 1985).

PRATER (1979) versuchte, den durch den Beobachter verursachten Fehler bei der Schätzung der Schwarmgröße zu quantifizieren. Dazu sollten Beobachter die Zahl der Vögel auf einer großen Fotografie, die vorher durch genaues Abzählen mit einem Binokular ermittelt wurde, schätzen. Es zeigte sich, daß trotz unterschiedlicher Fähigkeiten der Beobachter bei der Schätzung von Schwarmgrößen der Fehler gewöhnlich mit der Vogelzahl im Schwarm variierte (Abbildung 8.10). In der Studie von PRATER mußte die Schätzung innerhalb von 30 Sek. erfolgen. Im Freiland steht dagegen häufig mehr Zeit zur Verfügung, und Schätzungen können mehrere Male wiederholt werden, bevor der endgültige Wert notiert wird. Freilandzählungen sind daher häufig genauer als solche anhand von Fotografien. Manchmal ist jedoch auch im Feld eine spontane Schätzung nötig, beispielsweise wenn ein individuenstarker Kleinvogelschwarm plötzlich vom Rastplatz aufgescheucht wird. Solche Schätzwerte sind jedoch meist wesentlich ungenauer als die anhand von Fotografien ermittelten Zahlen.

PRATER (1979) zeigte auch, daß die Genauigkeit der Schätzung von Watvogelschwärmen auf Fotografien von der Erfahrung beeinflußt wird. In den meisten Fällen waren die Schätzwerte der unerfahrenen Zähler auch am ungenauesten. Die detaillierten Studien von RAPOLD et al. (1985) zeigen ebenfalls große Fehlerquoten bei der Zählung fliegender Vogelschwärme, besonders dann, wenn es sich um kleinere Vögel handelt. Genauere Details können dieser Veröffentlichung entnommen werden.

SCHUSTER (1975 a, b) machte anschaulich, daß bei der Zählung größerer Wasservogeltrupps besonders dann zu nied-

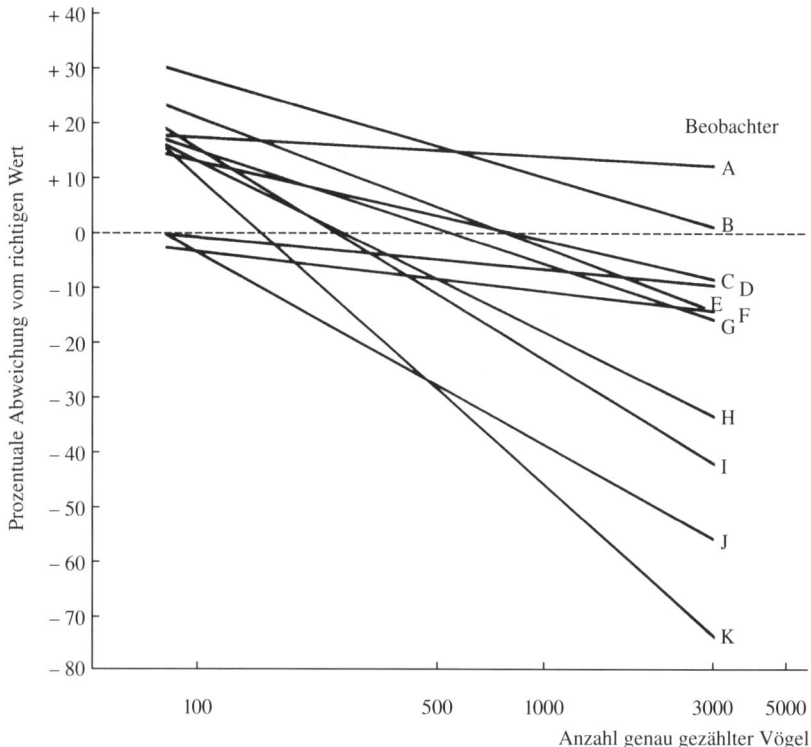

Abb. 8.10 Trends in der
Beobachtergenauigkeit
beim Zählen von Schwärmen
(aus PRATER 1979)

Die Abbildung zeigt, daß bei den Beobachtern A bis K insgesamt die Tendenz bestand, kleinere Schwarmgrößen (100 bis 400) leicht zu überschätzen (um 10 bis 20%), zunehmende Schwarmgrößen dagegen zu unterschätzen. So lag der Schätzwert bei Ansammlungen von 3 000 Vögeln konstant um etwa 25% zu niedrig. Individuelle Beobachter unterscheiden sich jedoch in ihrer Fähigkeit, Vogeltrupps zu schätzen. Beobachter A überschätzt beispielsweise ständig um 10 bis 20%, wobei sich die Genauigkeit der Schätzung mit zunehmender Schwarmgröße kaum verändert. Zum Vergleich überschätzt Beobachter K Schwärme von 100 Individuen um 10 bis 20%; im Gegensatz dazu liegen seine Schätzwerte bei Schwärmen mit 3 000 Individuen um bis zu 70% zu niedrig. Dies zeigt, daß sich die Erfassungsgenauigkeit der verschiedenen Beobachter stark unterscheidet und bei jedem größer angelegten Erfassungsprogramm überprüft werden sollte.

rig geschätzt wird, wenn die Vögel dicht beieinander liegen, während zerstreute Verbände besser geschätzt werden können. Wenn ausreichend Zeit zur Verfügung steht, sollten große Vogelschwärme demzufolge in kleineren Gruppen ausgezählt und nicht geschätzt werden. Eine Abschätzung der Zählgenauigkeit (hinter dem eigentlichen Zählwert eingetragen) kann wichtige Hinweise für

die spätere Auswertung liefern. Das am Wattenmeer angewendete System (aus RÖSNER 1992) unterscheidet z. B.: (1) exakte Zahl, (2) Mindestzahl (mögliche Abweichung nach oben gering), (3) Mindestzahl (mögliche Abweichung nach oben groß), (4) ungenaue Zahl oder Schätzung, (5) Artbestimmung unsicher, (6) Nullwert (Art nicht entdeckt, aber wahrscheinlich vorhanden).

Bei einem zerstreuten Verband (oben: 860 Punkte) ist der Schätzfehler meist geringer als bei stark konzentrierten Verbänden (unten: 1000 Punkte). Aus SCHUSTER 1975b.

8.6 Zusammenfassung

Vogelkolonien

Kolonien müssen genau lokalisiert und beschrieben sowie die Vögel mit geeigneten Methoden gezählt werden. Die Methoden variieren von Art zu Art, sind jedoch gut standardisiert.

Möwen und Seeschwalben werden entlang von Transekten, in Zählquadraten, nach Aufscheuchen direkt oder anhand 'offenbar besetzter Nester' gezählt.

Alken werden während der Hauptbrutzeit einzeln erfaßt, wobei Zählungen der Individuen zur Bestimmung der Anzahl Brutpaare verwendet werden können.

Höhlenbrütende Arten werden stichprobenartig gezählt.

Zur Langzeitüberwachung sollten in Kolonien lebende Vogelarten in einzel nen Abschnitten oder festgelegten Probeflächen gezählt werden.

Vogelschwärme
Rastende Vögel werden oft bei Flügen zu oder von Rastplätzen gezählt. Bei kleineren Rastplätzen können die Vögel, falls sie gut sichtbar sind, direkt gezählt werden.

Nahrungssuchende und fliegende Schwärme lassen sich am besten erfassen, wenn das Gebiet vor der Zählung in einzelne Teilabschnitte unterteilt wurde. Dies gilt im Grunde genommen auch für die Spezialfälle der Radarerfassung und der Zählung vor der Mondscheibe. Je nach Truppgröße werden die Vögel entweder individuell, in kleinen Gruppen oder in größeren Blöcken gezählt.

Die Fehler bei der Zählung von Vogelschwärmen sind unter Umständen erheblich und nehmen gewöhnlich mit der Größe (und Dichte) des Schwarmes zu.

9 Untersuchungen zur Verbreitung der Vögel

9.1 Einleitung

Die Verbreitung einer Art kann entweder sehr einfach anhand von An- oder Abwesenheit in einem Gebiet ausgedrückt werden oder mittels Häufigkeitsangaben für eine Anzahl von Flächeneinheiten. Die untersuchte Flächeneinheit kann, wie in den meisten Verbreitungsatlanten, aus einem regelmäßigen Gitternetz bestehen oder aus einem zufällig ausgewählten Standort in einem Bruthabitat.

Im Prinzip gibt es drei Grundarten der Verbreitung von Tierarten bzw. von Artengemeinschaften: zufallsverteilte, gleichverteilte oder geklumpte Vorkommen. Bei Vogelarten sind zufallsverteilte Verbreitungen nur sehr selten gegeben, denn das würde bedeuten, daß sie unabhängig von Landschaftsmerkmalen und der Anwesenheit anderer Arten verteilt wären. Außerdem sind auch die von Vögeln genutzten Ressourcen nur sehr selten zufallsverteilt. Waldsingvögel zeigen eine eher gleichmäßige Verteilung, abgesehen von der ungleichmäßigen Verteilung geeigneter Habitatstrukturen im Wald selbst. Ein Beispiel für eine überwiegend geklumpte Verteilung einer Singvogelart liefert z. B. die koloniebrütende Uferschwalbe.

Die Beschreibung der Verbreitung hängt vom Maßstab ab, in dem die Vögel erfaßt werden, der wiederum von der Zielsetzung der Studie und der untersuchten Art abhängig ist. Manche Arten nutzen während ihres Lebens ganze Kontinente (z. B. Küstenseeschwalbe), während andere derart ortstreu sind, daß sie u. U. ihr gesamtes Leben in einem einzigen Wald verbringen. Die Brutbestandsverbreitung einer territorialen Waldvogelart wird – z. B. auf ganz England bezogen – wegen der dort vorherrschenden Verteilung der Wälder, geklumpt sein. Auf der Ebene eines einzigen Waldes (bzw. eines 2×2 km-Rasterfeldes) könnte die gleiche Art jedoch wegen ihres Revierverhaltens mehr oder weniger gleichmäßig verteilt sein, wie z. B. der Sperber (Abbildung 9.1 b). Die Verbreitungsmuster verschiedener Waldvogelarten ändern sich mit der Größe und dem Maßstab des Untersuchungsgebietes (WIENS 1989). Es ist daher sehr wichtig zu verstehen, daß man Fragen zur Verbreitung einer Vogelart auf der einen Ebene nicht durch Untersuchungen auf einer anderen Ebene beantworten kann.

Die Kenntnis der Verbreitung einer Vogelart ist aus verschiedenen Gründen wichtig: (1) die Verbreitung kann abhängig von der Landnutzung sein; (2) die Schutzbedürftigkeit einer bestimmten Art oder Artengemeinschaft kann durch eine Untersuchung von Habitatpräferenzen ermittelt werden, die sich meist im Verbreitungsmuster widerspiegelt (s. Kapitel 10); (3) Vogelarten sind gute Indikatoren für die relative Bedeutung von verletzlichen und. für den Naturschutz relevanten Gebieten; (4) die Verbreitungskarten können wichtige Informationen für Umweltverträglichkeitsprüfungen enthalten; (5) Verbreitungsmuster liefern Basisdaten, anhand derer spätere Veränderungen erkannt werden können. Veränderungen in einer Verbreitungskarte zeigen u. U. die Veränderungen in einer Population besser auf als Abundanzwerte aus dem Zentrum des Verbreitungsgebietes.

**Abb. 9.1 Verbreitungs-
muster**

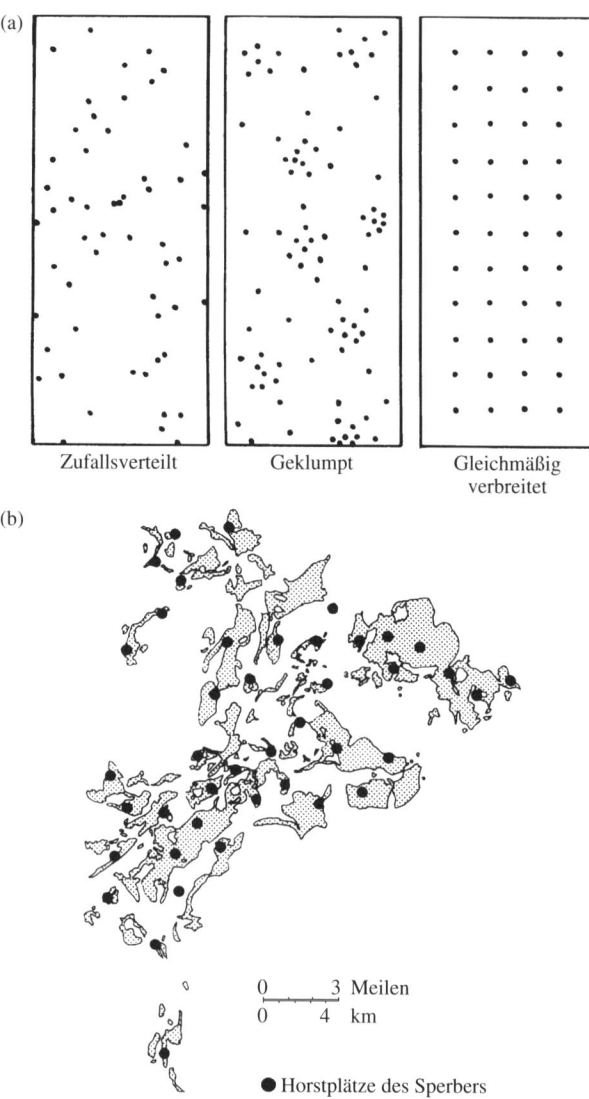

(a) Hypothetische Beispiele von zufallsverteilten, geklumpten und gleichmäßigen Verbreitungsbildern (aus SOUTHWOOD 1978). Vögel sind sehr selten zufällig verteilt, weil auch die von ihnen genutzten Ressourcen selten zufällig verteilt sind. Ein geklumptes Vorkommen ist dagegen oft zu beobachten, z.B. bei Seevogelkolonien (auch wenn die Nester innerhalb „geklumpter Bereiche" aufgrund der Territorialität gleichmäßig verteilt sein können, Beispiel Baßtölpel).
(b) Gleichmäßig verteilte Neststandorte. Annähernd gleichverteilte Verbreitungsbilder entstehen oft bei Arten, die eine bestimmte Ressource verteidigen. Bei einigen Arten, so beim Sperber, zeigen die Nestabstände eine einigermaßen gleichmäßige Verteilung über die Landschaftsstruktur (aus NEWTON 1986).

Verbreitungsstudien wurden in der Vergangenheit für eine Vielzahl von Zielen genutzt, beispielsweise zur Ermittlung der Verbreitungsareale einer Art auf kleinem bzw. großem Maßstab sowie zur Erfassung von bevorzugten Habitatmerkmalen, dem Einfluß der Witterung, den Ankunftszeiten von Zugvögeln, dem Auftreten von Teilzug, dem Muster des Einfluges bei Invasionsarten sowie der Naturschutzrelevanz und Gefährdung bestimmter Gebiete oder Arten.

Es gibt drei Hauptklassen von Verbreitungsstudien, die jeweils auf verschiedenen Maßstäben durchgeführt werden können.

(1) Atlasstudien: Die Verbreitung der Vögel wird auf internationaler, nationaler, regionaler oder lokaler Ebene untersucht, d. h. auf 'großem Maßstab'. Gewöhnlich wurde in Atlasstudien lediglich die An- oder Abwesenheit einer Vogelart berücksichtigt. In einigen Fällen wird auch die Häufigkeit dargestellt, die entweder auf systematischen Untersuchungen bestimmter, über das ganze Gebiet verteilter Zählquadrate basiert oder auf halbquantitativen Kartierungen. Neuere Atlasstudien basieren dagegen zunehmend auf quantitativen Erfassungen.

(2) Untersuchung einzelner Arten: Die Verbreitung einer einzelnen Art wird auf 'mittlerem Maßstab' ermittelt, z. B. bei der Untersuchung einer Inselpopulation. Meist eignet sich die Überprüfung geeigneter Biotopstrukturen auf der Basis vorher erworbener Kenntnisse am besten, um eine in geringer Dichte vorkommende Art bei derartigen Studien zu erfassen.

(3) Biotopstudien: Die Vogelverbreitung wird auf kleinem oder kleinstem Maßstab untersucht, wenn die Untersuchung auf eine bestimmte Biotopstruktur konzentriert ist (ein Wald, eine Flußmündung oder ein Heidegebiet). Eine Untersuchung auf kleinstem Maßstab wird beispielsweise durch den Einsatz von Radiotelemetrie ermöglicht.

9.2 Atlasstudien

Der erste größere Brutvogelatlas wurde 1976 vom BTO erstellt (SHARROCK 1976), ein Jahr später folgte der erste deutsche Brutvogelatlas (RHEINWALD 1977). Nach Vorbild der Botaniker, die bereits Anfang des 20. Jahrhunderts Rasterkartierungen im Gauß-Krüger-Netz durchführten (HÖLZINGER in BERTHOLD et al. 1980), entwickelte SHARROCK das System einer standardisierten Datenerfassung, wobei er drei Brutkategorien für jede Vogelart in jedem 10-km-Quadrat unterschied: mögliches, wahrscheinliches und sicheres Brüten.

9.2.1 Berücksichtigung des Maßstabes

Atlasstudien werden in verschiedenen Maßstäben für die jeweils vorkommenden Vogelarten durchgeführt. Es ist offensichtlich, daß die Erfassungsdaten umso detaillierter sind, je kleiner die Grundeinheit oder das Koordinatensystem (Gitternetz) ist. Bei Untersuchungen zur Vogelverbreitung werden unterschiedliche Grundeinheiten verwendet, die von 'sehr klein' über 'klein' (z. B. im Maßstab eines Waldes) bis zu 'mittel' und 'groß' reichen. Drei dieser Grundeinheiten werden anhand von Beispielen in Abbildung 9.2 aufgeführt.

Der Maßstab einer Untersuchung ist abhängig von der Zahl der zur Verfügung stehenden Mitarbeiter sowie der erforderlichen Erfassungsgenauigkeit und dem Ziel der Arbeit; d. h. soll der Vogelbestand auf lokaler, regionaler, nationaler oder internationaler Ebene (oder überhaupt) geschätzt werden. Ziel der Untersuchung kann auch sein, die Vogeldaten mit den auf gleichem Maßstab erhobenen Habitatstrukturen zu korrelieren. Das vorliegende Kartenmaterial ist ein anderer wesentlicher Gesichtspunkt, der erklärt, warum manche Länder abweichende Gitternetz-Systeme verwenden.

Abb. 9.2 Unterschiedliche räumliche Maßstäbe bei Untersuchungen der Vogel- verbreitung

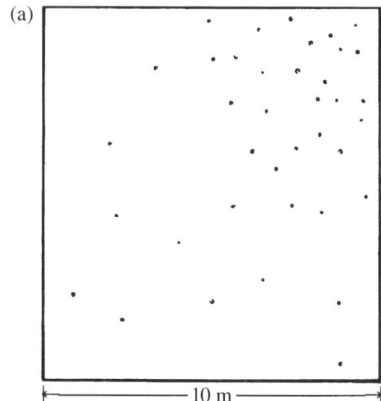

(a)

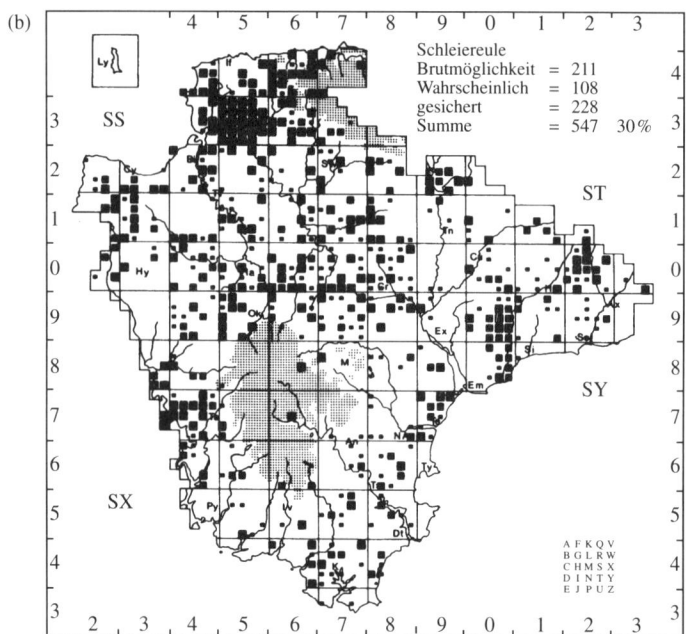

(b)

(a) Verbreitungsuntersuchungen auf kleinstem Maßstab. Das Beispiel zeigt die Verteilung der Einstiche von Watvogelschnäbeln in einer Schlickfläche auf einer Probefläche von 10×10 m. Ist eine größere Zahl solcher Flächeneinheiten entlang der Küste verteilt, können Unterschiede in der Intensität der Nahrungssuche erkennbar werden. Abbildung 9.10 zeigt das Beispiel einer Verbreitungsstudie in kleinem Maßstab (Bereich von 5 bis 100 ha).
(b) Verbreitungsuntersuchungen auf mittlerem Maßstab. Das Beispiel zeigt die Verbreitung der Schleiereule auf der Basis von 2-km-Quadraten des Atlas der Grafschaft Devon (aus SITTERS 1988).

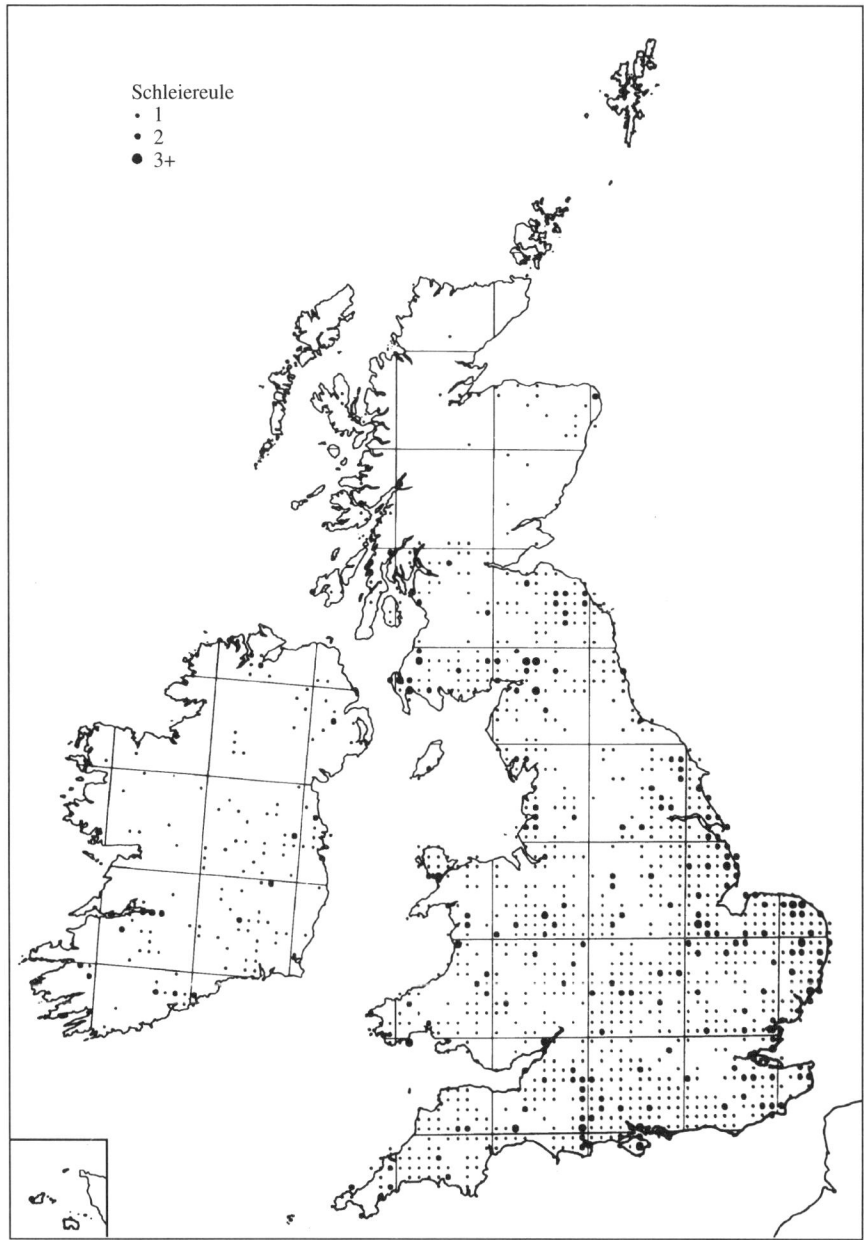

Schleiereule
· 1
• 2
● 3+

(c) Verbreitungsuntersuchungen auf großem Maßstab. Das Beispiel zeigt die Winterverbreitung der Schleiereule nach Kartierungen auf der Basis von 10-km-Quadraten für den Winteratlas des BTO (aus LACK 1986). In Kapitel 1 wird anhand eines Beispieles gezeigt, wie der Atlas von Devon aussehen würde, wenn die Daten im 10 × 10 km-Maßstab erhoben worden wären. Daraus wird deutlich, daß sehr viele Informationen über die Beziehung der Art zu Landnutzungsfaktoren und den einzelnen Biotopstrukturen verlorengingen.

Die Erstellung nationaler Vogelatlanten ist zu einer Hauptbeschäftigung ornithologischer Institute und Arbeitsgemeinschaften geworden. Die besten Ergebnisse und die beste Flächenerfassung werden dabei meist durch eine hierarchische Organisation erzielt. In vielen Ländern wird die Arbeit durch eine nationale Hauptgeschäftsstelle koordiniert und von Teams vor Ort bearbeitet. In der Bundesrepublik Deutschland ist die Situation jedoch wesentlich komplizierter (vgl. RHEINWALD 1993).

Die meisten Atlanten sind auf einem Gitternetzsystem aufgebaut (es können jedoch auch Landschaftseinheiten verwendet werden). Ein Netz aus Linien von z. B. 10 km, 2 km, 1 km oder anderer gewünschter Seitenlänge teilt das Atlasgebiet in gleichgroße Quadrate ein. Quadratische Rasterflächen entstehen auf Basis des Gauß-Krüger-Gitternetzes mit 1 km^2-Grundeinheiten oder des UTM-Gitternetzes (Universale Transversale Merkatorprojektion) mit 50×50 oder 10×10 km Seitenlängen.

In manchen Ländern werden jedoch traditionell auch rechteckige Koordinatensysteme bzw. geographische Koordinaten zur Atlas-Bearbeitung verwendet. Im Geographischen Koordinatensystem umfaßt ein Grundfeld 10 Minuten (10') geographischer Länge und 6 Minuten (6') geographischer Breite, dies entspricht z. B. genau einem Meßtischblatt (einer Topographischen Karte) deutscher Landesvermessungsämter. In diesem System können die Grundfelder u. a. weiter in Quadranten ($5' \times 3'$) oder Minutenfelder ($1' \times 1'$) unterteilt werden.

Im folgenden werden die Maßstäbe einiger bereits erschienener Vogelatlanten aufgelistet:

International
   Europa – UTM Gitter, 50-km-Quadrate (noch nicht erschienen)

National
   England, Schweiz – 10-km-Quadrate
   Niederlande – 5-km-Quadrate
   Frankreich – Rechtecke von ca. 23 × 15 km

Portugal – Rechtecke 20×32 km
Andere Länder in Europa – Vielfaches von 5- oder 10-km-Quadraten
z. B. Deutschland – 25×25 km,
Italien – 20×20 km
Ostdeutschland – Meßtischblatt (10' Länge × 6' Breite)
Österreich – Meßtischblatt-Quadrant ($5' \times 3'$)
Madagaskar – Quadrate von $\frac{1}{2}$ Grad Länge und Breite (L/B)
Tansania, Uganda, Kenia – Quadrate von $\frac{1}{2}$ Grad (L/B)
Lesotho – Quadrate von $\frac{1}{4}$ Grad (L/B)
USA (Bundesstaaten) – Quadrate von 1 Grad (L/B), auch 5×5 km
Kanada (Provinzen) 10×10 km oder 50×50 km
Regional
Britische Grafschaften – Tetrade (2×2 km oder z. T. 1×1 km)
Baden-Württemberg – Minutenfelder ($1' \times 1'$) als Grundeinheiten
Bodensee – Tetrade (2×2 km)
Rheinland – Tetrade (2×2 km) etc.

9.2.2 Einfluß der Rastergröße auf die Artenvielfalt

Die Zahl der in einem Gitterfeld registrierten Arten steigt mit der Beobachtungszeit und der Größe des Gitterfeldes an, die wiederum direkt vom Maßstab abhängt. Ein entsprechender Zusammenhang ist für die verschiedensten Organismengruppen auch in der Arten-Areal-Kurve gegeben (z. B. BEZZEL und PRINZINGER 1990). In großen Gitterfeldern werden mehr Arten als in kleinen entdeckt, da erstere sehr häufig eine größere Zahl verschiedener Biotoptypen aufweisen. Die Artenvielfalt (Diversität) kann in allen denkbaren Größenordnungen betrachtet werden, von Kontinenten bis zu verschiedenen Punkten innerhalb eines kleinen Wäldchens. Anhand von Daten aus WHITTAKER (1977) beschreibt WIENS (1981) sieben Diversitätskategorien in bezug auf die zunehmende Größe eines Bearbeitungsgebietes. Die

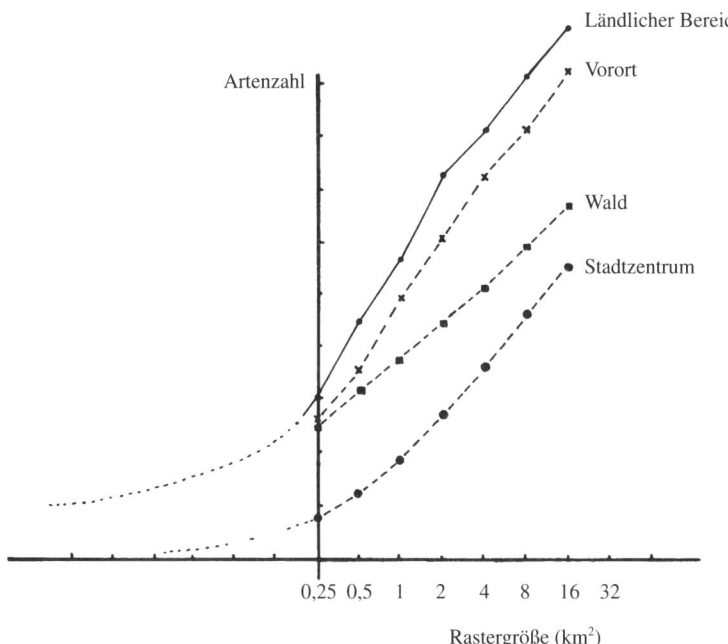

Ländlicher Bereich

Vorort

Artenzahl

Wald

Stadtzentrum

0,25 0,5 1   2   4   8   16 32

Rastergröße (km²)

Abb. 9.3 Der Einfluß der Größe der Rasterflächen. Die Artenzahlen pro Flächeneinheit und die Anzahl besetzter Rasterquadrate einer Art (d.h. die Rasterfrequenz) können bei unterschiedlicher Größe der Rasterquadrate nicht direkt miteinander verglichen werden, da kein linearer Zusammenhang zwischen den Zahlenwerten besteht

ELLENBERG (1985) stellt eine Methode zur Umrechnung vor, bei der die Häufigkeits- und Dichtewerte einer Art im Verhältnis zur Rastergröße auf einer halblogarithmischen Skala aufgetragen werden, damit bei jeder Verdopplung des Beobachteraufwandes eine konstante Artenzahl hinzukommt (oder bei Halbieren des Aufwandes wegfällt). In einem Bereich der Flächengrößen zwischen 10 und 1500 ha ist die Zahl der Brutvogelarten in einem Gebiet (y-Achse) hochkorreliert mit der Flächengröße. Dieser Zusammenhang wurde durch schrittweise Verdopplung der Grundeinheit (x-Achse) ermittelt, d.h. in 25 ha-, 1 km-, 4 km-, 16 km-Quadraten. Bei Verbreitungsuntersuchungen auf Rasterbasis werden mit der Zunahme der Probeflächengröße innerhalb der Rasterfläche mehr Arten registriert. Für mehrere verschiedene Biotopstrukturen ist diese Beziehung annähernd linear. Der Hauptunterschied zwischen den Biotopen beruht auf den höheren Werten am Schnittpunkt mit der y-Achse im Falle strukturreicherer Biotope. Das bedeutet, daß Gebiete mit größerer Strukturvielfalt auf gleicher Fläche höhere Artenzahlen aufweisen und es bedeutet außerdem, daß reich strukturierte Biotope die Einnischung einer größeren Anzahl von Arten ermöglichen.

Kategorien sind zugleich Ausdruck der Änderungen der Artenvielfalt entlang von Umwelt-, Klima- bzw. Biotopgradienten.

Die Beziehung zwischen Artenreichtum und Größe des Gitterfeldes ist nichtlinear, was den Vergleich von Studien mit unterschiedlich großen Flächeneinheiten erschwert. Wenn sich die Rastergröße unterscheidet, können weder die Artenzahl pro Flächeneinheit (D) noch die Anzahl besetzter Gitterfelder einer Art (Rasterfrequenz F) direkt miteinander verglichen werden, weil sich die numerischen Werte in einem nichtlinearen Maßstab verändern. ELLENBERG (1985) stellt eine Umrechnungsmethode vor, mit der die Dichte und Frequenz einer Art im Verhältnis zur Größe des Gitterfeldes auf einer halb-logarithmischen

Skala dargestellt wird. Durch diese Vorgehensweise wird bei jeder Verdoppelung (bzw. Halbierung) des Bearbeitungsaufwandes eine konstante Zahl an Arten addiert (bzw. subtrahiert).

Bei Flächengrößen zwischen 10 und 1500 ha ist die Zahl der Brutvogelarten eines Gebietes mit der Flächengröße hochkorreliert. Dieser Zusammenhang wurde durch schrittweise Verdopplung der Grundeinheit ermittelt, d. h. für 25 ha-, 1 km-, 4 km-, 16 km-Quadrate (Abbildung 9.3). Die Konstanten der linearen Regression sind charakteristisch für die verschiedenen groben Biotopklassen.

Darüberhinaus ist die relative Änderung von F (Rasterfrequenz) unabhängig von der Änderung der Gitterfeldgröße (z. B. von 25 ha- auf 1 km-Quadrate oder von 1 km auf 4 km). Dies ermöglicht die Berechnung von Umrechnungsfaktoren (CF) für F als Funktion der Rasterfrequenz in einem kleineren Gitterfeld. Einzelheiten dazu beschreibt ELLENBERG (1985).

9.2.3 Verwendung historischer Informationen

Falls die finanziellen Mittel keine vollständige, neue Bestandserfassung erlauben, werden manchmal historische Informationen herangezogen; so z. B. bei einigen afrikanischen Atlasstudien und teilweise auch beim Europäischen Atlas in Ländern mit einer kleinen Zahl von Vogelbeobachtern. In den meisten Fällen liegen die historischen Informationen in Form von Vogelberichten früherer Jahre oder von Heimatblättern, die manchmal bis zurück ins 18. Jahrhundert datieren, vor. Solche Daten wurden beispielsweise in Großbritannien zur Ermittlung von Änderungen in der Verbreitung mancher Arten, insbesondere Mäusebussard, Auerhuhn, Wendehals, Neuntöter, Triel und Flußregenpfeifer, herangezogen. In Abbildung 9.4 ist das Beispiel des Neuntöters aufgeführt. Gewöhnlich sind jedoch weder die möglichen Fehlerquellen und Unzulänglichkeiten noch die Methoden der früheren Datenerfassungen bekannt, was den Vergleich quantitativer Daten mit diesen rein beschreibenden Darstellungen schwierig macht. Der Ansatz kann jedoch in einigen Fällen genügen, um großräumige Bestandsveränderungen zu erkennen.

9.2.4 Wie wird ein Atlas geplant?

Viele der zuvor erwähnten Atlanten haben sich um die Verwendung standardisierter Methoden bemüht. So wurde z. B. für den Atlas von Ontario dieselbe Kodierung verwendet wie beim Europäischen Atlas. Außerdem wurde empfohlen, alle Atlanten der afrikanischen Länder in gleichem Maßstab anzufertigen. Folgende Gesichtspunkte spielen bei der Erstellung eines Vogelatlas eine wichtige Rolle:

(1) Die Methoden müssen wissenschaftlich anerkannt sein.

(2) Die Freilandmethoden müssen für die überwiegende Zahl der Amateurornithologen angemessen sein. Wichtige Aspekte sind hierbei auch Zugänglichkeit und Begehbarkeit der Kartierungsgebiete.

(3) Alle Daten müssen tatsächlich beobachteten Vögeln entsprechen. Die Beobachter dürfen keine Daten von Vögeln einsenden, von deren Anwesenheit sie „wissen".

(4) Die Methoden müssen die Einbeziehung von Zufallsbeobachtungen zulassen, da sonst wichtige Informationen vor allem von seltenen oder schwer erfaßbaren Arten verlorengehen.

(5) Manchmal arbeiten zwei oder mehr Beobachter unabhängig voneinander in einem Gebiet. Die Methoden dürfen keine subjektive Entscheidung darüber erlauben, wessen Daten verwendet werden.

(6) Die Datenaufnahme im Gelände sollte auf einen engumgrenzten Zeitraum (je nach Maßstab) beschränkt sein, um ein

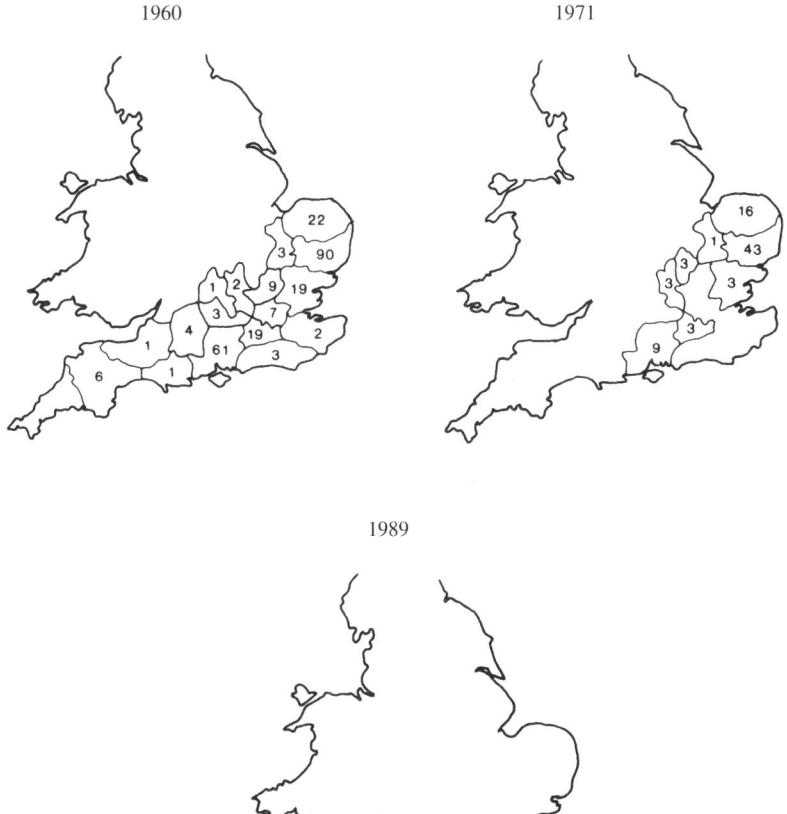

1960 1971 1989

Abb. 9.4 Langzeitmonito-
ring von Vogelbeständen
anhand von Verbreitungs-
studien

Die Aufzeichnung der Verbreitung brütender Neuntöterpaare in unregelmäßigen
Zeitintervallen seit 1960 belegt die großflächige Abnahme dieser Art in südenglischen Grafschaften (aus BIBBY 1973). Im vorliegenden Beispiel wurde die Brutpaarzahl auf der Basis von Grafschaftsgrenzen ermittelt und anschließend addiert.

einheitliches Bild des augenblicklichen
Verbreitungsbildes zu vermitteln.
(7) Um den Feldaufwand weitgehend
zu standarisieren, werden bei Atlasstudien meist alle Arten mit derselben Methode erfaßt. Aufgrund der unterschiedlichen Erfaßbarkeit der Arten bzw. der
Lebensräume können jedoch auch verschiedene Methoden angewendet werden. Allerdings werden dadurch die Anforderungen an die Mitarbeiter größer.

Richtlinien beziehen sich vor allem auf
die Festlegung von Zielsetzungen, die
Entscheidung über den Bearbeitungs-
maßstab, die Entwicklung von Methoden, die Standardisierung, Auswertung,
Organisation vor Ort, die Dateneingabe
und die Erstellung von Karten. Das
Schema in Abbildung 9.5 vermittelt eine Übersicht über den Vorgang der Planung und der Durchführung einer Atlasstudie.

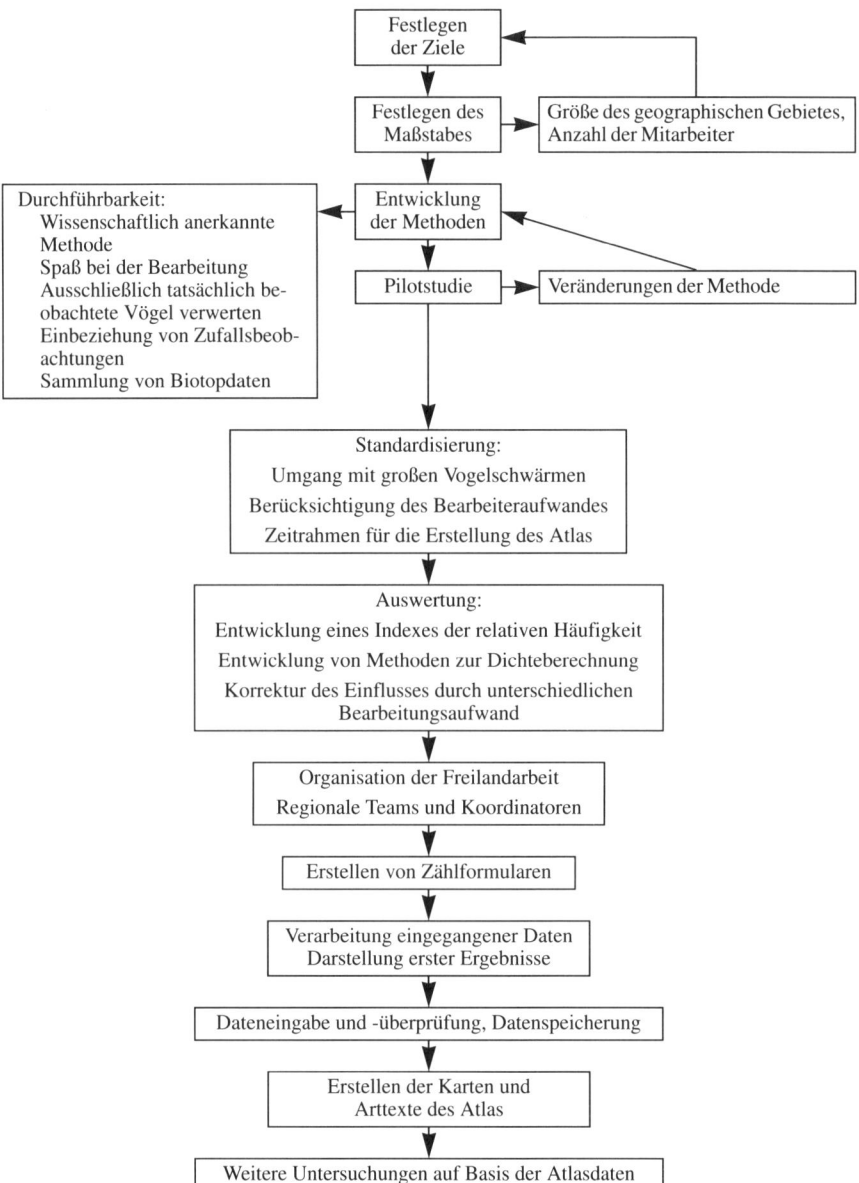

Abb. 9.5 Ablauf der Planung einer Atlasstudie

Festlegen der Ziele

Festlegen des Maßstabes → Größe des geographischen Gebietes, Anzahl der Mitarbeiter

Durchführbarkeit:
Wissenschaftlich anerkannte Methode
Spaß bei der Bearbeitung
Ausschließlich tatsächlich beobachtete Vögel verwerten
Einbeziehung von Zufallsbeobachtungen
Sammlung von Biotopdaten

Entwicklung der Methoden

Pilotstudie → Veränderungen der Methode

Standardisierung:
Umgang mit großen Vogelschwärmen
Berücksichtigung des Bearbeiteraufwandes
Zeitrahmen für die Erstellung des Atlas

Auswertung:
Entwicklung eines Indexes der relativen Häufigkeit
Entwicklung von Methoden zur Dichteberechnung
Korrektur des Einflusses durch unterschiedlichen Bearbeitungsaufwand

Organisation der Freilandarbeit
Regionale Teams und Koordinatoren

Erstellen von Zählformularen

Verarbeitung eingegangener Daten
Darstellung erster Ergebnisse

Dateneingabe und -überprüfung, Datenspeicherung

Erstellen der Karten und Arttexte des Atlas

Weitere Untersuchungen auf Basis der Atlasdaten

Es werden die Schritte bei der Planung und Erstellung einer Atlasstudie gezeigt. Früher verwendete und dem Organisator bekannte Methoden können modifiziert und in einer Pilotstudie getestet werden. Häufig wird ein sehr wichtiges Nebenprodukt einer Atlasstudie nicht genutzt: die ermittelten Vogeldaten können mit Biotop- und Landnutzungsdaten sowie topographischen Strukturen verglichen bzw. korreliert werden. Zum einen ermöglicht dies, Vorhersagemodelle zu erstellen, und zum anderen ergeben sich häufig wertvolle Hinweise zur Gebietsbewertung in der Naturschutzpraxis.

9.3 Beispiele für Atlaswerke

9.3.1 Wintervogelatlanten

**Der Wintervogelatlas für
Großbritannien und Irland**

Dieses Beispiel wird aufgeführt, um die verschiedenen Stadien bei der Erstellung eines Atlas der Verbreitung von Vögeln darzustellen. Im Winter 1980/81 wurde eine großflächige Pilotstudie für den Winteratlas durchgeführt, die zwei Hauptziele hatte (genauer beschrieben bei LACK 1986). Erstens war es notwendig, eine geeignete Methode zur Abundanzbestimmung zu entwickeln. Zum zweiten sollte mehr über die Wanderbewegungen zwischen November und März herausgefunden werden, um den Zeitraum des Winters mit der für diese Monate typischen Artzusammensetzung genauer eingrenzen zu können. Um den Einfluß der Ortsveränderungen der Vögel zu verringern, wurde beschlossen, die Feldarbeit nicht vor Mitte November zu beginnen und sie vor Beginn der Brutaktivität gegen Ende Februar zu beenden.

Die Pilotstudie zeigte, daß die Zahl der an einem Tag registrierten Vögel ein gutes Maß für die relative Häufigkeit ist. Die Bezugseinheit „Tag" wurde auf die Dauer von sechs Stunden standardisiert (siehe unten). Zudem wurde beschlossen, die Höchstzahl der an einem Tag beobachteten Vögel einer Art als Einheit der Abundanz zu verwenden. In manchen Fällen ergaben sich außergewöhnlich hohe Zahlenwerte, aber die Berechnung von Mittelwerten oder Medianen aus Zufallsbeobachtungen hätte erhebliche statistische Probleme verursacht, die als schwerwiegender eingestuft wurden.

Diese Methode hat zwei Schwachstellen:

(1) Es ist möglich, daß ein besonders hoher Zählwert (z. B. von einer großen Schlafplatzansammlung) zu falschen Aussagen führt.

(2) Zwar wird der Bearbeitungsaufwand pro Tag auf sechs Stunden standardisiert, nicht jedoch die insgesamt im Untersuchungsgebiet verbrachten Tage. Häufige Begehungen wirken sich jedoch sowohl auf die Erfassung bei den einzelnen Arten als auch auf die Artendiversität aus.

Die Stärke der Methode zeigt sich besonders bei dem Problem der Berechnung von Mittelwerten und Medianen aus Zufallsbeobachtungen. Eine „Nullzählung" von Arten in einem begrenzten Biotop, z. B. Enten auf einem See, könnte bedeuten, daß entweder keine Enten da waren oder daß der Biotop nicht aufgesucht wurde, jedoch Enten anwesend waren.

In den Winteratlas wurden zwei Datensätze aufgenommen: erstens spezielle Bestandserfassungen in den einzelnen 10-km-Quadraten und zweitens eventuelle Zufallsbeobachtungen einzelner Arten (zusätzliche Beobachtungen).

Die Beobachter wurden aufgefordert, bei jedem Besuch während mindestens einer Stunde in ihrem 10-km-Quadrat alle optisch und akustisch erfaßten Vögel zu notieren. Um die Dateneingabe und Datenüberprüfung zu erleichtern, wurde zu Ende eines jeden Besuches die Gesamtzahl der Individuen von jeder Art, das erfaßte Quadrat (mit Kennzeichnung), das Datum, die Erfassungszeit sowie die Gesamtzahl der beobachteten Arten in ein Formular (die Tagesliste) eingetragen.

Ein „Tag" wurde auf sechs Stunden Feldarbeit standardisiert, da dies als die maximale Zeitspanne angesehen wurde, die einem Bearbeiter im Winter für Freilandarbeit zugemutet werden kann. In der Realität wurde nur bei 3,5 % aller eingegangenen Tageslisten eine längere Beobachtungzeit festgestellt.

Um einen besseren Vergleich von Gebieten mit unterschiedlicher Bearbeitungszeit zu ermöglichen, wurden alle auf längeren bzw. kürzeren Erfassungszeiten beruhenden Daten auf den Bereich von sechs Stunden umgerechnet.

Dazu wurde, getrennt für jede Art, ein Regressionskoeffizient der beobachteten Vögel pro Zeiteinheit berechnet. Durch Auftragen in einer doppelt logarithmischen Skala wurden die Daten normalisiert. Aufgrund der großen Zahl von Einzeldaten waren selbst recht schwache Beziehungen zwischen der Zahl beobachteter Vögel und der Bearbeitungszeit noch signifikant. Da während der Geländearbeit fast 200 Arten erfaßt wurden, erfolgten Korrekturen für den Einfluß der Bearbeitungszeit erst bei einer Signifikanz von $p < 0,001$. In diese Kategorie fielen viele der häufigeren Landvogelarten. Die Mehrzahl der seltenen Arten und solche mit recht enger Habitatbindung wiesen dagegen keine signifikanten Regressionskoeffizienten auf und mußten demnach auch nicht korrigiert werden. Das heißt, daß die Beobachtung einer seltenen oder schwer erfaßbaren Vogelart in der ersten Beobachtungsstunde genauso wahrscheinlich ist wie in der sechsten, bzw. daß ein bestimmter Kleinbiotop (z. B. ein See) in der ersten

Tab. 9.1 Probleme und Lösungen bei der Planung des Britischen und Irischen Winteratlasses.

Problem	Lösung
Rastplätze	Rastplatzzählungen sollten von den übrigen Zählungen getrennt behandelt werden. Nach einer Pilotstudie unterschieden sich die Bestandszahlen jedoch nur geringfügig.
Biotope reichen über das 10-km-Quadrat hinaus	Jedes 10-km-Quadrat wird für sich betrachtet. Seen werden den Quadraten zugeordnet, in denen die größten Flächenanteile liegen.
Bestimmung der Lage des Quadrates	Anstatt der tatsächlichen Rastergrenzen werden bei Mündungsgebieten die Grenzen des Rasterquadrates durch benachbarte natürliche Geländegrenzen bestimmt.
Das Quadrat überfliegende Vögel	Sie werden nicht mit erfaßt.
Unterschiede in der Bearbeitung erklären einen signifikanten Anteil der Variation in der Artverbreitung, z. B. wurde das englische Tiefland intensiver bearbeitet als die Hochländer Schottlands	Das Maximum der Zählung jeder Art sollte auf eine mögliche Korrelation mit der Anzahl der eingegangenen Meldungen pro Quadrat getestet werden. Falls eine Korrelation besteht, könnten die Bearbeitungsunterschiede die Artverbreitung verfälschen.
Eindruck einer zu weiten Verbreitung seltener Arten	Kann z.B. durch ein einzelnes Individuum verursacht sein, das in etlichen weit auseinanderliegenden Rasterquadraten festgestellt wurde. Die Darstellung seltener Arten könnte unabhängig von den Hauptkarten des Atlas erfolgen, indem Häufigkeitswerte in jeder Rasterfläche angegeben werden.
Schwärme oder Individuen seltener Arten wechseln zwischen verschiedenen Quadraten	Schwierig zu lösendes Problem, nur bei genauer Kenntnis der Biologie der Art auf regionaler oder lokaler Ebene; z. B. handelte es sich bei Rohrweihen, die in drei Quadraten der Wexford Slobs in Südost-Irland registriert wurden, sehr wahrscheinlich nur um ein Individuum.

Stunde ebenso aufgesucht werden könnte wie in der sechsten. Demzufolge ist es auch unwahrscheinlich, durch größeren Bearbeitungsaufwand weitere Arten dieser Gruppe festzustellen. Gerade dies ist aber bei häufigeren Landvogelarten der Fall; daher ist der Regressionskoeffizient positiv, und es müssen Korrekturen zur Standardisierung der Daten in Form einer Multiplikation mit $(6/T)^b$ durchgeführt werden. Dabei ist 6 die standardisierte Anzahl der Beobachtungsstunden, T die tatsächlich im Feld verbrachte Zeit und b der Regressionskoeffizient.

Um dem Leser die Interpretation der Verbreitung der Vogelarten zu erleichtern, wurden dem Atlas (entsprechend dem Brutvogelatlas von SHARROCK) Folienkarten zu Topographie und Umweltfaktoren beigelegt.

Tabelle 9.1 führt die Probleme auf, die bei der Erstellung des Winteratlasses auftraten und wie diese gelöst wurden.

Der Wintervogelatlas Nordamerikas
Dieser Atlas stellt eine Analyse der Weihnachtszählungen von Vögeln dar, die seit 1900 durchgeführt werden (ROOT 1988). Bedingungen und Einzelheiten zu den Zählungen werden in BOCK und ROOT (1981), DRENNAN (1981) und ARBIB (1981) dargestellt. Jede Zählfläche ist ein Kreis mit einem Radius von 15 Meilen (24 km), in dem mindestens acht Stunden lang gezählt werden muß. Ungefähr 1 200 Flächen werden auf diese Weise jährlich in einem Zeitraum von zwei Wochen um Weihnachten gezählt. Zur Erstellung der Verbreitungskarten wurden Mittelwerte pro Jahr und Gebiet für einen Zehnjahres-Zeitraum berechnet. Ausgehend von diesen Ergebnissen wurden mit dem Computer Konturkarten bzw. dreidimensionale Karten der Verbreitungs- und Abundanzmuster der Arten im Winter erstellt. Es wird angenommen, daß potentielle Einflüsse von Extremwerten, z. B. aufgrund extremer Witterungsbedingungen oder außergewöhnlicher Ortsveränderungen der Vögel, durch die Verwendung des Mittelwertes einer

Zehnjahresperiode weitgehend reduziert werden. Da die Mittelwerte die Rohdaten zusammenfassen, handelt es sich nicht um eine direkte Darstellung der Beobachtungen, sondern lediglich um eine Interpretation.

Bei dieser Art der Erfassung gibt es einige Mängel. So sind die Flächen, in denen gezählt wird, nicht gleichmäßig über das Gebiet verteilt, so daß die Daten durch Bearbeitungsunterschiede beeinflußt werden können. Zudem unterscheiden sich die Flächen auch im Anteil der tatsächlich bearbeiteten Fläche, in der Bearbeitungszeit und in der Größe der Zählteams. Die Abundanzen truppbildender Vogelarten sind aus zwei Gründen ungenau: zum einen ist es grundsätzlich schwierig, Vogelschwärme genau zu zählen, zum anderen können zufallsbedingte Ortswechsel großer Schwärme die Abundanz der untersuchten Art erheblich beeinflussen.

Unterschiede im Bearbeitungsaufwand auf den verschiedenen Flächen wurden dadurch verringert, daß die Zahl der registrierten Individuen durch die Zahl der von den Bearbeiterteams insgesamt auf einer Fläche verbrachten Zeit (in h) geteilt wurde. Der Mittelwert für eine Fläche wurde schließlich durch Summieren dieser Werte über die Jahre und anschließende Division durch die Zahl der Beobachtungsjahre errechnet. Da die erfaßten Flächen jeweils auf einen Radius von 15 Meilen festgelegt waren, entsprechen die Mittelwerte Dichtewerten.

Die Dichtewerte werden auf Zahlen zwischen 0 und 1 homogenisiert, indem für jede Art der Mittelwert einer Fläche durch den höchsten flächenbezogenen Wert geteilt wird, der bei dieser Art in allen Erfassungen auftrat. Diese homogenisierten Werte werden in den jeweiligen Karten abgebildet. Karten von Arten mit extrem hohen (mehr als 200 Individuen pro Stunde) und extrem niedrigen (weniger als 0,2 Individuen pro Stunde) Abundanzwerten wurden wegen der Schwierigkeit ihrer Interpolation nicht im Hauptteil des Atlasses aufgeführt.

Dem Atlas sind ebenfalls Deckfolien beigelegt, die die Höhenlage, Vegetation, mittlere niedrigste Januartemperatur, mittlere Wintertemperatur an der Meeresoberfläche, mittlere Dauer frostfreier Perioden im Winter, mittlere Jahresniederschlagsmenge, Luftfeuchtigkeit sowie die Naturschutzgebiete darstellen. Obwohl der Wintervogelatlas Nordamerikas einige Fehlerquellen und Probleme aufweist, schließt die enorme Größe des Erfassungsgebietes und die erforderliche Zahl von Mitarbeitern ein statistisch solideres Projekt mit geringerem Zeit- und Arbeitsaufwand aus. Der Atlas liefert ein gutes Beispiel für die vielfältigen Möglichkeiten des sinnvollen Einsatzes der Freilandarbeit von Hobbyornithologen.

Der Wintervogelatlas Baden-Württembergs
Aus der Darstellung dieser beiden Atlasprojekte wird ersichtlich, daß es viele Möglichkeiten der quantitativen Darstellung des Winterbestandes von Vögeln gibt. Mehrere Grundelemente der oben beschriebenen Atlanten gingen auch in den Wintervogelatlas Baden-Württembergs (BAUER et al. 1995) ein, der wie folgt erstellt wurde:

(1) Grundeinheit waren die Quadranten eines Meßtischblatts.
(2) Die Erfassungen fanden in den Mittwintern (Ende Dezember bis Mitte Februar) der Jahre 1987 bis 1992 unter der Annahme statt, daß in diesem siebenwöchigen Zeitraum die Dynamik der Winterbestände vergleichsweise gering ist.
(3) In jedem Quadranten erfolgte die Erfassung der Vögel getrennt in fünf groben Biotoptypen (Wald, Ortschaft etc.) auf Flächen mit einer Mindestgröße von jeweils zehn Hektar. Gewässer waren zudem möglichst vollständig zu erfassen. Zur Darstellung wurden die Bearbeitungen der Quadranten in den jeweiligen Meßtischblättern zusammengefaßt, für die auch maßstabsgetreue Deckfolien vorliegen (HÖLZINGER 1981).

(4) Um den Bearbeiteraufwand zu standardisieren, wurden die erhobenen Vogelzahlen für jedes Biotop auf eine Fläche von zehn Hektar umgerechnet und anschließend analog der Methode bei LACK (s. o.) regressionsanalytisch flächenbereinigt.
(5) Wie bei ROOT (s. o.) wurden die bereinigten Zahlen auf Werte zwischen 0 und 1 'normalisiert'. Dazu mußten sie durch den höchsten Mittelwert, der bei einer Art im jeweiligen Biotop ermittelt wurde, geteilt werden.
(6) Die Darstellung entspricht wie im nordamerikanischen Winteratlas einer Dateninterpretation und erlaubt keine direkten zwischenartlichen Vergleiche. Diese Zielsetzung war in Anbetracht der höchst unterschiedlichen Erfaßbarkeit der Arten im Winter auch nicht gegeben.

Zu weiteren methodischen Details und der getrennt ausgewerteten Erfassung feinerer Biotopstrukturen siehe BAUER et al. (1995).

9.3.2 Brutvogelatlanten

Während die Atlaskartierung anhand rein qualitativer Angaben der An- und Abwesenheit von Brutvogelarten wohl keiner weiteren Ausführungen bedarf, sollten (halb-)quantitative Rasterkartierungen und die neuesten methodischen Ansätze bei der Planung und Darstellung großer Atlaswerke anhand einiger kurzer Beispiele behandelt werden.

Der Neue Brutvogelatlas für Großbritannien und Irland
Eine wesentliche Erweiterung des qualitativen Ansatzes bei Rasterkartierungen besteht darin, das Brutvorkommen jeder Art in einer Anzahl zufällig ausgewählter Untereinheiten oder Stichproben zu erfassen.
    Für den neuen Brutvogelatlas von GIBBONS et al. (1993) mußten alle Brutvögel in mindestens acht selbst ausgewählten Tetraden (2 × 2 km) jedes bearbeiteten 10 × 10-km-Atlasquadrates

erfaßt werden. Die Bearbeitungszeit in jeder Tetrade war dabei auf genau zwei Stunden beschränkt, wobei eine Stunde auf den Zeitraum April/Mai und eine Stunde auf den Juni oder Juli entfallen sollte. Aus der Anzahl der besetzten bezogen auf die Anzahl bearbeiteter Tetraden ergibt sich ein Indexwert der relativen Häufigkeit einer Art pro Atlasquadrat (Beispiel: wurden über die vier Untersuchungsjahre zehn Tetraden bearbeitet und eine Art dabei fünfmal entdeckt, ergab sich ein Index von 0,5). Zusätzliche, zeitlich nicht beschränkte Besuche waren vorgesehen, um die Artenliste eines Atlasquadrates zu vervollständigen. Bei Arten mit geklumpter Verbreitung und Koloniebrütern sowie bei seltenen Arten waren zusätzliche Zahlenangaben zum Brutbestand erforderlich. Diese Vorgangsweise ermöglichte es, sowohl Verbreitungs- als auch Abundanzkarten für alle Arten zu erstellen und die Brutverbreitung mit dem früheren Atlas (SHARROCK 1976) zu vergleichen.

(Halb-)Quantitative Rasterkartierungen

Bei (halb-)quantitativen Rasterkartierungen wird versucht, Bestandszahlen aller Arten auf der Basis von stichprobenartigen Erfassungen repräsentativer Landschaftsausschnitte innerhalb festgelegter Rasterflächen (z.B. 2 × 2 km) zu erhalten. Bci drci bis fünf über die Brutzeit verteilten Begehungen auf der Rasterfläche sind durchaus Dichteschätzungen bzw. annähernd genaue Absolutzahlen möglich (meist werden die Daten in Kategorien hinreichender Genauigkeit angegeben). Die Methode hat sich vor allem in Mitteleuropa bei mehreren großräumigen Atlaskartierungen bewährt, so z.B. am Bodensee (SCHUSTER 1982, SCHUSTER et al. 1983) oder im Kanton Zürich (WEGGLER 1991). Wiederholungszählungen in denselben Rasterflächen mit derselben Methode erlauben Vergleiche der Bestandszahlen über mehrere Jahre, die sehr aussagekräftig sind (BAUER und HEINE 1992).

Dieser Ansatz eignet sich neben der Erfassung von Bestandstrends auch für eine große Bandbreite weiterer Fragestellungen, beispielsweise der Landschaftsbewertung (BLAB et al. 1989), der Habitatpräferenzen einzelner Arten, der saisonalen Dynamik der Raumnutzung etc. (LANDMANN et al. 1990).

Neben der Bearbeitung größerer Rasterflächen, wie Meßtischblatt-Quadranten, ist die Methode auch auf Einzelflächen von wenigen Hektar anwendbar (z.B. BEZZEL et al. 1983), bei entsprechender Standardisierung können auch flächenspezifische Dichtewerte ermittelt werden.

Die Form der Kartierung ähnelt in gewisser Weise einer Revierkartierung, wenn die registrierten Vögel bei den Begehungen auf einer Tageskarte eingezeichnet werden. Außerdem bestehen bei sehr kleinen Bearbeitungsflächen nur geringe Unterschiede zu Punkt-Stopp-Zählungen; bei größeren Flächen hat die Methode auch Ähnlichkeit mit Linientaxierungen, deren Strecken nur einmal begangen werden. Der Hauptunterschied besteht in der klaren Flächenabgrenzung und der flexibleren, an der Landschaftsstruktur angepaßten Routenwahl (LANDMANN et al. 1990).

Der neue Atlas der Schweiz basiert ebenfalls auf der Methode quantitativer Rasterkartierungen mit einer Flächeneinheit von 10 × 10 km, wovon 5 (oder 10) 1 × 1 km große Quadrate zu bearbeiten sind. Die Koordinatoren des Alpenlandes wählten gut zugängliche und begehbare Quadrate aus, die repräsentativ für die Höhen- und Landschaftsstruktur der gesamten Flächeneinheit sind.

In den Bearbeitungsquadraten müssen alle Arten quantitativ bei drei (im Gebirge 2) Begehungen erfaßt werden, wobei für jede Art Grenzwerte angegeben sind, über die hinaus nicht weitergezählt werden muß. Wie beim neuen Atlas von GIBBONS et al. (1993) werden auch beim neuen Schweizer Atlas unterschiedliche Methoden für die verschiedenen Arten angewendet, d.h. seltene

Abb. 9.6 Ergebnis einer nach zehn Jahren wiederholten halbquantitativen Rasterkartierung des Bodenseegebietes am Beispiel der Feldlerche (vgl. BAUER und HEINE 1992, aus HEINE und BAUER, in Vorber.)

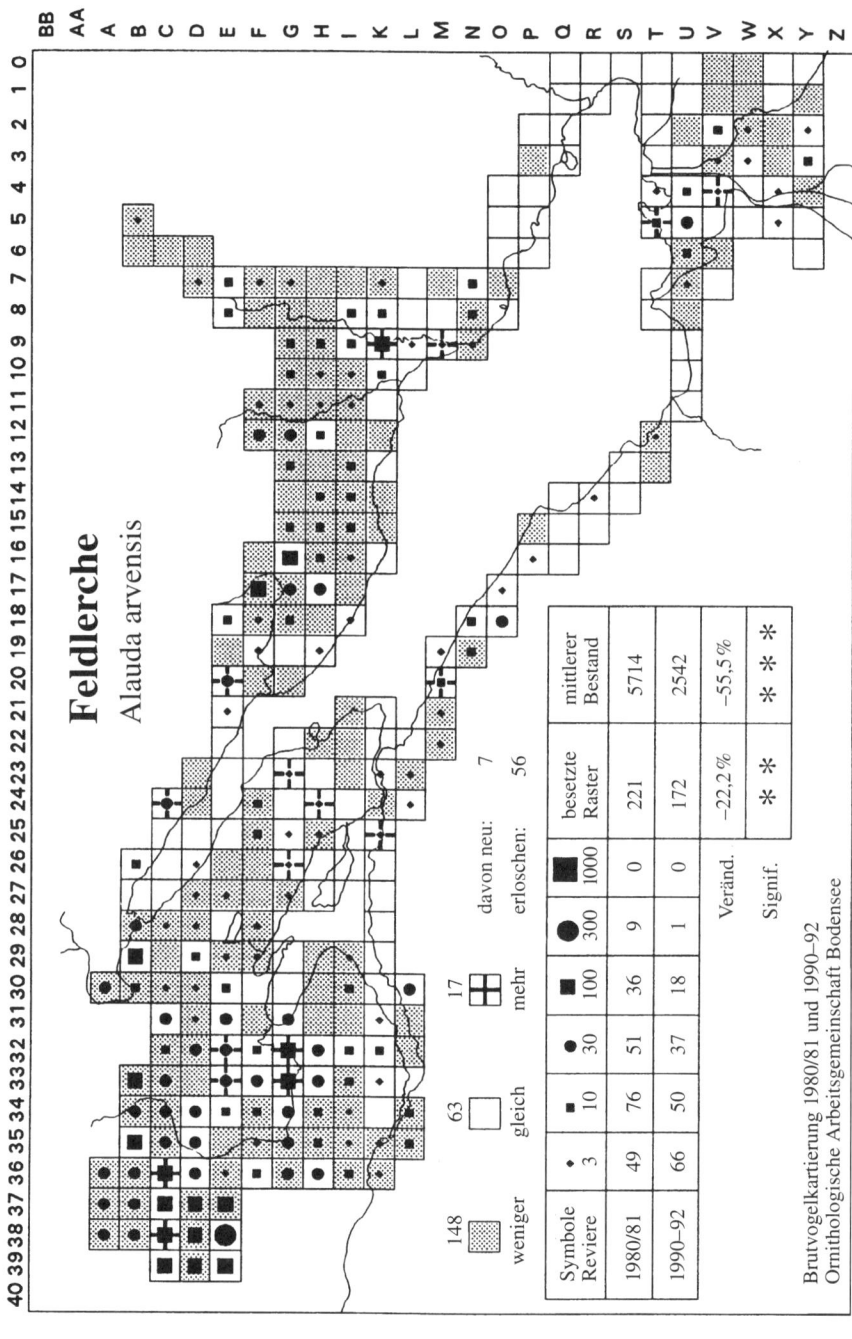

Der starke Bestandsrückgang und Arealverlust bei der Feldlerche wird aus der wiederholten Kartierung von 303 Rasterflächen von 2 × 2 km Größe sehr deutlich. Die Bestandsangaben beruhen auf 5 Linientaxierungen in jedem Quadrat.

bzw. schwer zu kartierende Arten sowie Koloniebrüter werden gesondert erfaßt.

Beispiele für die Hochrechnung der Gesamtbestände eines Gebietes aus den Daten quantitativer Rasterkartierungen liefern BUSCHE und STAUDTE (1985) und BAUER et al. (1991).

9.3.3 Der 'Ganzjahres'-Atlas der Vögel der Niederlande

Dieser Atlas basiert auf monatlichen Erhebungen, die von niederländischen Ornithologen von Oktober 1978 bis September 1983 in 5 × 5 km großen Rastereinheiten durchgeführt wurden (SOVON 1987). Dabei wurden gleichzeitig die das Gebiet nutzenden und überfliegenden Vögel erfaßt. Quantitative Angaben beschränken sich jedoch auf erstere Gruppe. Die Verbreitungskarten eines jeden Monats stellen die über fünf Jahre gesammelten Daten dar, d. h. eine Januarkarte enthält die Januarergebnisse 1979, 1980, 1981, 1982 und 1983. Für die meisten Arten liegen Verbreitungshistogramme für den gesamten über 60 Monate angelegten Beobachtungszeitraum vor. In den Säulen der Histogramme wird für jede Art die Prozentzahl besetzter im Vergleich zur Anzahl im betreffenden Monat kartierter Quadrate dargestellt. Der zur Bearbeitung auf kleinen Gitternetzflächen (5 × 5 km) über 60 Monate erforderliche Aufwand ist wohl der größte, der je zur Atlaskartierung in einem Land geleistet wurde. Maßstabsgetreue Deckfolien zu ökologischen Daten sind beigefügt und enthalten Informationen über die Verteilung von Laub- und Nadelwäldern, Küstendünen und Stränden, Mooren, Heiden, Riedgebieten, stehenden Gewässern und Wanderdünen.

9.3.4 Das Greifvogel-Rasterkartierungsprogramm Finnlands

Ziel des im Jahre 1982 begonnenen Programms ist, Daten zur Populationsgröße und zum Bruterfolg finnischer Greifvogel- und Eulenarten zu sammeln, die es erlauben, Bestandstrends zu ermitteln und die Brutplatzdaten für Naturschutzfragen zu nutzen. In jedem Greifvogel-Rasterfeld (10 × 10 km, von den Ornithologengruppen selbst ausgewählt) ist eine Mindest-Erfassungszeit von 200 Stunden von Februar bis August vorgeschrieben. In jedem Quadrat werden Balzflüge tagaktiver Greifvögel notiert (April), Eulen verhört (März) und nach Nestern und flüggen Jungen gesucht (für Eulen jeweils im Mai und Juni, für Taggreifvögel jeweils im Juni und Juli). Alle Daten werden in Karten eingetragen und lassen sowohl die Abundanzverteilung als auch Unterschiede im Bruterfolg zwischen verschiedenen Regionen erkennen.

9.3.5 Höhenrasterkarten

Die Verbreitung einer Art auf der Basis von Rasterkartierungen läßt sich auch in vertikalen Verbreitungskarten, sogenannten Höhenrasterkarten (z. B. HÖLZINGER 1986), darstellen. Derartige Karten zeigen einen Seitenriß des Untersuchungsraumes auf der Basis derselben Grundfelder, die auch für die üblichen horizontalen Verbreitungskarten verwendet werden (z. B. das UTM-Gitternetz oder das geographische Gradsystem). Die Lage der Schnittebene richtet sich nach der Geomorphologie und der größten Längenausdehnung des Untersuchungsraumes. Ein Beispiel für Baden-Württemberg zeigt Abbildung 9.7. Neben rein qualitativen Aussagen (An-/Abwesenheit) ist es in Höhenrasterkarten auch möglich, Abundanzwerte einer Art durch unterschiedlich große Symbole oder eine flächengetreue Abbildung der Verteilung bestimmter Biotopstrukturen darzustellen (vgl. HÖLZINGER 1986, Höhenverbreitung des Schilfröhrichts in Baden-Württemberg). Vertikale Verbreitungskarten geben insbesondere in geomorphologisch reich strukturierten Gebieten wie dem Alpenraum

Abb. 9.7 Rasterkarten für
die Darstellung vertikaler
Verbreitungsmuster einer
Art

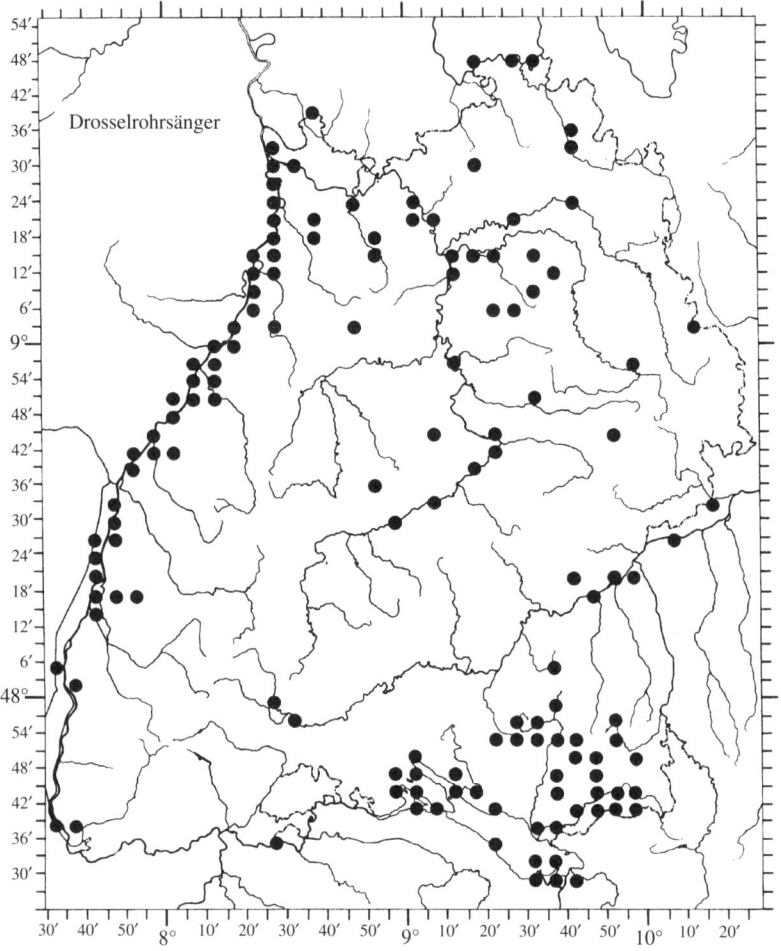

a) Verbreitung des Drosselrohrsängers in Baden-Württemberg auf der Basis von Meßtischblatt-Quadranten (aus HÖLZINGER 1986).

oder Griechenland (z. B. HÖLZINGER 1992) wichtige zusätzliche Informationen über artspezifische Verbreitungsmuster. Durch Vergleiche mit geomorphologischen, vegetationskundlichen und klimatischen Darstellungen oder mit Karten der Winterverbreitung auf gleichem Maßstab schaffen Höhenrasterkarten sehr detaillierte Auswertungsmöglichkeiten.

9.4 Untersuchungen auf Artebene

Zur Untersuchung der Verbreitung einzelner Arten ist unter Umständen ein kleinerer Maßstab nötig als für die zuvor beschriebenen Atlaswerke; dies hängt jedoch von den ursprünglichen Zielen

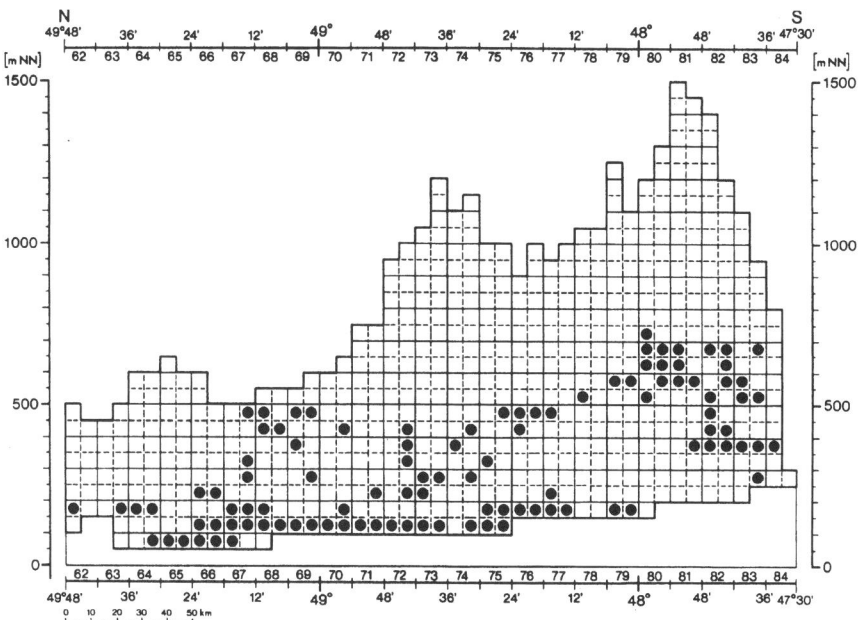

Vertikale Verbreitung des Drosselrohrsängers in Baden-Württemberg in 50-m-Stufen auf der Basis von Meßtischblatt-Quadranten (aus HÖLZINGER 1986).

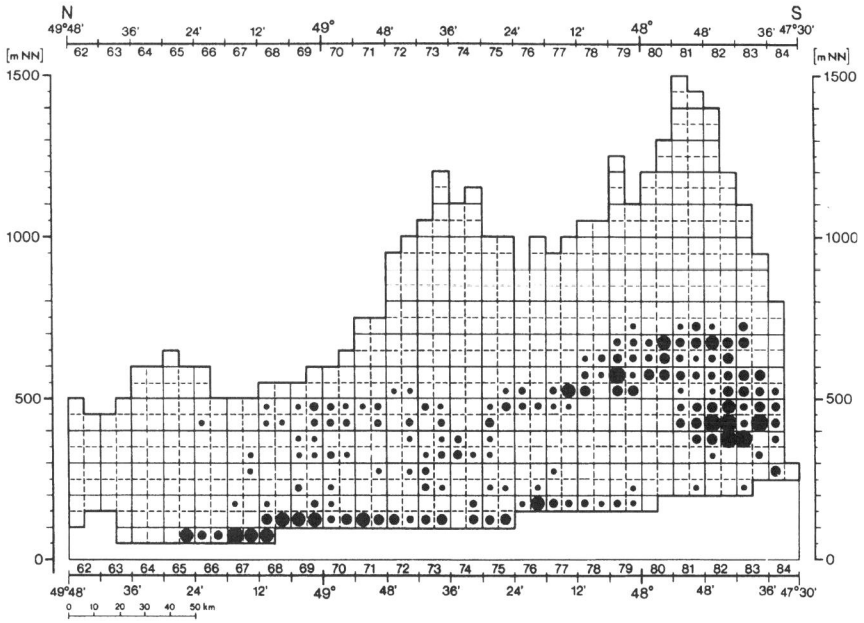

Vertikale Verbreitung des Schilfröhrichts in Baden-Württemberg auf selber Kartengrundlage wie b). Die sechs verschiedenen Kreisgrößen kennzeichnen Flächen von (1) 0,5 bis 1 ha, (2) >1 bis 10 ha (3) 11 bis 20 ha (4) 21 bis 50 ha (5) 51 bis 100 ha bzw. (6) >100 ha (aus HÖLZINGER 1986).

Abb. 9.8 Anordnung der
Probeflächen, um die Ver-
breitung der untersuchten
(Einzel-)Art in Beziehung zu
großflächigen Biotopstrukturen zu setzen

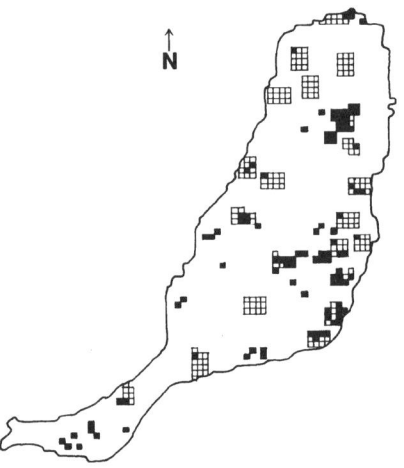

Auf der Basis der 1-km-Rasterkarte Fuerteventuras (Kanarische Inseln) wurden die Quadrate, in denen nach dem Kanarenschmätzer gesucht werden sollte, nach dem Zufallsprinzip ausgewählt. In den ausgefüllten Quadraten konnten in den Jahren 1985, 1984 oder 1979 Brutvögel nachgewiesen werden; offene Quadrate wurden 1985 vollständig kartiert. Es konnten jedoch keine brütenden Kanarenschmätzer nachgewiesen werden. Topographische Merkmale und Biotopstrukturen der Quadrate mit und ohne Kanarenschmätzer-Vorkommen wurden gleichfalls notiert und konnten mit den ermittelten Vogeldichten korreliert werden (aus BIBBY und HILL 1987).

der Studie ab. Es ist wichtig, die Gründe für die Einzelartenstudie von Anfang an festzulegen und dafür Sorge zu tragen, daß die Methodenwahl eine Vielzahl von Auswertungen ermöglicht, z. B. Dichteberechnungen sowie Beziehungen zwischen Dichtewerten und Landschaftsstruktur.

Dies sei am Beispiel des Kanarenschmätzers erläutert, der eines der kleinsten Verbreitungsgebiete aller Vogelarten der westlichen Paläarktis aufweist. Sein Vorkommen ist auf die Insel Fuerteventura der östlichen Kanaren beschränkt. Die Insel wurde von 18. Februar bis 11. März 1985 von fünf Bearbeitern gleichzeitig kartiert, um Bestand und Verbreitung der Art zu ermitteln, die bevorzugten Habitate zu beschreiben und die Bestandsentwicklung einzuschätzen (BIBBY und HILL 1987).

Fuerteventura, das eine Gesamtfläche von 1 653 km² aufweist, ist spärlich bewachsen und überwiegend gebirgig mit einigen steinigen Ebenen und Sanddünen. Kartierungseinheit waren 21 gleichmäßig über das Landesinnere verteilte 3 × 4 km große Rechtecke, von denen jedes aus 12 1 × 1 km großen Grundflächen bestand. Die Bearbeitungsquadrate in einem Rechteck wur-

den zufällig aus einer Liste aller möglichen Quadrate der Insel ausgewählt. Wenn benachbarte Quadrate keine Landfläche aufwiesen, wurde ein angrenzendes, terrestrisches Quadrat gewählt. Die Auswahl der Probeflächen fand vor der Untersuchung statt und war unbeeinflußt von Landschaftsmerkmalen, Vegetationsstruktur oder einer potentiellen Eignung für die Art. Alle Rechtecke wurden nur einmal besucht. Die Bearbeitungszeit betrug pro Quadrat etwa zwei bis drei Arbeitsstunden. Die Brutpaare hatten Nester, oft auch flügge Junge und waren daher gewöhnlich in dem offenen Gelände leicht aufzufinden.

Einige 1-km-Quadrate, die aus Zeitmangel nicht vollständig erfaßt werden konnten, wurden bei der Analyse nicht berücksichtigt. 21 ans Meer angrenzende, zufällig ausgewählte Rechtecke wiesen eine Fläche von weniger als 12 km² auf. Diese Rechtecke deckten insgesamt ein Gebiet von 235,2 km² ab, von denen 209,8 km² (89 %) abgesucht wurden. Die Zufalls-Stichprobe erfaßte folglich 12,7 % der Landfläche Fuerteventuras. In einem späteren Abschnitt des Kapitels wird genau beschrieben, wie anhand der gewonnenen Daten der Brutbestand bestimmt wurde.

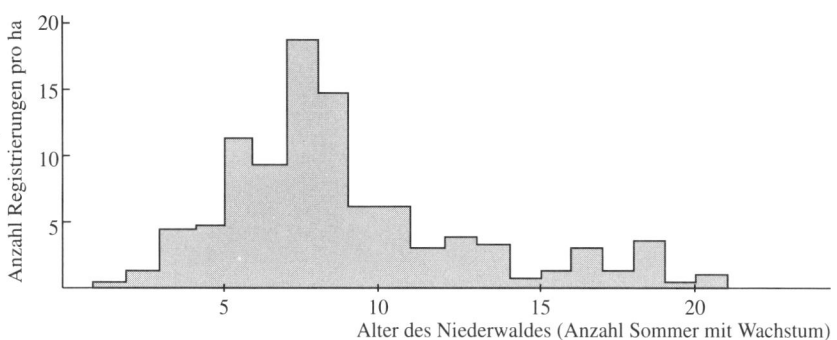

Die Abbildung zeigt die Anzahl Nachtigallen pro Hektar in Abhängigkeit von der Altersklasse verschiedener Niederwaldflächen. Schläge mit der höchsten Nachtigallendichte waren offensichtlich in der von Nachtigallen bevorzugten Altersklasse. Dies ist ein gutes Beispiel für eine Untersuchung, in der Verbreitungsdaten mit Biotopstrukturen korreliert werden (aus FULLER et al. 1989).

Einen Spezialfall der Studien auf Artebene stellen sehr seltene oder isoliert vorkommende Arten dar. Sie werden am besten durch Überprüfung geeigneter Biotope erfaßt – ein Aufwand, wie oben beschrieben, wäre unangemessen groß. Besitzt man einige Vorkenntnisse über die Habitatansprüche einer Art, können die günstigsten Gebiete gezielt abgesucht werden. Biotopstrukturen von Standorten, an denen die Art angetroffen wurde, können mit unbesetzten Standorten verglichen werden.

9.5 Untersuchungen auf Biotopebene

Zwei Hauptaspekte stehen bei der Untersuchung der Verteilung von Vogelarten auf verschiedene Landschaftsstrukturen im Vordergrund: (1) durch Korrelation der jeweiligen Vogelreviere mit den verfügbaren Vegetationsstrukturen werden artspezifische Habitatpräferenzen oder die Vermeidung von Biotopstrukturen ermittelt, (2) durch die Verbreitungsdaten werden Schutzziele im Rahmen des Gebietsmanagements verfolgt.

9.5.1 Bestandserfassung und Landschaftsformen

Die Verbreitung der Nachtigall (u. a. Arten) in einem intensiv bewirtschafteten Niederwald in Kent ließ eine Präferenz für sechs bis sieben Jahre alte Schlagflächen erkennen (FULLER et al. 1989). Bei dieser Studie wurden die Vögel von einem einzigen Beobachter fünf Jahre lang anhand von Revierkartierungen erfaßt (s. Kapitel 3), wobei das Gebiet in jedem Jahr 23- bis 25mal während der Brutzeit von Ende März bis Anfang Juli flächendeckend und mit dem gleichen Arbeitsaufwand kartiert wurde. Da eine große Anzahl Reviere keiner der 52 Schlagflächen vollständig zugeordnet werden konnte, mußte die Methode leicht abgewandelt werden. Aus diesem Grund wurde die Anzahl Registrierungen in den unterschiedlich alten Schlagflächen als Häufigkeitsindex verwendet. Die aus diesen Daten ermittelte Karte der Nachtigallreviere ist in Kapitel 10 abgebildet.

Das Jahr des Einschlages (Anzahl Jahre mit Sommerwachstum) war für alle Schlagflächen bekannt und wurde zur Bestimmung altersklassenbezogener

Abb. 9.10 Vogelkonzentra-
tionen in Abhängigkeit von
Habitatstrukturen

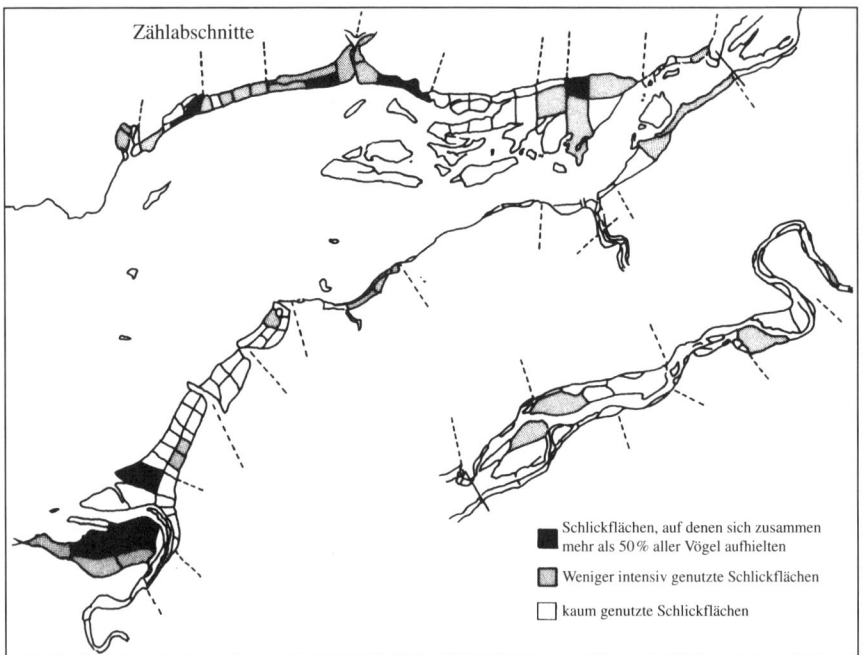

Das Beispiel zeigt die Aufteilung des gesamten Mündungsgebietes des Severn in England in einzelne Zählabschnitte zur Erfassung der dort vorkommenden Watvogelarten. Es wurde eine Rangfolge der gewonnenen Daten aller Abschnitte erstellt, und Gebiete, die zusammen mehr als 50 % aller Vögel enthielten, wurden schwarz unterlegt. Die Karte zeigt, daß die Mehrzahl der Vögel nur einen kleinen Teilbereich des Mündungsgebietes nutzt. Das legt nahe, daß die Ressourcen ebenfalls konzentriert sind. Es gilt zu beachten, daß dieses Beispiel im Gegensatz zu Abbildung 9.2 eine Verbreitungsuntersuchung auf kleinem Maßstab darstellt (aus CLARK 1990).

Nachtigallendichten herangezogen. Dabei wurde für jede Altersklasse die Gesamtzahl erfaßter Vögel durch die Gesamtfläche der jeweiligen Altersklasse geteilt. Der daraus resultierende Index wurde als 'Anzahl Registrierungen pro ha' ausgedrückt. Bei der Interpretation der erhaltenen Verbreitungsmuster ergeben sich zwei potentielle Probleme: (1) Bestimmte Eigenschaften einzelner Schlagflächen (z. B. Zusammensetzung der Baumarten, Bodentyp) könnten mit Altersklasseneffekten verwechselt werden. Da aber im vorliegenden Fall altersgleiche Schlagflächen weit über die Probeflächen verstreut waren, stellte dies kein so großes Problem dar.

(2) Die Verbreitungsmuster können nicht auf statistische Zufallsverteilung getestet werden, weil viele Individuen mehrfach erfaßt wurden und daher keine unabhängigen Registrierungen vorliegen. Diese Schwierigkeit könnte durch eine revierbezogene Darstellung der Ergebnisse gelöst werden.

Rast- und Nahrungsplätze von Watvögeln in Mündungsgebieten liefern ein weiteres Beispiel für die unterschiedliche Verbreitung innerhalb eines Biotoptyps; so kann beispielsweise ein Mündungsgebiet eine Vielzahl feiner Unterschiede im Substrat oder Nahrungsangebot aufweisen, die die Verteilung der Vögel beeinflussen. Entspre-

chende Abbildungen belegen die geklumpte Verteilung der Watvögel in einigen Küstenregionen, wobei Gebiete
mit dem günstigsten Nahrungsangebot
die meisten Vögel aufweisen. Abbildung
9.10 zeigt ein Beispiel für das Mündungsgebiet des Severn.

9.5.2 Verteilung von Neststandorten

Bei der Diskussion der Brutverbreitung
des Sperbers wurde bereits ein Beispiel
für die Verwendung von Neststandort-
karten vorgestellt (Abbildung 9.1 b). Das
folgende Beispiel schildert die Verwendung von Nestverteilungsmustern in
bezug zur Vegetationsstruktur bei Stock-
und Reiherente. Eine kleine Insel in
einem See in Buckinghamshire wurde
regelmäßig nach Entennestern abgesucht
und der Schlüpferfolg bestimmt. Zusätzlich wurde die Vegetationshöhe auf der
ganzen Insel gemessen. Die ermittelten
Konturlinien der Vegetationshöhe werden in Abbildung 9.11 (S. 212) mit einer
Karte der Neststandorte überlagert. Die
gefundene Nestdichte wird verglichen
mit dem Erwartungswert, für den Fall,
daß die Brutvögel keine Vegetationshöhe bevorzugen würden. Der Unterschied wird mit dem Chiquadrat-Test
auf Signifikanz geprüft; ein strengerer
Test wäre der von NEU et al. (1974).

9.5.3 Radiotelemetrie

Durch Radiotelemetrie erhaltene Verbreitungsdaten sind objektiver als Kar-
tierungs- oder Zähldaten. Sie eignen
sich besonders zur Ermittlung der
Mikrohabitatwahl einer Art, z. B. der
Wahl einer kleinen Gebüschgruppe oder
der Bevorzugung eines bestimmten
Anbautyps. Zunächst werden die Tele-
metriedaten auf einer Karte eingetragen
(oder in ein Computerprogramm einge-
lesen, das sie auf eine Karte des Untersuchungsgebietes generieren kann). Das
Aufenthaltsgebiet eines Individuums
(„home range") wird anschließend

bestimmt, indem die jeweils äußersten
Ortungspunkte miteinander verbunden
werden (Methode des maximalen konvexen Polygons) oder anhand von Wahr-
scheinlichkeitsmethoden, wie z. B. der
Berechnung des harmonischen Mittels.
Es können auch mit der Mehrpunkt-
Clusterung die Kernzonen der Aktivität
bestimmt werden (siehe DIXON und
CHAPMAN 1980, KENWARD 1987). Abbildung 9.12 gibt ein Beispiel für die Verwendung der Radiotelemetrie bei der
Untersuchung der Habitatwahl von
Fasanen (HILL und ROBERTSON 1988).
Für dieselben Daten wird nebeneinander
das Ergebnis der Mehrpunkt-Clusterung
und der Berechnung des maximalen
Polygons dargestellt, um die Unterschiede der mit verschiedenen Methoden ermittelten Aktionsräume zu veran-
schaulichen (Abbildung 9.12, S. 213).

Der durch Radiotelemetrie bestimmte
Grad der Habitatnutzung bzw. die Zahl
der Registrierungen in einem bestimmten Habitat kann mit der Häufigkeit
der jeweiligen Habitatstruktur unter Verwendung verschiedener Bevorzugungs-
und Vermeidungsindizes korreliert werden (IVLEV 1961, JACOBS 1974). Diese
Indizes geben allerdings nur das Verhältnis der Nutzung eines Habitates in bezug auf seine Verfügbarkeit wieder und
erlauben keine statistische Überprüfung.
Bei einer Reihe anderer Modelle
(QUADE 1979, NEU et al. 1974, IMAN
und DAVENPORT 1980, JOHNSON 1980),
die von ALLDREDGE und RATTI (1986)
vergleichend beschrieben wurden, wird
ein übereinstimmender statistischer Ansatz benutzt. Meist wird ein Chiquadrat-
Anpassungstest verwendet, um zu prüfen, ob die Habitatnutzung dem erwarteten, auf der Verfügbarkeit basierenden,
Anwesenheitsmuster entspricht.

Die Modelle testen etwas unterschiedliche Hypothesen, und für die verschiedenen Modelle sind jeweils einige der
folgenden Annahmen gültig:
(1) Alle Beobachtungen sind unabhängig in dem Sinne, daß die Standortbestimmungen zeitlich lange genug auseinanderliegen, um keine zeitliche Ab-

Abb. 9.11 Verteilung von
Entennestern in Abhängig-
keit von der Vegetations-
struktur

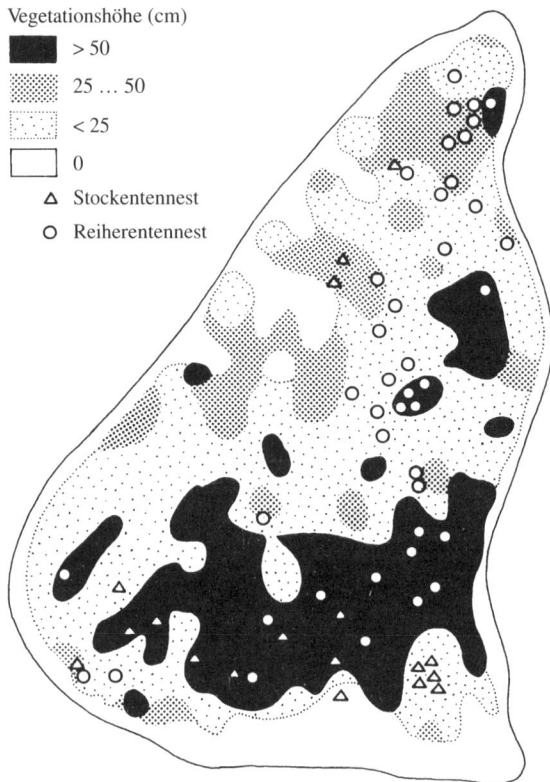

Vegetationshöhe (cm)

███ > 50

▒▒▒ 25 ... 50

░░░ < 25

☐ 0

△ Stockentennest

○ Reiherentennest

Die Vegetationshöhe wurde an jeder Schnittstelle eines über die Insel im Willen Lake in Buckinghamshire gelegten 5 × 5 m-Gitters gemessen. Auf der Karte werden die in vier Klassen zusammengefaßten Höhendaten anhand verschieden starker Schattierungen dargestellt. Eine Karte der erfaßten Nester von Stock- und Reiherente wurde nun über diese Vegetationskarte projeziert. Durch Vergleich der berechneten Gesamtfläche jeder Vegetationshöhe mit der beobachteten und (nach der Gebietsgröße) erwarteten Nester-zahl konnte die Bevorzugung der höchsten Vegetationshöhe als Niststandort deutlich gemacht werden (aus HILL 1982, HILL 1984b).

Die Tabelle zeigt die Zahl der Stockenten- und Reiherentennester in Bereichen unter-schiedlicher Vegetationshöhe. (Ein Vergleich der ermittelten mit der erwarteten Nester-zahl mit dem Chiquadrat-Test ergab einen Wert von 18,8 bei 3 Freihheitsgraden; n = 62 Nester; p < 0,005). Die Nester wurden in höherer Vegetation angelegt als aufgrund der vorhandenen Höhenstrukturen erwartet wurde (aus HILL 1982, HILL 1984b). Die zwei Arten wurden gemeinsam ausgewertet, da ihr Bruterfolg (d.h. Einfluß der Prädation) aufgrund überlappender Brutzeiten auf der Gesamtzahl vorhandener Nester beruht und nicht auf der Anzahl Nester pro Art.

Vegetations-höhe [cm]	Gesamtfläche der Vegetation dieser Höhe [ha]	Ermittelte Nesterzahl	Nestdichte [Anzahl pro ha]	Erwartete Nesterzahl
> 50	0,83	26	31,3	15,3
25–50	1,33	23	17,3	24,5
< 25	0,52	12	23,1	9,6
0	0,68	1	1,5	12,5

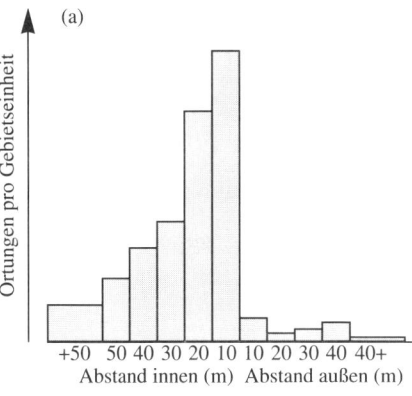

(a)

Ortungen pro Gebietseinheit

+50 50 40 30 20 10 10 20 30 40 40+
Abstand innen (m) Abstand außen (m)

(b)

Ortungen

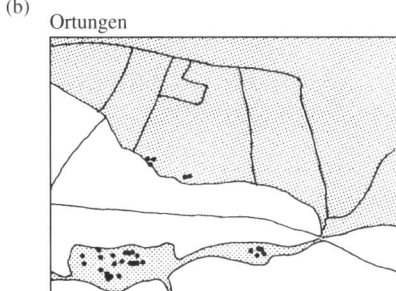

Fläche des maximalen konvexen Polygons

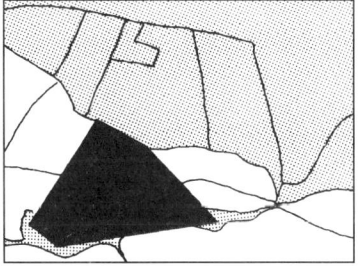

85%ige Clusterung mit mehreren Kernbereichen

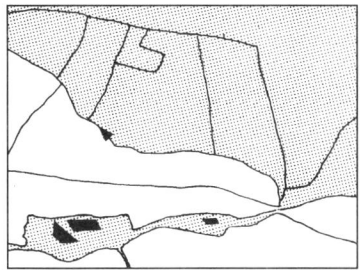

(a) Radiotelemetrische Ortungen zur Bestimmung der Habitatpräferenz. Die Ortungen der Fasane, bezogen auf die Entfernung zum Waldrand (sowohl innerhalb als auch außerhalb des Waldes), lassen eine signifikante Bevorzugung von Randstrukturen erkennen. Eine direkte Folgerung wäre, daß sich nahrungssuchende Vögel am Waldrand bei Annäherung des Bearbeiters in den Wald zurückgezogen haben. Im vorliegenden Fall wurden die Beobachtungen jedoch aus angemessenem Abstand durchgeführt, um der Gefahr der Störung zu begegnen (aus HILL und ROBERTSON 1988).

(b) Radiotelemetrische Ortungen zur Bestimmung des Aufenthaltsbereiches. Im ersten Beispiel wird die Methode der maximalen konvexen Polygonfläche (MPA) zur Bestimmung des Aufenthaltsbereiches beim Fasan verwendet. Bei dieser Methode werden die äußersten Ortungspunkte miteinander verbunden. Dabei erhält man einen völlig anderen Aufenthaltsbereich der telemetrierten Individuen als durch die Flächenbestimmung mittels der Mehrpunkte-Clusterung, bei der die Aufenthaltsbereiche anhand von Wahrscheinlichkeiten berechnet werden. Bei der MPA-Methode wird eine größere Fläche ungenutzter Biotopstrukturen berücksichtigt als bei den anderen Methoden (aus ROBERTSON et al. 1990). Vergleiche auch KENWARD (1987) und DIXON und CHAPMAN (1980) zur Berechnung von Konturlinien aus Harmonischen Mittelwerten.

Abb. 9.12 Radiotelemetrische Untersuchungen zur Ermittlung der Aufenthaltsorte von Individuen

hängigkeit in der Abfolge zu bewirken. Mit anderen Worten, die Anwesenheit eines Vogels an Ort x zu einer Zeit a sollte keinen Einfluß auf seine Position zur Zeit b haben. In Wirklichkeit können die Beobachtungen desselben Vogels über kurze Zeitabschnitte nicht voneinander unabhängig sein, schlimmstenfalls sind viele der radiotelemetrischen Ortungen in Wahrheit Pseudowiederholungen.

(2) Die Stichprobe ist so umfangreich, daß eine Näherung an die Chiquadrat-Anpassungsstatistik gestattet ist (d. h. mehr als eine erwartete Beobachtung in jeder Habitatkategorie und weniger als 20 % der Kategorien enthalten weniger als fünf erwartete Beobachtungen).

(3) Die Verfügbarkeit von Habitatstrukturen ist für alle Individuen gleich.

(4) Ergebnisse eines Individuums haben keinen Einfluß auf die Ergebnisse der anderen. Ist die Zahl der Habitattypen gering und liegen Daten zu mehr als 20 Vögeln und 50 verschiedenen Aufenthaltsorten pro Individuum vor, sollte die Methode von NEU angewendet werden. Zur Warnung sei hier gesagt, daß bei allen verwendeten Methoden mit steigender Zahl genutzter Habitatstrukturen auch die Fehlerraten bei den Mehrfachvergleichen zunehmen. Daher sollte die Zahl der berücksichtigten Habitatstrukturen bei der Versuchsplanung von Anfang an reduziert sein.

Radiotelemetrieversuche, die eine Erfassung versteckter Individuen ohne Beobachtereinfluß (durch Störungen) erlauben, ermöglichen die Berechnung der Grundfläche des genutzten Habitates in den Kerngebieten (bzw. Gebieten mit 85 bis 95 % der Aktivität). Die innerhalb eines Kerngebietes ermittelte Zahl von Standorten kann nun mit der bei ungerichteter Bewegung zu erwartenden Anzahl von Standorten verglichen werden. Durch Verwendung der „composition analysis" (AITCHISON 1986, AEBISCHER und ROBERTSON 1992) können einige der Einschränkungen, die auftauchen, wenn die Habitatnutzung als Verhältniszahl dargestellt wird und die statistische

Überprüfung anhand des Chiquadrat-Tests erfolgt, umgangen werden. Bei der 'composition analysis' werden die Verhältniszahlen aus den vorhandenen und den von den Vögeln tatsächlich genutzten Habitatstrukturen logarithmisch transformiert. Diese Methode setzt die gleichzeitige Betrachtung aller Habitattypen voraus, da die Ergebnisse der verschiedenen Habitatstrukturen nicht voneinander unabhängig sind: wenn ein Habitattyp bevorzugt wird, können die anderen weniger häufig genutzt werden.

9.6 Beispiele der Anwendung von Verbreitungs-untersuchungen

9.6.1 Bestimmung der Bestandsgröße

Im folgenden werden drei Beispiele gut geplanter Untersuchungen vorgestellt, bei denen die Bestandsgröße aus Verbreitungsdaten bestimmt wurde.

Das erste Beispiel behandelt die Untersuchung des Kanarenschmätzers, deren Planung bereits beschrieben wurde. Der Gesamtbestand wurde einmal anhand der Zahl bekannter Paare und anschließend anhand der Gesamtzahl aller Männchen (Paare + zusätzliche Männchen) ermittelt. Die Bestandsdichten der einzelnen Probeflächen unterschieden sich beträchtlich voneinander. Da die Daten von völlig unterschiedlichen Gebieten stammten, wurden die Varianzen des ermittelten Gesamtbestandes nach der 'jackknife'-Methode berechnet (MILLER 1974), woraus folgt:

Nachgewiesene Paare:
Mittelwert = 591,
95 %-Vertrauensbereich = 500 bis 682

Alle Männchen:
Mittelwert = 779,
95 %-Vertrauensbereich = 663 bis 893

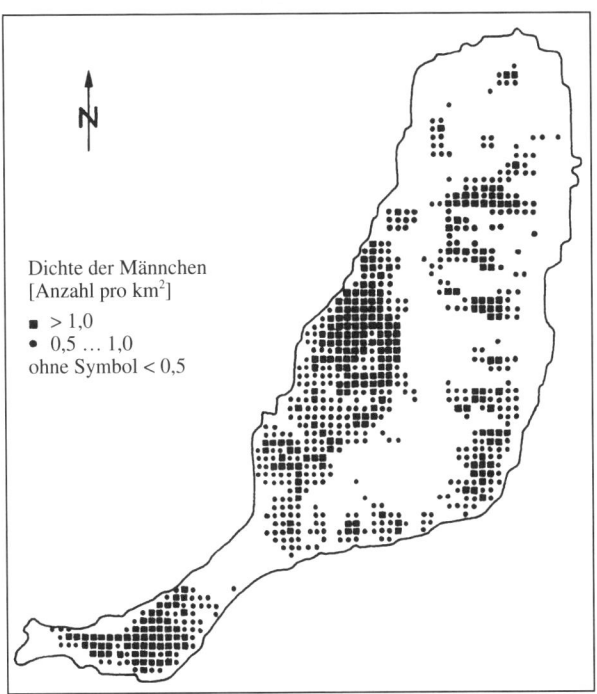

Abb. 9.13 Verbreitungs-
daten zur Berechnung
des Vogelbestandes

Die Topographie Fuerteventuras, ermittelt aus der Zahl der Schnittpunkte von 20-m-Höhenlinien mit den Grenzen jedes km-Quadrates, wurde mit der Anzahl männlicher Kanarenschmätzer pro Quadratkilometer korreliert. Die aus den Rohdaten berechnete Gleichung der Regressionsgerade lautet $y = 0,027 + 0,024x$; bei $r_{194} = 0,342$; $p < 0,001$. Die Regressionsgerade und die aus Karten ermittelte Topographie wurden anschließend zur Berechnung der Verbreitung des Kanarenschmätzers auf der gesamten Insel verwendet (aus BIBBY und HILL 1987).

Wenn diese Untersuchung etwa 90 % des Bestandes (der jeweiligen Probeflächen) erfaßte und die Hälfte der zusätzlich gesehenen Männchen tatsächlich verpaart waren, kann man den Bestand im Jahr 1985 grob auf etwa 750 ± 100 Paare hochrechnen.

Bei der grob standardisierten Bestandserfassung wurden 196 Quadrate im Landesinneren abgesucht und die Anzahl der erfaßten Männchen mit den topographischen Strukturen, die aus Karten ermittelt wurden, korreliert. Ein starker Zusammenhang bestand dabei vor allem zwischen der Zahl registrierter Männchen pro Quadratkilometer und der Zahl der 20-m-Höhenlinien, die die Grenzen der jeweiligen Bearbeitungsquadrate schnitten. Basierend auf den topographischen Daten der gesamten Insel wurde dieses Modell zum einen dazu verwendet, den Gesamtbestand der Art auf 880 Männchen (95 %-Vertrauensbereich = 792 bis 962) zu berechnen, und zum zweiten, das Verbreitungsbild für den Kanarenschmätzer zu bestimmen.

Das zweite Beispiel behandelt den Brutbestand des Waldlaubsängers in Großbritannien (BIBBY 1989). Waldlaubsänger haben einen sehr auffälligen und weittragenden Gesang und sind deshalb leicht zu entdecken. Dadurch besteht eine große Übereinstimmung zwischen Zählungen auf der Basis von Einzelbegehungen und den tatsächlichen Bestandszahlen (BIBBY 1989). Die Art eignet sich daher sehr gut für Einzelartenuntersuchungen mit nur wenigen Begehungen. Ziel der Untersuchung war die Erfassung aller 10-km-Quadrate, die nach den Angaben des Brutvogelatlas (SHARROCK 1976) ein sicheres bzw. wahrscheinliches Brutvorkommen der Art aufwiesen. In Nord- und Westengland schien eine Erfassung aller Quadrate nicht möglich zu sein, daher wurde ein Drittel der Quadrate zufällig ausgewählt. In anderen Teilen Englands war dagegen eine Zählung aller Atlasquadrate vorgesehen.

Die Bearbeiter sollten alle geeigneten Biotope in den ausgewählten 10-km-Quadraten zwischen dem 15. Mai und 10. Juni aufsuchen. Die Zählergebnisse wurden in 'Summen pro Tetrade' zurückgemeldet und eine erfolglose Suche innerhalb einer Tetrade gesondert vermerkt. Unter der Annahme, daß die Auswahl der Quadrate für das Gesamtgebiet repräsentativ war, wurde aus der Anzahl revieranzeigender Vögel in den erfaßten 10-km-Quadraten auf den Gesamtbestand hochgerechnet.

Da die Zählergebnisse keine Normalverteilung aufwiesen und für ver-

schiedene Regionen Englands unterschiedliche Stichprobenzahlen vorlagen, wurde zur Berechnung der Vertrauensbereiche die Monte-Carlo-Technik verwendet (BUCKLAND 1984). Dabei ergab sich eine Gesamtzahl von 16 170 singenden Männchen, mit einem recht großen Vertrauensbereich (14 850 bis 17 560; siehe Tabelle 9.2). Die Ursache dafür liegt in der sehr großen Variation (von 0 bis 253) der pro Quadrat erfaßten Vögel. Diese hohe Variation wirkt sich sehr stark auf die Bestimmung der Anzahl Vögel in nicht erfaßten Quadraten aus. Wird auch die Atlaskategorie „wahrscheinliches Brüten" in die Berechnungen mit einbezogen, ergibt sich eine verbesserte Schätzung von 17 200 ± 1 340 Männchen.

Das letzte Beispiel behandelt die 1987 in Großbritannien durchgeführte Erfassung brütender Kiebitze (SHRUBB und LACK 1991). Zunächst wurden alle 10-km-Quadrate mit Landfläche für England und Wales ermittelt. In jedem dieser Quadrate wurde eine Tetrade nach dem Zufallsprinzip ausgewählt, wobei es ohne Bedeutung war, wenn die gewählte Tetrade auf eine Wasserfläche entfiel. Die Bearbeiter mußten die Zahl brütender Kiebitzpaare (balzende Männchen; brütende Weibchen; zwei zusam-

Tab. 9.2 Verbreitungsdaten zur Ermittlung des britischen Waldlaubsängerbestandes (aus BIBBY 1989).

Region	Schottland	Seengebiete	Moorgebiete	Wales	Südwestengland	Restliches England	Gesamt
Erfaßte 10-km-Quadrate	69	11	21	47	26	243	
Gesamtzahl registrierter Vögel	749	215	290	1636	610	1936	
Mittlere Anzahl Vögel pro Quadrat	10,9	19,6	13,8	34,8	23,5	8,0	
Gesamtzahl der Quadrate des Gebietes	317	43	71	159	83	430	
Berechneter Bestand	3441	840	980	5535	1947	3426	16 169
Obere Vertrauensgrenze	4020	1130	1280	6390	2390	4160	17 560
Untere Vertrauensgrenze	2880	590	730	4720	1550	2860	14 850

men gesehene Altvögel) durch Aufsuchen jedes einzelnen Feldes in der ausgewählten Tetrade ermitteln. Zusätzlich wurde der Habitattyp notiert. Die Gesamtzahl aller Paare pro Tetrade wurde aufsummiert. Die Daten wiesen eine schiefe Verteilung auf, da bei 60 % der Zählungen keine Kiebitze registriert werden konnten (einschließlich der im Meer gelegenen Tetraden). Die Zählergebnisse wurden mit 25 multipliziert, um die Zahl der Brutpaare pro 10-km-Quadrat zu erhalten, und dieser Wert dann auf die Gesamtregion von England und Wales hochgerechnet. Da die Zählwerte schief verteilt waren, erfolgte die Berechnung der 95 %-Vertrauensgrenzen anhand des „bootstrapping"-Verfahrens (ELFRON 1982).

9.6.2 Zusammenhänge zwischen Verbreitung und Umweltfaktoren

Die Untersuchung der Zusammenhänge ornithologischer Daten mit Umweltfaktoren ist eine der wichtigsten Anwendungsbereiche von Verbreitungsstudien. Umweltdaten und Informationen zu Biotopstruktur, Topographie, Klima und Landnutzung auf Gitternetz- oder Polygonbasis sind auf verschiedenen Flächenmaßstäben verfügbar und können mit den Bestandszahlen der Vögel der entsprechenden Räume oder Flächen 'verschnitten' werden. Dies ermöglicht z. B., die potentiellen Folgen der Veränderungen der Landnutzung für Vogelarten bzw. Artgemeinschaften durch eine Zusammenführung der Landschaftsdaten und Bestandserfassungen zu untersuchen.

Daten zur Landschaftsstruktur liegen z. B. in Großbritannien vor in (1) einer 'Land Characteristics'-Datenbank des Institute of Terrestrial Ecology, (2) einem 'Land Classification System', das ebenfalls vom Institute of Terrestrial Ecology gesammelt wurde, und (3) der Landwirtschaftsstatistik, gesammelt von den Landwirtschaftsministerien (MAFF) von England, Wales und Schottland.

Ein Beispiel für eine derartige Analyse soll die vom BTO 1987 durchgeführte Kiebitzerfassung liefern. Details zur Erfassung wurden bereits im Abschnitt über die Bestimmung der Populationsgröße geliefert. Um die Biotopwahl beim Kiebitz zu ermitteln, wurde angenommen, daß der Anteil der verschiedenen landwirtschaftlichen Nutzflächen innerhalb einer Tetrade repräsentativ für das 10-km-Quadrat war. Die Biotopanteile jeder Region wurden MAFF-Statistiken (siehe 3 oben) entnommen und dazu verwendet, die erwartete Anzahl an Kiebitzen auf die Gesamtfläche hochzurechnen. Der berechnete 'Präferenzindex' ermöglichte einen Vergleich der zu erwartenden Kiebitzzahlen jedes Biotoptyps mit den tatsächlich beobachteten Werten. Es könnte auch ein Vergleich einzelner Regionen durchgeführt werden, um die möglicherweise auftretenden Präferenzen für bestimmte Anbautypen auf regionaler Ebene nachweisen zu können.

Der Maßstab, in dem die Vogelarten gesammelt werden, beeinflußt die Vorhersagemöglichkeiten der entwickelten Modelle. Beim Atlas von Devon (SITTERS 1988) ermöglichen die auf Tetradenbasis vorliegenden Daten zur Ausdehnung der Stadtbereiche, zur Qualität des Ackerlandes, zum Durchlichtungsgrad der Wälder, zum Vorkommen stehender Gewässer etc. eine sinnvolle multivariate Analyse der Vogelverbreitung in bezug auf diese Variablen. Dieser Ansatz könnte zur Bestätigung von Modellen verwendet werden, die auf Datensammlungen größeren Maßstabes beruhen.

OSBORNE und TIGAR (1992) verwendeten logistische Modelle zur Untersuchung des Zusammenhanges zwischen qualitativen Atlasdaten (An- und Abwesenheit der Vögel) und Topographie- und Landnutzungsdaten in Lesotho, Südafrika. Die Berechnung der Wahrscheinlichkeit, mit der eine Art in einem unbesuchten Rasterquadrat auftritt, ermöglichte die Berechnung ihres gesamten Verbreitungsbildes. Auf diese Weise

konnten Verbreitungslücken auf der Basis von Modellvorhersagen gefüllt werden (vgl. auch SCHUSTER 1990, BAUER et
al. 1991 für Beispiele aus Süddeutschland). Auch in Deutschland liegen Informationen zu Landschaftsstruktur, Land-
nutzungsformen, Klima etc. in verschiedenen Datenbanken auf lokaler, regionaler und überregionaler Ebene vor. Im
GIS (Geographisches Informationssy-
stem) des Berchtesgadener Landes wird
die räumliche Verteilung von Vogelarten
des Nationalparkes mit den Daten für
Nutzungstypen, Vegetation, Geologie
(z.B. Höhenstufen), Bodentyp usw. ver-
knüpft (D'OLEIRE-OLTMANNS 1991). Die
Analyse der zusammengeführten Informationen ermöglicht es, Modelle der
Verbreitung von Arten zu erstellen (z.B.
SCHUSTER 1990, SCHUSTER und D'OLEI-
RE-OLTMANNS 1994), aber auch, repräsentative Probeflächen zu ermitteln und
die erhaltenen Ergebnisse auf andere,
noch nicht untersuchte Räume zu proje-
zieren (D'OLEIRE-OLTMANNS 1991).

9.6.3 Bewertung für den Naturschutz

Die Verbreitungsmuster der Arten können oft diejenigen Gebiete oder Land-
schaftsteile aufzeigen, die im Sinne der
verschiedenen internationalen und natio-
nalen Richtlinien und Verordnungen von
Schutzmaßnahmen profitieren könnten.
Ein Beispiel hierfür sind die „Important
Bird Areas" (IBAs) auf Basis der EU-
Vogelschutzrichtlinie. Die von der Lan-
desregierung anerkannten IBAs müssen
nach Brüssel gemeldet werden und werden dort als 'besonders geschütztes Gebiet' (SPA) in das CORINE-Verzeichnis
aufgenommen (Einzelheiten bei MAYR
1993). Aus den Brut- und Winteratlanten lassen sich leicht Regionen mit
außergewöhnlichem Artenreichtum ermitteln. Die in den Karten enthaltene
Information wird in Symbolen zunehmender Größe dargestellt, die ansteigenden Artenzahlen entsprechen. So zeigt
der Winteratlas Baden-Württembergs,
daß große Ortschaften in tieferen Lagen

bzw. an größeren Gewässern den
höchsten Artenreichtum aufweisen, während weiträumige Offenlandflächen und
Hochlagen relativ artenarm sind (BAUER
et al. 1995). In Großbritannien wurden
die Winterdaten nach Artengruppen
getrennt untersucht, z.B. Wasservogel-
arten, Watvögel und Samenfresser, dadurch wurden erhebliche Verbreitungsunterschiede erkennbar. Bei vorheriger
Kenntnis der Ökologie einer Art oder
Artengruppe kann eine biologisch sinnvolle Auftrennung der Daten erfolgen.

Die von der BTO organisierte Limikolenzählung im Winter ist ein Beispiel für eine Verbreitungsuntersuchung
mit festgelegten Grenzen, die spezielle
Bedeutung für die Gebietsbewertung
im Naturschutz hat. Alle Küstenlinien
Großbritanniens wurden unter Auslas-
sung der Mündungsgebiete bei Ebbe von
einem Beobachterteam zwischen Mitte
Dezember und Mitte Januar abgelaufen.
Auf Grundlage der primären Biotopstruktur, wie Grundgestein, Felsblöcke,
Steine, Kies, Sand und Schlamm, wurden die Gebiete in Abschnitte unterteilt.
Sekundäre Biotopstrukturen, die außerdem den Deckungsgrad der Vegetation
und den Hangneigungswinkel der Küste
berücksichtigen, wurden ebenfalls dokumentiert. In der Folge können die
Bestandserhebungen im Hinblick auf
Habitatpräferenzen analysiert werden.
Dadurch kann eine Bewertung der einzelnen Küstenabschnitte, beispielsweise
aufgrund des Artenreichtums, vorgenommen werden.

9.6.4 Witterungseinflüsse

Verbreitungsuntersuchungen auf der Basis von Brutvogel- oder Winteratlanten
ermöglichen Analysen zum Einfluß der
Witterung auf (1) Beginn der Brutzeit
einiger Arten, (2) Mortalität in kalten
Wintern, (3) Körpergröße und Verbreitung im Winter und (4) saisonale Muster
der Ortsveränderungen.

Die stark zunehmende Anzahl besetzter 10-km-Quadrate in den Spätwintern

der letzten Jahre lieferte z. B. erste Anzeichen für eine frühere Brutaktivität einiger Standvogelarten, wie Grauammer, Kleinspecht, Habicht, Kernbeißer, Wasseramsel, Rabenkrähe und Steinadler. Aufgrund der gleichmäßigen Verteilung dieser Feststellungen im Gebiet läßt sich der Anstieg wahrscheinlich nicht auf Ortsveränderungen der Überwinterer zurückführen. Bei solchen Interpretationen ist jedoch stets Vorsicht geboten. Andere Arten wiesen gleichzeitig einen deutlichen Rückgang auf, der auf hohe Mortalität infolge ungünstiger Witterungsbedingungen gegen Ende des Winters schließen ließ.

Im britischen Winteratlas wurde untersucht, ob die Verbreitung von Arten im Winter vom jeweiligen Körpergewicht abhängt. Tatsächlich waren größere Arten tendenziell weiter nördlich verbreitet als kleinere. Die Winteratlasdaten wurden ebenfalls zur Analyse jahreszeitlicher Muster der Ortsveränderungen verwendet, die durch die Ankunfts- und Wegzugszeiten der Winter- bzw. Sommergäste verursacht werden. Die Bedingungen in den arktischen Brutgebieten bestimmen beispielsweise bei Alpenstrandläufern oder Ringelgänsen die Ankunftszeit in Großbritannien, wo sie den Winter verbringen. Diese Aussage konnte anhand eines Vergleiches von Verbreitungskarten für verschieden strenge Winter belegt werden. In ähnlicher Weise können milde Witterungsbedingungen gegen Ende des Winters den Abflug·dieser und anderer Wintergäste beschleunigen und die frühe Ankunft der Frühjahrszieher, wie z. B. Grasmücken und Schwalben, begünstigen (LACK 1986). Individuen verbreiteter Arten, die in höheren Lagen brüten, ziehen überwiegend in schneeärmere und mildere Überwinterungsgebiete, wie die Auswertung der saisonalen Verbreitungsunterschiede zwischen Brut- und Winterverbreitung in Baden-Württemberg (z. B. Goldammer, BAUER et al. 1995) oder in Großbritannien (z. B. Singdrossel, LACK 1986) ergab.

9.6.5 Erkennen des Teilzuges

Der britische Winteratlas veranschaulicht die beiden auftretenden Typen von Teilziehern.

(1) Bei einigen Arten verlassen einige Individuen der Population Großbritannien und Irland im Herbst, während andere dableiben.

(2) Der Brutbestand wird im Winter durch Vögel aus Skandinavien und anderen Teilen Nord- und Osteuropas ergänzt. Männchen bestimmter Arten, z. B. Buchfink und Tafelente, sind im nördlichen Großbritannien häufiger anzutreffen als im südlichen. Es gibt also geschlechterspezifisches Teilzugverhalten. Der Winteratlas zeigte, daß eine Anzahl von Arten, z. B. Hohltaube und Feldlerche, den Norden Großbritanniens vor Ende des Winters verlassen. Es wird angenommen, daß diese Ortsveränderung eine Reaktion auf mangelnde Verfügbarkeit von Nahrung ist. Diese Beispiele zeigen, daß die aus Atlasdaten ersichtlichen zeitlichen Verbreitungsänderungen auch Aussagen über das Teilzugverhalten der Vogelarten ermöglichen.

9.6.6 Invasionsarten

Der Winteratlas zeigt auch Verbreitungsmuster solcher Arten, die gewöhnlich, bedingt durch Futterknappheit in Skandinavien und anderswo in Nordeuropa, bis weit ins westliche und südliche Europa vordringen. Es gibt in Großbritannien vier klassische Invasionsarten: Seidenschwanz, Fichtenkreuzschnabel, Bergfink und Erlenzeisig. Die Winteratlasergebnisse zeigen, daß Invasionen dieser Arten nicht in übereinstimmenden Jahren auftreten, da sie offensichtlich von unterschiedlichen Nahrungsquellen abhängig sind. Die Analyse der Invasionen basiert auf den unterschiedlichen Verbreitungsmustern der Art in verschiedenen Untersuchungsjahren.

9.7 Zusammenfassung

Welche Fragen sind bei der Untersuchung zur Verbreitung von Vogelarten zu stellen? Es sollten Zielvorstellungen aufgestellt werden.

Welcher Maßstab ist für die Untersuchung angemessen?

Soll die Untersuchung zu einem Atlaswerk führen oder auf der Ebene einer Einzelart bzw. einer Landschaftsstruktur erfolgen?

Müssen neben den eigentlichen Bestandserfassungen auch Biotopdaten gesammelt werden?

Ist zur Erkennung möglicher Probleme eine Pilotstudie erforderlich?

Es sollte sichergestellt werden, daß die verwendete Methode standardisiert ist (u. a. sollte die gleiche Rastergröße verwendet werden, wenn z. B. Vergleiche mit vorherigen Studien beabsichtigt sind).

Die Methode muß für die erforderlichen Ziele geeignet sein; es muß beispielsweise möglich sein, Vertrauensbereiche für Bestandsschätzungen zu berechnen.

Wurde bei der Versuchsplanung berücksichtigt, wie sich die Größe der Rasterfläche auf die Artenzahl pro Rastereinheit auswirkt?

Wie werden Unterschiede in der Erfassungsgenauigkeit behandelt?

Wie werden die Daten verarbeitet und verwendet? Die Datensammlung sollte so gestaltet werden, daß die spätere Auswertung vereinfacht wird.

Welche statistischen Methoden sind anzuwenden?

10 Die Beschreibung und Erfassung von Vogellebensräumen

10.1 Einleitung

Vogelzählungen innerhalb einer Probefläche werden wertvoller, wenn sie in Beziehung zu den Landschaftselementen in der Probefläche stehen. Durch die Analyse solcher Daten können häufig die Faktoren ermittelt werden, die das Auftreten oder die Dichte der Vögel beeinflussen (siehe MACARTHUR und MACARTHUR 1961, CODY 1985, ROTENBERRY 1985, WIENS 1989). Zudem kann die Kenntnis der Vogel-Habitat-Beziehungen helfen, Auswirkungen von Managementmaßnahmen und Lebensraumveränderungen auf die Vogelwelt vorherzusagen.

Wie detailliert die Daten der Biotopstrukturen aufgenommen werden, sollte sich an der Zielsetzung der Untersuchung orientieren. Wird beispielsweise die großräumige Verbreitung der Vögel untersucht, können unter Umständen schon grobe Biotopangaben genügen (z. B. auf der Basis von Satellitenaufnahmen oder Luftbildern). Untersuchungen zur Klärung der Habitatpräferenzen einer einzelnen Vogelart erfordern jedoch detailliertere und aufwendigere Habitatstudien, die meist die Erfassung von Habitatvariablen auf Probeflächen oder an Revierstandorten notwendig machen. Die Zusammenhänge zwischen der Häufigkeit der Vögel und der Landschaftsstruktur werden meist anhand multivariater statistischer Methoden untersucht (siehe GAUCH 1982).

Für ornithologische Studien werden verschiedene Formen der Aufnahme von Biotopdaten verwendet. Bei Arbeiten in sehr grobem Maßstab werden die Biotopstrukturen in einer Karte festgehalten, in die dann die Standorte der Vögel eingetragen werden (Kartenebene). Bei Untersuchungen in einem feineren Maßstab werden Vogelbestand und Biotopstrukturen in einer statistisch repräsentativen Zahl von Probeflächen erhoben (Probeflächenebene). Schließlich werden im feinsten Maßstab die Habitatstrukturen an den jeweiligen Standorten des Revierinhabers bzw. des telemetrierten Vogels (Individualebene) erhoben.

In diesem Kapitel werden die unterschiedlichen Arbeitsebenen beschrieben und anhand von Beispielen aus Großbritannien und Nordamerika veranschaulicht.

10.2 Methoden der Biotopkartierung

Ohne Basisdaten der zugrundeliegenden Biotopstrukturen sind Vogelkartierungen recht bedeutungslos (s. Kapitel 1, Abbildung 1.2). Um die Habitatpräferenzen der Vögel eines Untersuchungsgebietes zu verstehen, sollte daher der erste Schritt in der Erstellung einer Karte der Biotopstrukturen bestehen.

Biotopkarten werden gewöhnlich in mehreren Einzelschritten angefertigt:

(1) Der Bearbeiter besorgt sich eine Grundkarte des Gebietes, wobei es sich um die flächendeckend aufgelegten Landkarten verschiedenen Maßstabes, aus einem Leichtflugzeug oder Ballon aufgenommene Luftbilder oder Satellitenbilder, z. B. des Landsatsystems, handeln kann.

Abb. 10.1 Unterschiedliche Ebenen der Biotoperfassung im Rahmen von Vogeluntersuchungen

(a) Alle Landschaftsstrukturen werden ohne genaue Messungen kartiert und die Aufenthaltsorte der Vögel auf der Biotopkarte eingetragen (●). Diese Methode vermittelt ein allgemeines Verständnis der Habitatpräferenzen der Vogelart, eine statistische Überprüfung der genauen Beziehungen ist jedoch schwierig.

(b) Die Landschaftsstruktur wird anhand von Kriterien wie Vegetationsalter oder Zusammensetzung der Pflanzengesellschaften in kleine Parzellen unterteilt (□ = kürzlich erfolgter Rückschnitt; ▨ = älterer Rückschnitt). Die anhand einer Revierkartierung ermittelten Vogelregistrierungen (●) werden einer der Parzellen zugeordnet und mit den quantitativen Strukturdaten verglichen. Da die Strukturdaten der einzelnen Parzellen unabhängig von den Revierkartierungen erhoben werden, ist eine statistische Überprüfung der Beziehung zwischen den beiden möglich.

(c) Strukturvariablen werden innerhalb von standardisierten Probeflächen in festgelegten Abständen entlang einer Transektstrecke aufgenommen. Im Ergebnis lassen sich Strukturdaten am gleichen Ort und zeitgleich mit der Vogelzählung gewinnen, die den Einsatz multivariater statistischer Methoden zur Überprüfung der Beziehungen zwischen den Vögeln und den Strukturvariablen erlauben. Da die Transekte gewöhnlich mit etwa gleicher Geschwindigkeit abgelaufen werden (Kapitel 4), und Vögel in offenem Gelände häufig vor dem Beobachter flüchten, ist diese Methode nicht immer geeignet, es sei denn, die Strukturvariablen können sehr schnell gemessen oder nach Erfassung der Vögel aufgenommen werden. Es bedeuten: (x) – Breite des Erfassungsbereiches, (y) abgemessene Transektabschnitte, (z) – Beispiel für den Kreisradius einer Biotopaufnahme.

(d) Strukturvariablen werden auf Probeflächen rund um die zufällig angeordneten Punkt-Stopp-Zählstellen erhoben. Dadurch erhält man detaillierte, mit den Punkt-Stopp-Zählungen standort- und zeitgleiche, Strukturdaten. Auch diese Methode erlaubt multivariate statistische Analysen zur Überprüfung der Beziehung zwischen Vögeln und Strukturvariablen. Wie in Kapitel 5 beschrieben, ist diese Methode am besten in feinstrukturierten Biotopen, z.B. Wäldern, anwendbar. Die relativ schlechten Sichtbedingungen in Wäldern erlauben außerdem, die Strukturvariablen weitgehend ohne große Störung der Vögel zu erfassen.

(e) Strukturvariablen werden am Aufenthaltsort eines territorialen, nahrungssuchenden bzw. georteten Vogels aufgenommen. So entstehen sehr genaue Daten über die Strukturen eines Gebietes, das von einem Vogel genutzt wird. Werden außerdem die Strukturvariablen auf einigen, nach dem Zufallsprinzip ausgewählten, Probeflächen des Untersuchungsgebietes aufgenommen, ist es möglich, die Wahl einer Vogelart hinsichtlich der bevorzugten bzw. gemiedenen Habitatstrukturen zu quantifizieren.

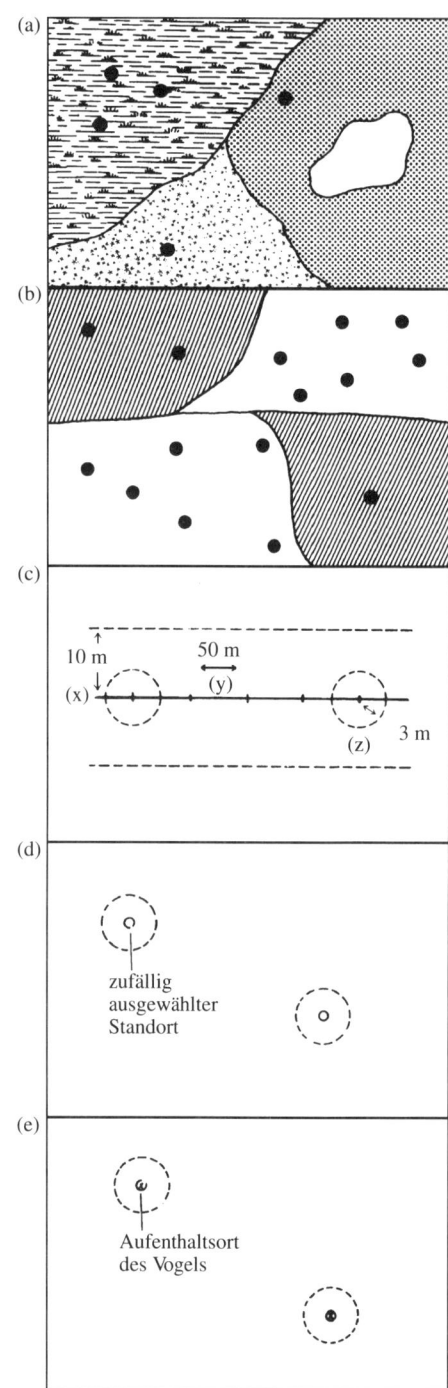

(2) Eine provisorische Biotopkarte wird von dieser Grundkarte mit harten Bleistiften auf Pauspapier oder ähnliches Material übertragen (es empfiehlt sich, die beiden Blätter mit Stecknadeln auf einem festen Untergrund festzustecken). Diese provisorischen Karten werden in Abhängigkeit von der Größe des Untersuchungsgebietes und der gewünschten räumlichen Auflösung bei der Kartierung meist im Maßstab 1 : 10 000 oder 1 : 2 500 gezeichnet. Die Grenzen des Untersuchungsgebietes und auffällige Strukturmerkmale, wie Straßen, Wälder, bebaute Gebiete oder landwirtschaftliche Flächen sowie Referenzpunkte, wie z. B. isolierte Bauernhöfe, werden auf der Karte eingetragen.

(3) Die provisorische Karte wird schließlich im Untersuchungsgebiet überprüft und verfeinert. Die Detailgenauigkeit der Eintragungen sollte dabei an den zu untersuchenden Fragestellungen orientiert sein. Die Karten sollten nicht übertrieben detailgenau sein, da dies unnötig viel Zeit in Anspruch nimmt. Sie sollten aber auch nicht zu grob sein, weil die Ergebnisse sonst kaum neue Erkenntnisse bringen werden.

Bei 'groben Biotopkartierungen' können standardisierte Biotopklassen für die Karten verwendet werden (z. B. FULLER 1982). In Großbritannien wurden für Vögel von HOUSDEN et al. (1991) 26 Lebensraumtypen definiert, und zwar:

Natürlich und halbnatürlich
(1) Montan
(2) Heideflächen der Hochlagen
(3) Moore der Hochlagen
(4) Wiesen der Hochlagen
(5) Laubwälder und Gebüsch
(6) Einheimische Kiefernwälder
(7) Heideflächen der Niederungen
(8) Hügelland
(9) Sümpfe, Moore und Bruchwälder
(10) Feuchtwiesen der Niederungen
(11) Marine Verlandungszonen
(12) Gewässer in Küstennähe
(13) Meeresklippen und Felsen
(14) Gezeitenzonen

(15) Salzmarschen
(16) Kieselstrände, Sandstrände und Strauchzonen
(17) Küstenlagunen
(18) Oligotrophe und mesotrophe Gewässer
(19) Eutrope Gewässer
(20) Flüsse und Bäche
(21) Meer

Überwiegend künstlich
(22) Anpflanzungen, Schonungen
(23) Kiesgruben, Steinbrüche und Regenrückhaltebecken
(24) Ackerland
(25) Weiden und Dauergrünland
(26) Überbaute Flächen

Für Deutschland (bzw. Mitteleuropa) wurden andere Biotopschlüssel entwickelt, die sich bisher in der Avifaunistik aber noch nicht durchgesetzt haben (z. B. BLANA und BLANA 1975, HEIDEMANN und NOWAK 1980). In seiner ausführlichen, auf Mittel- und Norddeutschland beschränkten Darstellung verwendete FLADE (1994) eine Gliederung in 7 Haupteinheiten mit 63 Lebensraumtypen. Das 'Biotoptypenverzeichnis für die Bundesrepublik Deutschland' verzeichnet einen hierarchisch gegliederten Biotopschlüssel für alle Lebensraumtypen unserer Region (RIECKEN et al. 1983). Da dieser Schlüssel sich nicht in seiner Gesamtheit für Fragen der Avifaunistik eignet und eine derartige Anpassung bisher nicht erfolgt ist, muß eine ausführliche Abhandlung an dieser Stelle unterbleiben. Der nachfolgende Text folgt daher weitgehend dem britischen Schlüssel, auch wenn dieser sich nicht direkt auf die Verhältnisse in unseren Raum übertragen läßt.

Alle 26 oben aufgeführten Lebensraumtypen weisen charakteristische Vogelgemeinschaften auf. Der Vorteil einer solchen Einteilung ist, daß auch Laien die Lebensräume einfach und schnell erkennen können und die Klassifikation daher kaum arbeitsaufwendig ist. Die Nachteile liegen darin, daß sie nur sehr grobe Beschreibungen der Vogel-Habitat-Beziehungen ermöglichen (Abbildung 10.2).

Abb. 10.2 Unterschiedliche Maßstäbe der Biotoperfassung in bezug auf die Vogelverbreitung (modifiziert nach FULLER et al. 1989)

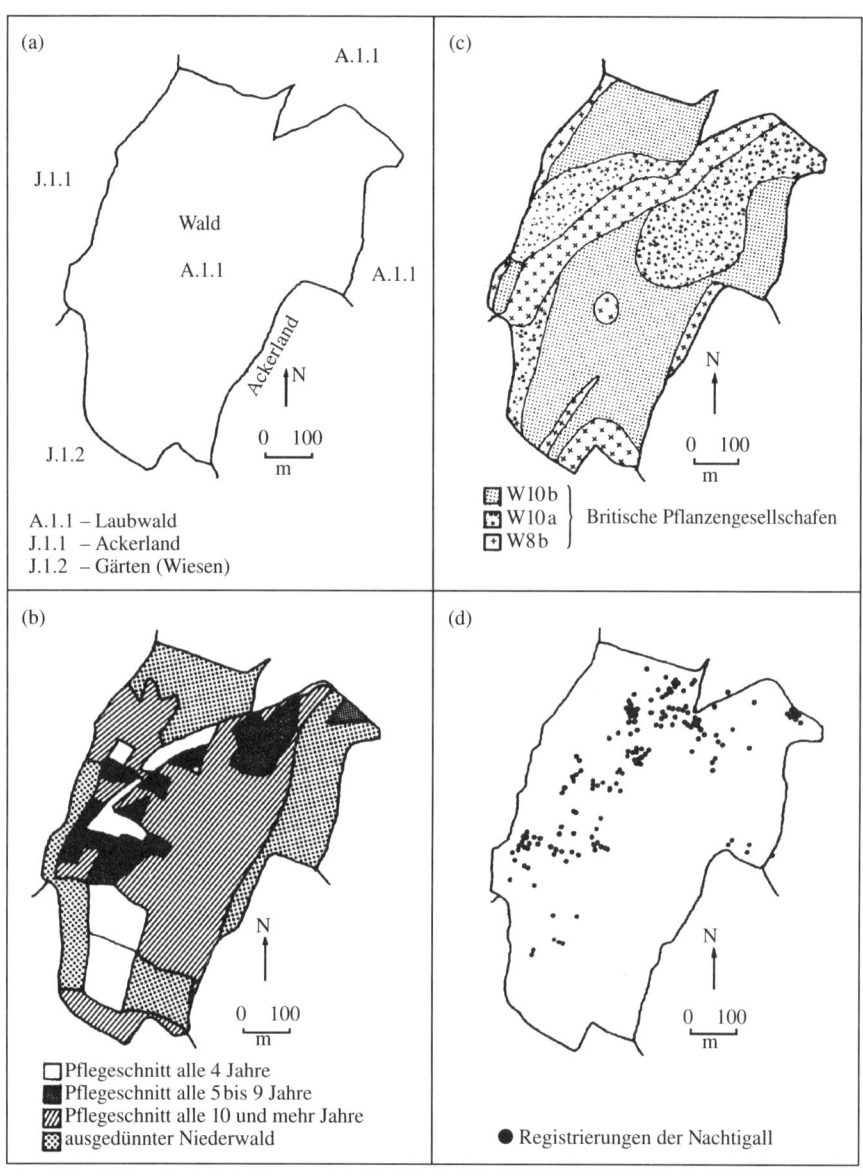

(a)

A.1.1

J.1.1

Wald

A.1.1

A.1.1

Ackerland

↑N

0   100
m

J.1.2

A.1.1 – Laubwald
J.1.1 – Ackerland
J.1.2 – Gärten (Wiesen)

(c)

N
↑

0   100
m

⊞ W 10 b
▣ W 10 a } Britische Pflanzengesellschafen
⊡ W 8 b

(b)

N
↑

0   100
m

☐ Pflegeschnitt alle 4 Jahre
■ Pflegeschnitt alle 5 bis 9 Jahre
▨ Pflegeschnitt alle 10 und mehr Jahre
▩ ausgedünnter Niederwald

(d)

N
↑

0   100
m

● Registrierungen der Nachtigall

(a) Landschaftsstrukturen im Untersuchungsgebiet werden nur sehr grob charakterisiert. Zwar wird Laubwald (Bezeichnung A.1.1) als Struktur erfaßt, dadurch läßt sich das Verbreitungsbild der brütenden Nachtigallen in Abbildung (d) jedoch nicht erklären.
(b) Landschaftsstrukturen im Untersuchungsgebiet werden genauer kartiert, indem Niederwälder verschiedener Altersklassen unterschieden werden. Die Lage der Schläge in der Altersklasse von 5 bis 9 Jahren sagt die Verbreitung der Nachtigallen (d) recht gut voraus.
(c) Die Landschaftsstrukturen des Untersuchungsgebietes werden bis zur Untergesellschaft der Pflanzen kartiert, die in der 'Standard British Plant Community' aufgelistet sind (RODWELL 1991). Im Wald werden drei verschiedene Vegetationstypen unterschieden und die Typen W8 und W10a charakterisieren die Verbreitung der Nachtigallen (d) sehr gut. Es könnte durchaus eine Korrelation zwischen den in (c) dargestellten Pflanzengesellschaften und den für die Einschläge (b) ausgewählten Gebieten bestehen; dies wäre genauer zu untersuchen.
(d) Die Verbreitung der Nachtigall in den Wäldern von Ham Street, Kent, im Jahre 1970 (aus FULLER et al. 1989).

Tab. 10.1 Das britische Klassifizierungssystem der Lebensraumtypen für Wald- und Gebüschbereiche auf Ebene der Pflanzengesellschaften (aus NCC 1990 und RODWELL 1991).

Erste –	Zweite –	Dritte –	Vierte Hierarchieebene
(A) Wald und Gebüsch	(1) Wald	(1) Laubwald	(1) Halbnatürlich
		(2) Nadelwald	(2) Anpflanzung
		(3) Mischwald	

Fünfte Hierarchieebene	Pflanzengesellschaft
(1) Hochwald	Eine von 25 von der 'Britisch Plant Community'
(2) Niederwald	unterschiedenen Wald-/Gebüsch-Gesellschaften
(3) Mittelwald	ist z.B. der *Fraxinus excelsior-Acer campestre*
(4) Streuobstwiese	Wald (W8).
(5) Unterwuchs	
(6) Eichenmastwald	
(7) Unbewirtschafteter Wald	

Es ist auch möglich, die Biotopstruktur einer Probefläche sehr viel genauer anhand eines hierarchischen Klassifizierungssystemes der Lebensräume zu beschreiben. In Großbritannien wird dazu das System der 'Royal Society for Nature Conservation' und des 'Joint Nature Conservation Committee' (RSNC/ JNCC) verwendet, in dem allen Lebensräumen ein numerischer Code zugeordnet wird (NCC 1990). Die Pflanzengesellschaften Großbritanniens können zudem anhand des Systems der „British Plant Communities" (z.B. RODWELL 1991) klassifiziert werden.

Tabelle 10.1 zeigt ein Beispiel der hierarchischen Struktur für Wald- und Gebüschzonen. Ein hypothetischer Wald könnte den Code A.1.1.1 (W8) erhalten. Dies wäre zu übersetzen als: halbnatürlicher, hochgewachsener Laubwald der *Acer campestre-Fraxinus excelsior*-Waldgesellschaft. Sind ausreichende Daten vorhanden, können die Biotope bis hinunter zur Ebene der Vegetationsgesellschaften sowohl in ländlichen als auch in städtischen Räumen beschrieben werden.

Für die Zuordnung einer Biotopstruktur auf die ersten vier Ebenen der Hierarchie reichen auch nichtquantitative Freilanduntersuchungen aus. Der Schlüssel A.1.1 steht z.B. für einen Laubwaldbestand, den man leicht durch einen kurzen Besuch des Untersuchungsgebietes ermitteln kann. Detaillierte Kartierungen im Freiland sind jedoch notwendig, um die unteren Stufen der Biotophierarchie (Ebenen 5 und 6) bestimmen zu können, weil dazu feinere Unterschiede zwischen den Waldtypen erkannt werden müssen (z.B. das Vorhandensein oder Fehlen regelmäßig geschnittener Strauchschichten). Zudem erfordert die Biotopdefinition auf der Ebene der Pflanzengesellschaft oft eine quantitative Erfassung der Abundanz der verschiedenen Pflanzenarten in einer Anzahl von Probeflächen. Anschließend wird ein Biotopschlüssel durchlaufen, bis die Zuordnung zu einer bestimmten Pflanzengesellschaft möglich ist (z.B. RODWELL 1991).

Werden die genauen Standorte der Vögel auf einer Biotopkarte markiert, läßt sich die geeignetste Ebene der Biotopkartierung bestimmen, um die für Vögel entscheidenden Faktoren zu ermitteln. In Abbildung 10.2 wird die Verbreitung der Nachtigall am besten durch eine Biotopkarte der unterschiedlichen Waldstrukturen erklärt. Diese Vogelart ist auf Gebüschzonen spezialisiert, und die Singwarten (und Brutgebiete) stimmen in Großbritannien sehr gut mit der Verteilung von Waldabschnitten mit regelmäßig geschnittener und daher dichter Strauchschicht überein. Diese Verteilung könnte, wie später beschrieben wird, mit gemessenen Biotopvariablen noch genauer erklärt werden.

Die Verwendung eines standardisierten Systems der Einteilung in Lebensraumtypen und Pflanzengesellschaften hat den Vorteil, daß in allen Karten dieselben ökologischen Begriffe verwendet werden und daher ein Vergleich verschiedener Untersuchungsgebiete erleichtert wird. Es gibt jedoch auch einige Nachteile. So könnte es sein, daß Botaniker hinzugezogen werden müssen, um eine ausreichende Zahl von Pflanzen zur Festlegung der Pflanzengesellschaften bestimmen zu können, und daß eine angemessene Grundkenntnis des Gebietes selbst und seiner Ökologie erforderlich ist, um Lebensräume bis hinunter zur untersten Ebene definieren zu können. Derartige Untersuchungen sind sehr arbeitsaufwendig und daher relativ kostenintensiv.

Es gibt viele Beispiele für Untersuchungen, bei denen Biotopkartierungsmethoden verwendet wurden, um Vogelzählungen besser interpretieren zu können; einige dieser Studien werden im folgenden vorgestellt.

10.3 Beispiele der Anwendung von Biotopkartierungen

10.3.1 Satellitenkartierung entlegener Gebiete

In jüngerer Zeit wurden Satellitenbilder zur Biotopkartierung im Flow Country Nordschottlands verwendet, um die Brutpopulation des Alpenstrandläufers zu erfassen (AVERY und HAINES-YOUNG 1990). Bei der Untersuchung wurden farbige Landsat-Bilder der für Vegetationstyp und Bodenfeuchtigkeit empfindlichen Infrarotbande 7 zur Kartierung von Gebieten unterschiedlicher Biotopstruktur verwendet. Da aufgrund von Vorkenntnissen die höchsten Abundanzen des Alpenstrandläufers in den feuchtesten Gebieten vermutet wurden, konnten die Brutpaarzahlen in einer repräsentativen Auswahl von 2,5 × 2,5-km-Quadraten innerhalb des Untersuchungsgebietes vorausgesagt werden. Diese Voraussagen wurden anhand von Zählungen der Alpenstrandläufer (Kapitel 7) in einigen Probeflächen mit unterschiedlichen Vegetationstypen überprüft. Die Zählungen ergaben eine starke Korrelation zwischen der mittels Landsat-Aufnahmen hochgerechneten Zahl von Alpenstrandläufern und der tatsächlich festgestellten.

Ein Vorteil dieser Methode war, daß ein sehr großes Gebiet abgedeckt wurde, welches mit anderen Mitteln kaum in ausreichendem Maße hätte erfaßt werden können. Hauptnachteil ist neben den hohen Kosten der Satellitenaufnahmen die Tatsache, daß Satellitenbilder kleinstrukturierte Biotopübergänge, die für viele Vogelarten große Bedeutung haben, nicht abbilden können. Deshalb sind Satellitenaufnahmen oft keine geeignete Methode der Biotopkartierung bzw. Untersuchung von Vogelbeständen.

10.3.2 Biotopkartierungen anhand von Luftbildern und topographischen Karten

Die Habitatpräferenz der Waldschnepfe in Irland wurde anhand von Biotopkarten ermittelt. Die Grundkarte für die Untersuchung wurde aus einem Meßtischblatt, Luftbildern und anhand von Freilandkartierungen erstellt (WILSON 1982). Die bei Morgen- und Abenddämmerung mittels Radiotelemetrie ermittelten Standorte von 12 besenderten Waldschnepfen wurden auf dieser Karte eingetragen. Dadurch konnten sowohl die nachts als auch die tagsüber bevorzugten Habitate der Waldschnepfe erfaßt und ein Habitatpräferenz-Index berechnet werden.

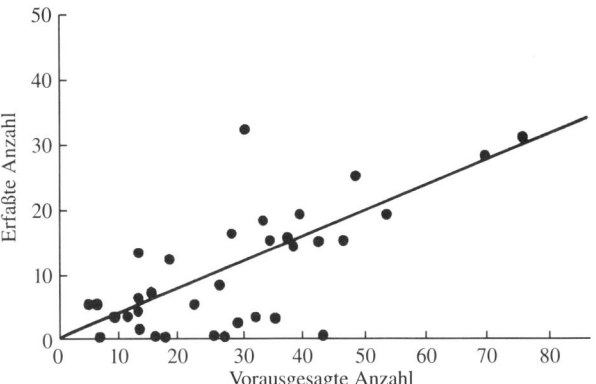

Abb. 10.3 Die Nutzung von Satellitenbildern zur Voraussage von Vogelbestandszahlen aus Landschaftsstrukturdaten

Gezeigt wird die signifikante Beziehung zwischen den auf der Basis von Landsat-Aufnahmen hochgerechneten und den im Freiland mit standardisierten Methoden erhobenen Bestandszahlen des Alpenstrandläufers in Nordschottland (aus AVERY und HAINES-YOUNG 1990). Abgedruckt mit der Erlaubnis von Nature, 344, pp 860–862. Copyright 1990 Macmillan Magazines Ltd.

Das Beispiel zeigt, daß Populationsschätzungen in weiträumigen und unzugänglichen Gebieten ohne intensive Freilandarbeit möglich sind. Bestandserfassungen sind lediglich zur Überpüfung der Schätzgenauigkeit erforderlich. Die Voraussagegerade hat eine Steigung von 0,4 bei einem Schnittpunkt der y-Achse bei 0,0; die im Freiland ermittelte Steigung der Regressionsgerade ist + 0,39 ± 0,07, wobei der Schnittpunkt mit der y-Achse bei – 1,7 ± 2,12 liegt. Die Methode kann bei einer Vielzahl von Arten einfacherer Biotopstrukturen während und außerhalb der Brutzeit angewandt werden (z.B. bei Watvögeln auf strukturell unterschiedlichen Schlick- und Wattflächen).

Die Studie zeigte, daß die Vögel den Tag in den dichtesten Gebieten des Waldes verbringen und während der Nacht eher auf Wiesen- und Ackerlandstrukturen verteilt waren (Abb. S. 228).

10.4 Die Messung von Biotopvariablen auf Probeflächen

Kartierungen können weitreichende Informationen über die Habitatpräferenzen einer bestimmten Vogelart oder Vogelgemeinschaft liefern, sie ermöglichen aber nicht die Bestimmung der wesentlichen Merkmale eines Biotopes.

Untersuchungen auf Probeflächen haben gewöhnlich zum Ziel, die für eine Vogelart wichtigsten Biotopvariablen zu ermitteln. Da hierbei oft große Datenmengen gesammelt werden müssen, ist häufig eine Datenanalyse mit ausgefeilten multivariaten Analysemethoden nötig (z. B. GAUCH 1982). Man kann z. B. erwarten, daß die Dichte der Strauchschicht ein wichtiger Faktor für die Verbreitung einer gebüschbewohnenden Waldvogelart ist. Entsprechende Daten könnten zeitgleich mit der Vogelerfassung (s. Kapitel 4 und 5) erhoben und auf mögliche Beziehungen getestet werden.

Zur Messung der Biotopvariablen mit dem Ziel, eventuelle Korrelationen mit der Verbreitung und Abundanz einer Vo-

Abb. 10.4 Habitatnutzung der Waldschnepfe in Irland

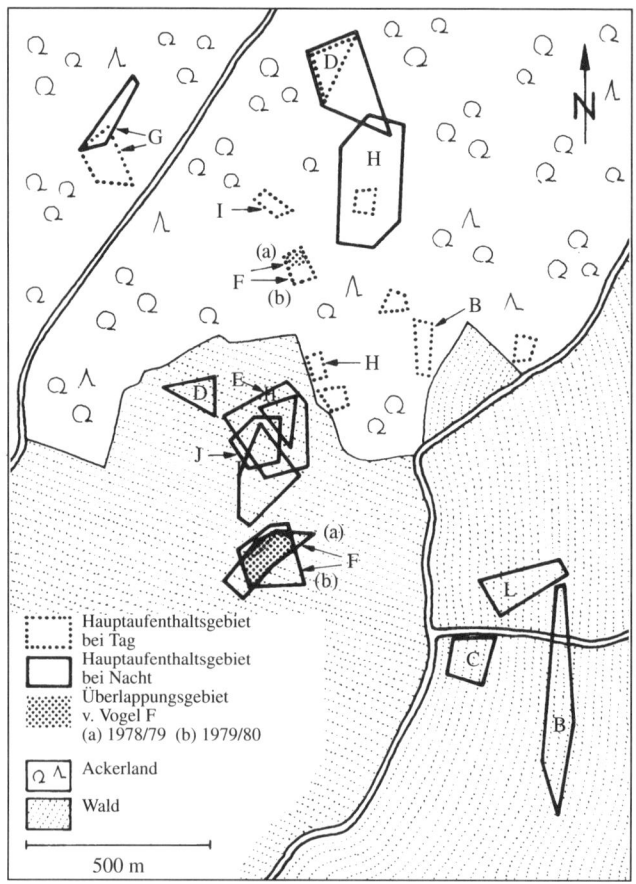

Dargestellt sind die Aufenthaltsgebiete von zehn telemetrisch erfaßten Waldschnepfen (A bis J) während des Tages und bei Nacht in einem Untersuchungsgebiet nahe Rathdrum, County Wicklow (aus WILSON 1982). Die Vögel zeigen bei Tag eine klare Bevorzugung von Wäldern, insbesondere jungen, dichtbewachsenen Koniferenpflanzungen, während sie nachts überwiegend Ackerland aufsuchen.

gelart zu ermitteln, wurden für Wiesen- und Waldbiotope verschiedene Methoden entwickelt. Praktische Hinweise für die Erhebung von Biotopvariablen im Hinblick auf Vogelbestandsaufnahmen in Wiesen- sowie Wald- und Gebüschbeständen werden im folgenden vorgestellt.

10.5 Kennzeichnende Merkmale von Wiesenbiotopen

Probeflächen in Wiesenbiotopen sollten einerseits groß genug sein, um genügend große Stichproben der untersuchten Vogelarten zu erhalten, andererseits jedoch nicht so groß, daß sich die Vegetationsstrukturen innerhalb der Probefläche erheblich unterscheiden. Zudem sollte

die Anzahl der untersuchten Probeflächen groß genug sein, um Ergebnisse
zu erhalten, die statistisch zu sichern
sind. Gewöhnlich werden daher mehr
als 20 Probeflächen empfohlen. Die
Flächen werden meist so gewählt, daß
unterschiedlich bewirtschaftete Grün-
landtypen wie Mähwiesen und Weiden
gleichermaßen abgedeckt sind (geschichtete Zufallsauswahl). Innerhalb
dieser Grenzen sollten die Untersuchungsflächen im Hinblick auf Vogelbestand und Vegetationsstruktur zufallsverteilt sein.

Die Verbreitung und Abundanz der
Wiesenvögel wird offensichtlich am
stärksten von folgenden Biotopvariablen
beeinflußt: Vegetationshöhe, Dichte und
Heterogenität der Vegetation, Artzusammensetzung der Pflanzen, Beweidungsdruck, Bodenfeuchtigkeit und Verfügbarkeit von Nahrung. Es sind vor allem
diese Variablen, die gewöhnlich in
ornithologischen Studien erhoben werden.

10.6 Untersuchungen charak-
teristischer Wiesenstruk-
turen auf Probeflächen

10.6.1 Habitatpräferenzen der
Brutvögel nordamerikanischer
Prärien

In Nordamerika wurden die Wirkungen
der Faktoren Vegetationshöhe, vertikale
Vegetationsdichte, Heterogenität der
Pflanzen, Höhe der Streuschicht und
Beweidungsdruck auf die Brutdichte
ausgewählter Wiesenvogelarten intensiv
untersucht (WIENS 1969,1973, ROTEN-
BERRY und WIENS 1980).

Bei diesen Untersuchungen wurden
Biotop- und Vogeldaten auf zehn Hektar
großen Probeflächen über den ganzen
mittleren Westen Nordamerikas in Gebieten mit repräsentativer Vegetationsstruktur gesammelt. Jede Probefläche
wurde mit Pfosten in Abständen von

60 m eingegrenzt. Um Randeffekte ge-
ringzuhalten, mußten alle Flächen von
einer mindestens 100 m weiten Puffer-
zone ähnlicher Vegetation umgeben
sein. Die Brutvogeldichten dieser Probeflächen ergaben sich aus der genauen
Bestimmung (und Kartierung) der Reviergrößen jedes Vogels mit Hilfe der
Methode des 'mehrfachen Aufscheu-
chens' (consecutive-flush: s. Kapitel 3).

Die Strukturmerkmale der Vegetation
auf den Probeflächen wurden stichprobenartig innerhalb von 61 × 61 m
großen Blöcken ermittelt (Abbildung
10.5 a). Jede Stichprobe bestand aus
vier Probepunkten an den Enden zweier
überkreuz angeordneter Stäbe von 2 m
Länge (Abbildung 10.5 b). Folgende
Vegetationsmerkmale wurden untersucht:

(1) Vertikale Vegetationsstruktur: Um
die Zahl der Vegetationskontakte entlang einer vertikalen Struktur zu messen, wurde ein 1 m langer Holzstab mit
einem Durchmesser von 5 mm und einer
senkrechten Unterteilung in 10-cm-Be-
reiche verwendet (Abbildung 10.5 c).
Der Vegetationstyp, der den Holzstab
jeweils berührte, sowie die Höhe der
Streu- oder Mulchschicht wurden ebenfalls registriert.

(2) Dichte der Vegetation: Mit einem
tragbaren Photometer wurde die Licht-
menge ermittelt, die die Vegetation in einer festgelegten Entfernung durchdringt
(Abbildung 10.5 d). Um standardisierte
Ergebnisse zu erhalten, wurde jeweils
zur gleichen Tageszeit und bei ähnlichen
Witterungsbedingungen abgelesen. Alternativ dazu wurde die Vegetationsdichte mit einem 10 cm breiten und in 1
× 1 cm große Quadrate eingeteilten
Brett gemessen, das vertikal in die
Vegetation gestellt wurde (Abbildung
10.5 e). Aus fünf Metern Entfernung
wurde die Höhe geschätzt, bei der 90 %
der Quadrate auf dem Brett von Vegetation bedeckt waren.

(3) Heterogenität der Pflanzen: Die Vegetationshöhe wurde an den vier Ecken
des 2 × 2 m großen Quadrates (Abbil-

Abb. 10.5 Die Messung von
Biotopvariablen in Gras-
landschaften Nordamerikas
im Zuge von Vogelbe-
standsaufnahmen (aus
Wiens 1969,1973; Roten-
berry und Wiens 1980)

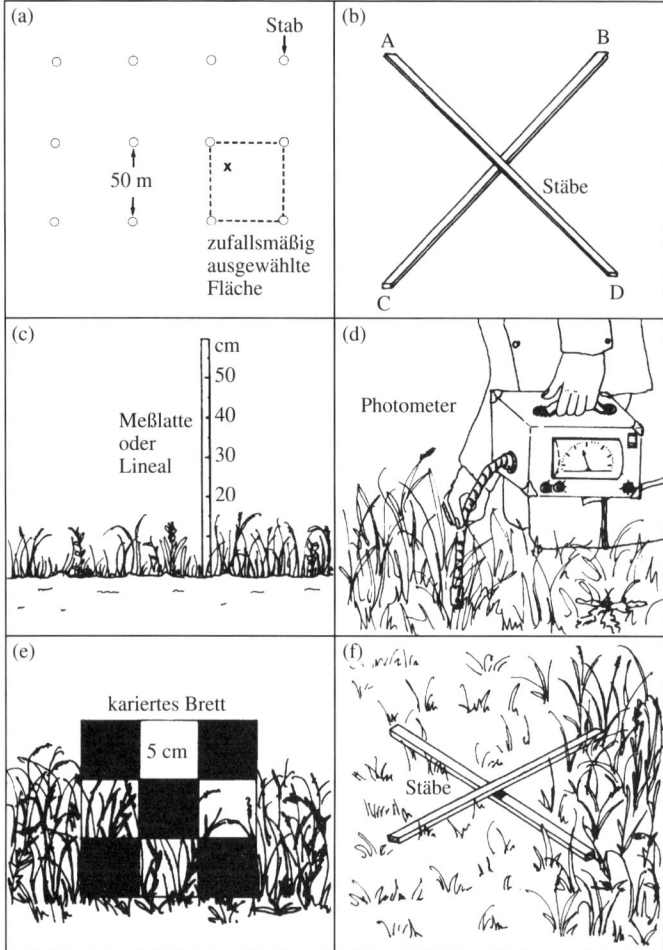

(a) Strukturvariablen und Vogelzahlen werden auf zehn Hektar großen Probeflächen erhoben, die in kleinere Flächeneinheiten von 50 × 50-m-Quadraten aufgeteilt sind. Innerhalb jeder Flächeneinheit wird eine nach dem Zufallsprinzip ausgewählte Stelle (durch ein x markiert) festgelegt, an der die Strukturvariablen erfaßt
werden.

(b) Zwei 2 m lange Holzstäbe werden überkreuz ins Gras gelegt. Die Enden des
Kreuzes kennzeichnen die vier Probepunkte (A–D) für die Vegetationsaufnahmen.

(c) Zur Messung der Höhe des Grases und der Streuschicht wird ein Holzstab mit
Markierungslinien, z.B. Einheiten von jeweils 10 cm, im Gras aufgestellt.

(d) Ein tragbares Photometer kann zur Messung des Lichteinfalles in einer Wiese
verwendet werden. Aus den Meßwerten kann ein Maß für die Vegetationsdichte in
verschiedenen Höhen berechnet werden.

(e) Ein kariertes Brett mit 5-cm-Quadraten kann zur Erstellung eines Maßes der
Vegetationsdichte in verschiedenen Höhen verwendet werden.

(f) Die Berechnung eines Heterogenitätsindex der Vegetation wird durch Erfassung
des unterschiedlichen Deckungsgrades der Vegetation an den Enden der Stäbe
möglich.

dung 10.5 f) gemessen, und die Pflanzenheterogenität wie folgt berechnet:

$$\frac{\sum (max - min)}{\sum x} = \text{Heterogenitätsindex}$$

wobei max = maximale Höhe der Vegetation in dem Quadrat, min = minimale

Höhe der Vegetation und x = mittlere Höhe der Vegetation in dem Quadrat ist. Niedrige Indexwerte bedeuten Einheitlichkeit der Vegetation, und hohe Werte zeigen heterogene Vegetation an. Die Werte können für die gesamte Probefläche summiert werden, um die Gesamtheterogenität zu erhalten. Diese

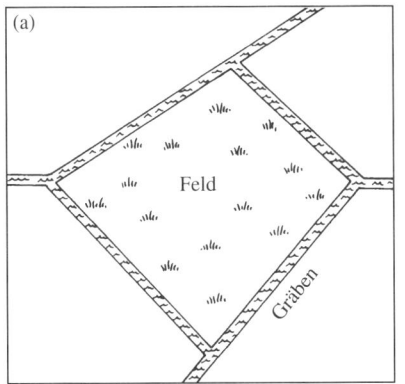

(a)

Feld

Gräben

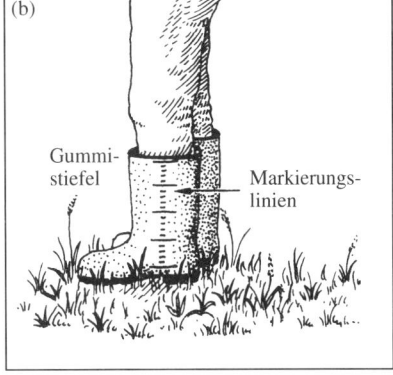

(b)

Gummistiefel

Markierungslinien

Abb. 10.6 Eine Auswahl der Strukturvariablen, die in Feuchtwiesen des britischen Tieflandes im Zuge von Vogelbestandsaufnahmen gemessen wurden (aus GREEN 1985b,1988)

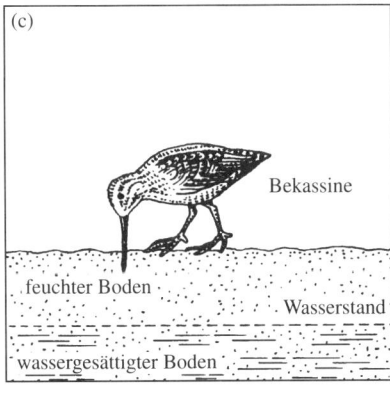

(c)

Bekassine

feuchter Boden

Wasserstand

wassergesättigter Boden

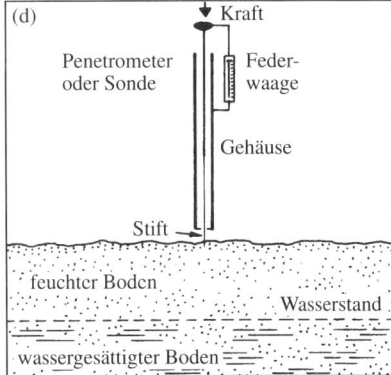

(d)

Kraft

Penetrometer oder Sonde

Federwaage

Gehäuse

Stift

feuchter Boden

Wasserstand

wassergesättigter Boden

(a) Die Untersuchungsfläche wird durch die Grenzen eines grabengesäumten Feldes festgelegt.
(b) Durch Markierungslinien auf den Gummistiefeln kann die Höhe und Heterogenität der Vegetation schnell erfaßt werden.
(c) Viele brütende Watvogelarten (insbesondere die Bekassine) der Feuchtwiesen britischer Tiefländer benötigen weiche Böden, um mit dem Schnabel nach Invertebraten suchen zu können. Entscheidend für einen weichen Boden während der Brutzeit ist, daß der Wasserstand nahe an die Bodenoberfläche reicht.
(d) Penetrometer (bzw. Sonden) simulieren den Schnabel eines Vogels und können die Kraft messen, die zur Durchdringung des Bodens notwendig ist. Der erhaltene Wert ist ein Maß für die Bodenbedingungen, die zum Nahrungserwerb der Bekassine und anderer sondierender Vögeln erforderlich sind.

kann dann mit anderen Probeflächen und verschiedenen Abundanzen einer Vogelart verglichen werden.

10.6.2 Messung der Habitatpräferenzen sondierender Limikolenarten in Feuchtgebieten

Auch die Erforschung brütender Watvögel in den Feuchtwiesen der Niederungsgebiete Großbritanniens (GREEN 1985a, b, 1988) zeigt, wie Biotopvariablen auf Probeflächen zum Verständnis der Abundanz von Brutvögeln verwendet werden können. Als Grenzen der Probeflächen wurden natürliche Feldränder gewählt. In jedem Gebiet wurde der Bestand brütender Watvogelarten mit verschiedenen, standardisierten Freilandmethoden ermittelt (Kapitel 7). Die Biotopvariablen wurden folgendermaßen ermittelt:

(1) Variation der Wiesenstruktur: Diese wurde alle 20 Schritte entlang von zufällig angeordneten Transekten über die Flächen gemessen. An etwa 10 bis 20 Standorten pro Hektar Feldfläche wurde die Vegetationshöhe in der direkten Umgebung des Beobachters gemessen. Durch Aufmalen von waagerechten Meßlinien auf die Gummistiefel des Beobachters wurde das Sammeln der Daten erheblich und ohne Verlust an Genauigkeit beschleunigt (Abbildung 10.6 b).

(2) Durchlässigkeit des Bodens: Mit dieser Messung wird kontrolliert, ob die Vögel noch in der Lage sind, den Boden nach Nahrung zu untersuchen. Die Durchlässigkeit des Bodens wurde mit einem Penetrometer gemessen. Dieses Gerät besteht aus einem Metallstift, der den Schnabel eines Watvogels imitiert, und einem 10 kg schweren Gewicht. An jedem Probenpunkt (an dem die Vegetationshöhe gemessen wird) wurden fünf Messungen mit dem Penetrometer durchgeführt, wobei der Stift 10 cm in den Boden gesteckt wird. Insgesamt lagen 30 bis 60 Ablesungen pro Quadratkilometer des Untersuchungsgebietes vor (Abbildung 10.6 d).

Anhand der durchgeführten Messungen kann die relative Bedeutung dieser Biotopfaktoren für eine Reihe der in den Feuchtwiesenniederungen brütenden Watvögel aufgezeigt werden. Durch Auftragen der verschiedenen Vegetationshöhen (in Prozent) gegen die Zahl vorhandener Nester wurde beispielsweise deutlich, daß die höchste Nestdichte Mitte Mai in kurzrasigen Flächen mit bis zu 10 bis 20 cm mittlerer Vegetationshöhe auftraten (Abbildung 10.7). Im Vergleich dazu brüteten Bekassine und Rotschenkel in Wiesen mit wesentlich unterschiedlicheren Vegetationshöhen.

Tabelle 10.2 (S. 234) gibt eine weitaus vollständigere Liste der Variablen, die für die Untersuchung von Vogel/Habitatbeziehungen in Wiesengebieten gemessen werden können.

10.7 Wald- und Gebüschbiotope

Wälder weisen eine sehr komplizierte dreidimensionale Struktur auf. Daher ist die Beschreibung unterschiedlicher Ausprägungsformen in einem für Vogelstudien verwendbaren Maßstab schwieriger als bei Wiesen. Viele Methoden wurden in Wäldern schon verwendet, und es besteht nur ein geringer Standardisierungsgrad der Meßmethoden. Im folgenden Abschnitt werden Methoden zur Erfassung einiger der häufigsten Waldbiotopstrukturen vorgestellt.

Wie bei Wiesen können für einzelne Vogelarten und Artengemeinschaften eventuell bedeutsame Biotopvariablen der Wald- und Gebüschbestände auf Probeflächen gesammelt werden. Die Flächen können sich dabei (1) an den zufällig ausgewählten Stopps bzw. Zählpunkten befinden (Kapitel 5) oder (2) in regelmäßigen Abständen entlang von Transekten (Kapitel 4), (3) in Beziehung

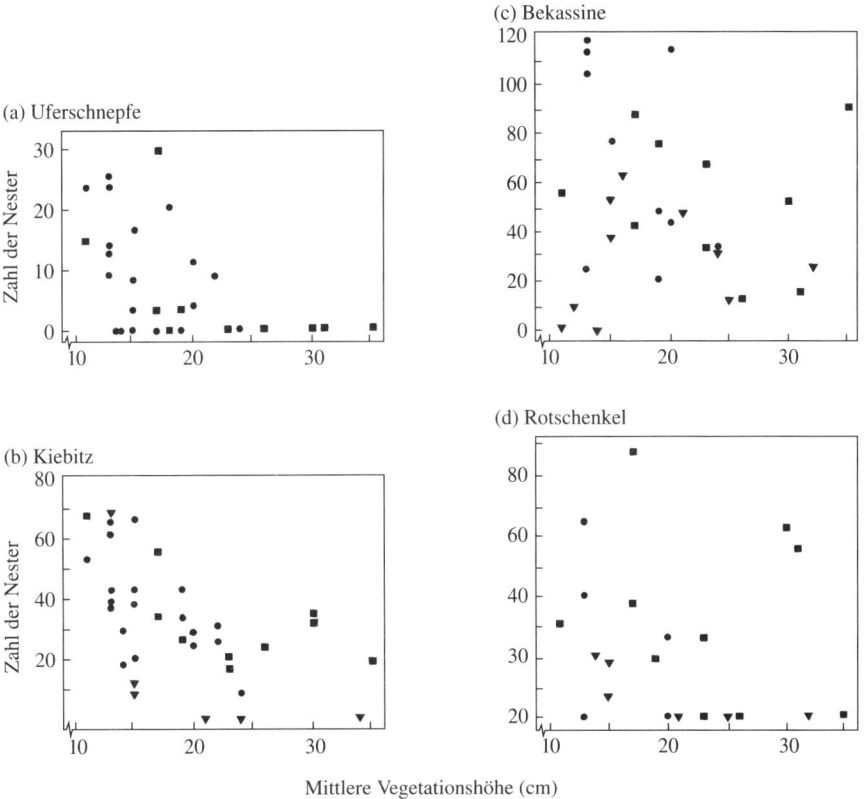

Abb. 10.7 Nestdichte bei Watvögeln in Abhängigkeit von der Vegetationshöhe

Mittlere Vegetationshöhe (cm)

Dargestellt ist die Nestdichte von (a) Uferschnepfe, (b) Kiebitz, (c) Bekassine und (d) Rotschenkel in Abhängigkeit von der mittleren Vegetationshöhe auf drei Feuchtwiesen des südenglischen Tieflandes Mitte Mai (aus GREEN 1985b).
Die Beispiele (a) und (b) zeigen, daß Uferschnepfe und Kiebitz im Mai in Feldern mittlerer Vegetationshöhe (10 bis 20 cm) am häufigsten sind, während Beispiele (c) und (d) für die Brutdichten bei Rotschenkel und Bekassine eine geringe Beeinflussung durch die ermittelte Vegetationshöhe erkennen lassen.
● = Daten der Ouse Washes (Cambridgeshire), ▼ = Daten der Nene Washes (Cambridgeshire), ■ = Daten von West Sedgemoore (Sommerset und Avon).

zur Verteilung kartierter Vogelreviere (Kapitel 3) oder (4) am Standort eines singenden oder radiotelemetrisch georteten Vogels.

10.7.1 Messungen auf kreisförmigen Probeflächen

Zur Datensammlung von Biotopvariablen in Wäldern und Gebüschzonen werden häufig kreisförmige Probeflächen verwendet (JAMES und SHUGART 1970). Die Standardfläche ist dabei 0,05 ha groß (bei einem Radius von 12,62 m). In einer Probefläche werden die verschiedenen Biotopvariablen je nach verfügbarer Zeit und erforderlicher Genauigkeit entweder quantitativ erfaßt oder auch geschätzt. Falls die Biotopdaten von verschiedenen Bearbeitern erhoben werden, sollten die Mitarbeiter

Tab. 10.2 Häufig erfaßte Strukturvariablen in Wiesenbiotopen und Beispiele für dabei verwendete Meßmethoden.

Variable	Erfassungsmethode
Vegetationshöhe	Markierungslinien an Gummistiefeln in 5 oder 10 cm-Abständen; Stabmarkierungen in Abständen von 1 bis 10 cm.
Vegetationsdichte	Kariertes Brett mit Markierungslinien: Ablesung der Höhe, bei der bei einem Abstand von 5 m 90 % der Linien verdeckt sind. Messung der Lichtstärke mit einem Photometer in verschiedenen Höhen.
Heterogenität der Vegetation	Bestimmung der Variabilität in der Vegetationshöhe anhand von 50 Ablesungen, z. B. auf einer Ackerfläche.
Tiefe der Streuschicht	Direkte Messung mit einem Lineal und Berechnung des Mittelwertes aus einer ausreichend großen Zahl von Stichproben (mindestens 30).
Beweidungssystem	Weidetierart; Zahl der Großvieheinheiten pro Hektar und Jahr.
Vielfalt der Pflanzenarten	Anzahl der Pflanzenarten in (mindestens 20) repräsentativen Probeflächen von 1×1 m oder 2×2 m.
Pflanzen-gesellschaft	Zuordnung der Vegetation zu einer definierten Pflanzengesellschaft anhand der Daten aus mindestens fünf Probeflächen (Quadraten).
Weichheit des Bodens	Mechanische Messung der Durchdringbarkeit des Bodens: mit einem Penetrometer wird die Kraft gemessen, die zur Versenkung eines Stahlstiftes erforderlich ist.
Bodentyp	Erfassung in einer flachen Bodensenke.
Umweltfaktoren	Niederschlagsmenge, Temperatur, Höhe NN, Längen-/Breitengrad, Jahreszeit usw.
Natürliches Grasland oder Dauergrünland	Historisches Wissen, Anwesenheit von Indikatorarten.

einen Tag lang geschult werden, um den Einfluß von Bearbeitungsunterschieden zu minimieren.

10.7.2 In Wald- und Gebüschbeständen gemessene Biotopvariablen

Der folgende Abschnitt stellt die am häufigsten verwendeten Erhebungsmethoden für diejenigen Biotopstrukturen in Wald- und Gebüschbeständen vor, die aus Kenntnis der ökologischen Ansprüche der Arten offensichtlich von entscheidender Bedeutung sind (s. auch Abbildung 10.8, S. 235).

(1) Bestimmung der Baumarten und des Stammdurchmessers: Jeder Baum wird auf Artniveau bestimmt und der Durchmesser in Brusthöhe entweder auf den Zentimeter genau gemessen oder, häufiger, Größenklassen von 5 oder 10 cm Breite zugeordnet. Beim Vergleich übereinstimmender Baumarten in sonst ähnlichen Wäldern ergibt der Stammdurchmesser einen guten Indexwert für die Altersstruktur eines Waldes.

(2) Vorkommen bzw. Nichtvorkommen von Totholz: Die Totholzmenge auf dem Waldboden oder im Kronenbereich liefert sowohl ein Maß für den Totholzbestand selbst als auch für die Alters-

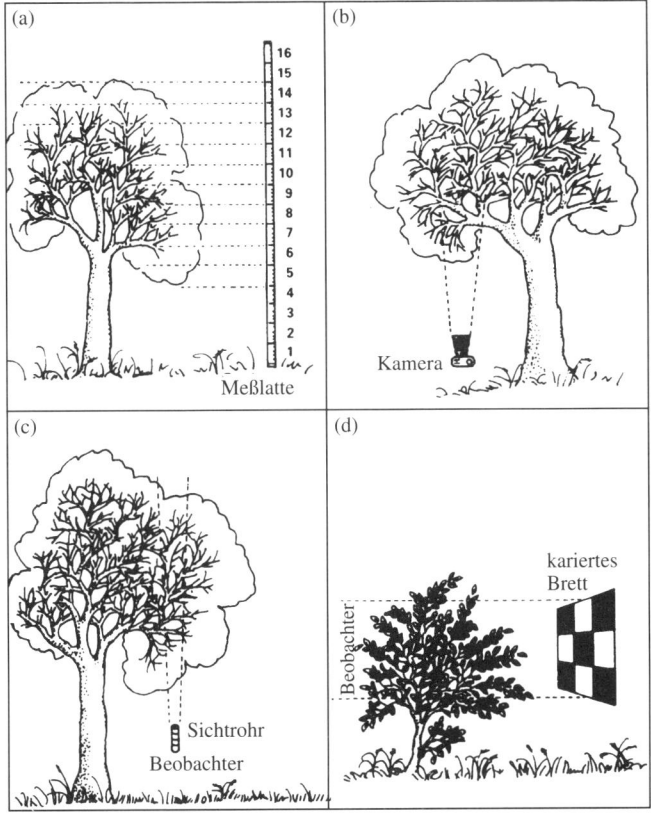

Abb. 10.8 Einige häufig verwendete Meßgeräte bei der Erfassung von Biotopstrukturvariablen in Wäldern

Die folgenden Meßgeräte wurden sehr häufig bei der Erfassung der vertikalen Belaubungsdichte in Wäldern zur Erstellung von Belaubungsprofilen verwendet. Sie ermöglichen auch die Gewinnung unabhängiger Daten zur Biotopstruktur, die mit der Abundanz der vorgefundenen Vogelarten korreliert werden können. Die meisten Methoden wurden JAMES und SHUGART (1970) und MACARTHUR und MACARTHUR (1961) entnommen.

(a) Senkrecht gehaltene Meßlatte; sehr gut geeignet zur Erfassung von Merkmalen des Laubwerks in der Strauchschicht und in Jungwäldern.

(b) 35 mm-Kamera mit einem 135 mm- oder Zoom-Objektiv; kann auf verschiedene Ebenen des Vegetationsprofils scharfgestellt werden (die Höhen sind auf dem Entfernungsmesser ablesbar) und zur Erfassung der Dichte des Laubwerkes in einem vertikalen Ausschnitt des Waldes dienen.

(c) Sichtrohr; der Beobachter schaut direkt nach oben und erfaßt die Dichte des Laubwerkes im Kronendach bzw. in der Strauchschicht, oder er versucht, das Profil in Höhenbanden zu unterteilen und den Deckungsgrad der Vegetation innerhalb jeder Bande zu bestimmen.

(d) Kariertes Brett; wird zur Erfassung der vertikalen Dichte der Strauchschicht verwendet. Der Beobachter entfernt sich so weit vom Brett, bis 50 % von der Vegetation bedeckt sind – die Entfernung liefert ein Maß für die Strauchdichte. Die Messung kann auf verschiedenen Höhenstufen wiederholt werden. Es ist wichtig, daß die Messung immer vom gleichen Beobachter durchgeführt wird, da der beobachtete 50%ige Deckungsgrad der Vegetation je nach Beobachter variieren kann.

struktur eines Waldes, da ältere Wälder meist auch einen höheren Prozentsatz an Totholz aufweisen.

(3) Vielfalt der Baum- und Straucharten: Die Zahl der Baum- und Straucharten kann für die gesamte Probefläche erfaßt werden.

(4) Deckungsgrad: Der prozentuale Deckungsgrad von Bodenvegetation, Streuschicht, Zweigen oder blankem Boden wird häufig auf $0,5 \times 0,5$ m oder $1,0 \times 1,0$ m großen Quadraten ermittelt. Ein Maß des Deckungsgrades der Vegetation läßt sich auch mit einem direkt auf den Boden gerichteten Sichtrohr aus Plastik oder Metall messen (z. B. Boden bedeckt/unbedeckt), wobei eine Anzahl (z. B. 20) von Stichproben genügt. Geeignete Sichtrohre haben einen Durchmesser zwischen zwei und fünf Zentimetern.

(5) Deckungsgrad des Kronenbereichs: Der prozentuale Deckungsgrad kann direkt entweder unter Verwendung einer Kamera mit Zoom-Objektiv oder mit einem Sichtrohr bestimmt werden. Mit einem senkrecht nach oben gerichteten Sichtrohr können auch Indexwerte der Kronendichte berechnet werden, indem beispielsweise an 20 Standorten entlang eines Transektes durch die kreisförmige Probefläche das Vorkommen bzw. Nichtvorkommen von grünen Blättern ermittelt wird.

(6) Höhe des Kronenbereiches: Die mittlere Höhe des Kronenbereiches kann mit einem Meßgerät, z. B. einem Klinometer, mittels trigonometrischer Berechnung oder durch Ablesen einer (logarithmischen) Sucher-Skala eines vertikal gehaltenen und auf die Spitze des Kronendaches scharfgestellten Kameraobjektives bestimmt werden.

(7) Dichte der Strauchschicht: Die Dichte der belaubten Strauchschicht kann mit einem standardisierten Brett von 30×50 cm mit roten (bzw. schwarzen) und weißen Quadraten von 10×10 cm Größe bestimmt werden (s. auch FULLER et al. 1989). Ein Beobachter hält dabei das Brett in einer vorher festgelegten Höhe, während ein zweiter sich so weit entfernt, bis das Brett von der Vegetation zur Hälfte bedeckt ist. Die Distanz zwischen dem zweiten Beobachter und dem Brett wird gemessen und ergibt ein Maß der Vegetationsdichte. Je kürzer die Distanz ist, umso dichter ist die Vegetation. Die Messungen werden gewöhnlich in drei Höhenstufen durchgeführt (in britischen Wäldern gewöhnlich bei 0,5 m, 1 m und 1,5 m), um die Variationen der Vegetationsdichte in verschiedenen Höhen zu ermitteln. Entsprechend den örtlichen Bedingungen können die Meßhöhen jedoch variieren. In jedem Untersuchungsgebiet werden gewöhnlich zwischen 10 und 50 dieser 'Halbsichtmessungen' durchgeführt. Die Variabilität der Ergebnisse beeinflußt dabei die Zahl der Ablesungen: Je höher die Variabilität, desto öfter muß abgelesen werden. Die Strauchdichte in Bodennähe kann ebenfalls entlang zweier quer durch den Kreis verlaufender Transekte von etwa 2 m Breite gemessen werden, wodurch jeweils ca. 0,008 ha Fläche abgedeckt werden. Alle Vegetationskontakte entlang dieser Transekte werden registriert, falls angebracht mit entsprechenden Größenklassen.

(8) Vertikale Vegetationsdichte: Die Dichte der Baumkrone, Strauchschicht und der Bodenschicht kann, wie oben beschrieben, einzeln gemessen oder aber als Bestandteil eines vertikalen Vegetationsprofiles durch den Wald betrachtet werden. Solche Belaubungsprofile werden berechnet, indem ein senkrechter Abschnitt des Waldes in verschiedene Höhenklassen eingeteilt wird. In jeder Klasse wird dann die Vegetationsdichte der Belaubung bestimmt (ERDELEN 1984, PETTY und AVERY 1990), wozu verschiedene Möglichkeiten existieren:

(a) **Schätzung:** Die schnellste Technik zum Erstellen eines Belaubungsprofiles besteht darin, die maximale und minimale Belaubungshöhe entweder visuell oder mit einer geeigneten Vorrichtung zu bestimmen. Dabei wird der Deckungsgrad der Vegetation bis zu einer Genauigkeit von 5 % in den verschiedenen Höhenstufen des Profils geschätzt.

Das Profil jedes Untersuchungsgebietes kann vor Ort skizziert werden, indem die untere und die obere Laubschicht und der maximale Deckungsgrad als Richtwerte verwendet werden.

(b) **Sichtrohr:** Die vertikale Vegetationsdichte kann auch mit Sichtrohren von 5 bis 20 cm Durchmesser erfaßt werden. Man schaut mit diesen Sichtrohren senkrecht in den Wald. Durch Fokussieren auf die verschiedenen Waldschichten (Abbildung 10.8 c) kann die Blätterdichte visuell abgeschätzt werden.

(c) **Meßlatte:** bei einer anderen schnellen Methode zur Erfassung des Belaubungsprofils wird eine lange, in Längsrichtung unterteilte Meßlatte verwendet. Sie wird senkrecht entlang des Waldprofils aufgestellt und dann die Zahl der Kontakte zwischen Laub und Meßlatte innerhalb der einzelnen Bereiche erfaßt. Die Kontakte lassen sich in Laubdichten verschiedener Höhe umrechnen und können zur Erstellung eines Belaubungsprofiles verwendet werden. Diese Methode eignet sich am besten in Wäldern mit niedriger Kronenregion, weil das Aufstellen und Ablesen der Meßlatte bei höheren Beständen zunehmend schwieriger wird (Abbildung 10.8 a).

(d) **35 mm-Kamera:** Abgelesen wird durch ein 135-mm-Objektiv oder ein Zoom-Objektiv, das auf ein gewöhnliches 35 mm Objektiv einer Spiegelreflexkamera aufgeschraubt wird. Die Dichte der Blätter kann für verschiedene Höhen geschätzt werden, die durch den Sucher in der Kamera bestimmt werden (Abbildung 10.8 b). Anhand eines Gitters auf einem Acetatfilm, der vor der Linse angebracht wird, können genauere Schätzungen des Deckungsgrades der Vegetation in verschiedenen Höhen der Laubschicht ermittelt werden. Aus den Daten kann ein Belaubungsprofil erstellt werden. Durch Fotografieren des gesamten Gebietsausschnittes mit einer 35 mm-Kamera mit Fischaugenlinse läßt sich das Belaubungsprofil der verschiedenen Schichten auch nachträglich noch ermitteln.

(e) Zur Messung der Vegetationsdichte in verschiedenen Höhen können auch karierte Bretter verwendet werden (Abbildung 10.8 d). Diese sind jedoch mit zunehmender Höhe immer schwieriger abzulesen.

In Abbildung 10.9 (S. 238) werden Profile zweier hypothetischer Wälder vorgestellt. Klassische Untersuchungen der frühen 60er Jahre wiesen darauf hin, daß die Vogelarten-Diversität direkt von der Vegetationsvielfalt im Belaubungsprofil abhängt (MACARTHUR und MACARTHUR 1961, MACARTHUR et al. 1962). Diese Aussage wurde seither mehrfach bestätigt (z. B. WIENS 1989).

Um die Beziehung zu testen, müssen die Belaubungsprofile anhand der Shannon-Weiner-Formel in Diversitätswerte für verschiedene Belaubungshöhen umgerechnet werden:

$$H = - \sum p_i \ln p_i$$

wobei p_i der Anteil des Laubwerks in der i-ten horizontalen Laubschichten ist.

Daher weist ein Wald mit nur einer Schicht eine Null-Diversität auf. Zwei Schichten, eine mit 1 % und die andere mit 99 % Deckungsgrad, führen demzufolge zu einer Diversität von $- 0,01$ x ln $0,01 - 0,99$ x ln $0,99 = 0,056$ (nahe Null), während zwei Schichten mit jeweils 50 % Deckungsgrad eine Diversität von 2x $(- 0,5 \ln 0,5) = 0,694$ aufweisen. Diversitätswerte der verschiedenen Belaubungshöhen liefern ein besseres Diversitätsmaß als die jeweilige Anzahl der Schichten, da sich eine Pflanzengesellschaft, in der sich 99 Pflanzen einer Art und eine Pflanze einer anderen Art befinden, kaum von einem artreinen Bestand unterscheidet.

Die mit der genannten Formel berechneten Diversitätswerte können anschließend mit der Diversität von Vogelarten verglichen werden, die mit derselben Formel ermittelt wurden. Wie bereits erwähnt, war die Diversität der Vogelarten bei vielen Studien positiv mit der Vielfalt der Belaubungsschichten korreliert.

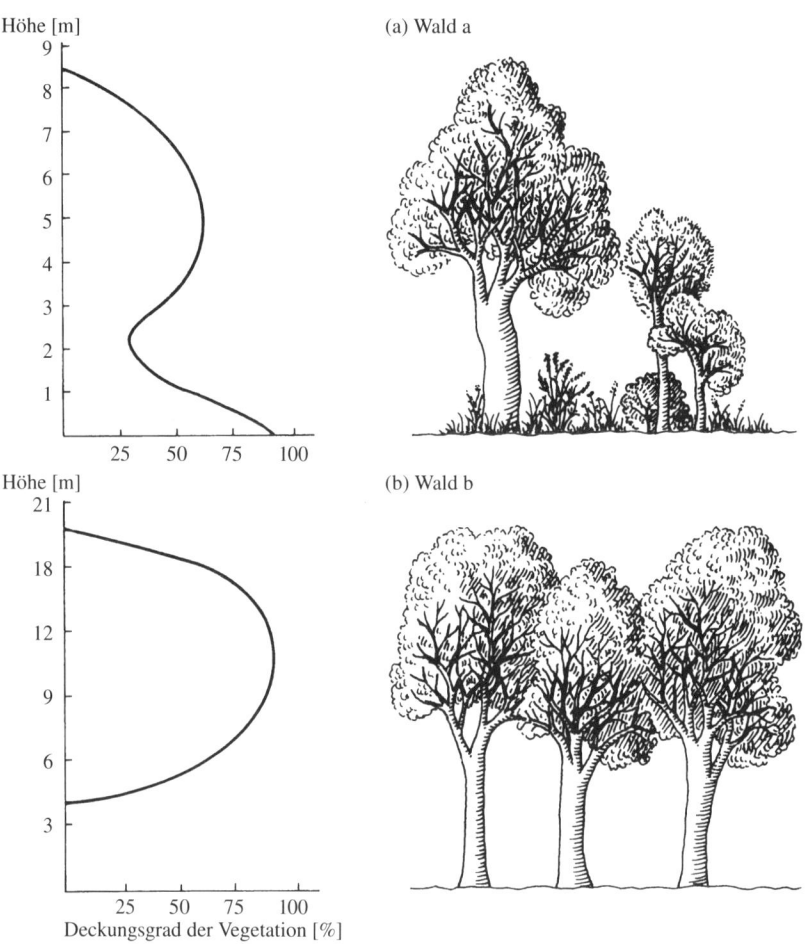

Ein vertikaler Ausschnitt durch die Waldvegetation wurde in Höhenbanden untergliedert und die Belaubungsdichte pro Bande entweder geschätzt oder gemessen. Diese Daten können zur Erstellung eines Belaubungsprofiles verwendet werden, aus dem seinerseits ein Diversitätsindex der Belaubungshöhen erstellt oder andere vergleichende Untersuchungen angeschlossen werden können.

Wald (a) ist halbnatürlich und hat deutlich ausgeprägte Kronen-, Strauch- und Krautschichten, wodurch ein gleichmäßiges Belaubungsprofil entsteht. Dieses Profil könnte sowohl Arten begünstigen, die eine große Höhendiversität benötigen, als auch eine hohe Artenzahl fördern, da eine Vielzahl von Biotopstrukturen vorhanden ist.

Wald (b) entspricht einer Pflanzung, die ausschließlich aus Bäumen gleicher Altersklasse besteht. Eine dichte Kronenschicht herrscht vor, andererseits ist fast keine Strauch- und Krautschicht vorhanden. Ein solches Profil begünstigt weniger Vogelarten, da die Arten der Strauch- und Krautschicht weitgehend fehlen und Arten, die eine große Anzahl von Vegetationszonen besiedeln, ebenfalls seltener auftreten. Andererseits bevorzugen manche Arten schwach entwickelte Strauchschichten, und diese sind unter Umständen in diesem Waldtyp häufiger.

Tab. 10.3 Einige häufig erfaßte Merkmale von Wald- und Gebüschbeständen und Beispiele für ihre Erfassung.

Variable	Erfassungsmethode
Höhe des Kronendaches	Trigometrische Berechnung, Messungen mit einer Kamera, einem Hypsometer oder direkt (mindestens 20 Ablesungen).
Deckungsgrad des Kronendaches	Schätzung mit einem Sichtrohr oder durch eine Kamera mit Sucher oder mit einem Raster auf Acetatfilm (mindestens 20 Ablesungen).
Heterogenität des Kronendaches	Aufsummierte Daten von mindestens 50 Ablesungen des Deckungsgrades des Kronendaches werden anhand eines Heterogenitätsindex analysiert.
Diversität vertikaler Belaubungshöhen	Prozentualer Deckungsgrad der Vegetation (auf 5 % genau) in verschiedenen Höhenbändern des Waldes.
Diversität horizontaler Belaubungshöhen	Laterale Variation des Deckungsgrades in verschiedenen Höhenbändern. Kann zur Erstellung des Heterogenitätsindex verwendet werden.
Totholzanteil	Schätzung des prozentualen Anteils der Menge an Totholz im Kronendach oder auf dem Boden mit einem Sichtrohr (mindestens 20 Ablesungen).
Grad der Bodendeckung	Schätzung des Deckungsgrades von Laubstreu, Strauchschicht, Zweigen oder Moos, z. B. mit einem karierten 0,5 m²-Quadrat oder mit einem Sichtrohr (mindestens 20 Ablesungen).
Strauchdichte in verschiedenen Höhenstufen	Verwendung eines karierten Brettes, um mindestens 20 Entfernungsmessungen für unterschiedliche Höhen der Strauchschicht zu ermitteln. Meist wird in 0,5 m, 1,0 m und 1,5 m Höhe über dem Boden gemessen.
Durchmesser der Bäume	Der Durchmesser von mindestens zwanzig Bäumen wird in Brusthöhe gemessen.
Alter der Bäume	Kenntnis der Bepflanzungspläne, Bohrkerne von Baumstämmen oder Messung des Durchmessers.
Laub- oder Nadelwald	Direkte Beobachtung vor Ort, Bestimmung der prozentualen Häufigkeit entlang von mindestens 20 repräsentativen Transekten.
Artenvielfalt der Pflanzen	Aufnahme der Pflanzenarten in Baum-, Strauch- und Krautschicht auf mindestens 20 Quadraten von 20 × 20 m (für Bäume und Sträucher) bzw. 5 × 5 m (für die Krautschicht).
Vegetationsgesellschaft	Zuordnung der Pflanzen zu einer definierten Vegetationsgesellschaft, indem die Artenzusammensetzung dokumentiert und mittels Referenzliteratur zugeordnet wird.
Natürlicher Wald oder Pflanzung	Historisches Wissen, Anwesenheit von Indikatorarten.
Beweidungssystem	Weidetierart, Zahl der Großvieheinheiten pro Hektar und Jahr.
Bodentyp	Erfassung in flacher Bodensenke, Geologische Karten und Bodenkarten.
Umweltfaktoren	Niederschlagsmenge, Temperatur, Höhe, Längen-/Breitengrad, Jahreszeit usw.

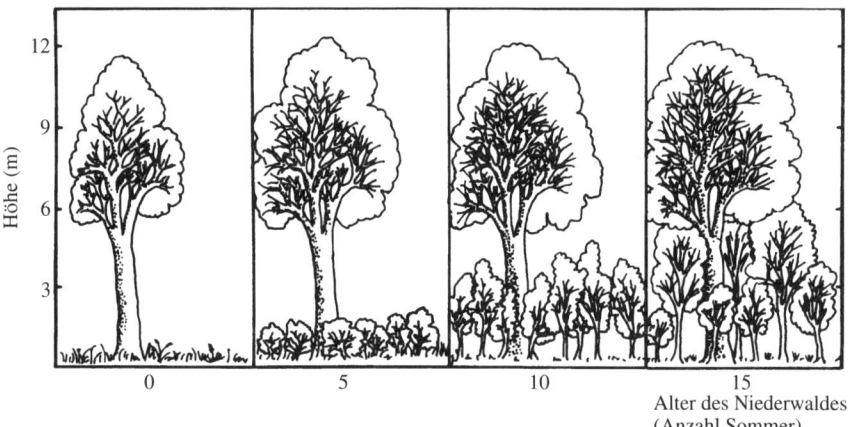

Änderungen der vertikalen Vegetationsstruktur in einem Niederwaldbestand in den 15 Jahren nach dem Einschlag, und Brutbestände ziehender Zweigsängerarten in den einzelnen Altersklassen (aus FULLER et al. 1989).
 Nach dem Einschlagen wachsen die Büsche schnell heran und ein rascher Wechsel der vertikalen Vegetationsstruktur und der Dichte der Strauchschicht im untersuchten Wald ist die Folge.

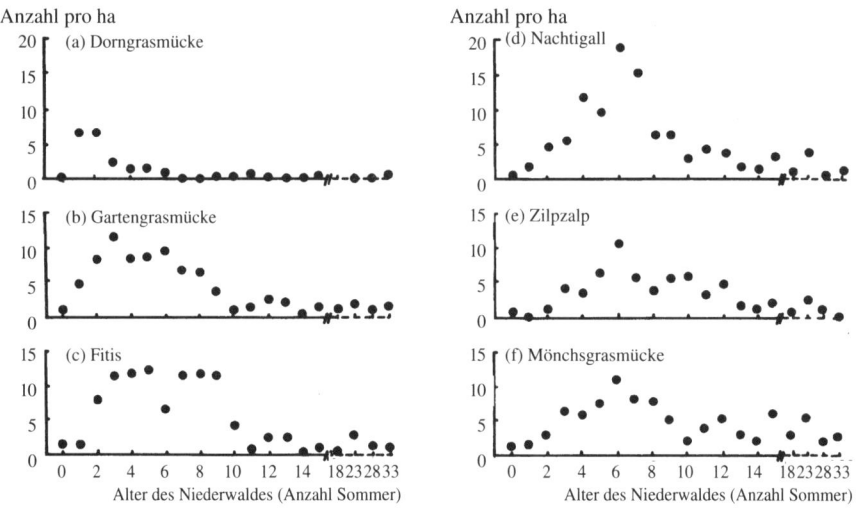

Dieser schnelle Strukturwechsel wird in den Brutbeständen einiger nach Afrika ziehender Zweigsängerarten reflektiert (a–f), die verschiedene Strukturmerkmale (in diesem Fall Alter und Dichte) des Niederwaldes bevorzugen. Nach etwa zehn Jahren ändert sich die Struktur der zurückgeschnittenen Gebüschzonen sehr viel langsamer, und die Vogelgesellschaften werden stabiler. Die Bestände der nach Afrika ziehenden Zweigsängerarten nehmen ab und werden durch Standvogelarten wie Meisen und Drosseln ersetzt (nicht gezeigt). Die Grafiken der einzelnen Arten (a–f) werden ungefähr in der Reihenfolge ihres Auftretens aufgeführt, beginnend mit Arten früher Sukzessionsstadien.

Soweit erforderlich, können viele weitere Biotopvariablen und physikalische sowie klimatische Charakteristika der Probeflächen der Untersuchungsgebiete gemessen werden. In Tabelle 10.3 (S. 239) werden verschiedene meßbare Biotopvariablen aufgeführt, die sinnvolle Informationen über die Habitatpräferenzen der Vögel liefern können. Weitere Hinweise liefert JEDICKE (1994).

10.8 Beispiele für quantitative Messungen von Struktur-variablen

10.8.1 Revierkartierungen zur Wirkung der Vegetationsdichte auf den Brutvogelbestand

Historisch gesehen waren viele Wälder Großbritanniens aktiv bewirtschaftete Niederwälder (mit Busch- und Baumarten, die regelmäßig alle 7 bis 15 Jahre geschlagen wurden). Auf solchen Flächen ergeben sich mit dem Nachwachsen der Strauchschicht starke Veränderungen im vertikalen Vegetationsprofil. FULLER et al. (1989) untersuchten die genauen Effekte dieses Vegetationswandels auf die Brutdichte verschiedener Vogelarten. In den Wäldern von Ham Street in Kent wurde die genaue Position der erfaßten Vögel bei jährlich 23 bis 25 Kartierungen über fünf Jahre auf Karten eingetragen. Die vertikale Vegetationsstruktur in Waldbeständen mit bekannter Altersstruktur wurde mit Hilfe von standardisierten schwarz-weiß karierten Brettern in 0,5 m und 1,5 m Höhe über dem Boden erfaßt. Die Arbeit zeigte, daß die geschnittenen Sträucher schnell wuchsen und ihre höchste Vegetationsdichte nach drei bis fünf Jahren erreichten, die Dichte danach aber wieder abnahm. Verschiedene buschbewohnende Zugvogelarten (Zweigsänger) erreichen in Niederwäldern unterschiedlicher Altersklassen ihre höchsten Dichten, insbesondere in den frühen Alters-

stufen von zwei bis zehn Jahren nach dem Rückschnitt, in denen sich die Dichte der Strauchschicht am schnellsten änderte.

10.8.2 Punkterfassungen zur Wirkung der Vegetationsstruktur auf den Vogelbestand

Die Methode der Punkt-Stopp-Zählung (Kapitel 5) hat gegenüber Siedlungsdichtekartierungen (Kapitel 3) den Vorteil, daß Biotopdaten direkt im Anschluß an die Zählungen an den Zählpunkten erfaßt werden können. Zudem ist nur ein einziger Besuch des Gebietes notwendig, um gleichzeitig Vogel- und Biotopdaten zu sammeln, wogegen bei Kartierungsmethoden mindestens zehn Besuche des Untersuchungsgebietes notwendig sind. Deshalb erlauben Punkt-Stopp-Zählungen von Vögeln in Verbindung mit Biotoperfassungen eine schnelle Datensammlung in vielen Gebieten und dadurch detaillierte statistische Untersuchungen.

Anhand der Schätzung von 13 Biotopvariablen an zufällig ausgewählten Punkt-Stopp-Zählstellen in Steineichenwäldern im Westen Großbritanniens untersuchten BIBBY und ROBINS (1985) die statistischen Beziehungen zwischen Vögeln und ihren Lebensräumen. Tabelle 10.4 zeigt die Ergebnisse einer multiplen Regressionsanalyse der Vogelzählungen und Biotopvariablen.

Diese Studie erbrachte Aufschlüsse über die wichtigsten Habitatstrukturen für die einzelnen Vogelarten. Sie zeigte beispielsweise, daß das Vorhandensein von Krautschichten am stärksten mit der Zahl an Mönchsgrasmücken korreliert war. Das Vorkommen von Gartenrotschwänzen war dagegen negativ mit der Krautschicht korreliert, was sich in der Vorliebe dieser Art für offenere, oft stark beweidete Wälder, widerspiegelt. Dagegen waren die Zahlen von Rotkehlchen, Kohlmeise, Blaumeise, Singdrossel und Buchfink statistisch mit keiner der ermittelten Biotopvariablen korreliert. Vermut-

Tab. 10.4 Biotopfaktoren mit signifikantem (p < 0,05) Einfluß auf die erfaßten Vogelbestände; berechnet aus multiplen Regressionsanalysen (aus BIBBY und ROBINS 1985).

						Variable								% erklärte Varianz
	1	2	3	4	5	6	7	8	9	10	11	12	13	
Mönchsgrasmücke							+							54,7
Fitis		+	+	+										49,8
Zilpzalp			+											45,7
Waldlaubsänger				+	+						−			71,0
Wintergoldhähnchen		−		−										62,9
Trauerschnäpper	−								+	+	−			72,5
Gartenrotschwanz							−	−						59,3
Amsel		+	+		+									64,3
Weidenmeise									−		−		+	60,6
Kleiber							+					−	+	57,5
Waldbaumläufer	−						−							54,0
Zaunkönig												+		61,6
Singdrossel														NS
Rotkehlchen														NS
Kohlmeise														NS
Blaumeise														NS
Buchfink														NS

Schlüssel zu den Variablen: 1 = % Birke, 2 = % Steineiche, 3 = Artenreichtum der Bäume, 4 = Diversität im Deckungsgrad der Baumkrone, 5 = Deckungsgrad der Strauchschicht, 6 = Diversität in der Belaubungshöhe, 7 = Deckungsgrad der Krautschicht, 8 = Dichte der Bäume > 15 m, 9 = % Überhälter, 10 = Bruthöhlen, 11 = % Haselnuß, 12 = % Brombeergestrüpp, 13 = Diversität der Strauchhöhe. Je höher die erklärte Varianz, desto besser ist die Korrelation mit dem entsprechenden Faktor. Varianzen von über 60 % sind hochsignifikant.

lich sind diese Arten in ihren Habitatansprüchen recht flexibel. Informationen dieser Art sind sehr wertvoll bei der Planung von Schutzmaßnahmen und Biotopmanagementprogramme.

Auch bei Transektzählungen von Vögeln können gleichzeitig Biotopvariablen erhoben werden, entweder an regelmäßigen oder an zufällig bzw. gezielt ausgewählten Standorten entlang des Transektes (z. B. HILL et al. 1990, 1991).

Es sollte darauf hingewiesen werden, daß die Biotopvariablen ihrerseits untereinander korreliert sind und die Ergebnisse dadurch verfälscht werden können. Die Krautschicht ist unter dichten Strauchschichten beispielsweise oft nur wenig ausgeprägt, und beide Variablen können statistisch signifikant mit den Beständen einer Vogelart korreliert sein, obwohl die Kenntnis der Ökologie einer Vogelart nahelegt, daß sie sich nur in der Strauchschicht und nie am Boden aufhält. Solche

offenbar falschen Korrelationen können zu erneuten Untersuchungen der Habitatpräferenzen einer Art führen.

10.9 Studien auf Ebene des Individuums

Zusätzlich zur Korrelation von Vogelzählungen mit kartierten Biotopmerkmalen bzw. mit den auf Probeflächen erhobenen Biotopstrukturen ist es möglich, Biotopvariablen am genauen Standort eines singenden oder radiotelemetrisch georteten Vogels aufzuzeichnen. Solche Studien machen eine präzisere Bestimmung der Habitatwahl einer Vogelart möglich, und wenn die Biotopvariablen an Orten mit und ohne Vögel aufgezeichnet wurden, kann ein Maß der Biotoppräferenz erstellt werden.

10.10 Messung von Biotop-variablen an den Aufenthaltsorten von Einzelindividuen

10.10.1 Telemetrisch erfaßte Rebhüh-ner auf Landwirtschafts-flächen in Großbritannien

GREEN (1984) stellt ein Beispiel der Er-hebung von Wiesenstrukturen am jewei-ligen Aufenthaltsort eines telemetrisch erfaßten Vogels vor. Bei diesen Untersu-chungen wurden die frühmorgendlichen Aufenthaltsorte (Ruheplätze) junge-führender weiblicher Rot- und Rebhüh-ner mittels Radiotelemetrie erfaßt. An den jeweils georteten Ruheplätzen wur-den Biotopvariablen, wie z. B. der Ab-stand zur nächsten Hecke oder die Ackerfrucht, erfaßt. Zusätzlich konnte Kot, aus dem das Nahrungsspektrum dieser Vögel ermittelt wurde, gesammelt werden.

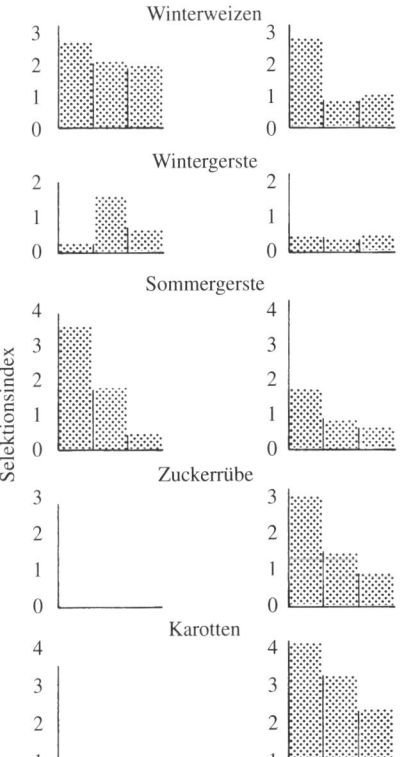

Abb. 10.11 Radiotelemetrie als Werkzeug zur Untersu-chung der Habitatpräferen-zen einzelner Arten

Gezeigt wird die Habitatwahl von (a) Rebhuhn und (b) Rothuhn in England (aus GREEN 1984). Die Histogramme zeigen das Verhältnis von beobachteter zu erwar-teter Zahl an Ortungen auf fünf Ackerfruchttypen in unterschiedlichem Abstand zum nächsten Ackerrand. Es wird deutlich, daß sich beide Arten bevorzugt in Heckennähe aufhalten, jedoch verschiedene Ackerfruchttypen bevorzugen. Vgl. aber Seite 212.

Durch Aufsuchen vieler solcher Ruheplätze sowie Sammlung und Auswertung der entsprechenden Biotopvariablen konnte gezeigt werden, daß die beiden Arten ihre Ruheplätze meist in der Nähe von Hecken haben, sich aber in ihrer Habitatpräferenz unterscheiden. Im Untersuchungsgebiet bevorzugten Rebhühner die Getreidefelder, während Rothühner Karotten- und Zukkerrübenfelder vorzogen.

10.10.2 Telemetrische Erfassung von Waldschnepfen bei der Nahrungssuche

Bei der Untersuchung von HIRONS und JOHNSON (1987) wurden die Waldlebensräume im Untersuchungsgebiet detailliert aufgezeichnet und mehrere Waldschnepfen zur Ermittlung von Habitatpräferenzen radiotelemetrisch ver-

Tab. 10.5 Mittelwerte und Standardabweichungen von Habitatvariablen der Waldschnepfe, bei denen signifikante Unterschiede (p < 0,05) zwischen radiotelemetrisch georteten Nahrungsplätzen und zufällig ausgewählten Flächen auftraten (HIRONS und JOHNSON 1987).

Variable	Nahrungsplätze der Waldschnepfe Mittelwert	+SD	Zufällig ausgewählte Flächen Mittelwert	+SD	Signifikanz-niveau
Vegetationsstrukur					
Grundfläche der Bäume (m²/ha)	2,8	1,73	4,4	4,20	< 0,05
Mittlere Grundfläche eines Baumes (cm²)	27,8	10,50	37,7	18,50	< 0,01
Höhe kodominanter Vegetation (cm)	8,2	6,96	4,9	6,73	< 0,05
Vegetationszusammensetzung					
Waldbingelkraut (% Deckungsgrad)	19,9	13,34	1,3	5,37	< 0,001
Buche (% bedeckter Viertelmeßpunkte)	12,4	25,30	40,6	40,63	< 0,05
Eiche (% bedeckter Viertelmeßpunkte)	3,2	7,78	0,3	3,08	< 0,05
Oberflächen- und Bodenmerkmale					
Streuschicht (% Deckungsgrad)	41,5	14,52	62,6	25,00	< 0,05
Höhe der Streuschicht (cm)	1,5	1,14	2,5	2,67	< 0,05
pH	6,3	0,79	5,2	1,15	< 0,001
Regenwurmbiomasse (g/0,25 m²)	5,62	3,21	3,08	3,27	< 0,001
Anzahl Regenwürmer (pro 0,25 m²)	18,92	1,74	10,41	1,80	< 0,001

Je niedriger der Wert für p, desto höher ist die Signifikanz des Ergebnisses. Die entscheidenden Ergebnisse sind daher:
(1) Bevorzugung von Waldbingelkraut als Nahrungspflanze
(2) Bevorzugung von Gebieten mit höherem Boden-pH-Wert sowie höherer Regenwurmzahl und Regenwurmbiomasse (als Nahrungsgrundlage).

folgt. Zur Beschreibung des Lebensraumes wurde die Probefläche zunächst in vier Schichten eingeteilt (Bäume, Setzlinge, Sträucher und Kräuter). Dann wurden besenderte Waldschnepfen innerhalb dieser groben Biotopstrukturen geortet und Einzelheiten der Beschaffenheit von Nahrungs- und Brutplätzen sowie von zufällig ausgewählten Stellen in 0,25 m^2 großen Quadraten erhoben. An jedem der 50 Freßplätze der Waldschnepfe wurden beispielsweise 30 Biotopvariablen festgehalten. Die gleichzeitige Erhebung der Strukturen in Nahrungsgebieten der Waldschnepfe und in zufällig ausgewählten Quadraten ergab ein Maß der Habitatpräferenzen für die Waldschnepfe im Untersuchungsgebiet (Tabelle 10.5). Weitere Informationen zum Gebrauch der Radiotelemetrie sind in Kapitel 9 zu finden.

10.11 Zusammenfassung

Vogellebensräume können mit unterschiedlicher Intensität untersucht werden; sie reicht von der groben Kartierung des Lebensraumes und dem Markieren der Vogelstandorte auf der Karte bis zur Erfassung der Biotopvariablen am Standort eines einzelnen Individuums. Biotope werden meist anhand der folgenden groben Methoden erfaßt: (1) Kartierungsmethoden – Erstellen von Biotopkarten; (2) Probeflächenmethoden – Erfassen der Biotopvariablen auf repräsentativen Probeflächen; (3) Studien auf Individuenbasis – Messen der Biotopvariablen an bekannten Aufenthaltsorten des Vogels.

Kartierungsmethoden – Biotopkarten

Biotopkarten werden auf der Basis von topographischen Karten der Vermes-

sungsämter, von Luftbildern oder von Satellitenaufnahmen erstellt. Sie werden im Freiland überprüft und verfeinert. Bei sehr hohem Aufwand können die Lebensräume bis zur Ebene der Vegetationsgesellschaften klassifiziert werden. Falls die Sichtdaten von Vögeln auf der Biotopkarte eingetragen werden, stellen sie Grundinformationen über die Habitatpräferenzen der Vögel dar. Welche genauen Biotopmerkmale jedoch für die Art entscheidend sind, kann mit dieser Methode nicht bestimmt werden.

Bestehen bereits Kenntnisse über die Habitatpräferenzen einer bestimmten Vogelart, so können Biotopkarten auch zur Vorhersage der Verbreitung und Bestände der Art in großen Gebieten genutzt werden.

Erfassung von Biotopvariablen auf Probeflächen

Biotopvariablen von Probeflächen können an den Zählstellen der Punkt-Stopp-Zählungen oder entlang von Transekten erhoben werden. Die relative Bedeutung einzelner Biotopstrukturen wird durch die Untersuchung der Variablen ermöglicht, die für die Vogelart von Bedeutung sind. Dies ermöglicht schließlich, die für bestimmte Vogelgruppen oder einzelne Arten wichtigsten Habitatstrukturen zu bestimmen und entsprechende Schutzbemühungen einzuleiten.

Erfassung von Biotopvariablen an den Aufenthaltsorten des untersuchten Vogels

Biotopvariablen können auch an den genauen Standorten eines brütenden oder nahrungssuchenden Vogels (z. B. mit Hilfe der Radiotelemetrie) ermittelt werden. Diese Untersuchungsmethode wird meist einen wesentlich feineren Einblick in diejenigen Lebensraumstrukturen vermitteln, die von einer Vogelart hauptsächlich genutzt werden.

Literatur

AEBISCHER, N. J. und ROBERTSON, P. A. (1992): Practical aspects of compositional analysis as applied to Pheasant habitat utilisation. In: PRIEDE, I. G. und SWIFT, S. M. (Hrsg.). Wildlife Telemetry: Remote Monitoring and Tracking of Animals. Ellis Harwood, Chichester, UK.

AITCHISON, J. (1986): The Statistical Analysis of Compositional Data. Chapman and Hall, London.

ALEXANDER, H. G. (1935): A chart of bird song. British Birds, 29, 190–198.

ALLDREDGE, J. R. und RATTI, J. T. (1986): Comparison of some statistical techniques for analysis of resource selection. Journal of Wildlife Management 50, 157–165.

ANDREEV, A. (1988): The ten year cycle of the Willow Grouse of lower Kolyma. Oecologia 76, 261–267.

Arbeitsgruppe 'Ornithologie und Naturraumplanung' der DO-G (1994): Qualitätsstandards für den Gebrauch vogelkundlicher Daten in der Landschaftsplanung. Unveröff. Ms.

ARBIB, R. S. (1981): The Christmas Bird Count: constructing an 'ideal model'. Studies in Avian Biology 6, 30–33.

AVERY, M. I. (1989): The effects of upland afforestation on some birds of the adjacent moorlands. Journal of Applied Ecology 26, 957–967.

AVERY, M. I. und HAINES-YOUNG, R. H. (1990): Population estimates derived from remotely-sensed imagery for *Calidris alpina* in the Flow Country of Caithness and Sutherland. Nature 344, 860–862.

BAILLIE, S. R. (1990): Integrated population monitoring of breeding birds in Britain and Ireland. Ibis 132, 151–166.

BAILLIE, S. R. und MARCHANT, J. H. (1992): The use of breeding bird censuses to monitor common birds in Britain and Ireland – current practice and future prospects. Vogelwelt 113, 172–182.

BARNES, R. F. W. (1987): Long-term declines of Red Grouse in Scotland. Journal of Applied Ecology 24, 735–741.

BARRET, J. und BARRET, C. (1984): Aspects of censusing breeding Lapwings. Wader Study Group Bulletin 42, 45–47.

BART, J. und KLOSIEWSKI, S. P. (1989): Use of presence-absence to measure changes in avian density. Journal of Wildlife Management 53, 847–852.

BAUER, H.-G., BOSCHERT, M. und HÖLZINGER, J. (1995): Die Vögel Baden-Württembergs, Bd. 5. Atlas der Winterverbreitung. Ulmer Verlag, Stuttgart.

BAUER, H.-G. und HEINE, G. (1992): Die Entwicklung der Brutvogelbestände am Bodensee: Vergleich halbquantitativer Rasterkartierungen 1980/81 und 1990/91. J. Orn. 133, 1–22.

BAUER, H.-G., HÖLZINGER, J., NAGL, W., REINHARDT, H. und SCHUSTER, S. (1991): Quantitative Brutvogelerfassung Baden-Württembergs 1987/88 – Hochrechnung der Gesamtbestände. Naturschutzforum 3/4, 123–148.

BAYLISS, P. (1989): Population dynamics of Magpie Geese in relation to rainfall and density: implications for harvest models in a fluctuating environment. Journal of Applied Ecology 26, 913–924.

BECKER, P. (1990): Kennzeichen und Kleider der europäischen kleinen Rallen und Sumpfhühner *Rallus* und *Porzana*. Limicola 4, 93–144.

BEGON, M. und MORTIMER, M. (1986): Population Ecology. A Unified Study of Animals and Plants. Blackwell Scientific Publications, Oxford.

BELLROSE, F. C. (1976): Ducks, Geese and Swans of North America (2nd edn). Stackpole Books, Harrisburg.

BERGAN, J. F. und SMITH, L. M. (1989): Differential habitat use by diving ducks wintering in South Carolina. Journal of Wildlife Management 53, 1117-1126.

BERGAN, J. F., SMITH, L. M. und MAYER, J. J. (1989): Time-activity budgets of diving ducks wintering in South Carolina. Journal of Wildlife Management 53, 769–776.

BERNDT, R. K. und BUSCHE, G. (1991, 1993): Vogelwelt Schleswig-Holsteins. Band 3: Entenvögel, Teil I und II. Wachholtz Verlag, Neumünster.

BERTHOLD, P. (1976): Methoden der Bestandserfassung in der Ornithologie: Übersicht und kritische Betrachtung. J. Orn. 117: 1–69.

BERTHOLD, P., BEZZEL, E. und THIELCKE, G. (1980): Praktische Vogelkunde. 2. Aufl. Kilda-Verlag, Greven.

BERTHOLD, P., FLIEGE, G., QUERNER, U. und WINKLER, H. (1986): Die Bestandsentwicklung von Kleinvögeln in Mitteleuropa: Analyse von Fangzahlen. J. Orn 127, 377–439.

BERTHOLD, P., KAISER, A. QUERNER, U. und SCHLENKER, R. (1993): Analyse von Fangzahlen im Hinblick auf die Bestandsentwicklung von Kleinvögeln nach 20jährigem Betrieb der Station Mettnau, Süddeutschland. J. Orn. 134, 283–299.

BEZZEL, E. (1985, 1993): Kompendium der Vögel Mitteleuropas. 2 Bände (Nonpasseriformes und Passers). Aula-Verlag, Wiesbaden.

BEZZEL, E., LECHNER, F., RANFTL, H. und SCHÖPF, H. (1983): Das Murnauer Moos und seine Vogelwelt. Jb. Ver. Schutz Bergwelt 48, 71–113.

BEZZEL, E. und PRINZINGER, R. (1990): Ornithologie. UTB Große Reihe. Ulmer Verlag, Stuttgart.

BIBBY, C. J. (1973): The Red-backed Shrike: a vanishing British species. Bird Study 20, 103–110.

BIBBY, C. J. (1978): A heathland bird census. Bird Study 25, 87–96.

BIBBY, C. J. (1989): A survey of breeding Wood Warblers *Phyllocospus sibilatrix* in Britain, 1984–1985. Bird Study 36, 56–72.

BIBBY, C. J. und BUCKLAND, S. T. (1987): Bias of bird census results due to detectability varying with habitat. Acta Oecologica-Oecologica Generalis 8, 103–112.

BIBBY, C. J. und CHARLTON, T. D. (1991): Observations on the San Miguel Bullfinch. Açoreana 7, 297–304.

BIBBY, C. J. und HILL, D. A. (1987): Status of the Fuerteventura Stonechat *Saxicola dacotiae*. Ibis 129, 491–498.

BIBBY, C. J., PHILLIPS, B. N. und SEDDON, A. J. (1985): Birds of restocked coniter plantations in Wales. Journal of Applied Ecology 22, 619–633.

BIBBY, C. J. und ROBINS, M. (1985): An exploratory analysis of species and cummunity relationships with habitat in western oak woods, pp. 255–265. In: TAYLOR, K., FULLER, R. J. und LACK, P. C. (Hrsg) Bird Census and Atlas Studies. Proceedings. VIII International Conference on Bird Census and Atlas Work. BTO, Tring, Herts.

BIBBY, C. J. und TUBBS, C. R. (1975): Status and conservation of the Dartford Warbler in England. British Birds 68, 177–195.

BIEBACH, H. et al. (Hrsg.) (1985): Biologie und Schutz der Wasseramsel. Ökologie der Vögel 7, Sonderheft.

Biologische Station 'Rieselfelder Münster' (1981): Die Rieselfelder Münster. Europareservat für Wat- und Wasservögel. Münster.

BIRKHEAD, T. R. und NETTLESHIP, D. N. (1980): Census methods for Murres

Uria species: a unified approach. Occasional Papers of the Canadian Wildlife Service no. 43.

BLAB, J., TERHARDT, A. und ZSIVANO-VITS, K. P. (1989): Tierwelt in der Zivilisationslandschaft. Kilda-Verlag, Bonn – Bad Godesberg.

BLANA, H. (1978): Die Bedeutung der Landschaftsstruktur für die Vogelwelt. Beitr. Avif. Rheinl. 12, 1–225.

BLANA, E. und BLANA, H. (1975): Die Lebensräume unserer Vogelwelt – Biotopschlüssel für die Hand des Ornithologen. Beitr. Avif. Rheinl. 2, 1–74.

BLONDEL, J., FERRY, C. und FROCHOT, B. (1970): La méthode des Indices Ponctuels d'Abondance (I.P.A.) ou des relevés d'avifaune par stations d'écoute. Alauda 38, 55–71.

BOCK, C. E. und ROOT, T. L. (1981): The Christmas Bird Count and avian ecology. Studies in Avian Biology 6, 17–23.

BOSSERT, A. (1977): Bestandsaufnahmen am Alpenschneehuhn *Lagopus mutus* im Aletschgebiet. Orn. Beob. 74, 95–98.

BOYD, M. (1992): Slumps and booms. Birds (RSPB) 14, 51.

BRIGGS, K. T., TYLER, W. B. und LEWIS, D. B. (1985): Comparison of ship and aerial surveys of birds at sea. Journal of Wildlife Management 49, 405–411.

British Birds (1984): The 'British Birds' List of Birds of the Western Palearctic. British Birds, Bedford.

BROWN, L. H., FRY, C. H., KEITH, S., NEWNAM, K. und URBAN, E. K. (Hrsg.) (1982 onwards): The Birds of Africa. Vols I–III. Academic Press, London.

BRUNCKHORST, H., HÄLTERLEIN, B., HOFFMANN, H., PETERSEN, W. und RÖSNER, H.-U. (1988): Empfehlungen zur Brutbestandserfassung von Küstenvögeln an der deutschen Nordseeküste. Seevögel 9, 1–9.

BTO (1984): Ringers Manual. BTO, Trings, Herts.

BTO (1989): Instruction to Counters: Breeding Waders of Wet Grasslands Survey, BTO, Tring, Herts.

BUB, H. (1978): Vogelfang und Vogelberingung. Teil I. Neue Brehm-Bücherei 359. A. Ziemsen Verlag, Wittenberg Lutherstadt.

BUB, H. und Oelke, H. (1980): Markierungsmethoden für Vögel. Neue Brehm-Bücherei 535. A. Ziemsen Verlag, Wittenberg Lutherstadt.

BUCKLAND, S. T. (1984): Monte Carlo confidence intervals. Biometrics 40, 811–817.

BUCKLAND, S. T. (1987): On the variable circular plot method of estimating density. Biometrika 43, 363–384.

BUKER, J. B. und GROEN, N. M. (1989): Distribution of Black-tailed Godwits *L. limosa* in different grassland types during the breeding season. Limosa 62, 183–190.

BULLOCK, I. D. und GOMERSALL, C. H. (1981): The breeding populations of terns in Orkney and Shetland in 1980. Bird Study 28, 187–200.

BUNDY, G. (1978): Breeding Red-throated Divers in Shetland. British Birds 71, 199–208.

BUNN, D. S., WARBURTON, A. B. und WILSON, R. D. S. (1982): The Barn Owl. T & AD Poyser, Calton.

BURNHAM, K. P. und ANDERSON, D. R. (1984): The need for distance data in transect counts. Journal of Wildlife Management 48, 1248–1254.

BURNHAM, K. P., ANDERSON, D. R. und LAAKE, J. L. (1980): Estimation of density from line transect sampling of biological populations. Wildlife Monographs 72, 1–200.

BUSCHE, G. und STAUDTE, A. (1985): Rasterkartierung zur Hochrechnung großräumiger Bestandszahlen ausgewählter Vogelarten. Vogelwelt 106, 142–149.

CADBURY, C. J. (1980): The status and habitats of the Corncrake in Britain 1978–79. Bird Study 27, 203–218.

CADBURY, C. J. (1981): Nightjar census methods. Bird Study 28, 1–4.

CAMPBELL, L. H. und TALBOT, T. R. (1987): Breeding status of Black-throated Divers in Scotland. British Birds 80, 1–8.

CLARK, N. A. (1990): Distribution Studies of Waders and Shelduck in the Severn Estuary. Report to UK Department of Energy's Renewable Energy Research and Development Programme (ETSU TID 4076), London.

CLARKE, R. und WATSON, D. (1990): The Hen Harrier *Circus cyaneus* winter roost survey in Britain and Ireland. Bird Study 37, 84–100.

CLOBERT, J., LEBRETON, J. D. und ALLAINE, D. (1987): A general approach to survival rate estimation by recaptures or resightings of marked birds. Ardea 75, 133–142.

CODY, M. L. (1985): Habitat Selection in Birds. Academic Press, London.

COLLAR, N. J. CROSBY, M. J. und STATTERSFIELD, A. J. (1994): Birds to watch 2. BirdLife Conservation Series no. 4. BirdsLife International, Cambridge (UK).

CONROY, M. J., HINES, J. E. und WILLIAMS, B. K. (1989): Procedures for the analysis of bird-recovery data and user instructions for programme MULT. Resource publication-US Fish and Wildlife Service 175, 1–61.

COOCH, E. G., LARK, D. B., ROCKWELL, R. F. und COOKE, F. (1989): Long term decline in fecundity in a Snow Goose population: evidence for density dependence. Journal of Animal Ecology 58, 711–726.

CORMACK, R. M. (1964): Estimates of survival from sightings of marked animals. Biometrika 51, 429–438.

CORMACK, R. M. (1968): The statistics of capture-recapture methods. Ocean Marine Biology Annual Review 6, 455–506.

CORMACK, R. M. (1979): Models for capture-recapture, pp. 217–255. In: CORMACK, R. M., PATIL, G. P. und ROBSON, D. S. (Hrsg.). Sampling Biological Populations. Statistical Ecology Series. Vol. 5. International Co-op Publishing House, Fairland, Maryland, USA.

CRAMP, S. und SIMMONS, K. E. L. (Hrsg.) (1977 onwards): The Birds of the Western Palearctic. Vols I–V. Academic Press, London.

DAY, J. (1988): Marsh Harriers in Britain. RSPB Conservation Review 2, 17–19.

DDA und DS/IRV (1991): Rote Liste der in Deutschland gefährdeten Brutvogelarten (1. Fassung, Stand 10. 11. 1991). Ber. Dtsch. Sekt. Int. Rat f. Vogelschutz 30, 15–29.

DIAMOND, A. W., GASTON, A. J. und BROWN, R. G. B. (1986): Converting PRIOP counts of seabirds at sea to absolute densities. Progress Notes of Canadian Wildlife Service 164, 1–21.

DIXON, K. R. und CHAPMAN, J. A. (1980): Harmonic mean measure of animal activity areas. Ecology 61, 1040–1044.

DRENNAN, S. R. (1981): The Christmas Bird Count: an overlooked and underused sample. Studies in Avian Biology 6, 24–29.

DUEBBERT, H. F. und LOKEMOEN, J. T. (1976): Duck nesting in fields of undisturbed grass-legume cover. Journal of Wildlife Management 40, 39–49.

DUNNET, G. M., OLLASON, J. C. und ANDERSON, A. (1979): A 28-year study of breeding Fulmars *Fulmarus glacialis* in Orkney. Ibis 121, 293–300.

EFRON, B. (1982): The Jackknife, the Bootstrap and Other Resampling Methods. Society for Industrial and Applied Mathematics, Philadelphia.

ELLENBERG, H. (1985): How to use species area relationships to compare grid-mapping results from different grid sizes, pp. 321–329. In: TAYLOR, K., FULLER, R. J. und LACK, P. (Hrsg.). Bird Census and Atlas Studies. Proceedings VIII International Conference on Bird Census and Atlas Work. BTO, Tring, Herts.

EMLEN, J. T. (1977): Estimating breeding season bird densities from transect counts. Auk 94, 455–468.

ENEMAR, A. (1959): On the determination of the size and composition of a passerine bird population during the breeding season. Vår Fågelvärld Supplement 2, 1–114.

ENGSTROM, R.T. und JAMES, F.C. (1984): An evaluation of methods used in the Breeding Bird Census. American Birds 28, 19–23.

ERDELEN, M. (1984): Bird communities and vegetation structure I. Correlations and comparisons of simple diversity indices. Oecologia 61, 277–284.

EVANS, P. G. H. (1980): Auk Censusing Manual. British Seabird Group, Tring, Herts.

EVANS, P.G.H. (1986): Monitoring seabirds in the North Atlantic. NATO ASI Series G12, 179–206.

EVERETT, M.J. (1982): Breeding Great and Arctic Skuas in Scotland in 1974–75. Seabird Report 6, 50–68.

EWINS, P.J. (1985): Colony attendance and censusing of Black Guillemots *Cepphus grylle* in Shetland. Bird Study 32, 176–185.

EXO, K.-M., BECKER, P. H., HÄLTERLEIN, B., SCHEUFLER, H., STIEFEL, A., THORUP, O., HÖTKER, H., STOCK, M. und SÜDBECK, P. (1994): Empfehlungen zum Bruterfolgsmonitoring bei Küstenvögeln – ein erstes Konzept. Arbeitspapier des Institutes für Vogelforschung, Wilhelmshaven.

FEU, C. DU, HOUNSOME, M. und SPENCE, I. (1983): A single-session mark/recapture method of population estimation. Ringing and Migration 4, 211–226.

FLADE, M. (1991): Methoden zum Fangen von Wachtelkönigen. Vogelwelt 112, 96–102.

FLADE, M. (1994): Die Brutvogelgemeinschaften Mittel- und Norddeutschlands. Grundlagen für den Gebrauch vogelkundlicher Daten in der Landschaftsplanung. IHW-Verlag, Eching.

FLADE, M. und MIECH, P. (1986): Brutbestand und Habitat der Spechte südlich von Wolfsburg unter besonderer Berücksichtigung des Mittelspechts (*Dendrocopus medius*) und des Grau-

spechts (*Picus canus*). Vogelkdl. Ber. Niedersachsen 18, 33–56.

FLADE, M. und SCHWARZ, J. (1992): Stand und erste Ergebnisse des DDA-Monitor-Programms. Vogelwelt 113, 210–222.

FLEET, D.M., FRIKKE, J., DE VLAS, J. und DE VRIES, R. (1990): The Joint Monitoring Project for breeding birds in the Wadden Sea. Annual report 1990. Tönning.

FOUCES, V. und ESTRADA, J. (1992): Evaluación de las posibilidades de censo de la población reproductora de avetorillo (*I. minutus*) del Delta del Ebro. Butl. Parc Natural Delta de l'Ebre 7, 14–22.

FOWLER, J. und COHEN, L. (1986): Statistics for Ornithologists. BTO, Tring, Herts.

FULLER, M.R. und MOSHER, J.A. (1981): Methods of detecting and counting raptors. Studies in Avian Biology 6, 235–246.

FULLER, R.J. (1982): Bird Habitats in Britain. T & AD Poyser, Calton.

FULLER, R.J., GREEN, G.H. und PIENKOWSKI, M.W. (1983): Field observations on methods used to count waders breeding at high density in the Outer Hebrides. Scotland. Wader Study Group Bulletin 39, 27–29.

FULLER, R.J. und LANGSLOW, D.R. (1984): Estimating numbers of birds by point counts: how long should counts last? Bird Study 31, 195–202.

FULLER, R.J. und MARCHANT, J.H. (1985): Species-specific problems of cluster analysis in British mapping censuses, pp. 83–86. In: TAYLOR, K., FULLER, R.J. und LACK, P.C. (Hrsg.). Bird Census and Atlas Studies. Proceedings VIII International Conference on Bird Census and Atlas Work. BTO, Tring, Herts.

FULLER, R.J., MARCHANT, J.H. und MORGAN, R.A. (1985): How representative of agricultural practice in Britain are Common Bird Census farmland plots? Bird Study 32, 56–70.

FULLER, R.J. und MORETON, B.D. (1987): Breeding bird populations of

Kentish sweet chestnut (*Castanea sativa*) coppice in relation to age and structure of the coppice. Journal of Applied Ecology 24, 13–27.

FULLER, R. J., REED, T. M., BUXTON, N. E., WEBB, A., WILLIAMS, T. D. und PIENKOWSKI, M. W. (1986): Populations of breeding waders Charadrii and their habitats on the crofting lands of the Outer Hebrides, Scotland. Biological Conservation 37, 333–361.

FULLER, R. J., STUTTARD, P. und RAY, C. M. (1989): The distribution of breeding songbirds within mixed coppiced woodland in Kent, England, in relation to vegetation age and structure. Annales Zoologici Fennici 26, 265–275.

FURNESS, R. W. (1982): Methods used to census skua colonies. Seabird Report 6, 44–47.

GASTON, A. J., COLLINS, B. T. und DIAMOND, A. W. (1987): Estimating densities of birds at sea and the proportion in flight from counts made on transects of indefinite width. Canadian Wildlife Service Occasional Paper 59, 1–14.

GATTER, W. (1976): Feldkennzeichen ziehender *Passeres*. Vogelwelt 97, 201–217.

GATTER, W. (1978): Planbeobachtungen des sichtbaren Zugs am Randecker Maar als Beispiel ornithologisch-entomologischer Forschung. Vogelwelt 99, 1–21.

GATTER, W. (1992): Zugzeiten und Zugmuster im Herbst: Einfluß des Treibhauseffekts auf den Vogelzug? J. Orn. 133, 427–436.

GAUCH, H. G. (1982): The Use of Multivariate Analysis in Community Ecology. Cambridge University Press, Cambridge.

GAUTHREAUX, S. A. Jr. (1992): The use of weather radar to monitor long-term patterns of trans-Gulf migration in spring. In: Ecology and conservation of neotropical migrant landbirds (J. M. HAGAN III und JOHNSTON, D. W., Hrsg.), 96–100. Smithsonian

Institution Press, Washington and London.

GEISSLER, P. H. und NOON, B. R. (1981): Estimates of avian population trends from the North American Breeding Bird Survey. Studies in Avian Biology 6, 45–61.

GIBBONS, D. W., REID, J. B. und CHAPMAN, R. A. (1993): The new atlas of breeding birds in Britain and Ireland: 1988–1991. T & AD Poyser, London.

GLUTZ VON BLOTZHEIM, U. N. (Hrsg.) (1966–93): Handbuch der Vögel Mitteleuropas. 13 Bände. Aula-Verlag, Wiesbaden.

GNIELKA, R. (1990): Anleitung zur Brutvogelkartierung. Apus 7, 145–239.

GOSS-CUSTARD, J. D. und Durell, S. E. A. le V. Dit (1990): Bird behaviour and environmental planning: approaches in the study of wader populations. Ibis 132, 273–289.

GREEN, R. E. (1984): The feeding ecology and survival of partridge chicks (*Alectoris rufa* and *Perdix perdix*) on arable farmland in East Anglia. Journal of Animal Ecology 21, 817–830.

GREEN, R. E. (1985 a): Estimating the abundance of breeding Snipe. Bird Study 32, 141–149.

GREEN, R. E. (1985 b): The Management of Lowland Wet Grasslands for Breeding Waders. RSPB, Sandy, Beds.

GREEN, R. E. (1988): Effects of environmental factors on the timing and success of breeding of Common Snipe *Gallinago gallinago* (Aves: *Scolopacidae*). Journal of Applied Ecology 25, 79–93.

GREEN, R. E. und HIRONS, G. J. M. (1988): Effects of nest failure and spread of laying on counts of breeding birds. Ornis Scandinavica 19, 76–78.

GREEN, R. E. und HIRONS, G. J. M. (1990): The relevance of population studies to the conservation of threatened birds, pp. 595–631. In: PERRINS, C. M., LEBRETON, J. D. und HIRONS, G. J. M. (Hrsg.). Bird Population Studies. Oxford University Press. Oxford.

GRIBBLE, F.C. (1983): Nightjars in Britain and Ireland in 1981. Bird Study 30, 165–176.

GRÜLL, A. und ZWICKER, E. (1993): Zur Siedlungsdichte von Schilfsingvögeln (*Acrocephalus* und *Locustella*) am Neusiedlersee in Abhängigkeit vom Alter der Röhrichtbestände. Beih. Veröff. Naturschutz Landschaftspflege Bad.-Württ. 68, 159–171.

HÄLTERLEIN, B., FLEET, D.M., HENNEBERG, H.R., MENNEBÄCK, T., RASMUSSEN, L.M., SÜDBECK, P., THORUP, O. und VOGEL, R. (1994): Anleitung zur Brutbestandserfassung von Küstenvögeln im Wattenmeerbereich. Landesamt Nationalpark Schleswig-Holsteinisches Wattenmeer, Tönning.

HAILA, Y. und KUUESLA, S. (1982): Efficiency of one-visit censuses of bird communities breeding on small islands. Ornis Scandinavica 13, 17–24.

HAIRSTON, N.G. (1989): Ecological Experiments: Purpose, Design and Execution. Cambridge University Press, Cambridge.

HANSSEN, O.J. (1982): Evaluation of some methods for censusing larid populations. Ornis Scandinavica 13, 183–188.

HARENGERD, M., KÖLSCH, G. und KÜSTERS, K. (1990): Dokumentation der Schwimmvogelzählung in der Bundesrepublik Deutschland 1966–1986. Schriftenreihe des DDA 11. Münster.

HARENGERD, M., PÖLKING, F., PRÜNTE, W. und SPECKMANN, M. (1972): Die Tundra ist mitten in Deutschland. Kilda-Verlag, Greven.

HARRIS, M.P. (1983): The Puffin. T & AD Poyser, Calton.

HARRIS, M.P. (1987): A low-input method of monitoring Kittiwake *Rissa tridactyla* breeding success. Biological Conservation 41, 1–10.

HARRIS, M.P. (1988): Variation in the correction factor used for converting counts of individual Guillemots *Uria aalge* into breeding pairs. Ibis 131, 85–93.

HARRIS, M.P. (1989): Development of Monitoring of Seabird Populations and Performance. Institute of Terrestrial Ecology: final report to Nature Conservancy Council, Peterborough.

HARRIS, M.P. und FORBES, R. (1987): The effect of date on counts of nests of Shags *Phalacrocorax aristotelis*. Bird Study 34, 187–190.

HARRIS, M.P. und LLOYD, C.S. (1977): Variations in counts of seabirds from photographs. British Birds 70, 200–205.

HARRIS, M.P. und MURRAY, S. (1981): Monitoring of Puffin numbers at Scottish colonies. Bird Study 28, 15–20.

HARRIS, M.P. und ROTHERY, P. (1988): Monitoring of Puffin burrows on Dun, St Kilda, 1977–1987. Bird Study 35, 97–99.

HATCH, S.A. und HATCH, M.A. (1989): Attendance patterns of Murres at breeding sites: implications for monitoring. Journal of Wildlife Management 53, 483–493.

HELBIG, A. und LASKE, V. (1986): Zehnjährige Planbeobachtungen des herbstlichen Vogelzuges in Ostwestfalen: Status, Zugzeiten und Häufigkeiten der einzelnen Arten. Ber. Natwiss. Ver. Bielefeld 28, 273–300.

HESTBECK, J.B. und MALECKI, R.A. (1989): Mark-resight estimate of Canada Goose midwinter numbers. Journal of Wildlife Management 53, 749–752.

HEUBECK, M., RICHARDSON, M.G. und DORE, C.P. (1986): Monitoring numbers of Kittiwakes *Rissa tridactyla* in Shetland. Seabird 9, 32–42.

HEYDEMANN, B. und NOWAK, E. (1980): Katalog der zoologisch bedeutsamen Biotope (Ökosysteme) Mitteleuropas. Natur u. Landschaft 55, 7–9.

HILDÉN, O. (1986): Long-term trends in the Finnish bird fauna: methods of study and some results. Vår Fågvärld Supplement 11, 61–69.

HILDÉN, O. (1987): Finnish winter bird censuses: long-term trends in 1956–1984. Acta Oecologica-Oecologica Generalis 8, 157–168.

HILL, D. A. (1982): The Comparative Population Ecology of Mallard and Tufted Duck. D. Phil. thesis, University of Oxford.

HILL, D. A. (1984a): Factors affecting nest success in the Mallard and Tufted duck. Ornis Scandinavica 15, 115–122.

HILL, D. A. (1984b): Clutch predation in relation to nest density in Mallard and Tufted Duck. Wildfowl 35, 151–156.

HILL, D. A. (1988): Population dynamics of the avocet (*Recurvirostra avosetta*) breeding in Britain. Journal of Animal Ecology 57, 669–683.

HILL, D. A., LAMBTON, S. J., PROCTOR, I. und BULLOCK, I. (1991): Winter bird communities in woodland in The Forest of Dean, England, and some implications of livestock grazing. Bird Study 38, 57–71.

HILL, D. A. und ROBERTSON, P. A. (1988): The Pheasant: Ecology, Management and Conservation. Blackwell Scientific Publications, Oxford.

HILL, D. A., TAYLOR, S., THAXTON, R., AMPHLET, A. und HORN, W. (1990): Breeding bird communities of native pine forest, Scotland. Bird Study 37, 133–141.

HIRONS, G. J. M. (1980): The significance of roding by Woodcock *Scolopax rusticola*: an alternative explanation based on observations of marked birds. Ibis 22, 350–354.

HIRONS, G. J. M. und JOHNSON, T. H. (1987): A quantitative analysis of habitat preferences of Woodcock *Scolopax rusticola* in the breeding season. Ibis 129, 371–382.

HÖLZINGER, J. (1972): Zug und Wintervorkommen von Wasserralle (*Rallus aquaticus*) und Tüpfelsumpfhuhn (*Porzana porzana*) in der Gegend von Ulm. Anz. orn. Ges. Bayern 11, 49–53.

HÖLZINGER, J. (1981): Die Vögel Baden-Württembergs, Bd. 4. Folienkarten. Ulmer Verlag, Stuttgart.

HÖLZINGER, J. (1986): Rasterkarten für die Darstellung der vertikalen Verbreitung. Ökol. Vögel 8, 121–132.

HÖLZINGER, J. (1987): Die Vögel Baden-Württembergs, Bd. 1. Ulmer Verlag, Stuttgart.

HÖLZINGER, J. (1992): Südliche Arealgrenze und Vertikalverbreitung des Baumpiepers *Anthus trivialis* in Griechenland. Orn. Beob. 89, 231–234.

HÖLZINGER, J., MICKLEY, M. und SCHILHANSL, K. (1973): Beobachtungen an überwinternden Rotmilanen (*Milvus milvus*) im Donaumoos bei Ulm. Anz. orn. Ges. Bayern 12, 106–113.

HORNE, J. und SHORT, J. (1988): A note on the sightability of Emus during an aerial survey. Australian Wildlife Research 15, 647–649.

HOUSDEN, S., THOMAS, G. T., BIBBY, C. J. und PORTER, R. (1991): Towards a habitat conservation strategy for bird habitats in Britain, RSPB Conservation Review 5, 9–16.

HOWES, J. R. (1987): Rapid Assessment Techniques for Coastal Wetland Evaluation. Results of a Workshop held in Selangor, West Malaysia. 1–7 March 1987. INTERWADER publication no. 24, Kuala Lumpur.

HUDSON, P. (1986): Red Grouse: The Biology and Management of a Wild Gamebird. The Game Conservancy Trust, Fordingbridge.

HUDSON, P. und RANDS, M. (1988): Ecology and Management of Gamebirds. Blackwell Scientific Publications, Oxford.

HUGHES, S. W. M., BACON, P. und FLEGG, J. J. M. (1979): The 1975 census of the Great Crested Grebe in Britain. Bird Study 26, 213–226.

IMAN, R. L. und DAVENPORT, J. M. (1980): Approximations to the critical region of the Friedman statistic. Community Statistics A9, 571–595.

International Bird Census Committee (1969): Recommendations for an international standard for a mapping method in bird census work. Bird Study 16, 248–255.

IVLEVY, V. F. (1961): Experimental Ecology of the Feeding of Fishes. Yale University Press, New Haven, Connecticut.

JACOBS, J. (1974): Quantitative measurement of food selection. A modification of the forage ratio and Ivlev's electivity index. Oecologia 14, 413–417.

JAMES, F. C. und MCCULLOCH, C. E. (1985): Data analysis and the design of experiments in ornithology, pp. 1–63. In: JOHNSTON, R. F. (Hrsg.). Current Ornithology Vol. 2. Plenum Press, New York.

JAMES, F. C. und SHUGART, H. H. (1970): A quantitative method of habitat description. Audubon Field Notes 24, 727–736.

JAMES, P. C. und ROBERTSON, H. A. (1985): The use of playback recordings to detect and census nocturnal burrowing seabirds. Seabird 7, 18–20.

JÄRVINEN, O. und VÄISÄNEN, R. A. (1975): Estimating relative densities of breeding birds by the line transect method. Oikos 26, 316–322.

JÄRVINEN, O. und VÄISÄNEN, R. A. (1983 a): Correction coefficients for line transect censuses of breeding birds. Ornis Fennica 60, 97–104.

JÄRVINEN, O. und VÄISÄNEN, R. A. (1983 b): Confidence limits for estimates of population density in line transects. Ornis Scandinavica 14, 129–134.

JEDICKE, E. (1994): Ornithologische Punktaufnahmen und Erfassung der Habitatstruktur im Wald. Naturschutz u. Landschaftsplanung 26, 53–59.

JOHNSON, D. H. (1980): The comparison of usage and availability measurements for evaluating resource preference. Ecology 61, 65–71.

JOLLY, G. M. (1965): Explicit estimates from capture-recapture data with both death and immigration-stochastic model. Biometrika 52, 225–247.

JOUVENTIN, P. und WEIMERSKIRCH, H. (1990): Satellite tracking of Wandering Albatrosses. Nature 343, 746–748.

KAISER, A. (1990): Brutverbreitung, Dichte, Bruterfolg und Überwinterung der Gebirgsstelzen (*Motacilla cinerea*) in Hunsrück, Rheingau und Rheinhessen. Fauna Flora Rheinland-Pfalz 6, 201–226.

KAISER, A. (1994): Analysen von Fang- und Wiederfangdaten von Fangstationen zur Beschreibung der Ökophysiologie und des Verhaltens rastender Populationen. Dissertation, Universität Konstanz.

KAISER, A. und BAUER, H.-G. (1994): Zur Bestimmung der Populationsgröße von Brutvögeln mit der Fang-Wiederfang-Methode und gängigen Kartierungsmethoden. Vogelwarte 37, 206–231.

KANYAMIBWA, S., SCHIERER, A., PRADEL, R. und LEBRETON, J. D. (1990): Changes in adult annual survival rates in a western European population of the White Stork *Ciconia ciconia*. Ibis 132, 27–35.

KENDEIGH, S. C. (1944): Measurement of bird populations. Ecological Monographs 14, 67–106.

KENWARD, R. E. (1987): Wildlife Radiotagging: Equipment, Field Techniques and Data Analysis. Academic Press, London.

KILIAN, D., HÖLZINGER, J., MAHLER, U. und STEGMAYER, R. (1993): Verbreitung und Bestandsentwicklung des Graureihers (*Ardea cinerea*) in Baden-Württemberg von 1985 bis 1991 und Methoden der Bestandserfassung. Ökol. Vögel 15, Sonderheft, 1–52.

KIRBY, J. S. (1987): Birds of Estuaries Enquiry – Instructions to Counters. BTO, Tring, Herts.

KIRBY, J. S. (1990): A Guide to Birds of Estuaries Enquiry Counting Procedure During the 1982/83 to 1988/89 Period, and Recommendations for the Future. BTO, Tring, Herts.

KOMDEUR, J., BERTELSEN, J. und CRACKNELL, G. (1992): Manual for Aeroplane and Ship Surveys of Waterfowl and Seabirds. IWRB Special Publication 19, Slimbridge (UK).

KOSKIMIES, P. und VÄISÄNEN, R. A. (1991): Monitoring Bird Populations: a Manual of Methods applied in Finland. Finnish Museum of Natural History, Helsinki, Finland.

KUSCHERT, H. (1983): Wiesenvögel in Schleswig-Holstein. Husumer Druck- und Verlagsgesellschaft.

LAAKE, J.L., BURNHAM, K.P. und ANDERSON, D.R. (1979): User's Manual for Program TRANSECT. Utah State University Press, Logan, Utah.

LACK, P. (1986): The Atlas of Wintering Birds in Britain and Ireland. T & AD Poyser, Calton.

LANDMANN, A., GRÜLL, A., SACKL, P. und RANNER, A. (1990): Bedeutung und Einsatz von Bestandserfassungen in der Feldornithologie: Ziele, Chancen, Probleme und Stand der Anwendung in Österreich. Egretta 33, 11–50.

LANG, E. und SIKORA, G. (1981): Beobachtungen zur Brutbiologie des Schwarzspechtes (*Dryocopus martius*). In: Artenschutzsymposium Schwarzspecht, 69–74. Beih. Veröff. Naturschutz Landschaftspflege Bad.-Württ. 20.

LESLIE, P.H. (1945): On the use of matrices in certain population mathematics. Biometrika 33, 183–212.

LIECHTI, F., PAPROTH, H. und BRUDERER, B. (1994): Quantification of Nocturnal Bird Migration – a Comparison of Three Methods. J. Orn. 135, Sonderheft, 261.

LINCOLN, F.C. (1930): Calculating waterfowl abundance on the basis of banding returns. USDA Circular 118, 1–4.

LINDÉN, H. und RAJALA, P. (1981): Fluctuations in long-term trends in the relative densities of tetraonid populations in Finland, 1964–1977. Finnish Game Research 39, 13–24.

LLOYD, C., TASKER, M. L. und PARTRIDGE, K. (1990): The Status of Seabirds in Britain and Ireland. T & AD Poyser, Calton.

LOVVORN, J.R. (1989): Distributional responses of Canvasback Ducks to weather and habitat change. Journal of Applied Ecology 26, 113–130.

LUDER, R. (1981): Qualitative und quantitative Untersuchung der Avifauna als Grundlage für die ökologische Landschaftsplanung im Berggebiet. Orn. Beob. 78, 137–192.

MACARTHUR, R. H. und MACARTHUR, J.W. (1961): On bird species diversity. Ecology 42, 594–598.

MACARTHUR, R. H., MACARTHUR, J.W. und PREER, J. (1962): On bird species diversity: II. Prediction of bird census from habitat measurements. American Naturalist 96, 167–174.

MARTI, C. und PAULI, H.-R. (1983): Bestand und Altersstruktur der Birkhuhnpopulation im Reservat Aletschwald (Aletschgebiet, VS). Bull. Murithienne 101, 23–38.

MASSA, R. und FEDRIGO, A. (1989): A new approach for compiling a winter bird atlas by means of point counts. Annales Zoologici Fennici 26, 207–212.

MATTHYSEN, E. (1989): Nuthatch *Sitta europaea* demography, beech mast, territoriality. Ornis Scandinavica 20, 278–282.

MAYR, C. (1993): Vierzehn Jahre EG-Vogelschutzrichtlinie. Bilanz ihrer Umsetzung in der Bundesrepublik Deutschland. Ber. Vogelschutz 31, 13–22.

MEAD, C. (1987): Owls. Whittet Books, London.

MEEK, E. R., BOOTH, C. J., REYNOLDS, P. und RIBBANDS, B. (1983): Breeding skuas in Orkney. Seabird 7, 21–29.

MILLER, R. G. (1974): The Jackknife – a review. Biometrika 61, 1–15.

MILLSAP, B. A. und LEFRANC, M. N., Jr. (1988): Road transects for raptors: how reliable are they? Journal of Raptor Research 22, 8–16.

MOSS, R. und OSWALD, J. (1985): Population dynamics of Capercaillie in a north-east Scottish glen. Ornis Scandinavica 16, 229–238.

MUDGE, G. P. (1988): An evaluation of current methodology for monitoring changes in the breeding populations of Guillemots *Uria aalge*. Bird Study 35, 1–9.

MURRAY, S. und WANLESS, S. (1986): The status of the Gannet in Scotland 1984–85. Scottish Birds 14, 74–85.

NCC (1990): Handbook for Phase 1 Habitat Survey: a Technique for Environmental Audit. England Field Unit, Nature Conservancy Council, Peterborough.

NETTLESHIP, D. N. (1976): Census techniques for seabirds of Arctic and Eastern Canada. Canadian Wildlife Service Occasional Papers 25, 1–33.

NEU, C. W., BYERS, C. R. und PEEK, J. M. (1974): A technique for analysis of utilisation-availability data. Journal of Wildlife Management 38, 541–545.

NEVO, A. J. DEL (1990): Reproductive and Feeding Ecology of Common Guillemots (*Uria aalge*) on Fair Isle, Shetland. Ph. D. thesis. University of Sheffield.

NEWTON, I. (1986): The Sparrowhawk. T & AD Poyser, Calton.

NEWTON, I. (1988): A key factor analysis of a Sparrowhawk population. Oecologia 76, 588–596.

NEWTON, I., WYLLIE I. und MEARNS, R. (1986): Spacing of Sparrowhawks in relation to food supply. Journal of Animal Ecology 55, 361–370.

NICHOLS, J. D., NOON, B. R., STOKES, S. L. und HINES, J. E. (1981): Remarks on the use of mark-recapture methodology in estimating avian population size. Studies in Avian Biology 6, 121–136.

O'CONNOR, R. J. und MEAD, C. J. (1984): The Stock Dove in Britain, 1930–80. British Birds 77, 181–201.

O'CONNOR, R. J. und SHRUBB, M. (1986): Farming and Birds. Cambridge University Press, Cambridge.

OELKE, H. (1992). Die Vogelbestände des Brockens – Ergebnisse siedlungsbiologischer Erfassungen des Jahres 1990. Beitr. Naturkde. Niedersachsens 45, 1–17.

ÖSTERLÖF, S. und STOLT, B.-O. (1982): Population trends in indicated by birds ringed in Sweden. Ornis Scandinavica 13, 135–140.

OGILVIE, M. A. (1986): The Mute Swan *Cygnus olor* in Britain 1983. Bird Study 33, 121–137.

OLEIRE-OLTMANNS, W. D' (1991): Verteilungsmuster von Tierarten oder -gruppen im Nationalpark Berchtesgaden. Erfassung mit Hilfe eines Geographischen Informationssystems. Akad. Natursch. Landschaftspfl. Laufen /Salzach. Laufener Seminarbeiträge 7/91, 68–72.

ORMEROD, S. J., TYLER, S. J., PESTER, S. J. und CROSS, A.V. (1988): Censusing distribution and population of birds along upland rivers using measured ringing effort: a preliminary study. Ringing and Migration 9, 71–82.

OSBORNE, P. E. und TIGAR, B. (1992): Interpreting bird atlas data using logistic models: an example from Lesotho, South Africa. Journal of Applied Ecology 29, 55–62.

OTIS, D. L., BURNHAM, K. P., WHITE, G. C. und ANDERSON, D. R. (1978): Statistical inference from capture data on closed animal populations. Wildlife Monographs 62, 1–135.

OWEN, M. (1971): The selection of feeding sites by White-fronted Geese in winter. Journal of Applied Ecology 8, 905–917.

OWEN, M., ATKINSON-WILLES, G. L. und SALMON, D. G. (1980): Wildfowl in Great Britain. Cambridge University Press, Cambridge.

OWEN, M. und BLACK, J. M. (1989): Factors affecting the survival of Barnacle Geese on migration from the breeding grounds. Journal of Animal Ecology 58, 603–617.

PALMER, R. S. (Hrsg.) (1962 onwards). Handbook of North American Birds. Vols. I–V. Yale University Press, New Haven and London.

PARRINDER, E. D. (1989): Little Ringed Plovers *Charadrius dubius* in Britain in 1984. Bird Study 36, 147–153.

PEACH, W. und BAILLIE, S. R. (1989): Population changes on constant effort sites, 1987–1988. BTO News 161, 12–13.

PETTY, S. J. und AVERY, M. I. (1990): Forest Bird Communities. Forestry

Commission, Occasional Paper 26, 1–110.

PÖYSÄ, H. (1984): Temporal and spatial dynamics of waterfowl populations in a wetland area – a community ecological approach. Ornis Fennica 61, 99–108.

POLLOCK, K. H. (1981): Capture-recapture models: a review of current methods, assumptions and experimental design. Studies in Avian Biology 6, 426–435.

POMEROY, D. (1989): Using East African bird atlas data for ecological studies. Annales Zoologici Fennici 26, 309–314.

POTTS, G. R. (1986): The Partridge: Pesticides, Predation and Conservation. Collins, London.

PRATER, A. J. (1979): Trends in accuracy of counting birds. Bird Study 26, 198–200.

PRATER, A. J. (1981): Estuary Birds of Britain and Ireland. T & AD Poyser, Calton.

PRATER, A. J. (1989): Ringed plover *Charadrius hiaticula* breeding population of the United Kingdom in 1984. Bird Study 36, 154–161.

PRILL, H. (1987): Ergebnisse einer großflächigen Greifvogelerfassung im südöstlichen Mecklenburg, mit Hinweisen zur Methodik. Wiss. Beitr. Univ. Halle 14, 203–206.

PROKOSCH, P. (1988): Das Schleswig-Holsteinische Wattenmeer als Frühjahrs-Aufenthaltsgebiet arktischer Watvogel-Populationen am Beispiel von Kiebitzregenpfeifer (*Pluvialis squatarola* L. 1758), Knutt (*Calidris canutus*, L. 1758) und Pfuhlschnepfe (*Limosa lapponica*, L. 1758). Corax 12, 273–442.

QUADE, D. (1979): Using weighted rankings in the analysis of complete blocks with additive block effects. Journal of American Statistics Association 74, 680–683.

RALPH, C. J. und SCOTT, J. M. (Hrsg.) (1981): Estimating the Number of Terrestrial Birds: Studies in Avian Biology no. 6. Cooper Ornithological Society, Lawrence, Kansas, USA.

RAPOLD, C., KERSTEN, M. und SMIT, C. (1985): Errors in large scale shorebird counts. Ardea 73, 13–24.

REED, T. M., BARRETT, C., BARRETT, J., HAYHOW, S. und MINSHULL, B. (1985): Diurnal variability in the detection of waders on their breeding grounds. Bird Study 32, 71–74.

REED, T. M., BARRETT, J. C., BARRETT, C. und LANGSLOW, D. R. (1984): Diurnal variability in the detection of dunlin *Calidris alpina*. Bird Study 31, 245–246.

REED, T. M. und FULLER, R. J. (1983): Methods used to assess populations of breeding waders on machair in the Outer Hebrides. Wader Study Group Bulletin 39, 14–16.

REYNOLDS, C. M. (1979): The heronries census: 1972–1977 population changes and a review. Bird Study 26, 7–12.

REYNOLDS, R. T., SCOTT, J. M. und NUSSBAUM, R. A. (1980): A variable circular plot method for estimating bird numbers. Condor 82, 309–313.

RHEINWALD, G. (1977): Atlas der Brutverbreitung westdeutscher Vogelarten – Kartierung 1975. Schriftenreihe des DDA 2.

RHEINWALD, G. (1993): Atlas der Verbreitung und Häufigkeit der Brutvögel Deutschlands – Kartierung um 1985. Schriftenreihe des DDA 12.

RICHARDSON, M. G. (1990): The distribution and status of Whimbrel *Numenius p. phaeopus* in Shetland and Britain. Bird Study 37, 61–68.

RIECKEN, U., RIES, U. und SSYSMANK, A. (1993): Biotoptypenverzeichnis für die Bundesrepublik Deutschland. Schriftenr. Landschaftspfl. Natursch. 38, 301–339. Kilda-Verlag, Greven.

ROBBINS, C. S. (1981): Effect of time of day on bird activity. Studies in Avian Biology 6, 275–286.

ROBBINS, C. S., BYSTRAK, D. und GEISSLER, P. H. (1986): The Breeding Bird Survey: its first fifteen years,

1965–1979. United States Department of the Interior, Fish and Wildlife Service, resource publication 157, 1–196.

ROBBINS, C. S., DROEGE, S. und SAYER, J. R. (1989): Monitoring bird populations with Breeding Bird Survey and atlas data. Annales Zoologici Fennici 26, 279–304.

ROBERTSON, P. A., WOODBURN, M. I. A., BEALEY, C. E., LUDOLF, I. C. und HILL, D. A. (1990): Pheasants and Woodlands: Habitat Selection, Management and Conservation. Report to the Forestry Commission. The Game Conservancy, Fordingbridge.

RODWELL, J. S. (Hrsg.) (1991): British Plant Communities: vol. 1. Woodlands and Scrub. Cambridge University Press, Cambridge.

RÖSNER, H.-U. (1992): Hinweise zur Durchführung der Rastvogelzählungen im Schleswig-Holsteinischen Wattenmeer. WWF-Wattenmeerstelle, Husum.

ROLSTAD, J. und WEGGE, P. (1987): Distribution and size of Capercaillie leks in relation to old forest fragmentation. Oecologia 72, 389–394.

ROOT, T. (1988): Atlas of Wintering North American Birds. An Analysis of Christmas Bird Count Data. University of Chicago Press, Chicago.

ROSE, P. (1990): Manual for International Waterfowl Census Coordinators. International Waterfowl and Wetlands Research Bureau, Slimbridge.

ROTENBERRY, J. (1985): The role of habitat in avian community composition: physioguomy or floristics? Oecologia 67, 213–217.

ROTENBERRY, J. T. und WIENS, J. A. (1980): Habitat structure, patchiness, and avian communities in North American steppe vegetation: a multivariate analysis. Ecology 61, 1228–1250.

ROTENBERRY, J. T. und WIENS, J. A. (1985): Statistical power analysis and community wide patterns. The American Naturalist 125, 164–168.

RUMBLE, M. A. und FLAKE, L. D. (1982): A comparison of two waterfowl brood survey techniques. Journal of Wildlife Management 46, 1048–1053.

RYAN, P. G. und COOPER, J. (1989): The distribution and abundance of aerial seabirds in relation to Antarctic krill in the Pryds Bay region, Antarctica, during late Summer. Polar Biology 10, 199–209.

RYSLAVI, T. (1993): Zur Bestandsentwicklung ausgewählter Vogelarten in Brandenburg. Natursch. Landschaftspfl. Brandenburg 3, 4–10.

SACHS, L. (1984): Angewandte Statistik. 6. Auflage. Springer Verlag, Berlin.

SACKL, P. (1993): Beobachtungen zum Thermiksegeln und zur Flugbalz des Schwarzstorchs (*Ciconia nigra*). Ökol. Vögel 15, 1–16.

SAGE, B. L. und VERNON, J. D. R. (1978): The 1975 National survey of Rookeries. Bird Study 25, 64–86.

SALMON, D. G. (1989): In: PRYS-JONES, R. und KIRBY, J. (Hrsg.). Wildfowl and Wader Counts 1988–89. Wildfowl and Wetlands Trust, Slimbridge.

SANTE, D. F. DE (1981): Censusing technique in a California coastal scrub breeding bird community. Studies in Avian Biology 6, 177–186.

SANTE, D. F. DE (1986): A field test of the variable circular-plot censusing method in a Sierran subalpine forest habitat. Condor 88, 129–142.

SCHÄFFER, N. (1994): Methoden zum Nachweis der Bruten des Wachtelkönigs *Crex crex*. Vogelwelt 115, 69–73.

SCHÄFFER, N. und MÜNCH, S. (1993): Untersuchungen zur Habitatwahl und Brutbiologie des Wachtelkönigs *Crex crex* im Murnauer Moos/Oberbayern. Vogelwelt 114, 55–72.

SCHERNER, E. R. (1981): Die Flächengröße als Fehlerquelle bei Brutvogel-Bestandsaufnahmen. Ökol. Vögel 3, 145–175.

SCHERZINGER, W. (1985): Die Vogelwelt der Urwaldgebiete im Inneren Bayerischen Wald. Schr.-Reihe Bayer. Staatsmin. f. Ernährung, Landwirtsch. u. Forsten 12.

SCHERZINGER, W. (1987): Der Uhu *Bubo bubo* L. Im Inneren Bayerischen Wald. Anz. orn. Ges. Bayern 26, 1–51.

SCHNEIDER, F. (1985): Erste Daten zur Winterverbreitung der Wasseramsel (*Cinclus cinclus aquaticus*) im Schwarzwald. Ökol. Vögel 7, 215–220.

SCHNEIDER-JACOBY, M. (1994): Vögel als Indikatoren für das ökologische Potential der Save-Auen und Möglichkeiten für deren Erhaltung. Dissertation, Universität Konstanz.

SCHUSTER, A. (1990): Ornithologische Forschung unter Anwendung eines Geographischen Informationssystems. Salzburger Geographische Materialien 15, 115–123.

SCHUSTER, A. und D'OLEIRE-OLTMANNS, W. (1994). Die Verbreitung des Birkhuhns (*Lyrurus tetrix*) in einer anthropogen überprägten Alpenlandschaft. Verh. Gesellsch. Ökol. 23, 95–100.

SCHUSTER, S. (1971): Der Bestand des Waldkauzes (*Strix aluco*) auf dem Bodanrück/Bodensee. Anz. orn. Ges. Bayern 10, 156–161.

SCHUSTER, S. (1975 a): Fehlerquellen bei Wasservogelzählungen am Beispiel baden-württembergischer Gewässer. Anz. orn. Ges. Bayern 14, 79–86.

SCHUSTER, S. (1975 b): Schätzfehler bei Wasservogel-„Zählungen". Orn. Mitt. 27, 250.

SCHUSTER, S. (1982): Rasterkartierung Bodensee – eine halbquantitative Bestandsaufnahme. Vogelwelt 103, 24–31.

SCHUSTER, S. et al. (1983): Die Vögel des Bodenseegebietes. Deutscher Bund für Vogelschutz, Stuttgart.

SCHWALLER, M. R., OLSER, C. E., ZHENQUI MA, ZHILIANG ZHU und DAHMER, P. (1989): A remote sensing analysis of Adelie penguin rookeries. Remote Sensing of Environment 28, 199–206.

SCOTT, M. J. und RAMSAY, F. L. (1981): Length of count period as possible source of bias in estimating bird densities. Studies in Avian Biology 6, 409–413.

SCOTT, M. J., RAMSAY, F. L. und KEPLER, C. B. (1981): Distance estimation as a variable in estimating bird numbers. Studies in Avian Biology 6, 334–341.

SCOTT, P. (1981): Variation of Bill – Markings of Migrant Swans Wintering in Britain. The Wildfowl Trust, Slimbridge.

Seabird Group/NCC (1988): Seabird Colony Register: Recommended Methods for Counting Breeding Seabirds. Seabird Group/NCC, Peterborough, U.K.

SEBER, G. A. F. (1965): A note on the multiple-recapture census. Biometrika 52, 249.

SEBER, G. A. F. (1973): The Estimation of Animal Abundance. Hafner, New York and Griffin, London.

SHARROCK, J. T. R. (1976): The Atlas of Breeding Birds in Britain and Ireland. T & AD Poyser, Calton.

SHAWYER, C. R. (1987): The Barn Owl in Britain: Its Past, Present and Future. The Hawk Trust, London.

SHRUBB, M. und LACK, P. C. (1991): The numbers and distribution of Lapwings *V. vanellus* nesting in England and Wales in 1987. Bird Study 38, 20–38.

SITTERS, H. (Hrsg.) (1988): Tetrad Atlas of the Breeding Birds of Devon. Devon Birdwatching and Preservation Society, Yelverton.

SMITH, J. M. (1988): Landsat TM study of afforestation in northern Scotland and its impact on breeding bird populations, pp. 1369–1370. In: GVYENNE, T. D. und HUNT, J. J. (Hrsg.). Remote sensing. Proceedings IGARSS '88 symposium, Edinburgh. Vol. 3. European Space Agency, ESTEC, Noordwijk, ESA, SP-284.

SMITH, K.W. (1983): The status and distribution of waders breeding on lowland wet grasslands in England and Wales. Bird Study 30, 177–192.

SOUTHERN, H. N. und LOWE, V. P. W. (1968): Pattern of distribution of prey and predation in Tawny Owls. Journal of Animal Ecology 37, 75–97.

SOUTHWOOD, T. R. E. (1978): Ecological Methods. 2nd Edn. Chapman and Hall, London.

SOVON (1987): Atlas van de Nederlandse Vogels. SOVON, Arnhem.

STEIOF, K. (1986): Brutvogel-Bestandserfassung und Durchzug von Kleinvögeln. Vogelwelt 107, 41–52.

STOWE, T. J. (1982): Recent population trends in cliff-breeding seabirds in Britain and Ireland. Ibis 124, 502–510.

STOWE, T. J. und HUDSON, A. V. (1988): Corncrake studies in the western isles. RSPB Conservation Review 2, 38–42.

TAPPE, P. A., WHITING, R. M. und GEORGE, R. R. (1989): Singing-ground surveys for Woodcock in East Texas. Wildlife Society Bulletin 17, 36–40.

TAPPER, S. (1989): The 1989/90 shooting season. Pp. 28–34. In: The Game Conservancy Review of 1989. NODDER, C. (Hrsg.). Game Conservancy, Fordingbridge.

TASKER, M. L., HOPE JONES, P., DIXON, T. und BLAKE, B. F. (1984): Counting seabirds at sea from ships: a review of methods employed and a suggestion for a standardized approach. Auk 101, 567–577.

TAYLOR, K., HUDSON, R. und HORNE, G. (1988): Buzzard breeding distribution and abundance in Britain and Ireland in 1983. Bird Study 35, 109–118.

THOMPSON, J. J. (1989): A comparison of some avian census techniques in a population of Lovebirds at Lake Naivasha, Kenya. African Journal of Ecology 27, 157–166.

THOMPSON, K. R. und ROTHERY, P. (1991): A census of Black-browed Albatross *Diomedea melanophrys* population on Steeple Jason Island, Falkland Islands. Biological Conservation 56, 39–48.

TOMIALOJC, L. (1980): The combined version of the mapping method. In: OELKE, H. (Hrsg.): Bird census work and nature conservation, 92–106. Universität Göttingen.

UDVARDY, M. D. F. (1981): An overview of grid-based atlas works in ornithology. Studies in Avian Biology 6, 103–109.

UNDERHILL, L. G. und FRASER, M. W. (1989): Bayesian estimate of the number of Malachite Sunbirds feeding at an isolated and transient nectar resource. Journal of Field Ornithology 60, 382–387.

VAN DIJK, A. J. (1992): The Breeding bird monitoring programme of SOVON in the Netherlands. Vogelwelt 113, 197–209.

VERNER, J. (1985): Assessment of counting techniques, pp. 247–301. In: JOHNSTON, R. F. (Hrsg.). Current Ornithology Vol. 2. Plenum Press, New York.

VERNER, J. und MILNE, K. A. (1989): Coping with sources of variability when monitoring population trends. Annales Zoologici Fennici 26, 191–199.

VINICOMBE, K. (1982): Breeding and population of the Little Grebe, British Birds 75, 204–218.

Vogelwarte Radolfzell (1972). Richtlinien für Mitarbeiter. Möggingen.

WANLESS, S. und HARRIS, M. P. (1984): Effects of date on counts of nests of Herring and Lesser Black-backed Gulls. Ornis Scandinavica 15, 89–94.

WATSON, A., PAYNE, S. und RAE, R. (1989): Golden Eagles *Aquila chrysaetos*: land use and food in north east Scotland. Ibis 131, 336–348.

WEGGLER, M. (1991): Die Vögel im Kanton Zürich. Zürcher Vogelschutz.

WELSH, D. A. (1989): A report on breeding bird atlases in Canada. Annales Zoologici Fennici 26, 305–308.

WHILDE, A. (1985): The 1984 all-Ireland tern survey. Irish Birds 3, 1–32.

WHITTAKER, R. H. (1977): Evolution of species diversity in land communities. Evolutionary Biology 10, 1–67.

WIENS, J. A. (1969): An approach to the study of ecological relationships among grassland birds. Ornithological Monographs 8, 1–93.

WIENS, J. A. (1973): Pattern and process in grassland bird communities. Ecological Monographs 43, 237–270.

WIENS, J. A. (1981): Scale problems in avian censusing. Studies in Avian Biology 6, 513–521.

WIENS, J. A. (1985): Habitat selection in variable environments: shrubsteppe birds, pp. 227–251. In: CODY, M. L. (Hrsg.). Habitat Selection in Birds. Academic Press, New York.

WIENS, J. A. (1989): The Ecology of Bird Communities, vols. 1 and 2. Cambridge University Press, Cambridge.

WIENS, J. A. und ROTENBERRY, J. T. (1985): Response of breeding passerine birds to rangeland alteration in a North American shrubsteppe locality. Journal of Applied Ecology 22, 655–668.

WILLIAM, A. B. (1936): The composition and dynamics of a beech-maple climax community. Ecological Monographs 6, 317–408.

WILLIAMSON, K. (1964): Bird census work in woodland, Bird Study 11, 1–22.

WILLIAMSON, K. (1968): Buntings on a barley farm: The bird community of farmland. Bird Study 15, 34–37.

WILSON, H. J. (1982): Movements, home ranges and habitat use of wintering Woodcock in Ireland, pp. 168–178. In: DWYER, T. J. und STORM, G. L. (Hrsg.). Papers of the Seventh Woodcock Symposium. Wildlife Research Report no. 14. United States Department of the Interior: Fish and Wildlife Service, Washington D.C.

WOOLHEAD, J. (1987): A method for estimating the number of breeding pairs of Great Crested Grebes *Podiceps cristatus* on lakes. Bird Study 34, 82–86.

WORMELL, P. (1976): The Manx Shearwaters of Rhum. Scottish Birds 9, 103–118.

YALDEN, D. W. und YALDEN, P. E. (1989): The sensitivity of breeding Golden Plovers *Pluvialis apricaria* to human intruders. Bird Study 36, 49–55.

YOUNG, A. D. (1989): Spacing behaviour of visual and tactile-feeding shorebirds in mixed species groups. Canadian Journal of Zoology 67, 2026–2028.

ZBINDEN, N. (1985): Zur Verbreitung, Siedlungsdichte und Balzgruppengröße des Birkhuhns *Tetrao tetrix* im Tessin. Orn. Beob. 82, 107–115.

ZÖFEL, P. (1985): Statistik in der Praxis. Uni-Taschenbücher 1293, Gustav Fischer Verlag, Stuttgart.

Verzeichnis der Vogelarten

Wissenschaftliche Namen der im Text erwähnten Vogelarten sind kursiv gesetzt. Halbfette Seitenzahlen verweisen auf eine Abbildung oder Tabelle.

Register

Vertiefen Sie das Thema

Die Vögel Baden-Württembergs
(Avifauna Baden-Württembergs). Band 5:
Atlas der Winterverbreitung. H.-G. Bauer
u.a. 557 Seiten, 451 Abbildungen, 92 Tabellen. Ln. m. SU. ISBN 3-8001-3445-4.

Erstmalig wird mit diesem Atlasband für alle
217 Vogelarten, die in Baden-Württemberg
als Wintergäste nachgewiesen sind, die Verbreitung quantitativ in Karten zusammengefaßt und der Winterbestand insgesamt in
Zahlen erfaßt. Der Atlas bietet Grundlagen
für die wissenschaftliche Vogelkunde und
für die Naturschutzarbeit. Darüber hinaus
läßt das Buch eine Bewertung der Bedeutung
verschiedener Landschaftselemente im Jah-
reslauf durch die Avifauna zu.

Die Vögel Baden-Württembergs (Avifauna Baden-Württembergs). Band 4: Folienkarten. 1987. 36 Folien, Textheft: 66 Seiten,
in Kassette. ISBN 3-8001-3444-6.

Die Vögel Baden-Württembergs (Avifauna Baden-Württembergs). Band 7 (Teil 1):
Bibliographie der deutschsprachigen ornithologischen Periodika in Mitteleuropa.
1990. 386 Seiten, 241 s/w-Abbildungen, 4
Tabellen. Ln. m. SU. ISBN 3-8001-3447-0.

Weitere Bände in Vorbereitung.

*Ornithologie. Einhard Bezzel, Roland Prin-
zinger. 2., völlig neubearbeitete und erwei-
terte Auflage 1990. 552 Seiten, 311 sw-Fotos
und Zeichnungen. (UTB-Große Reihe). Pp.
ISBN 3-8252-8051-9.*

Die zweite Auflage wurde unter Berücksichtigung aller biologischer Schwerpunkte von
Grund auf überarbeitet, aktualisiert und auf
den doppelten Umfang gebracht. Die Ökologie als übergeordnetes Fachgebiet ist mit den
Themen eng verwoben und zieht sich als ro-
ter Faden durch das ganze Buch. Studenten
und nicht zuletzt Vogelfreunde und -schützer
finden über den speziell ornithologischen Inhalt hinaus viele grundsätzliche, allgemein
interessierende Informationen, die für vergleichende biologische Betrachtungen wesentlich sind. Eine wissenschaftliche fun-
dierte, umfassende und dennoch kompakte
und verständliche Darstellung des ornithologischen Wissens. Es ist als Lehrbuch für die
Universität sowie als Informationsquelle für
Schule und Praxis geeignet.
Aus dem Inhalt: Allgemeine Kennzeichen.
Fortbewegung. Haut und Hautdrüsen. Feder
und Gefieder. Mauser und Gefiederfolge.
Kreislauf-, Atmungs-, Hormon- und Nerven-
system. Ernährung und Verdauung. Exkreti-
on. Lautäußerungen. Fortpflanzung. Klassifikation. Vogelschutz. Haltung. Krankheiten.

Waldrandpflege. Grundlagen und Konzepte. Thomas Coch. 1995. 240 Seiten, 40 Farbfotos auf Tafeln, 67 sw-Fotos und Zeichnungen, 21 Tabellen. Pp. ISBN 3-7402-0150-9.

Das Buch beleuchtet den Lebensraum Waldrand aus verschiedenen Blickwinkeln. Nach einer begriffserklärenden Einführung werden allgemeine Strukturmerkmale eines Waldrandes und ihre Herkunft erläutert, sowie Möglichkeiten einer naturschutzfachlichen Bewertung und Beispiele erfolgversprechender Pflegeplanungen gezeigt. Das Buch fördert Lösungen bei den notwendigen Maßnahmen für die Waldrandgestaltung.

Biotopschutz in der Gemeinde. Dr. Eckhard Jedicke. 1994. 332 Seiten, 39 Farbfotos auf Tafeln, 11 sw-Fotos, 25 sw-Zeichnungen, 32 Tabellen. Pp. ISBN 3-7402-0148-7.

Extensive Grünlandnutzung. Sieglinde und Lothar Nitsche. 1994. 247 Seiten, 20 Farb- und 8 sw-Fotos, 21 sw-Zeichnungen, 43 Tabellen. Pp. ISBN 3-7402-0149-5.

Freiflächenpflege. Prof. Dr. agr. Günter Spatz. 1994. 290 Seiten, 10 Farbtafeln, 31 sw-Fotos, 96 Darstellungen / Grafiken, 42 Übersichten. Kt. ISBN 3-8001-3329-6.

Städtische Ökosysteme. Von Oliver L. Gilbert. Aus dem Englischen von Dagmar Krüger. 1994. 247 Seiten, 24 sw-Fotos, 61 Zeichnungen, 36 Tabellen. Pp. ISBN 3-7402-0137-1.

Mit diesem Titel liegt ein umfassendes Buch zur Landschaftsökologie vor, das Fauna und Flora in städtischen Gebieten beschreibt. Es geht nicht um die Ökologie parkähnlicher Landschaften, sondern darum, anhand vielfältiger Beispiele aus Fauna und Flora aufzuzeigen, wie sich selbst überlassene Biotope in der Stadt, die spontan von Tieren oder Pflanzen besiedelt wurden, als Ansatzpunkte für die Schaffung ökologischer Landschaftstypen in städtischen Siedlungsgebieten herangezogen werden können. Die klare Sprache und die zeichnerische Umsetzung von Untersuchungs- und Meßergebnissen erleichtern das Lesen.

Das Recht der Landschaft. Gesamtdarstellung für Bund und Länder. Dr. Erich Gassner. 1995. 360 Seiten. Pp. ISBN 3-7402-0160-6. Auch für „juristische Laien".

Naturschutz im Wald. Dr. Wolfgang Scherzinger. Etwa 250 Seiten, 48 Farbfotos auf Tafeln, 100 sw-Grafiken und -Fotos. Pp. ISBN 3-7402-0158-4.